Hideaki Sorachi

Band 47
Es reicht ein einzelner zuständiger Redakteur

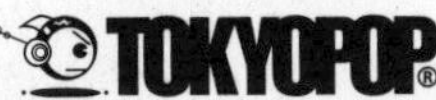

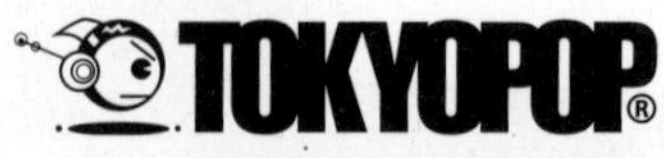

TOKYOPOP GmbH
Hamburg

TOKYOPOP
1. Auflage, 2024
Deutsche Ausgabe/German Edition

Aus dem Japanischen von Lasse Christian Christiansen

GINTAMA

First published in Japan in 2003 by SHUEISHA Inc., Tokyo.
German translation rights in Germany, Austria and German-speaking Switzerland arranged by SHUEISHA Inc. through VME PLB SAS, France.

Redaktion: Aranka Schindler
Lettering: Vibrant Publishing Studio
Herstellung: Shujun Wong
Druck und buchbinderische Verarbeitung:
CPI – Clausen & Bosse GmbH, Leck
Printed in Germany

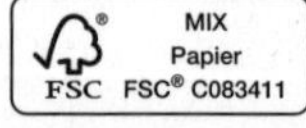

Wir achten auf die Umwelt.
Dieses Produkt besteht aus FSC®-zertifizierten und anderen kontrollierten Materialien.

ISBN 978-3-7593-0184-0

www.tokyopop.de

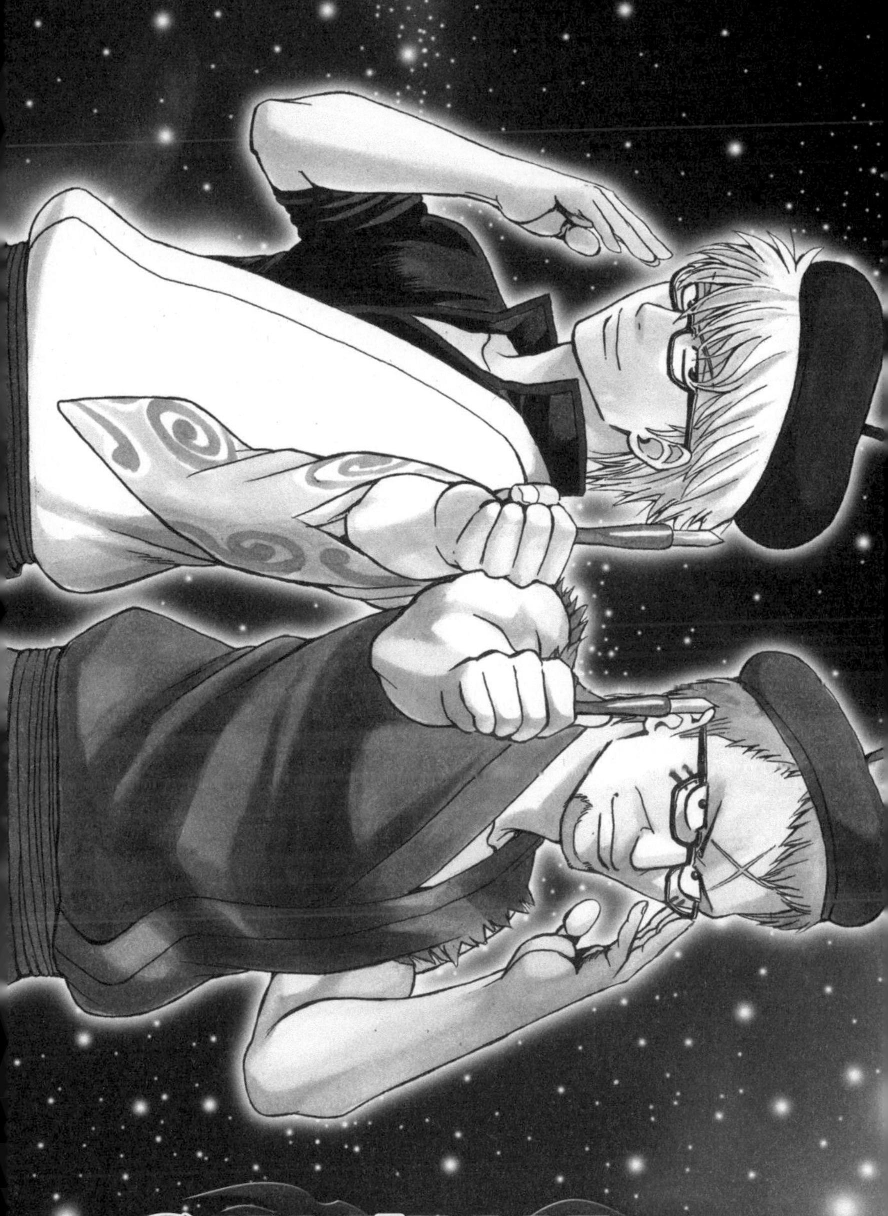

GIN TAMA

DIE HAUPTPERSONEN

DIE ALLES-AGENTUR

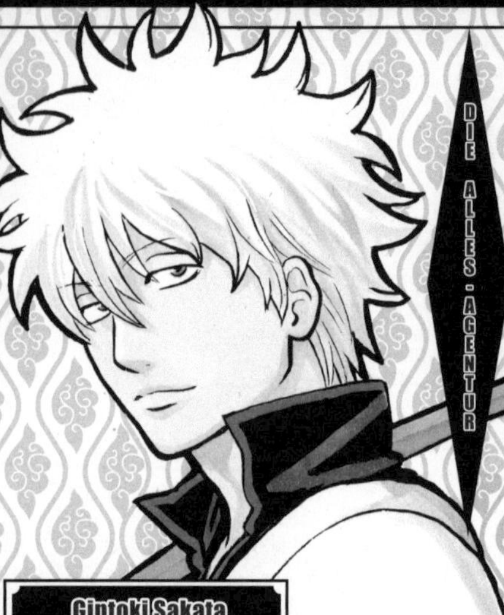

Shinpachi Shimura

Er befasst sich unter Gintokis Anleitung mit der »Seele des Samurai«, was er in letzter Zeit allerdings zu bereuen scheint. Ist gleichzeitig Kapitän des Tsu-Terakado-Fantrupps.

Gintoki Sakata

Der Protagonist dieser Geschichte. Rastet schnell aus, wenn er nicht regelmäßig etwas Süßes zu essen bekommt. Er scheint ziemlich gut mit dem Schwert umgehen zu können ... leidet allerdings an einem zu hohen Blutzuckerspiegel. Gehörte einst den Joi-Patrioten an, einer auf den Erhalt Japans ausgerichteten Bewegung, deren Ziel es ist, die Amanto zu vertreiben.

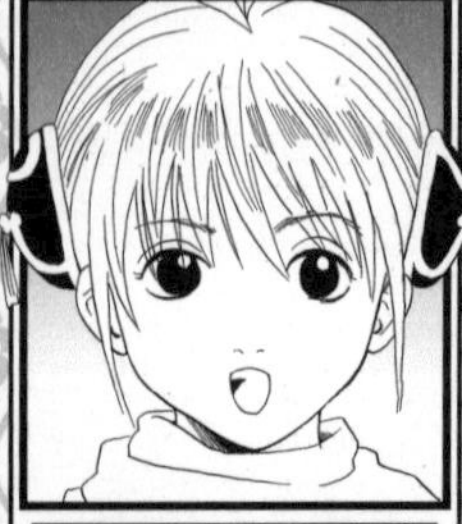

Kagura

Sie gehört zu den Yato, der stärksten Rasse des Universums. Die Größe ihres Hungers und die Heftigkeit ihrer Angriffe sind unübertroffen.

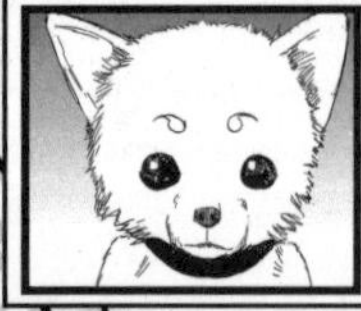

Sadaharu

Eine riesige außerirdische Lebensform, die von der Alles-Agentur als Haustier gehalten wird. Beißt gerne in Personen (besonders in Gintoki).

DIE SHINSENGUMI

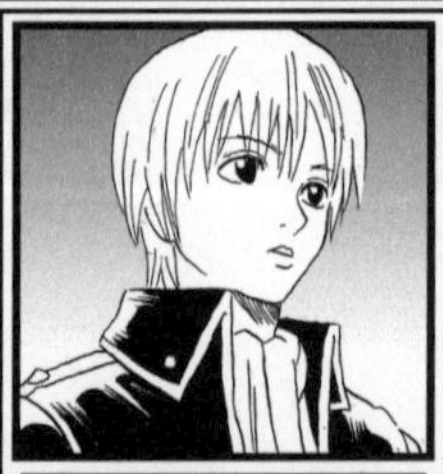

Sogo Okita

Der beste Schwertkämpfer der Shinsengumi. Hinter seinem erfrischenden Äußeren verbergen sich Bosheit und Tücke. Er hat es auf den Platz des Vizekommandanten abgesehen.

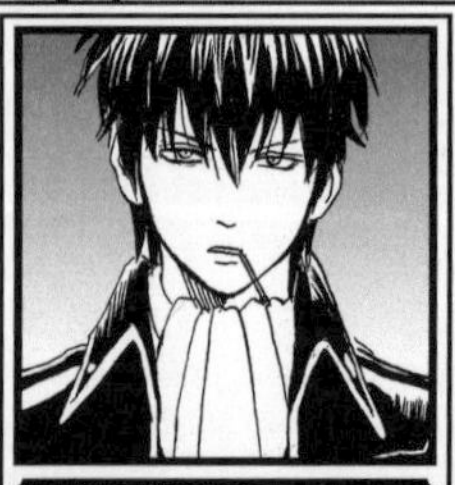

Toshiro Hijikata

Der Vizekommandant der Shinsengumi. Eigentlich kühl und beherrscht, doch sobald er sein Schwert zieht, geht er auf alles los, was ihm in die Quere kommt. Isst leidenschaftlich gern Mayonnaise.

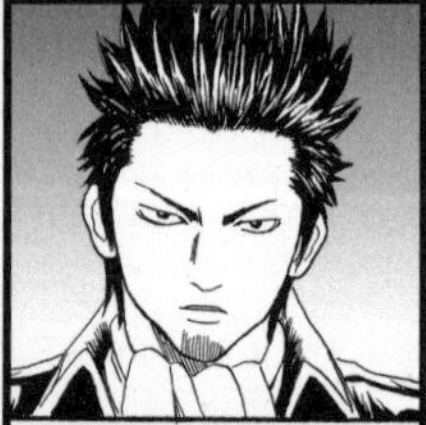

Isao Kondo

Kommandant der Shinsengumi. Er stellt Shinpachis Schwester Tae nach (soll heißen, er ist ihr Stalker). Genießt das volle Vertrauen seiner Gefolgsleute.

Weitere Personen

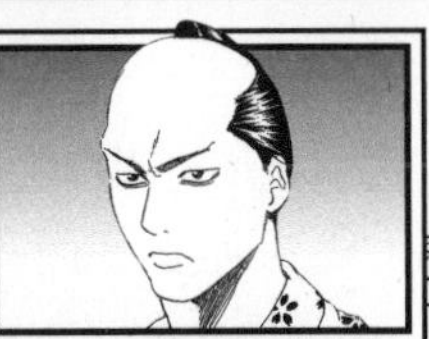

Shigeshige Tokugawa

Der erhabene Shogun. Er mischt sich als einfacher Mann unters Volk, gerät dabei aber immer in Schwierigkeiten.

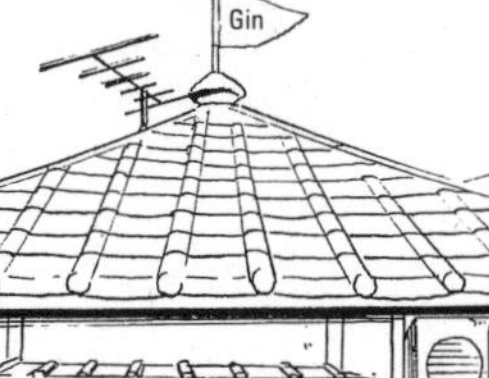

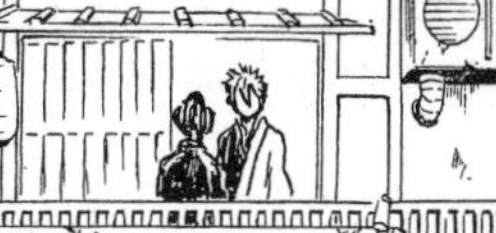

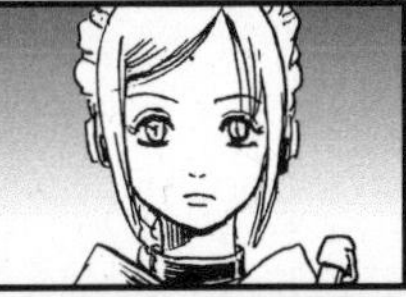

Tama

Roboterhaushälterin, die in Otoses Bar arbeitet. Sie wird von dem Shogunat gesucht.

Prinzessin Soyo

Die Schwester des Shoguns. Sie schleicht sich gerne aus dem Schloss und ist gut mit Kagura befreundet.

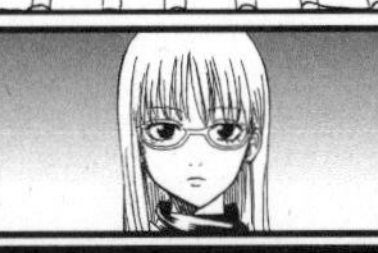

Ayame Sarutobi

Eine weibliche Ninja, die als Auftragskillerin arbeitet und Gintoki mit großem Eifer nachstellt.

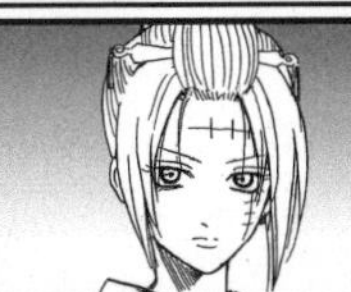

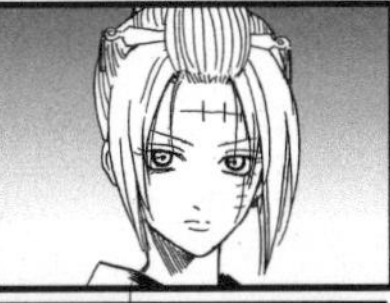

Tsukuyo

Hütet mit ihrer Hyakka-Truppe die Gesetze Yoshiwaras. Als »Todesgöttin« bekannt und gefürchtet.

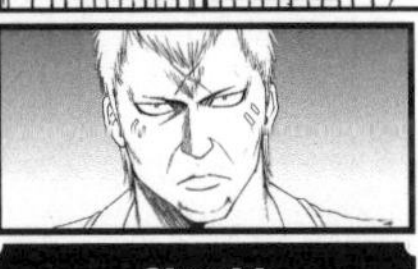

Shachi

Er sitzt zwar als Schwerverbrecher im Knast, möchte aber dennoch Mangaka werden.

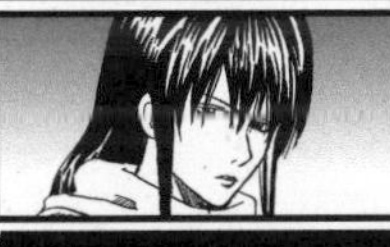

Kotaro Katsura

Einer der letzten Überlebenden der Joi-Patrioten. Einstiger Verbündeter von Gintoki, der ihn oft nur »Zura« nennt.

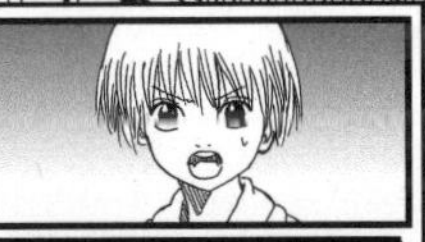

Seita

Ein kleiner, aufrechter Junge, der mit Hinowa zusammenlebt, die er wie seine leibliche Mutter verehrt.

WAS BISHER GESCHAH

Schauplatz ist Edo. Durch das Erscheinen der »Amanto« vor 20 Jahren und das von ihnen durchgesetzte Schwertverbot kommt es zum fortschreitenden Niedergang der einst mächtigen Samurai. In diesem Zeitalter lebt ein sonderbarer Mann, der in sich die Seele des Samurai bewahrt hat: Gintoki Sakata. Der naschsüchtige Held dieser Geschichte ist Betreiber der sogenannten »Alles-Agentur« und würde für Geld fast jeden Job übernehmen. Shinpachi Shimura, der für die Rettung seiner Schwester bei Gintoki in der Schuld steht, schließt sich ihm an und wird, neben Kagura, ständiger Mitarbeiter der Agentur.

Otae möchte den Dojo wiederaufbauen und hat dafür den ehemaligen Unterrichtsleiter Obi-One getroffen. Dafür möchte sich das Dojo auf einen neuen Stil ausrichten, aber tatsächlich ist Obi-One zur Hälfte ein Cyborg geworden. In ihm steckt eine Interstellarwellen-Beam-Kanone, die einen Krieg in der ganzen Milchstraße auslösen könnte. Jedoch konnte er zur Umkehr bewegt und die Erde somit gerettet werden.

INHALT

Es reicht ein einzelner zuständiger Redakteur

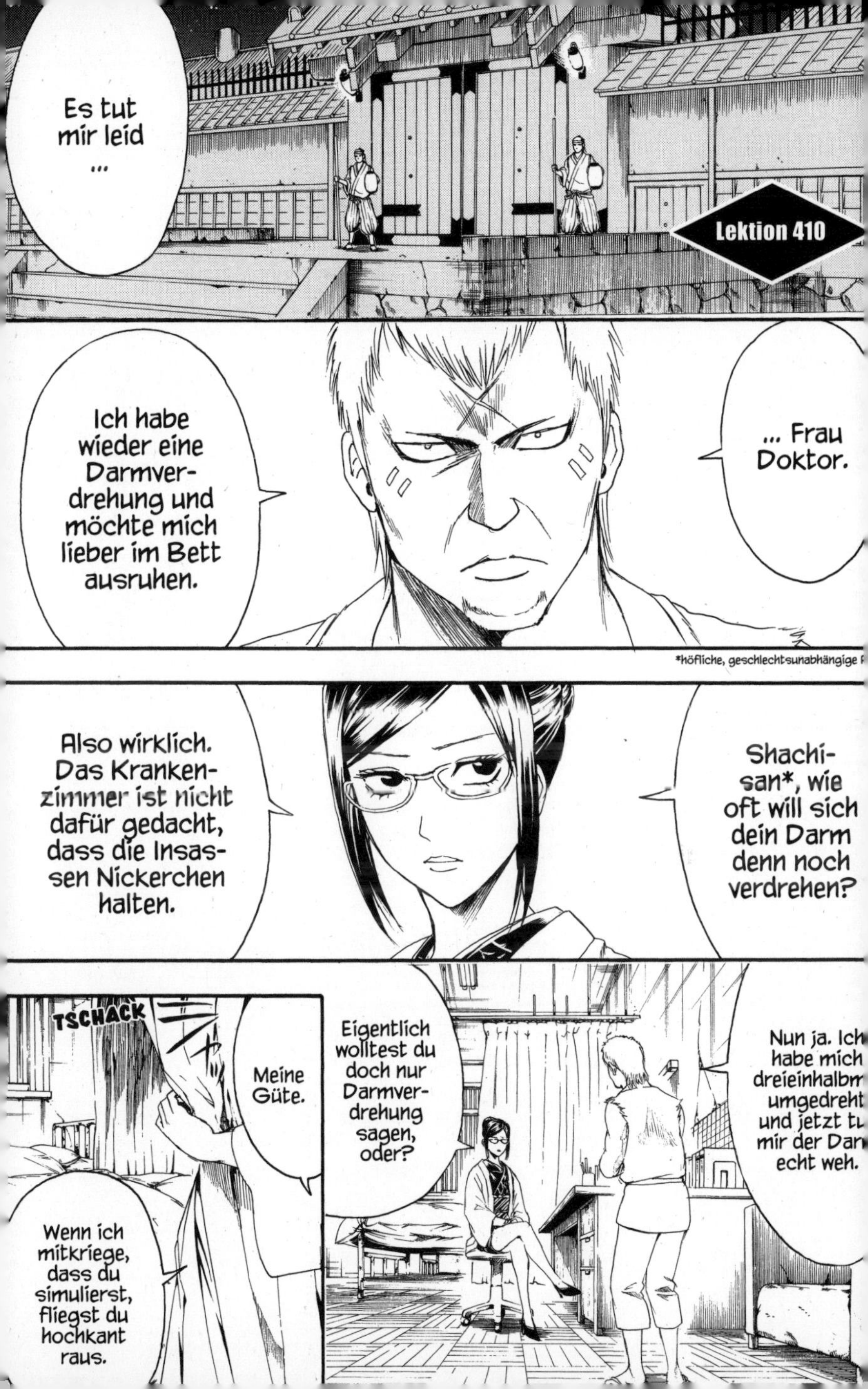
Lektion 410
Es tut mir leid …
… Frau Doktor.
Ich habe wieder eine Darmverdrehung und möchte mich lieber im Bett ausruhen.
*höfliche, geschlechtsunabhängige
Shachi-san*, wie oft will sich dein Darm denn noch verdrehen?
Also wirklich. Das Krankenzimmer ist nicht dafür gedacht, dass die Insassen Nickerchen halten.
Nun ja. Ich habe mich dreieinhalbm umgedreht und jetzt tu mir der Dar echt weh.
Eigentlich wolltest du doch nur Darmverdrehung sagen, oder?
Meine Güte.
TSCHACK
Wenn ich mitkriege, dass du simulierst, fliegst du hochkant raus.

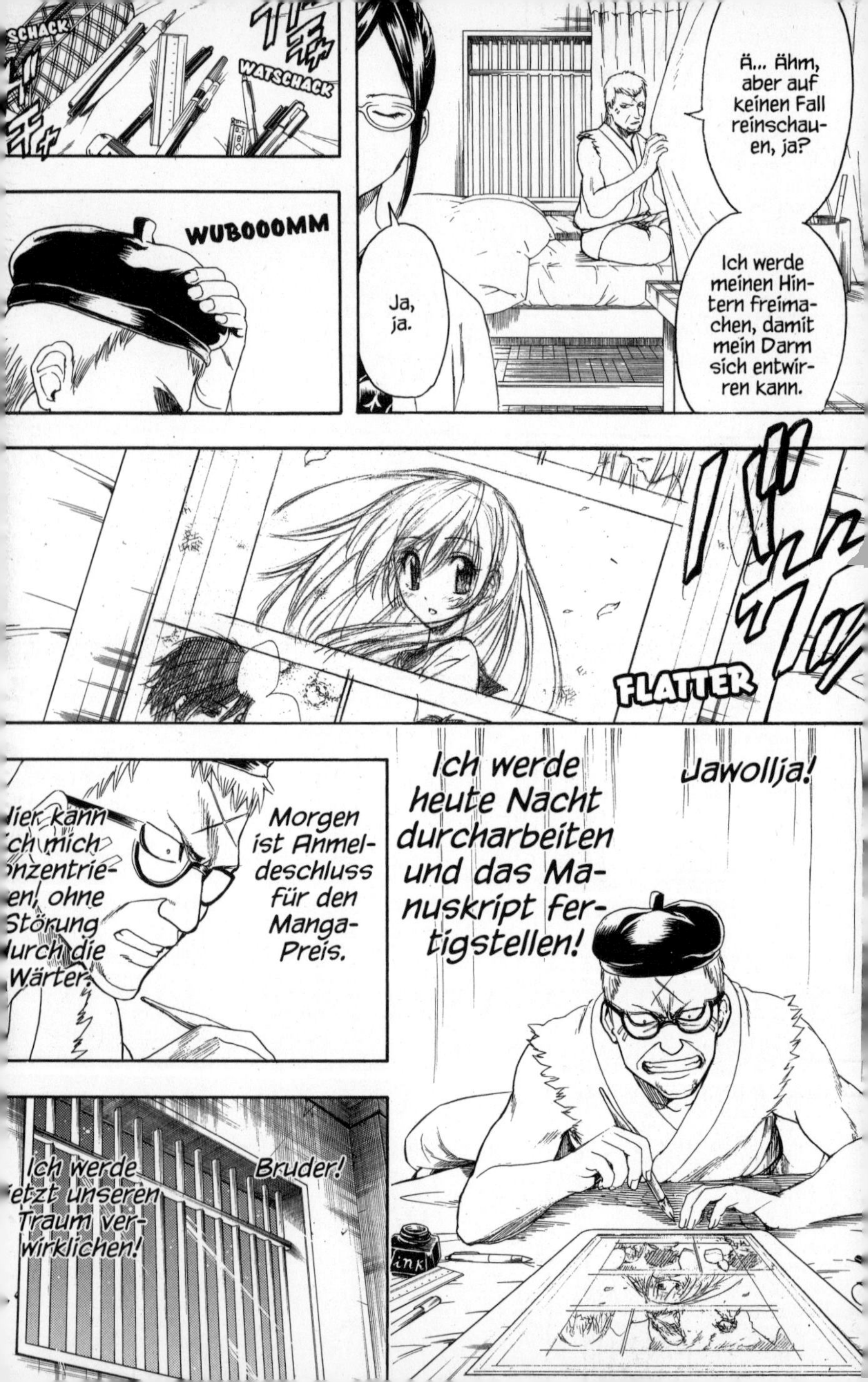

Ä... Ähm, aber auf keinen Fall reinschauen, ja?
Ich werde meinen Hintern freimachen, damit mein Darm sich entwirren kann.
Ja, ja.
WATSCHACK
SCHACK
WUBOOOMM
FLATTER
Jawollja!
Ich werde heute Nacht durcharbeiten und das Manuskript fertigstellen!
Morgen ist Anmeldeschluss für den Manga-Preis.
Hier kann ich mich konzentrieren, ohne Störung durch die Wärter.
Bruder!
Ich werde jetzt unseren Traum verwirklichen!

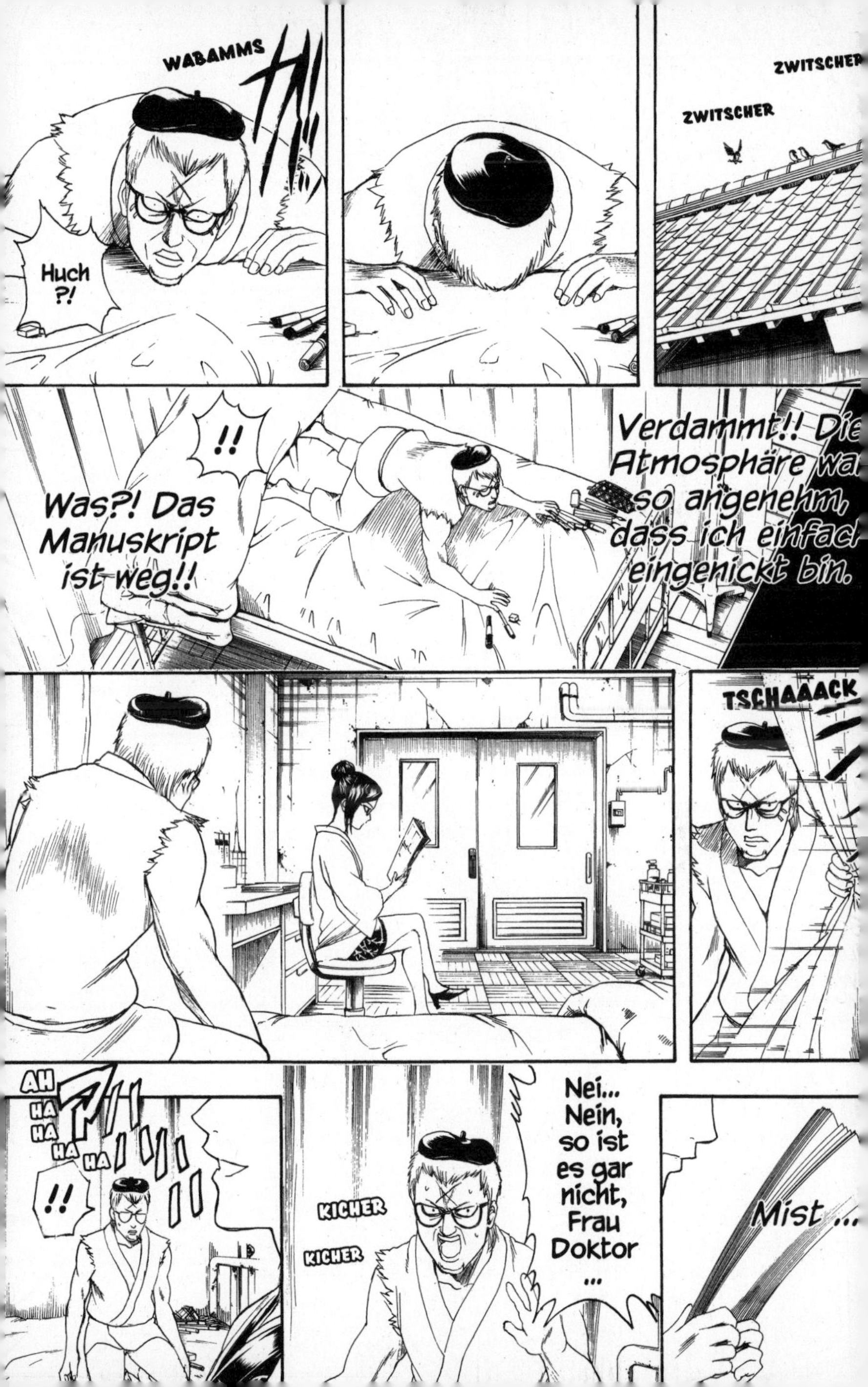
WABAMMS
Huch ?!
ZWITSCHER
ZWITSCHER
!!
Was?! Das Manuskript ist weg!!
Verdammt!! Die Atmosphäre war so angenehm, dass ich einfach eingenickt bin.
TSCHAAACK
AH HA HA HA HA
!!
KICHER
KICHER
Nei... Nein, so ist es gar nicht, Frau Doktor ...
Mist ...

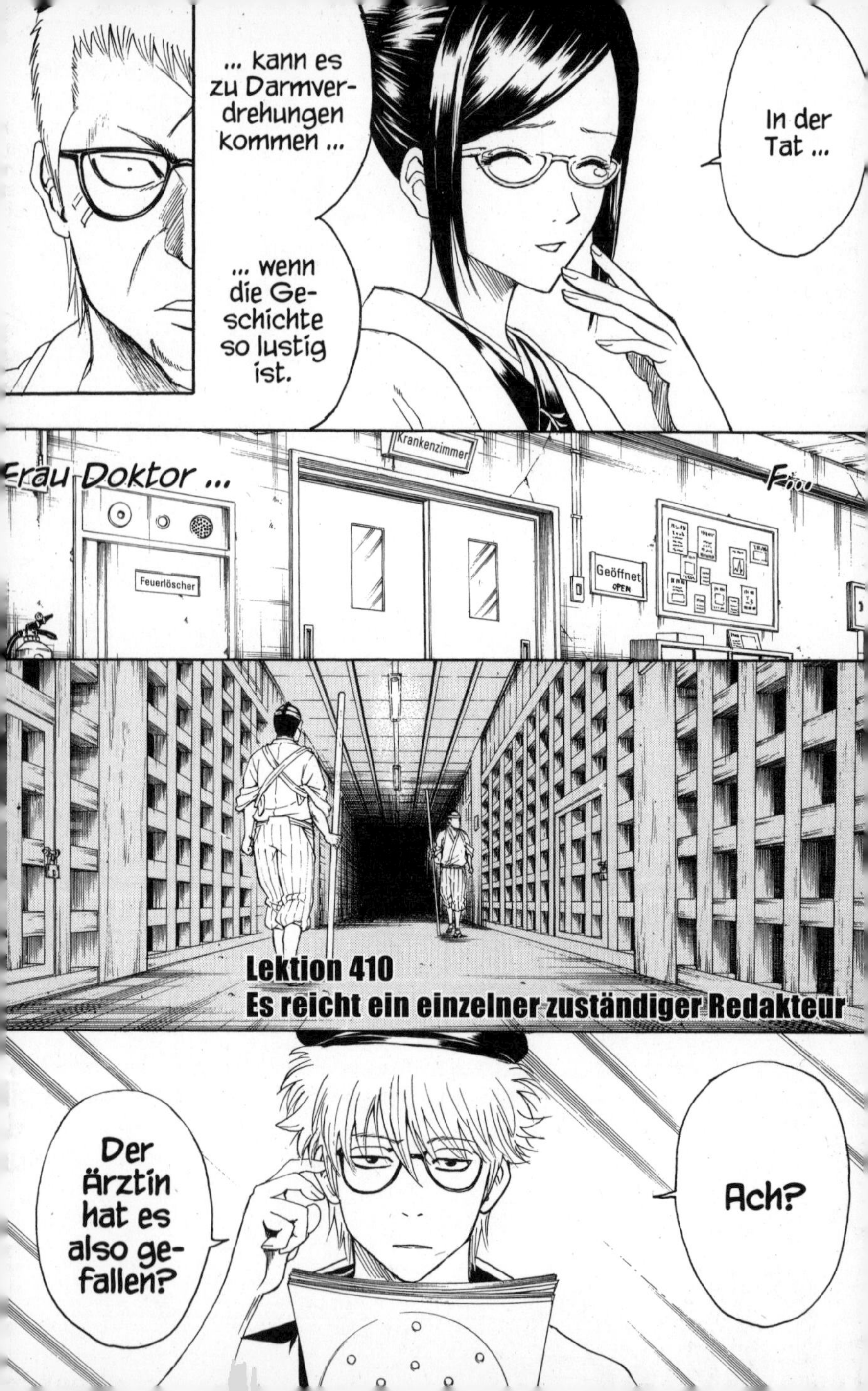
In der Tat ...
... kann es zu Darmverdrehungen kommen ...
... wenn die Geschichte so lustig ist.
F...
Frau Doktor ...
Krankenzimmer
Geöffnet
OPEN
Feuerlöscher
Lektion 410
Es reicht ein einzelner zuständiger Redakteur
Ach?
Der Ärztin hat es also gefallen?

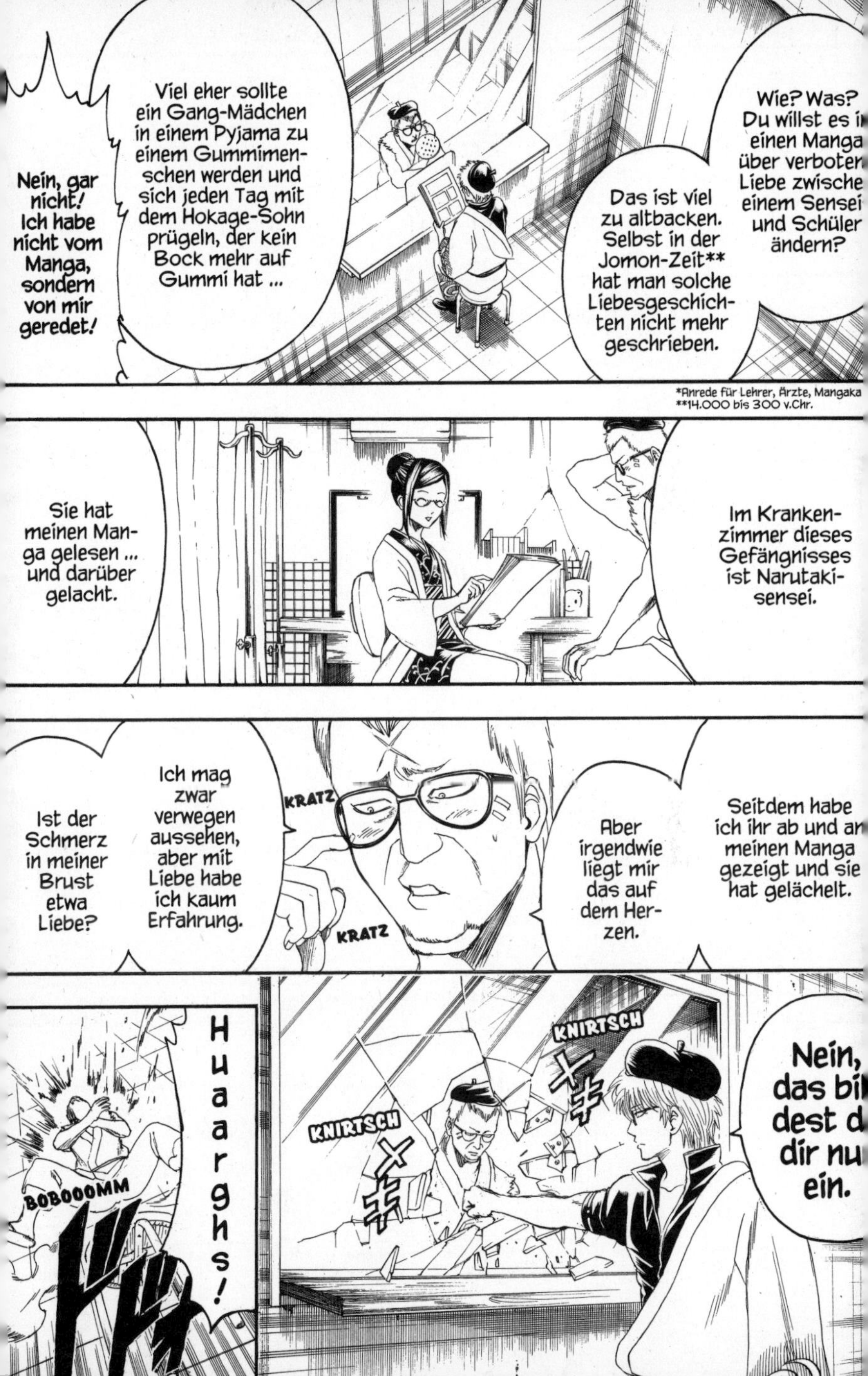
Wie? Was? Du willst es i einen Manga über verboten Liebe zwische einem Sensei und Schüler ändern?
Das ist viel zu altbacken. Selbst in der Jomon-Zeit** hat man solche Liebesgeschichten nicht mehr geschrieben.
Viel eher sollte ein Gang-Mädchen in einem Pyjama zu einem Gummimenschen werden und sich jeden Tag mit dem Hokage-Sohn prügeln, der kein Bock mehr auf Gummi hat ...
Nein, gar nicht! Ich habe nicht vom Manga, sondern von mir geredet!
*Anrede für Lehrer, Ärzte, Mangaka
**14.000 bis 300 v.Chr.
Im Krankenzimmer dieses Gefängnisses ist Narutaki-sensei.
Sie hat meinen Manga gelesen ... und darüber gelacht.
Seitdem habe ich ihr ab und an meinen Manga gezeigt und sie hat gelächelt.
Aber irgendwie liegt mir das auf dem Herzen.
KRATZ
KRATZ
Ich mag zwar verwegen aussehen, aber mit Liebe habe ich kaum Erfahrung.
Ist der Schmerz in meiner Brust etwa Liebe?
Nein, das bi dest d dir nu ein.
KNIRTSCH
KNIRTSCH
Huaarghs!
BOBOOOMM

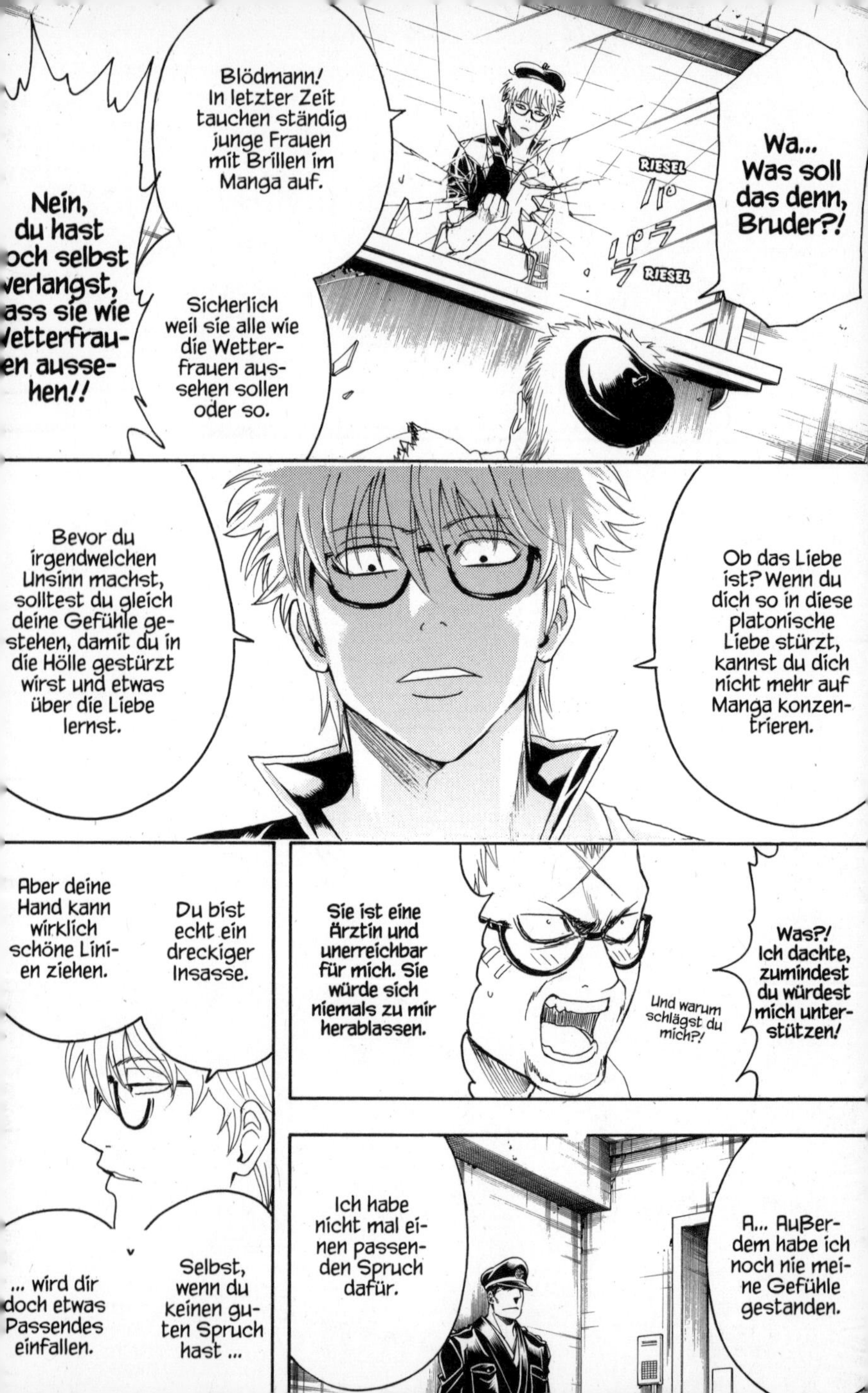
Wa... Was soll das denn, Bruder?!
RIESEL
RIESEL
Blödmann! In letzter Zeit tauchen ständig junge Frauen mit Brillen im Manga auf.
Sicherlich weil sie alle wie die Wetterfrauen aussehen sollen oder so.
Nein, du hast och selbst verlangst, ass sie wie Vetterfrauen aussehen!!
Ob das Liebe ist? Wenn du dich so in diese platonische Liebe stürzt, kannst du dich nicht mehr auf Manga konzentrieren.
Bevor du irgendwelchen Unsinn machst, solltest du gleich deine Gefühle gestehen, damit du in die Hölle gestürzt wirst und etwas über die Liebe lernst.
Was?! Ich dachte, zumindest du würdest mich unterstützen!
Und warum schlägst du mich?!
Sie ist eine Ärztin und unerreichbar für mich. Sie würde sich niemals zu mir herablassen.
Du bist echt ein dreckiger Insasse.
Aber deine Hand kann wirklich schöne Linien ziehen.
A... Außerdem habe ich noch nie meine Gefühle gestanden.
Ich habe nicht mal einen passenden Spruch dafür.
Selbst, wenn du keinen guten Spruch hast ...
... wird dir doch etwas Passendes einfallen.

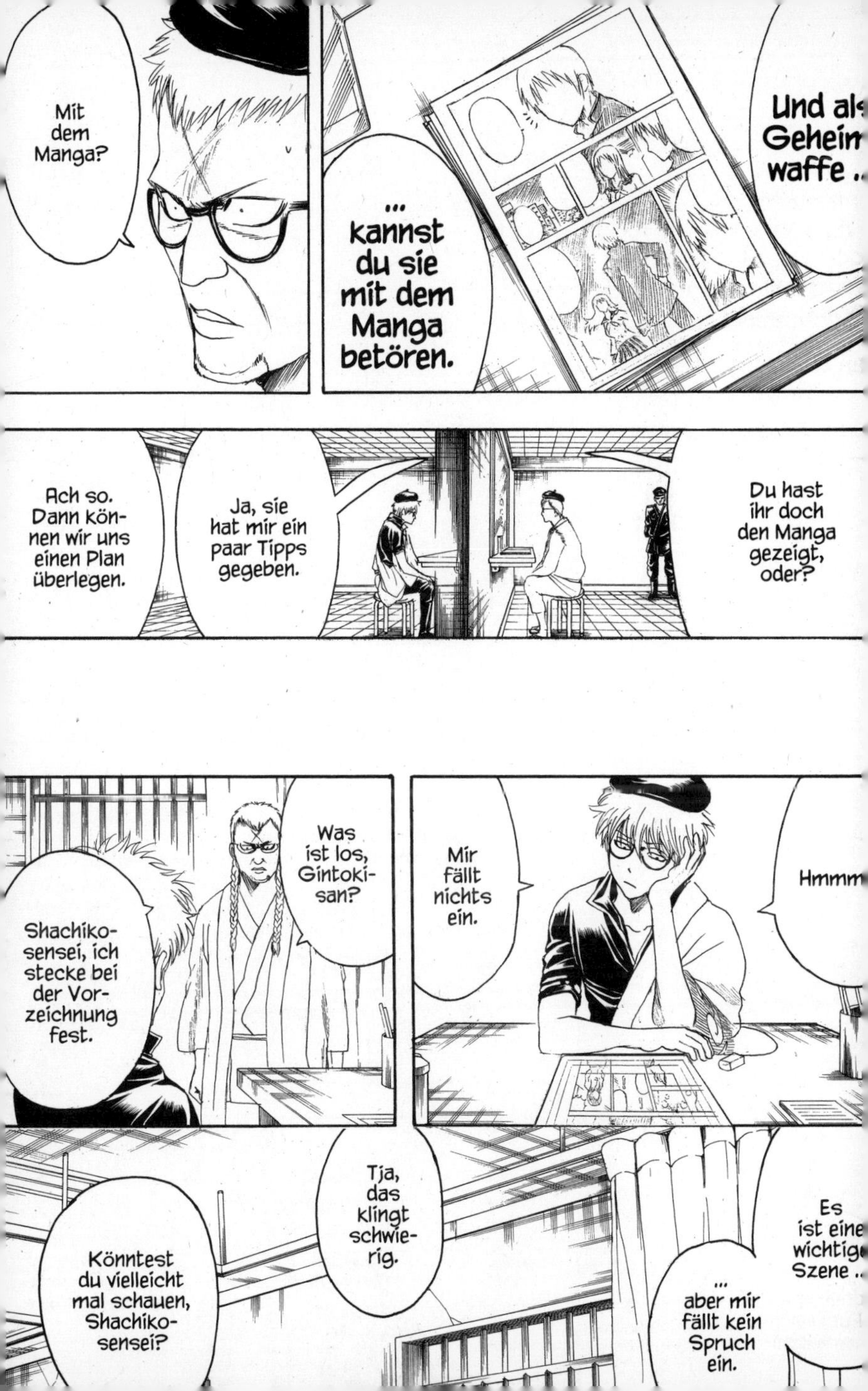

Und als Geheimwaffe ..
... kannst du sie mit dem Manga betören.
Mit dem Manga?
Du hast ihr doch den Manga gezeigt, oder?
Ja, sie hat mir ein paar Tipps gegeben.
Ach so. Dann können wir uns einen Plan überlegen.
Hmmm
Mir fällt nichts ein.
Was ist los, Gintoki-san?
Shachiko-sensei, ich stecke bei der Vorzeichnung fest.
Es ist eine wichtige Szene ..
... aber mir fällt kein Spruch ein.
Tja, das klingt schwierig.
Könntest du vielleicht mal schauen, Shachiko-sensei?

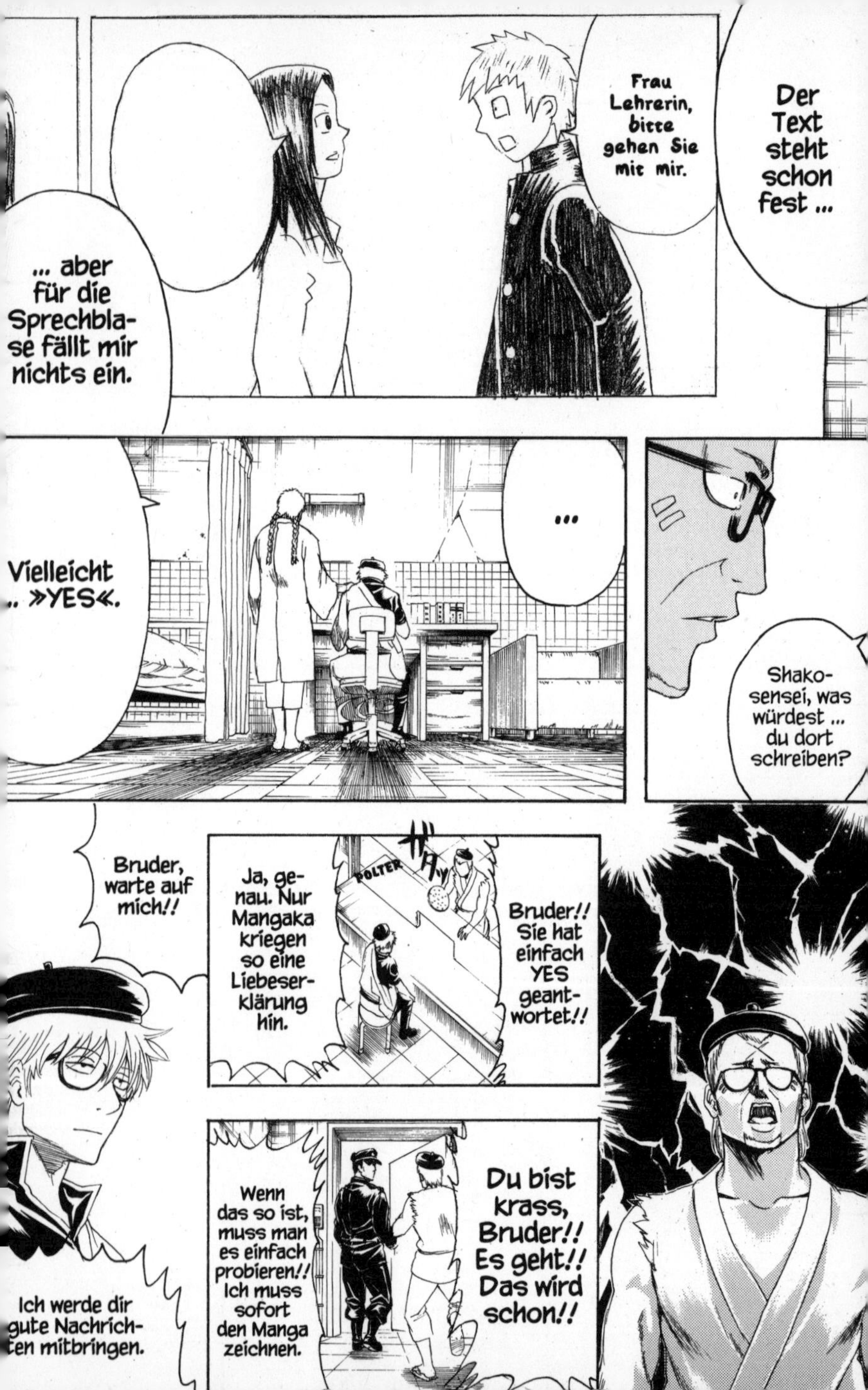

Der Text steht schon fest ...
Frau Lehrerin, bitte gehen Sie mit mir.
... aber für die Sprechblase fällt mir nichts ein.
Shako-sensei, was würdest ... du dort schreiben?
...
Vielleicht .. »YES«.
Bruder!! Sie hat einfach YES geantwortet!!
POLTER
Ja, genau. Nur Mangaka kriegen so eine Liebeserklärung hin.
Bruder, warte auf mich!!
Du bist krass, Bruder!! Es geht!! Das wird schon!!
Wenn das so ist, muss man es einfach probieren!! Ich muss sofort den Manga zeichnen.
Ich werde dir gute Nachrichten mitbringen.

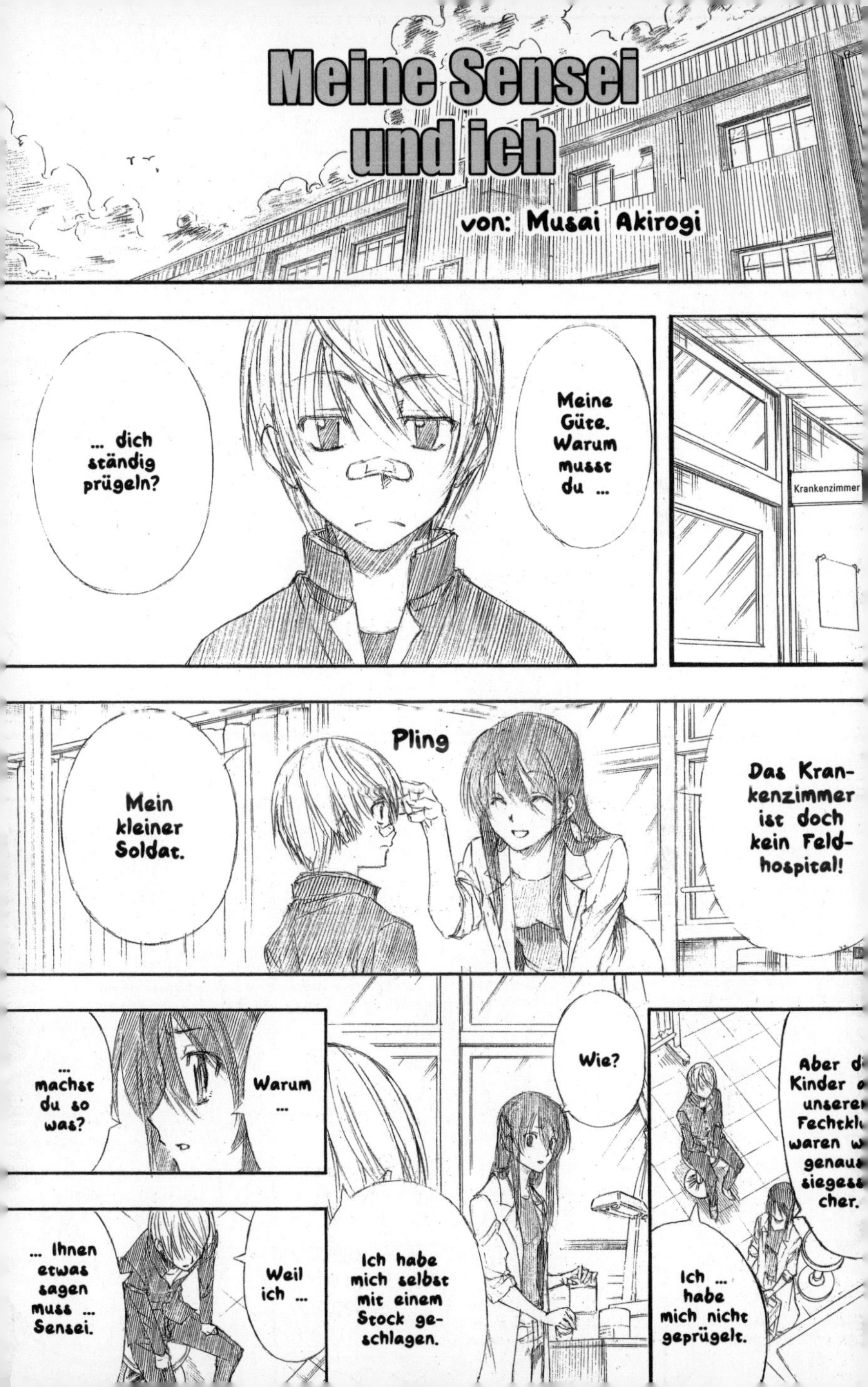

Meine Sensei und ich

von: Musai Akirogi

Krankenzimmer

Meine Güte. Warum musst du ...

... dich ständig prügeln?

Das Krankenzimmer ist doch kein Feldhospital!

Pling

Mein kleiner Soldat.

Aber di Kinder a unseren Fechtkl waren w genaus siegess cher.

Ich ... habe mich nicht geprügelt.

Wie?

Ich habe mich selbst mit einem Stock geschlagen.

Warum ...

... machst du so was?

Weil ich ...

... Ihnen etwas sagen muss ... Sensei.

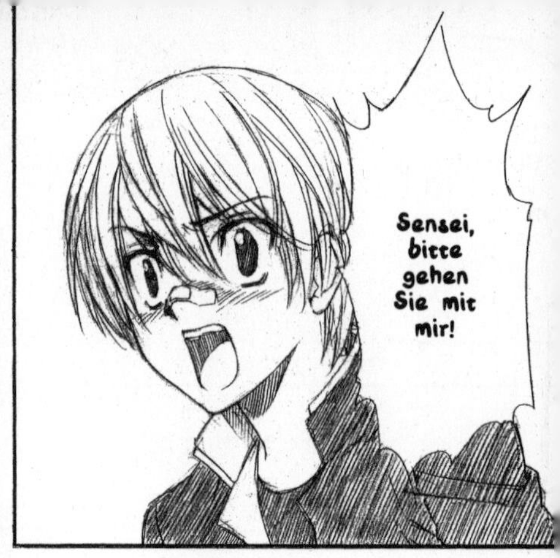

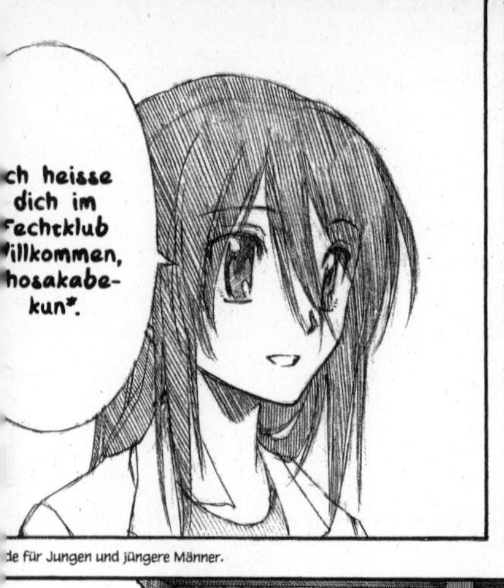

de für Jungen und jüngere Männer.

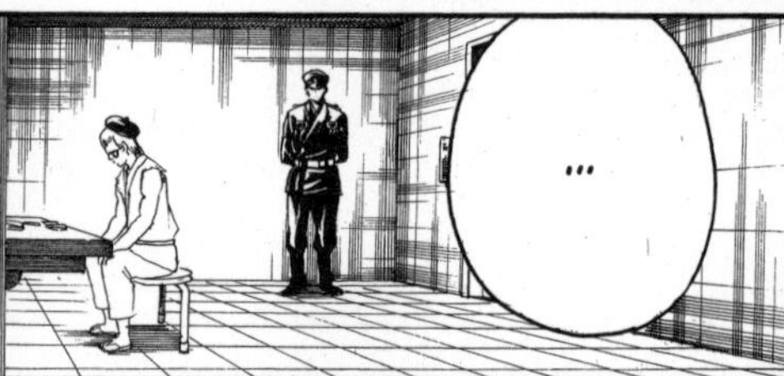

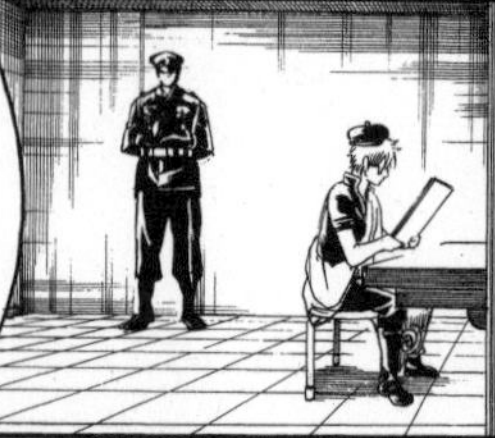

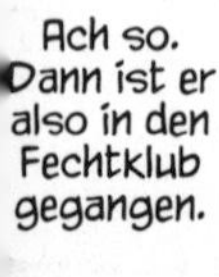

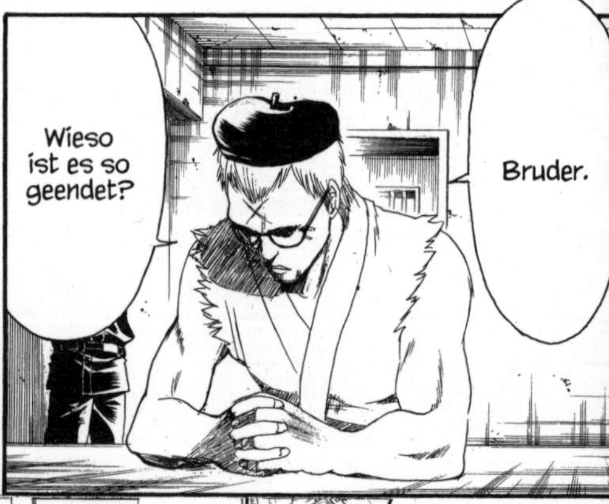

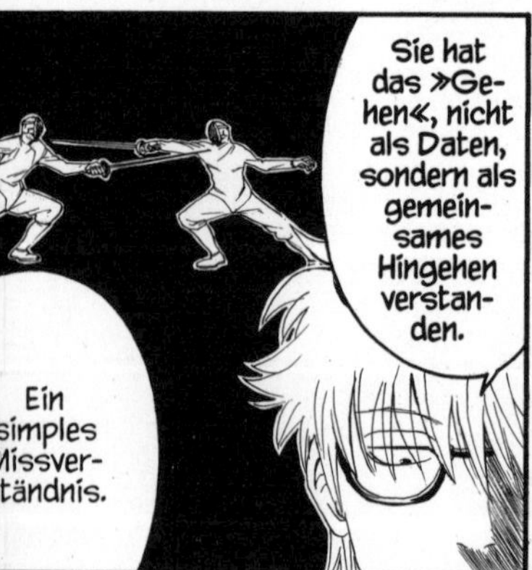

Aber das ist doch kein Sportmanga und der Hauptcharakter heißt auch nicht Chosokabe.

Wie?

Keine Ahnung, wer Chosokabe sein soll.

Ich habe mich selbst mit einem Stock geschlagen.

Weil ich ...

Es ist fast so, als wäre sie eher die verantwortliche Lehrerin für den Fechtklub.

Weil er hier nnötig erzählt at, er hätte sich it einem Stock geschlagen, achte sie wohl, ass Chosokabe ein Talent fürs Fechten hätte.

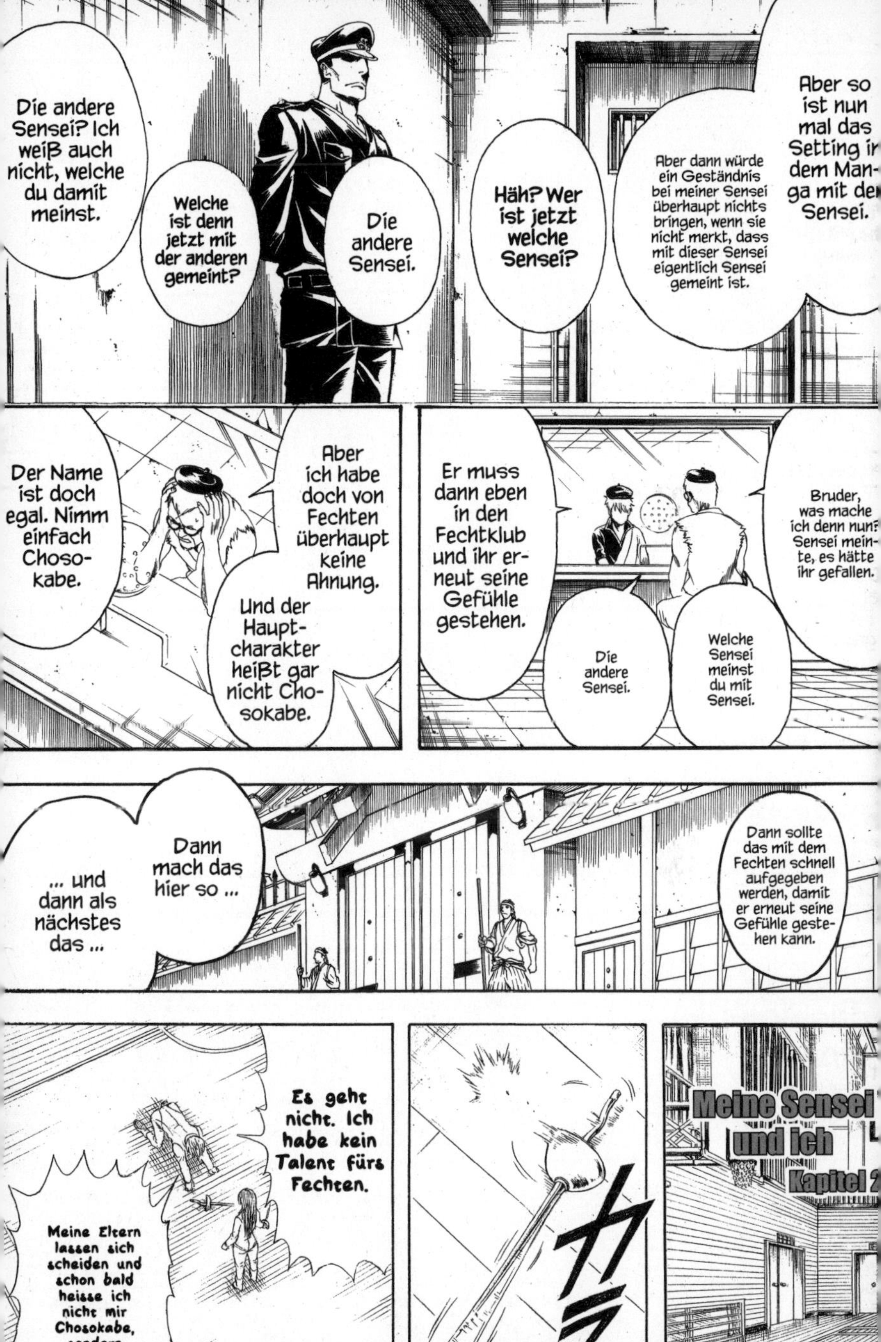

Aber so ist nun mal das Setting ir dem Manga mit der Sensei.
Aber dann würde ein Geständnis bei meiner Sensei überhaupt nichts bringen, wenn sie nicht merkt, dass mit dieser Sensei eigentlich Sensei gemeint ist.
Häh? Wer ist jetzt welche Sensei?
Die andere Sensei.
Welche ist denn jetzt mit der anderen gemeint?
Die andere Sensei? Ich weiß auch nicht, welche du damit meinst.
Bruder, was mache ich denn nun? Sensei meinte, es hätte ihr gefallen.
Welche Sensei meinst du mit Sensei.
Die andere Sensei.
Er muss dann eben in den Fechtklub und ihr erneut seine Gefühle gestehen.
Aber ich habe doch von Fechten überhaupt keine Ahnung.
Und der Hauptcharakter heißt gar nicht Chosokabe.
Der Name ist doch egal. Nimm einfach Chosokabe.
Dann sollte das mit dem Fechten schnell aufgegeben werden, damit er erneut seine Gefühle gestehen kann.
Dann mach das hier so ...
... und dann als nächstes das ...
Meine Sensei und ich
Kapitel 2
von: Musai Akirog
SCHEPPER
Es geht nicht. Ich habe kein Talent fürs Fechten.
Meine Eltern lassen sich scheiden und schon bald heisse ich nicht mir Chosokabe, sondern Mikoshiba.

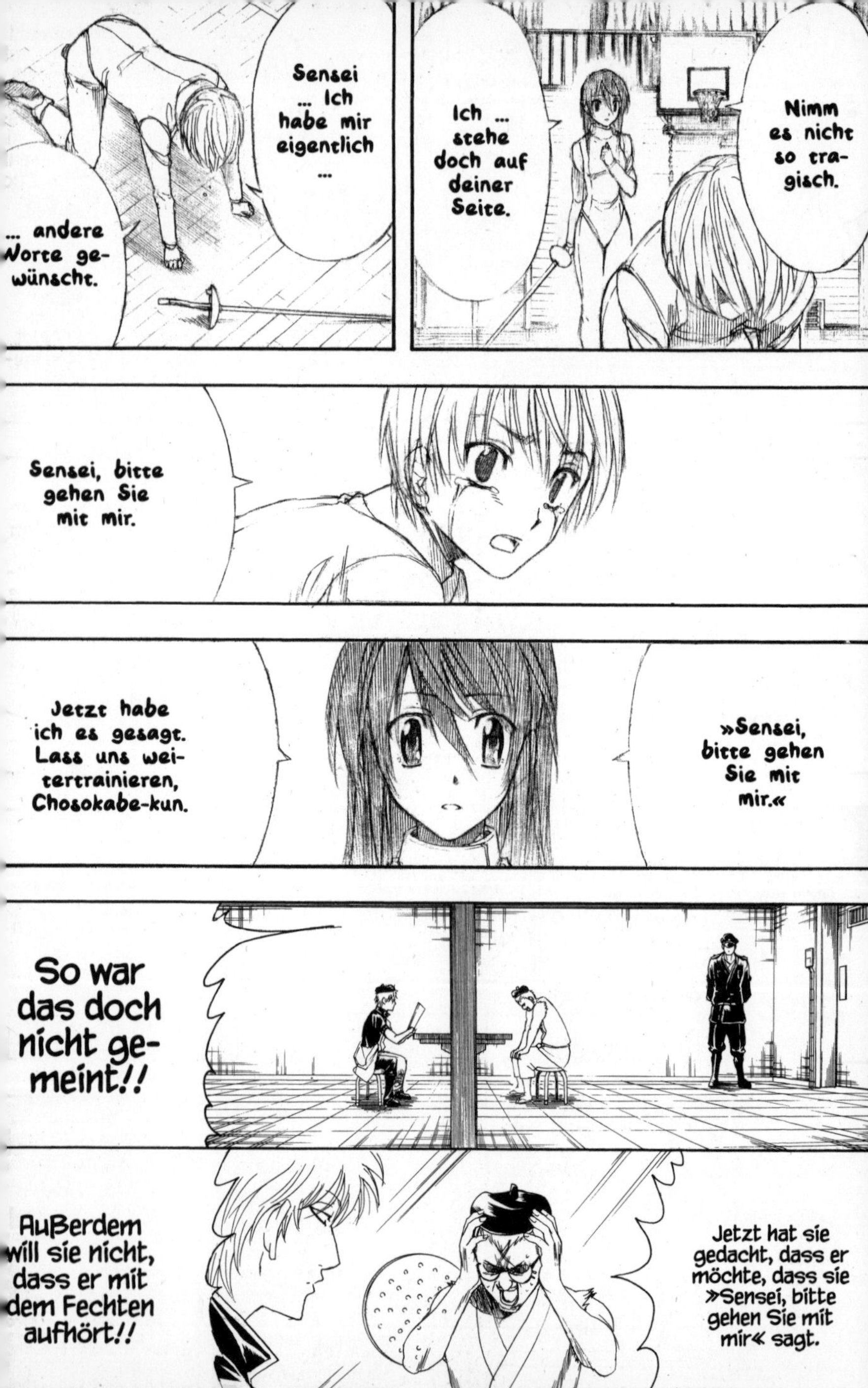
Nimm es nicht so tragisch.
Ich ... stehe doch auf deiner Seite.
Sensei ... Ich habe mir eigentlich ...
... andere Worte gewünscht.
Sensei, bitte gehen Sie mit mir.
»Sensei, bitte gehen Sie mit mir.«
Jetzt habe ich es gesagt. Lass uns weitertrainieren, Chosokabe-kun.
So war das doch nicht gemeint!!
Jetzt hat sie gedacht, dass er möchte, dass sie »Sensei, bitte gehen Sie mit mir« sagt.
Außerdem will sie nicht, dass er mit dem Fechten aufhört!!

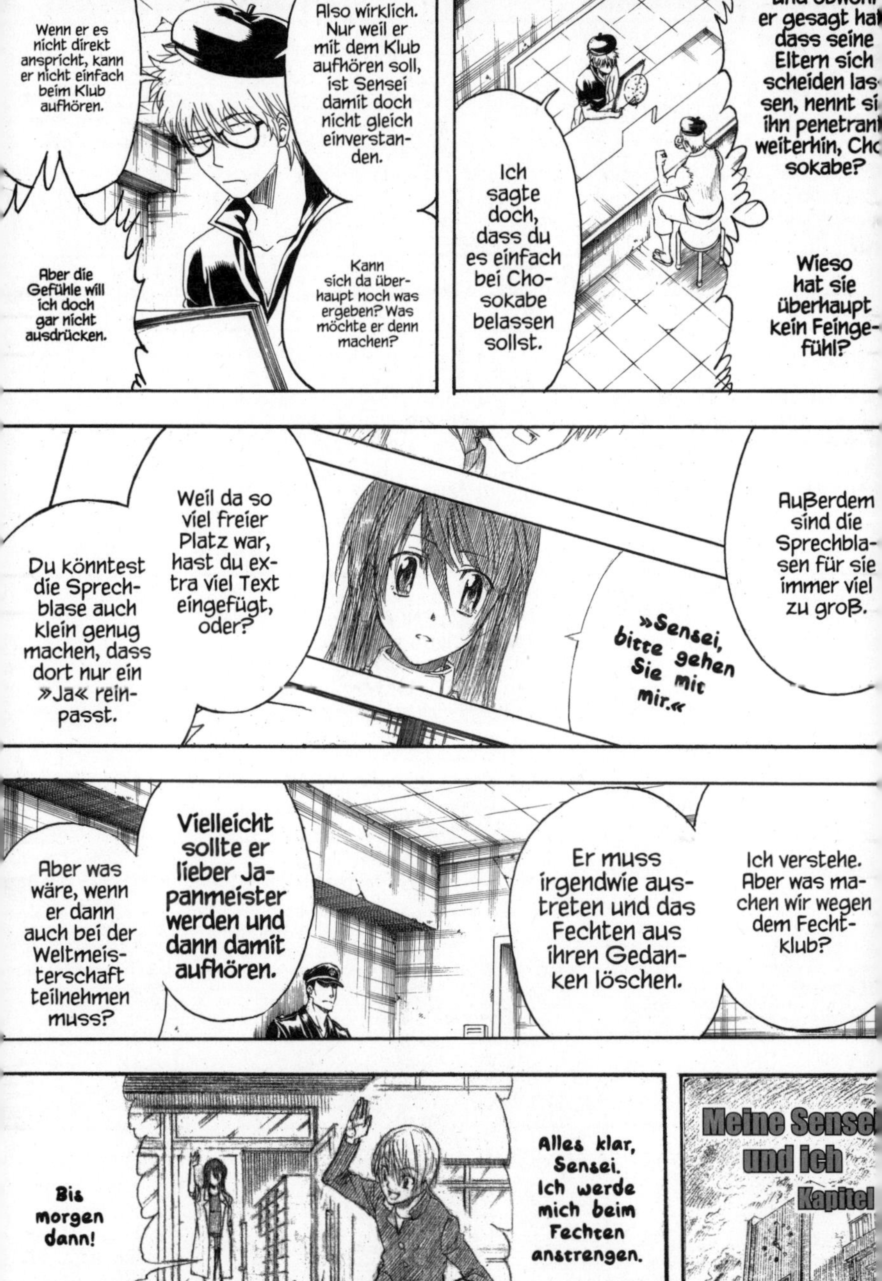

Und obwohl er gesagt hat, dass seine Eltern sich scheiden lassen, nennt sie ihn penetrant weiterhin, Chosokabe?
Wieso hat sie überhaupt kein Feingefühl?
Ich sagte doch, dass du es einfach bei Chosokabe belassen sollst.
Also wirklich. Nur weil er mit dem Klub aufhören soll, ist Sensei damit doch nicht gleich einverstanden.
Kann sich da überhaupt noch was ergeben? Was möchte er denn machen?
Wenn er es nicht direkt anspricht, kann er nicht einfach beim Klub aufhören.
Aber die Gefühle will ich doch gar nicht ausdrücken.
Außerdem sind die Sprechblasen für sie immer viel zu groß.
»Sensei, bitte gehen Sie mit mir.«
Weil da so viel freier Platz war, hast du extra viel Text eingefügt, oder?
Du könntest die Sprechblase auch klein genug machen, dass dort nur ein »Ja« reinpasst.
Ich verstehe. Aber was machen wir wegen dem Fechtklub?
Er muss irgendwie austreten und das Fechten aus ihren Gedanken löschen.
Vielleicht sollte er lieber Japanmeister werden und dann damit aufhören.
Aber was wäre, wenn er dann auch bei der Weltmeisterschaft teilnehmen muss?
Meine Sensei und ich
Kapitel
von: Musai Akiro
Alles klar, Sensei. Ich werde mich beim Fechten anstrengen.
Bis morgen dann!

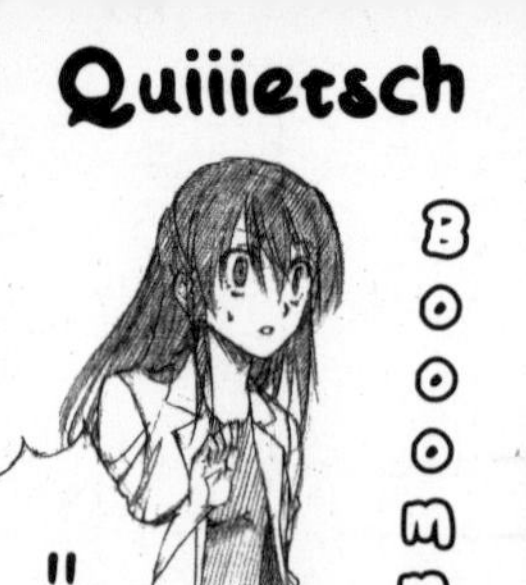
Quiiietsch
BOOOOMM
!!

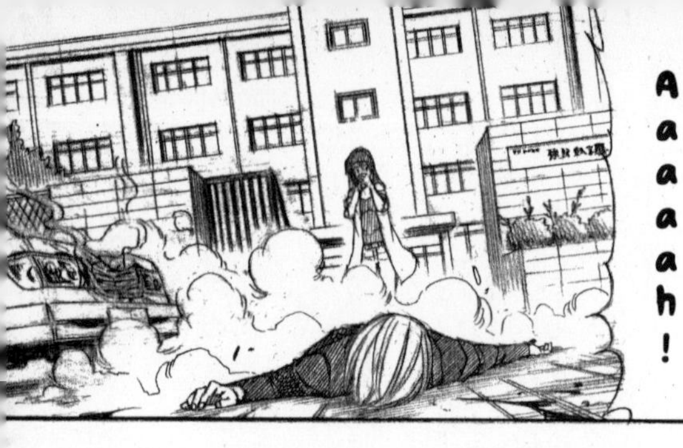
Aaaaaah!

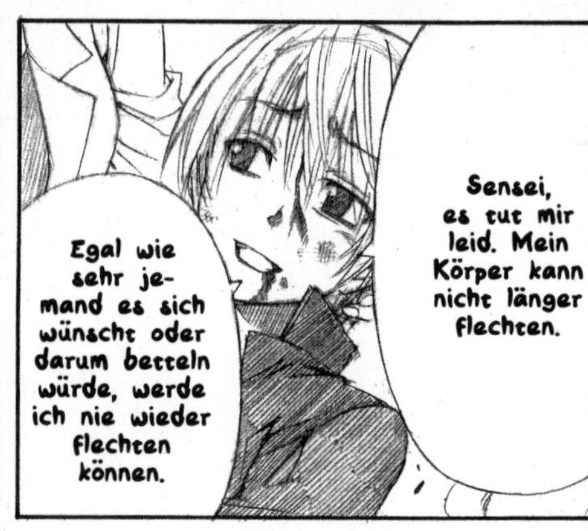
Sensei, es tut mir leid. Mein Körper kann nicht länger flechten.
Egal wie sehr jemand es sich wünscht oder darum betteln würde, werde ich nie wieder flechten können.

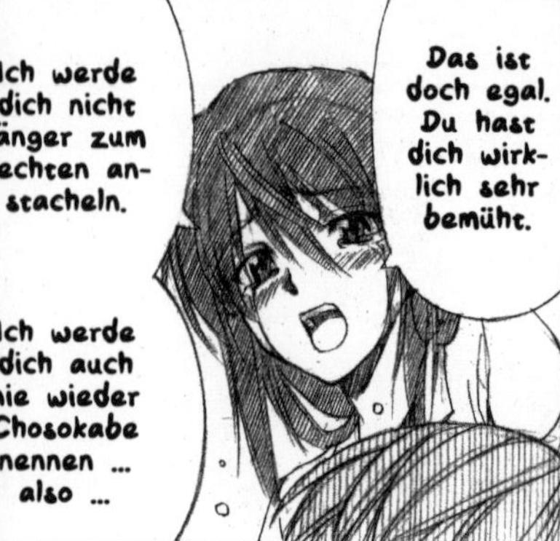
Das ist doch egal. Du hast dich wirklich sehr bemüht.
Ich werde dich nicht länger zum Fechten anstacheln.
Ich werde dich auch nie wieder Chosokabe nennen ... also ...

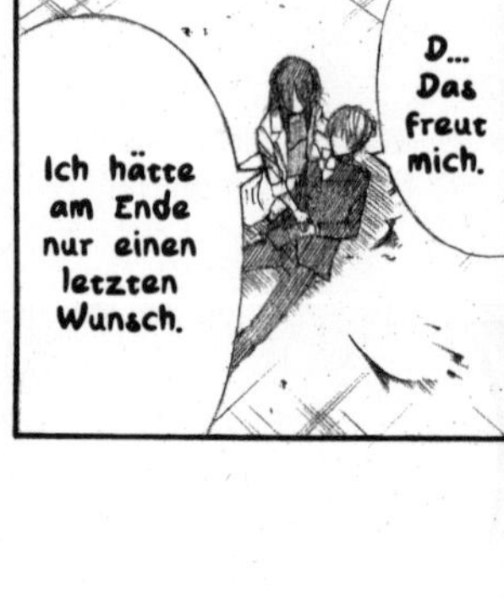
D... Das freut mich.
Ich hätte am Ende nur einen letzten Wunsch.

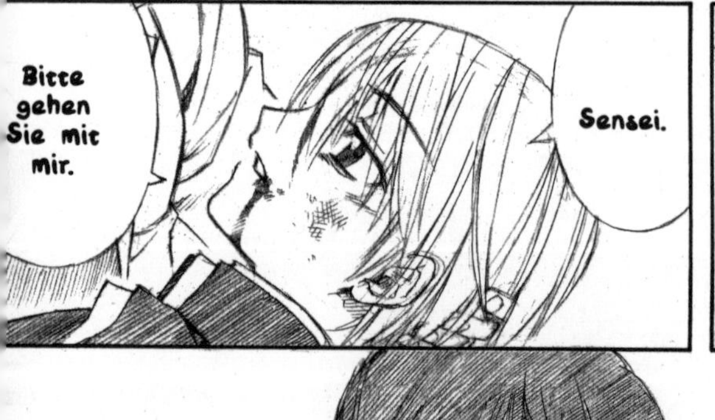
Sensei.
Bitte gehen Sie mit mir.

YESSS

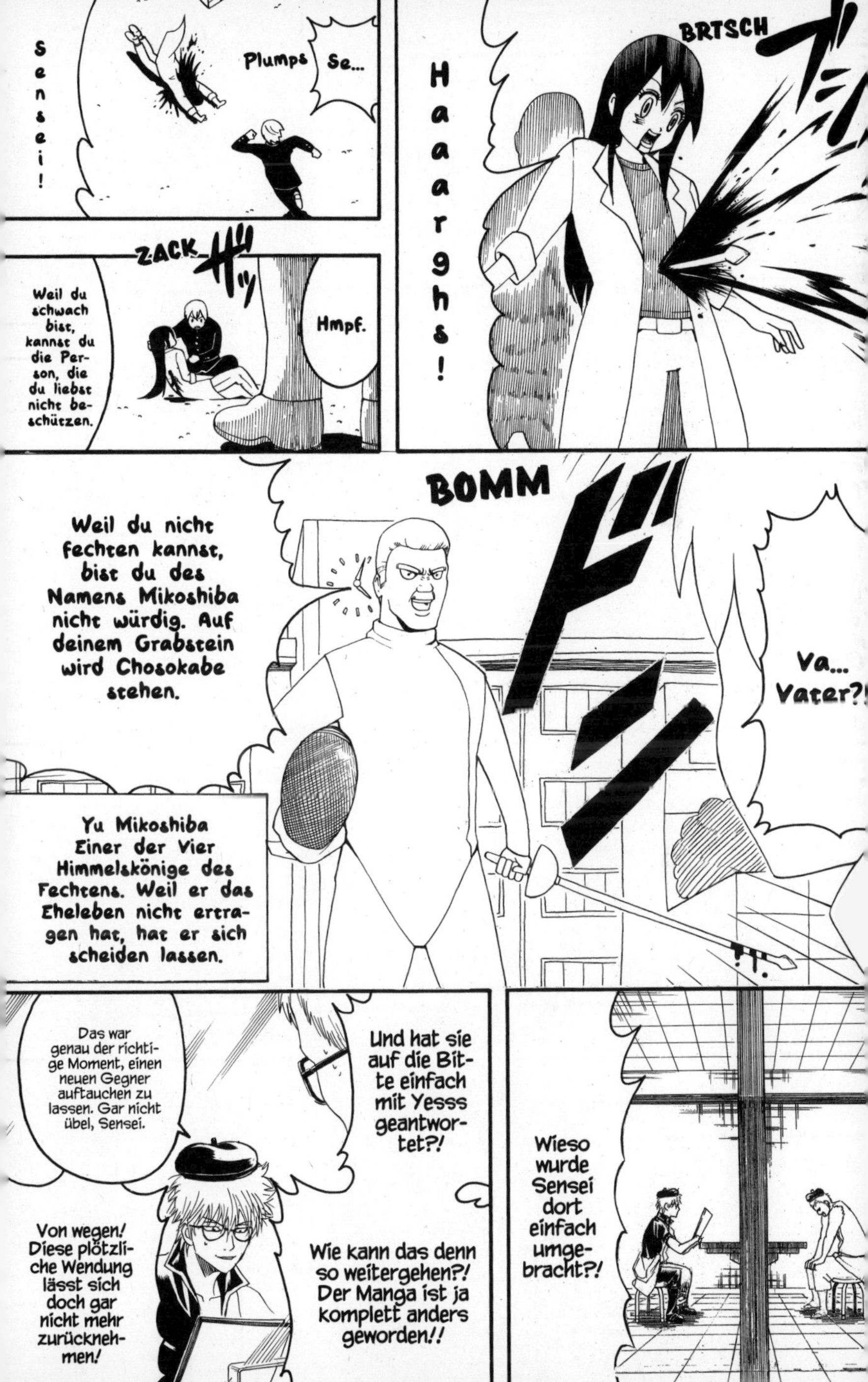
Sensei!
Plumps
Se...
Weil du schwach bist, kannst du die Person, die du liebst nicht beschützen.
ZACK
Hmpf.
BRTSCH
Haaarghs!
BOMM
Va... Vater?!
Weil du nicht fechten kannst, bist du des Namens Mikoshiba nicht würdig. Auf deinem Grabstein wird Chosokabe stehen.
Yu Mikoshiba Einer der Vier Himmelskönige des Fechtens. Weil er das Eheleben nicht ertragen hat, hat er sich scheiden lassen.
Wieso wurde Sensei dort einfach umgebracht?!
Und hat sie auf die Bitte einfach mit Yesss geantwortet?!
Das war genau der richtige Moment, einen neuen Gegner auftauchen zu lassen. Gar nicht übel, Sensei.
Wie kann das denn so weitergehen?! Der Manga ist ja komplett anders geworden!!
Von wegen! Diese plötzliche Wendung lässt sich doch gar nicht mehr zurücknehmen!

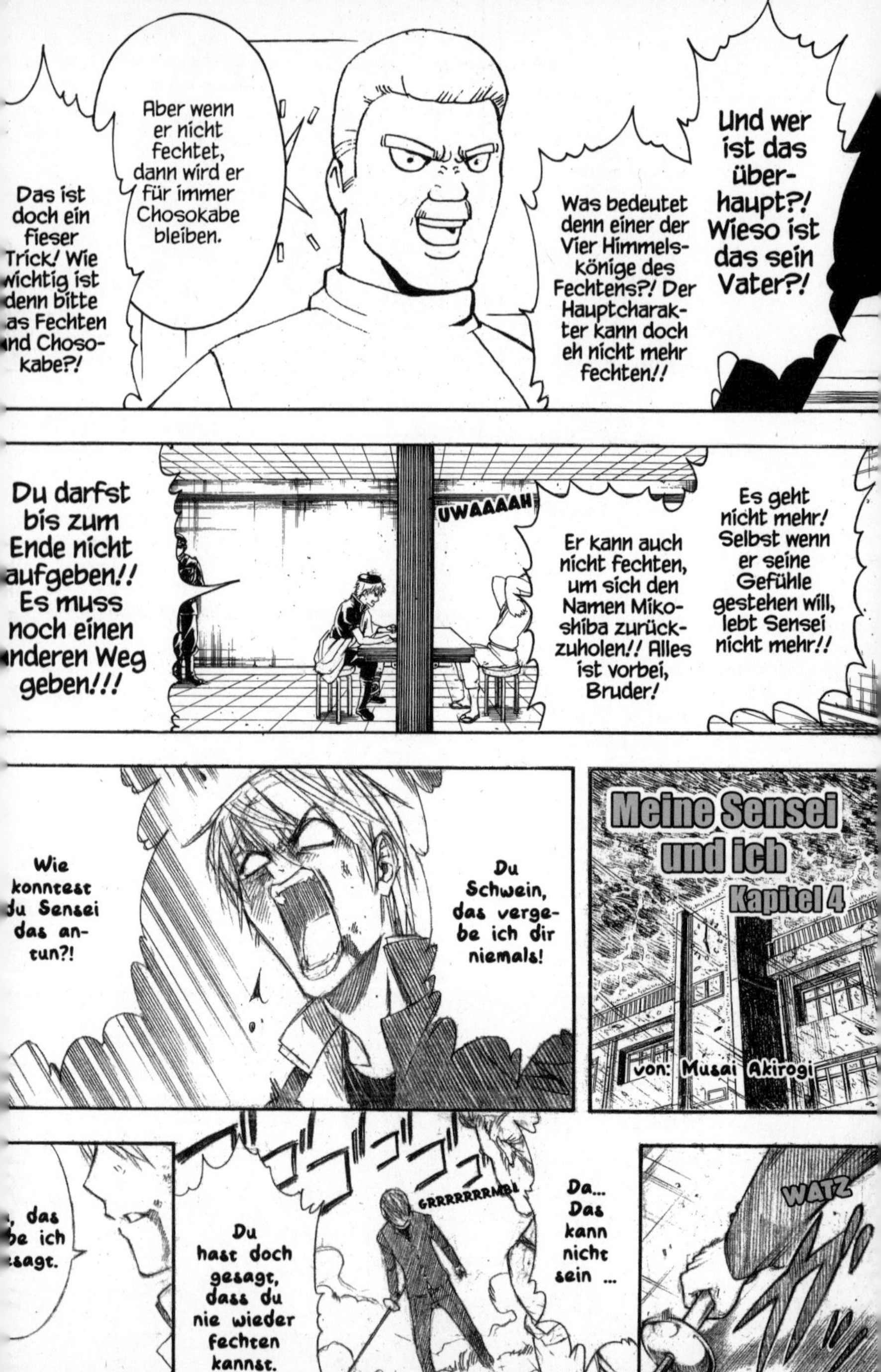
Und wer ist das überhaupt?! Wieso ist das sein Vater?!
Was bedeutet denn einer der Vier Himmelskönige des Fechtens?! Der Hauptcharakter kann doch eh nicht mehr fechten!!
Aber wenn er nicht fechtet, dann wird er für immer Chosokabe bleiben.
Das ist doch ein fieser Trick! Wie wichtig ist denn bitte das Fechten und Chosokabe?!
Es geht nicht mehr! Selbst wenn er seine Gefühle gestehen will, lebt Sensei nicht mehr!!
Er kann auch nicht fechten, um sich den Namen Mikoshiba zurückzuholen!! Alles ist vorbei, Bruder!
UWAAAAH
Du darfst bis zum Ende nicht aufgeben!! Es muss noch einen anderen Weg geben!!!
Meine Sensei und ich
Kapitel 4
von: Musai Akirogi
Du Schwein, das vergebe ich dir niemals!
Wie konntest du Sensei das antun?!
WATZ
Da... Das kann nicht sein ...
GRRRRRRRMBL
Du hast doch gesagt, dass du nie wieder fechten kannst.
, das be ich sagt.

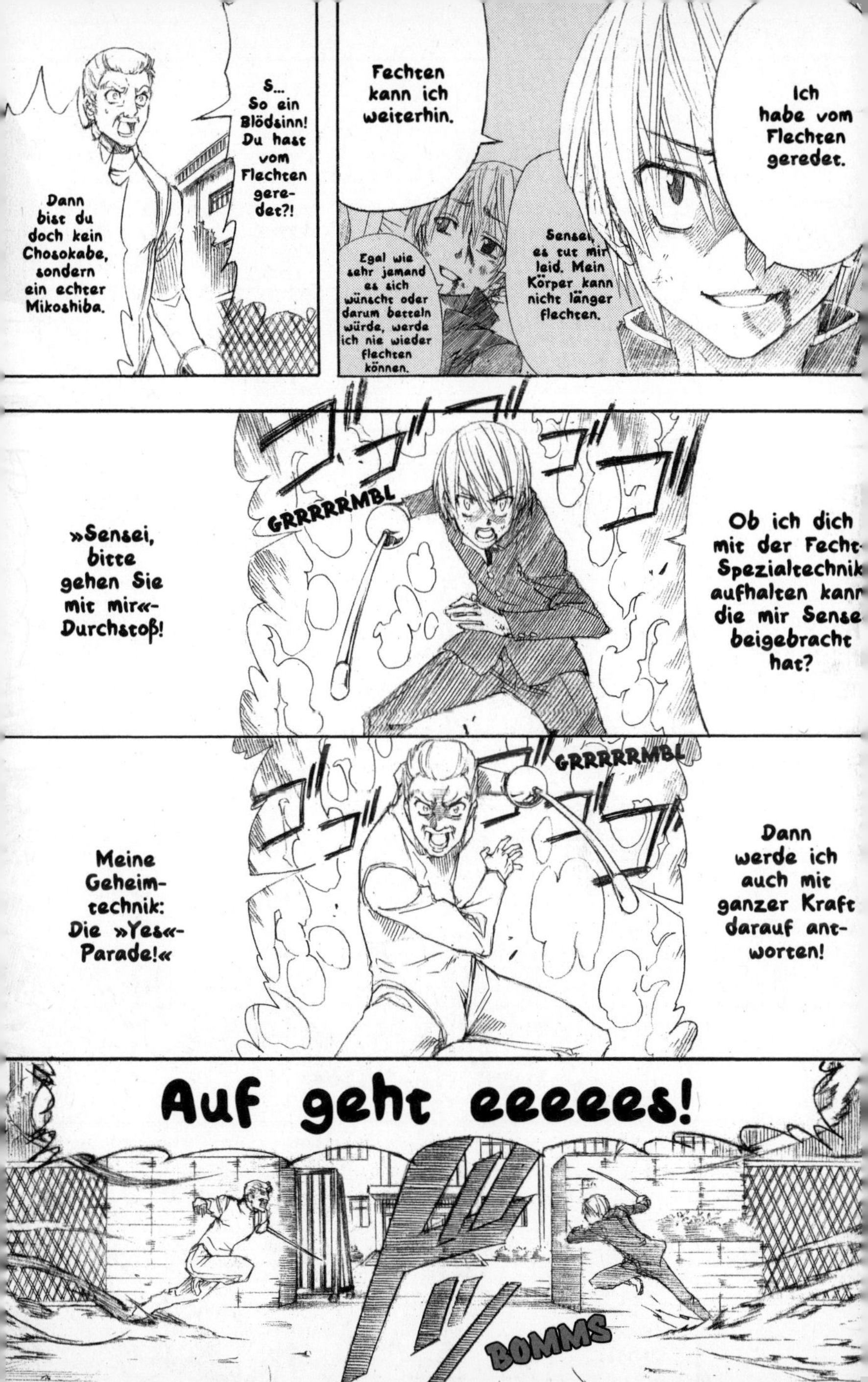
Ich habe vom Flechten geredet.
Sensei, es tut mir leid. Mein Körper kann nicht länger flechten.
Egal wie sehr jemand es sich wünscht oder darum betteln würde, werde ich nie wieder flechten können.
Fechten kann ich weiterhin.
S… So ein Blödsinn! Du hast vom Flechten gere-det?!
Dann bist du doch kein Chosokabe, sondern ein echter Mikoshiba.
GRRRRRMBL
Ob ich dich mit der Fecht-Spezialtechnik aufhalten kann die mir Sense beigebracht hat?
»Sensei, bitte gehen Sie mit mir«-Durchstoß!
GRRRRRMBL
Dann werde ich auch mit ganzer Kraft darauf ant-worten!
Meine Geheim-technik: Die »Yes«-Parade!«
Auf geht eeeees!
BOMMS

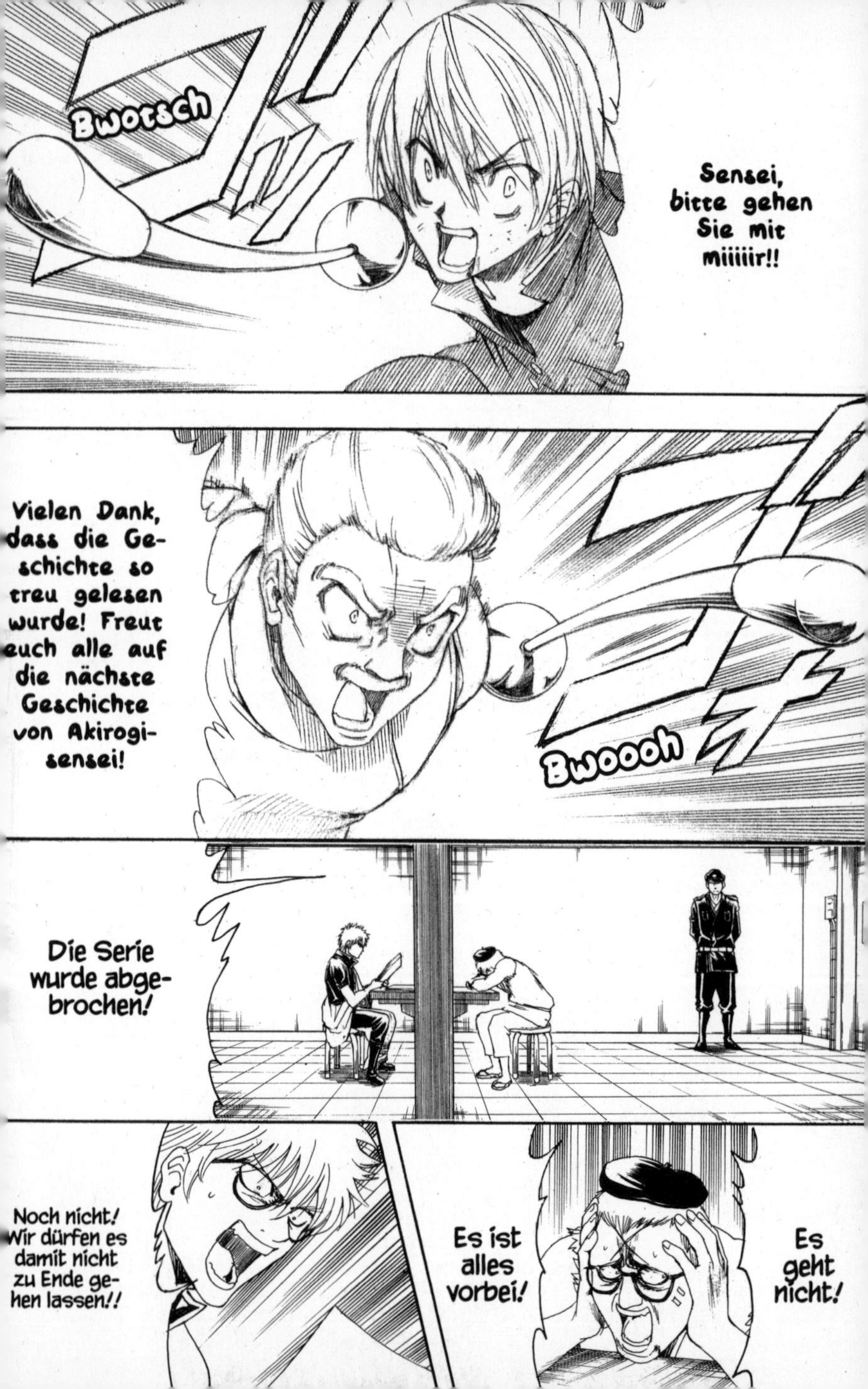
Sensei, bitte gehen Sie mit miiiiir!!
Bwotsch
Bwoooh
Vielen Dank, dass die Geschichte so treu gelesen wurde! Freut euch alle auf die nächste Geschichte von Akirogi-sensei!
Die Serie wurde abgebrochen!
Es geht nicht!
Es ist alles vorbei!
Noch nicht! Wir dürfen es damit nicht zu Ende gehen lassen!!

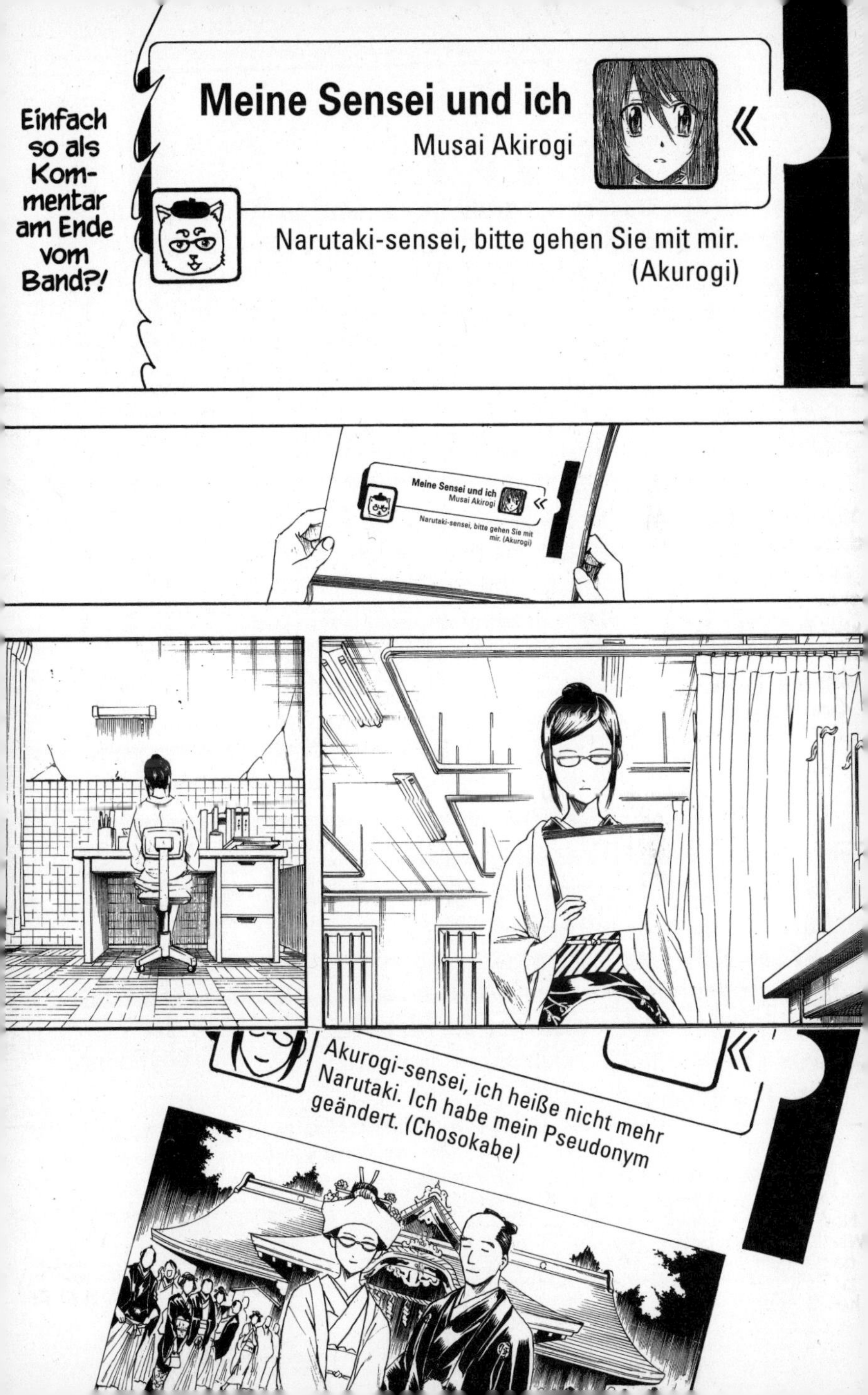

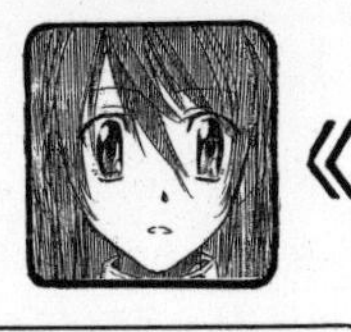

Meine Sensei und ich
Musai Akirogi

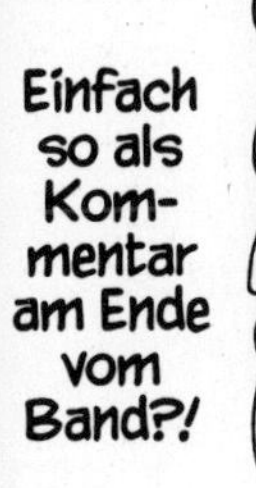

Einfach so als Kommentar am Ende vom Band?!

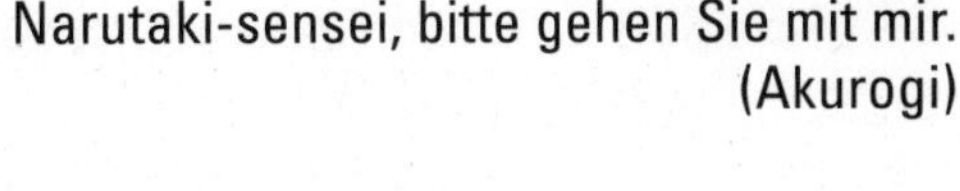

Narutaki-sensei, bitte gehen Sie mit mir. (Akurogi)

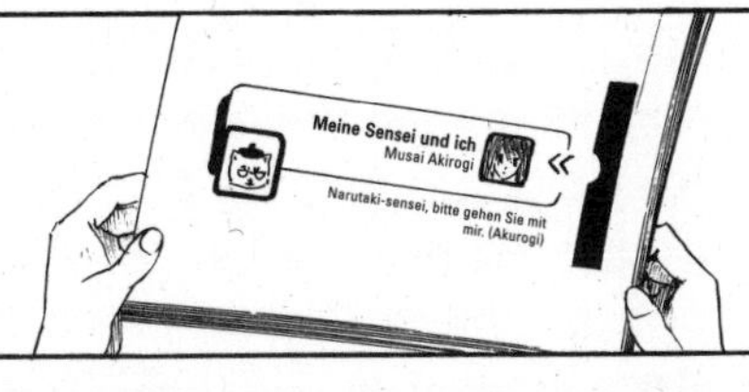

Meine Sensei und ich
Musai Akirogi
Narutaki-sensei, bitte gehen Sie mit mir. (Akurogi)

Akurogi-sensei, ich heiße nicht mehr Narutaki. Ich habe mein Pseudonym geändert. (Chosokabe)

Vielen Dank, dass ihr den 47. Band von *Gin Tama* gekauft habt. Ich habe es schon auf den Klappentext geschrieben, aber mein Redakteur ist nicht länger Jellybeans-Honda, sondern jetzt ist Congalala-Matsuo für *Gin Tama* zuständig. Ich musste mich gleichzeitig um den Kinofilm und die wöchentlichen Kapitel kümmern und habe für beides die Abgabetermine nicht einhalten können, weswegen wir uns beide als Entschuldigung den Kopf geschoren haben. Zuerst war er noch so scharf wie ein Messer und hat auf alle, die ihn berührten, mit Kot geworfen. Aber selbst ein neugeborener Gorilla wird irgendwann rund und weicher. Tja, alle Redakteure von *Gin Tama* werden irgendwann rundlich. Zumindest sagen das die Gerüchte. Anstelle eines Mangaka hätte ich vielleicht auch eher buddhistischer Priester oder Barbier werden sollen. Ich überlege mir gerade, ob ich noch den Job wechseln kann. Nun ja. Man sieht es mir nicht an, aber ich bereue es wirklich. Vielleicht sollte ich einfach bei einer Pressekonferenz bitterlich weinen. Es tut mir leid, dass ich dem Manga so untreu wurde. Aber dafür ist noch nicht der richtige Moment gekommen. Noch darf ich jetzt nicht einfach stehenbleiben. Ich muss die Tränen zurückhalten und weitermarschieren. Selbst wenn mein Redakteur seine Haare abrasiert. Selbst wenn mein Redakteur aus Stress in eine Kneipe mit Frauen im gehobenen Alter geht. Selbst wenn mein Redakteur süchtig nach Soaplands wird und dort sein Geld auf den Kopf haut. Ich muss einfach den Mund halten und weitermachen. Und wenn ich dann die vielen Skandale überwunden habe, kann ich diese zum eigenen Nutzen auskosten. Dann können Sonoyama und Tominaga mit Film und Vorlage einen perfekten Strudel erzeugen. Und dann wird für mich in der Mangawelt der Shinonoya-Moment gekommen sein, an dem ich meine Tränen vergießen kann.

(Fortsetzung auf Seite 187)

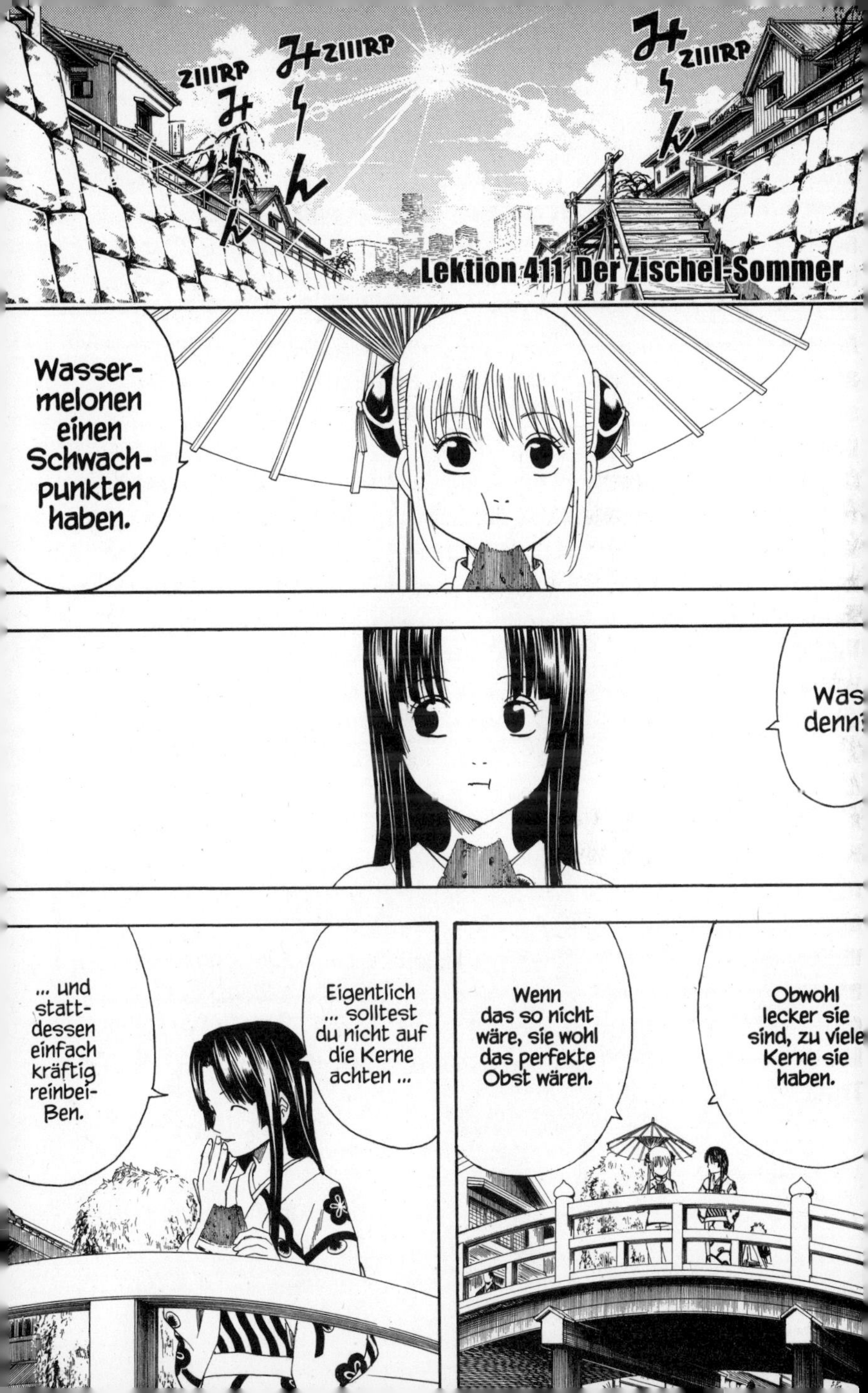

みーん ZIIIRP
みーん ZIIIRP
みーん ZIIIRP
Lektion 411 Der Zischel-Sommer
Wasser-melonen einen Schwach-punkten haben.
Was denn?
Obwohl lecker sie sind, zu viele Kerne sie haben.
Wenn das so nicht wäre, sie wohl das perfekte Obst wären.
Eigentlich ... solltest du nicht auf die Kerne achten ...
... und statt-dessen einfach kräftig reinbei-ßen.

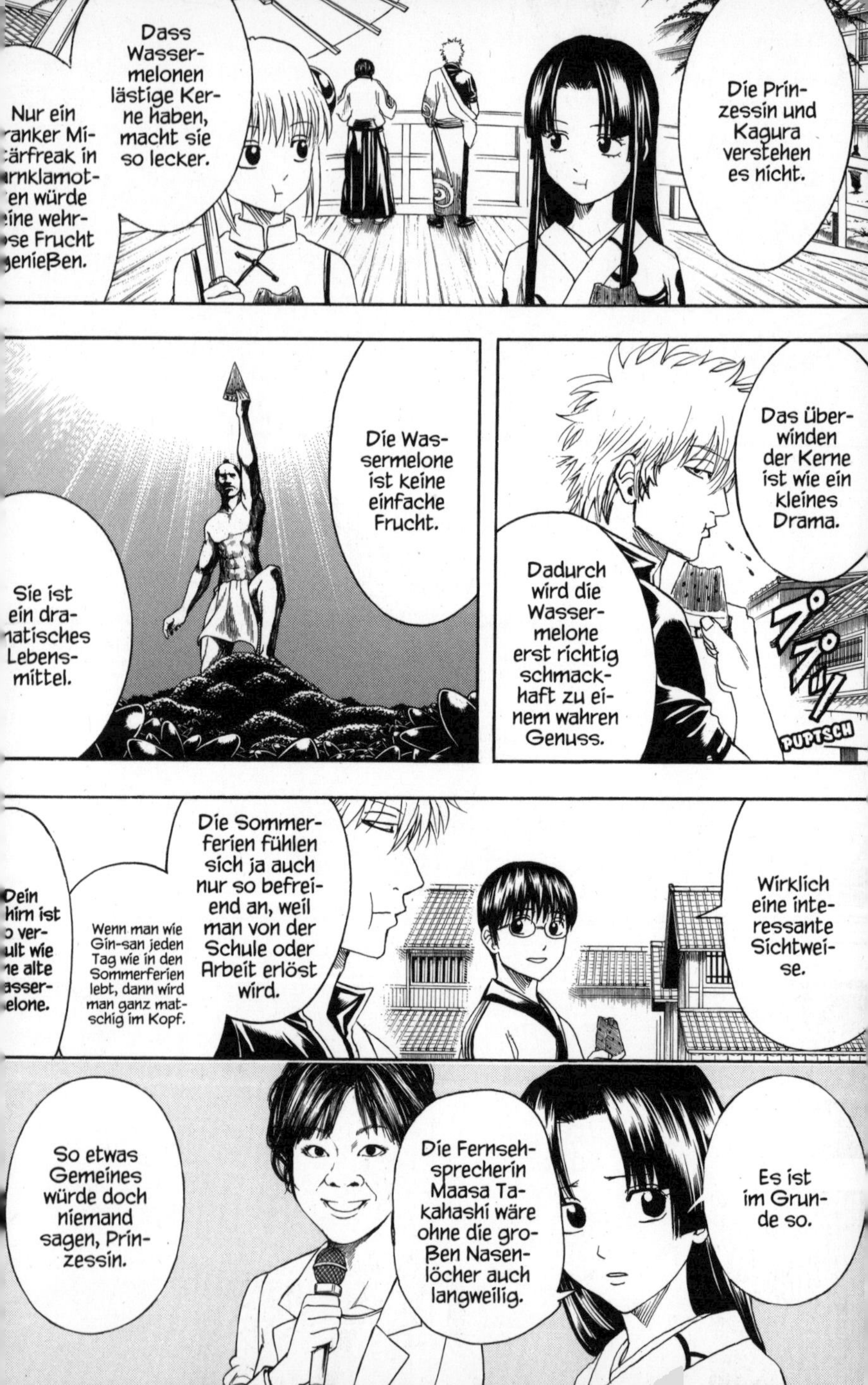

Die Prinzessin und Kagura verstehen es nicht.
Dass Wassermelonen lästige Kerne haben, macht sie so lecker.
Nur ein ranker Mi- tärfreak in rnklamot- en würde ine wehr- se Frucht genießen.
Das überwinden der Kerne ist wie ein kleines Drama.
Dadurch wird die Wassermelone erst richtig schmackhaft zu einem wahren Genuss.
PUPTSCH
Die Wassermelone ist keine einfache Frucht.
Sie ist ein dramatisches Lebensmittel.
Wirklich eine interessante Sichtweise.
Die Sommerferien fühlen sich ja auch nur so befreiend an, weil man von der Schule oder Arbeit erlöst wird.
Wenn man wie Gin-san jeden Tag wie in den Sommerferien lebt, dann wird man ganz matschig im Kopf.
Dein Hirn ist o ver- ult wie e alte asser- elone.
Es ist im Grunde so.
Die Fernsehsprecherin Maasa Takahashi wäre ohne die großen Nasenlöcher auch langweilig.
So etwas Gemeines würde doch niemand sagen, Prinzessin.

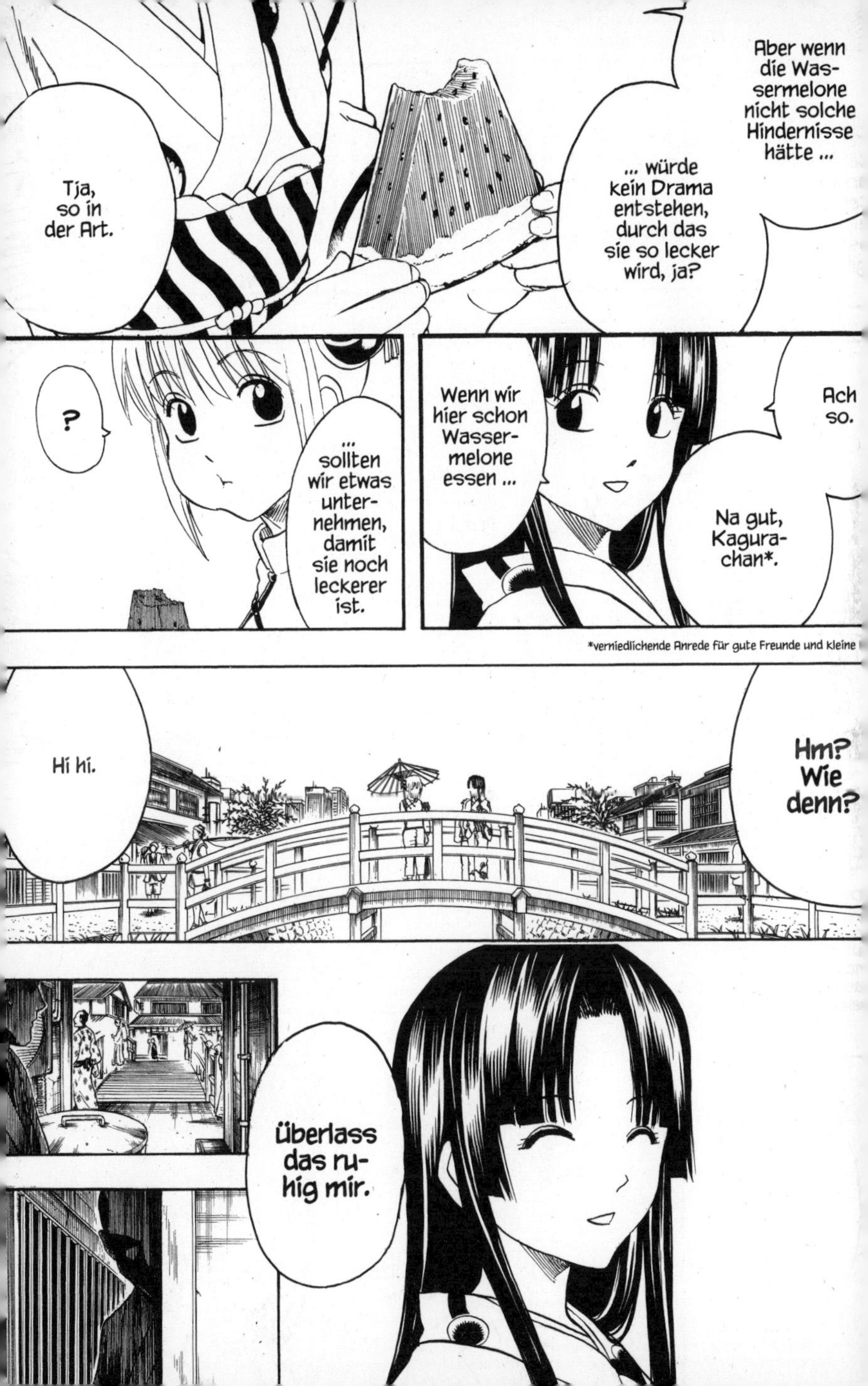
Aber wenn die Wassermelone nicht solche Hindernisse hätte ...
... würde kein Drama entstehen, durch das sie so lecker wird, ja?
Tja, so in der Art.
Ach so.
Na gut, Kagura-chan*.
Wenn wir hier schon Wassermelone essen ...
... sollten wir etwas unternehmen, damit sie noch leckerer ist.
?
*verniedlichende Anrede für gute Freunde und kleine
Hm? Wie denn?
Hi hi.
Überlass das ruhig mir.

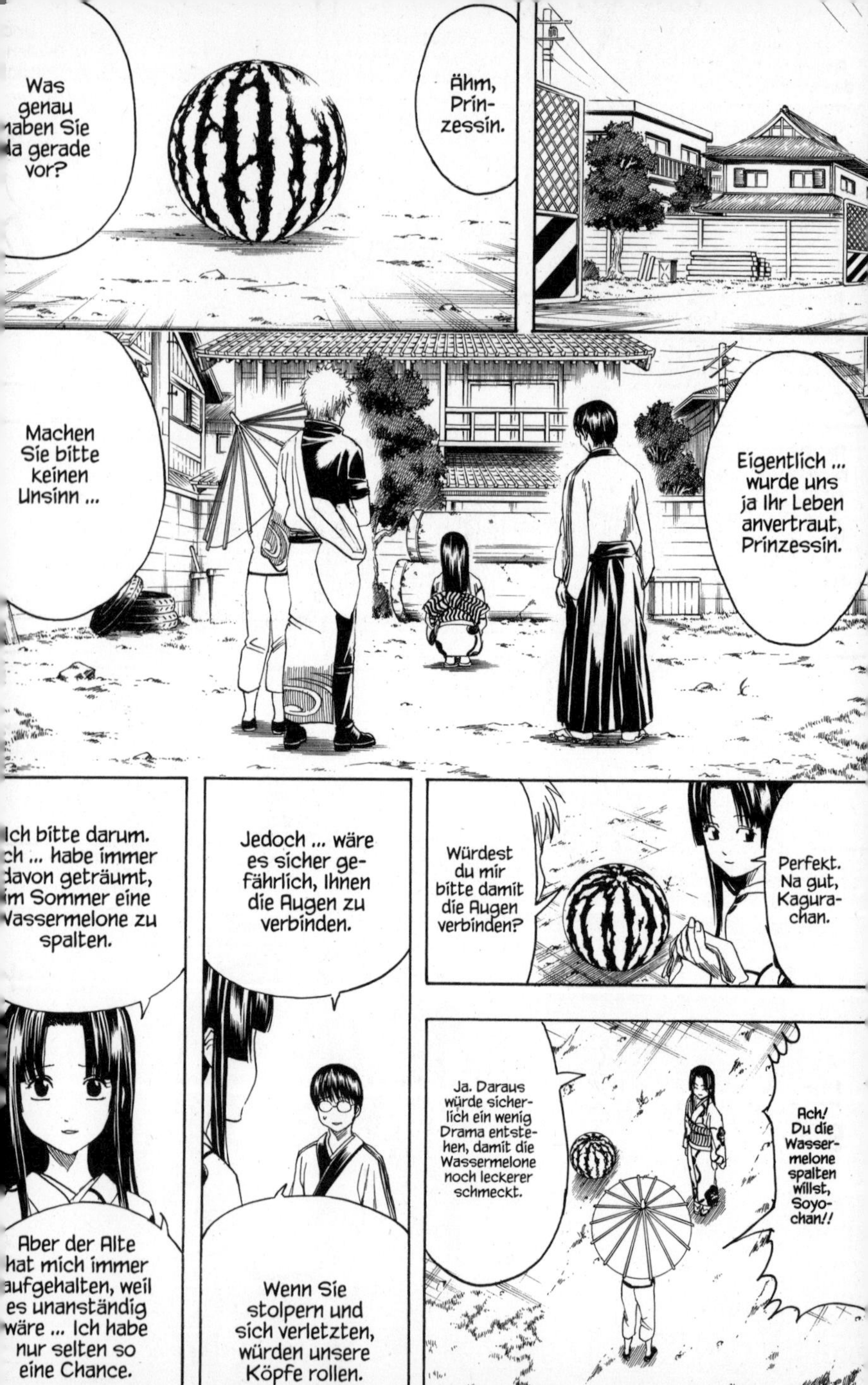
Ähm, Prinzessin.
Was genau haben Sie da gerade vor?
Eigentlich ... wurde uns ja Ihr Leben anvertraut, Prinzessin.
Machen Sie bitte keinen Unsinn ...
Perfekt. Na gut, Kagura-chan.
Würdest du mir bitte damit die Augen verbinden?
Jedoch ... wäre es sicher gefährlich, Ihnen die Augen zu verbinden.
Ich bitte darum. ch ... habe immer davon geträumt, im Sommer eine Wassermelone zu spalten.
Ach! Du die Wassermelone spalten willst, Soyo-chan!!
Ja. Daraus würde sicherlich ein wenig Drama entstehen, damit die Wassermelone noch leckerer schmeckt.
Wenn Sie stolpern und sich verletzten, würden unsere Köpfe rollen.
Aber der Alte hat mich immer aufgehalten, weil es unanständig wäre ... Ich habe nur selten so eine Chance.

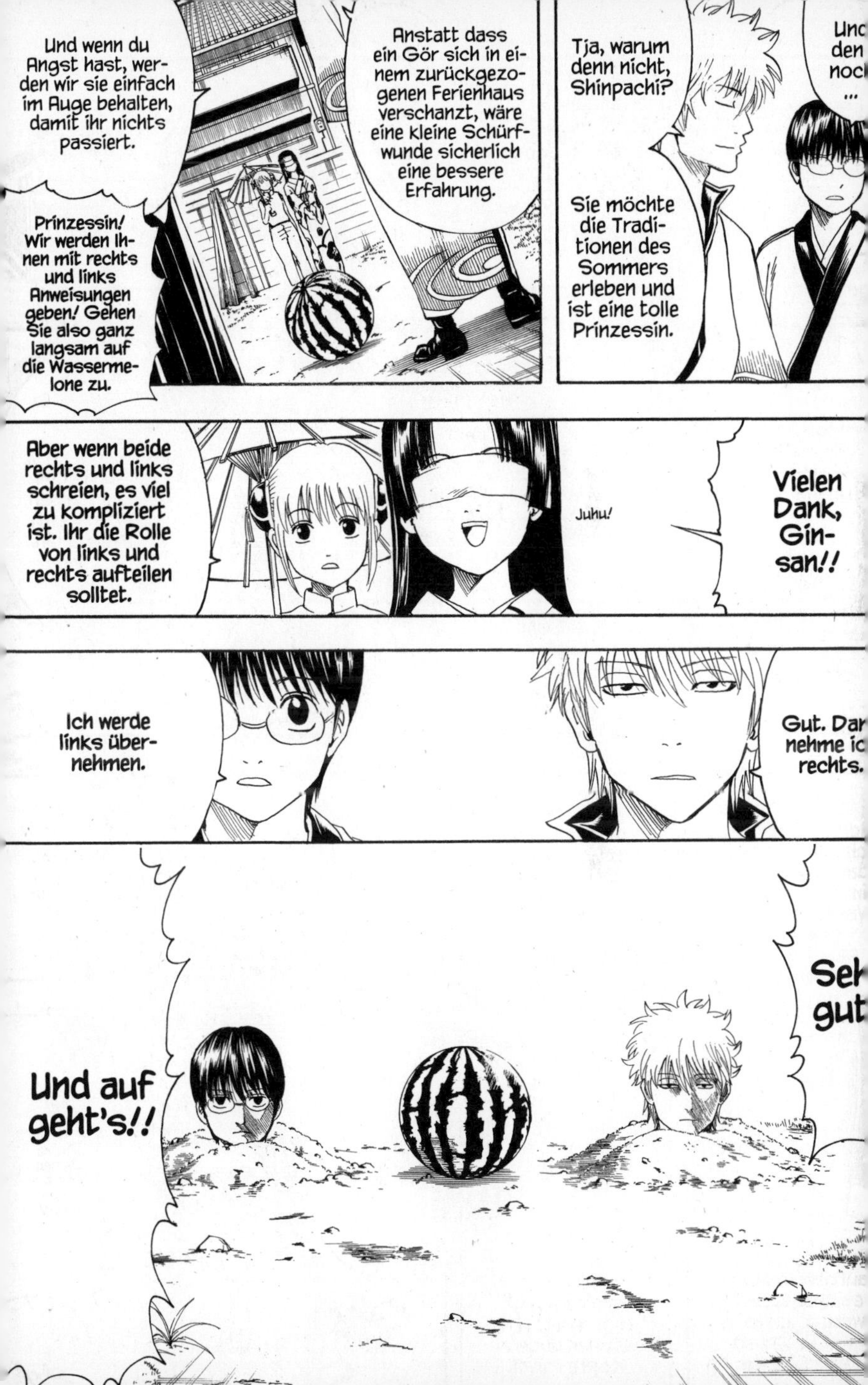

Und den noc ...
Tja, warum denn nicht, Shinpachi?
Sie möchte die Traditionen des Sommers erleben und ist eine tolle Prinzessin.
Anstatt dass ein Gör sich in einem zurückgezogenen Ferienhaus verschanzt, wäre eine kleine Schürfwunde sicherlich eine bessere Erfahrung.
Und wenn du Angst hast, werden wir sie einfach im Auge behalten, damit ihr nichts passiert.
Prinzessin! Wir werden Ihnen mit rechts und links Anweisungen geben! Gehen Sie also ganz langsam auf die Wassermelone zu.
Vielen Dank, Gin-san!!
Juhu!
Aber wenn beide rechts und links schreien, es viel zu kompliziert ist. Ihr die Rolle von links und rechts aufteilen solltet.
Gut. Dar nehme ic rechts.
Ich werde links übernehmen.
Seh gut
Und auf geht's!!

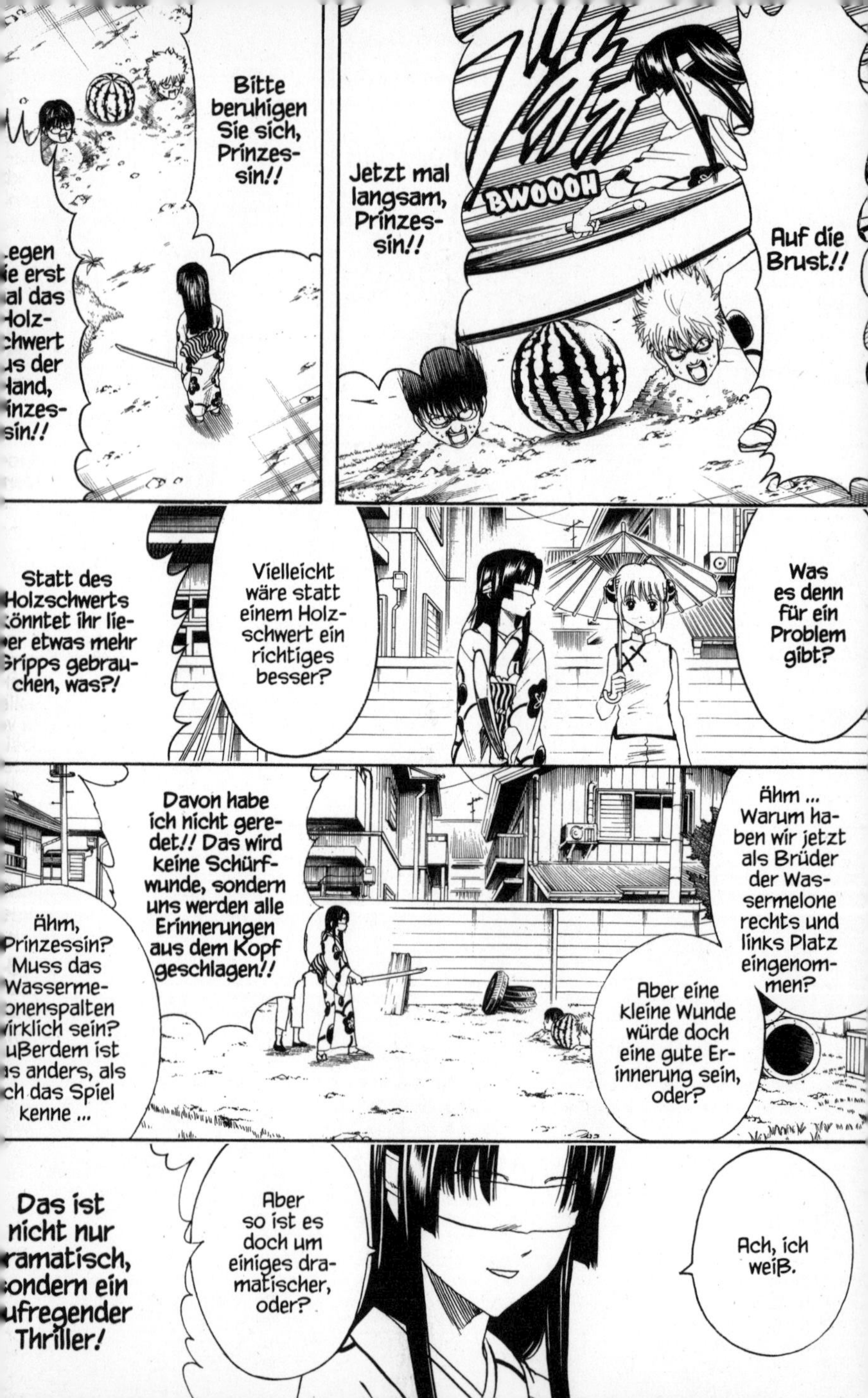
Auf die Brust!!
BWOOOH
Jetzt mal langsam, Prinzes-sin!!
Bitte beruhigen Sie sich, Prinzes-sin!!
egen ie erst al das Holz-chwert us der Hand, inzes-sin!!
Was es denn für ein Problem gibt?
Vielleicht wäre statt einem Holz-schwert ein richtiges besser?
Statt des Holzschwerts önntet ihr lie-er etwas mehr Gripps gebrau-chen, was?!
Ähm ... Warum ha-ben wir jetzt als Brüder der Was-sermelone rechts und links Platz eingenom-men?
Aber eine kleine Wunde würde doch eine gute Er-innerung sein, oder?
Davon habe ich nicht gere-det!! Das wird keine Schürf-wunde, sondern uns werden alle Erinnerungen aus dem Kopf geschlagen!!
Ähm, Prinzessin? Muss das Wasserme-onenspalten irklich sein? ußerdem ist s anders, als ch das Spiel kenne ...
Ach, ich weiß.
Aber so ist es doch um einiges dra-matischer, oder?
Das ist nicht nur ramatisch, ondern ein ufregender Thriller!

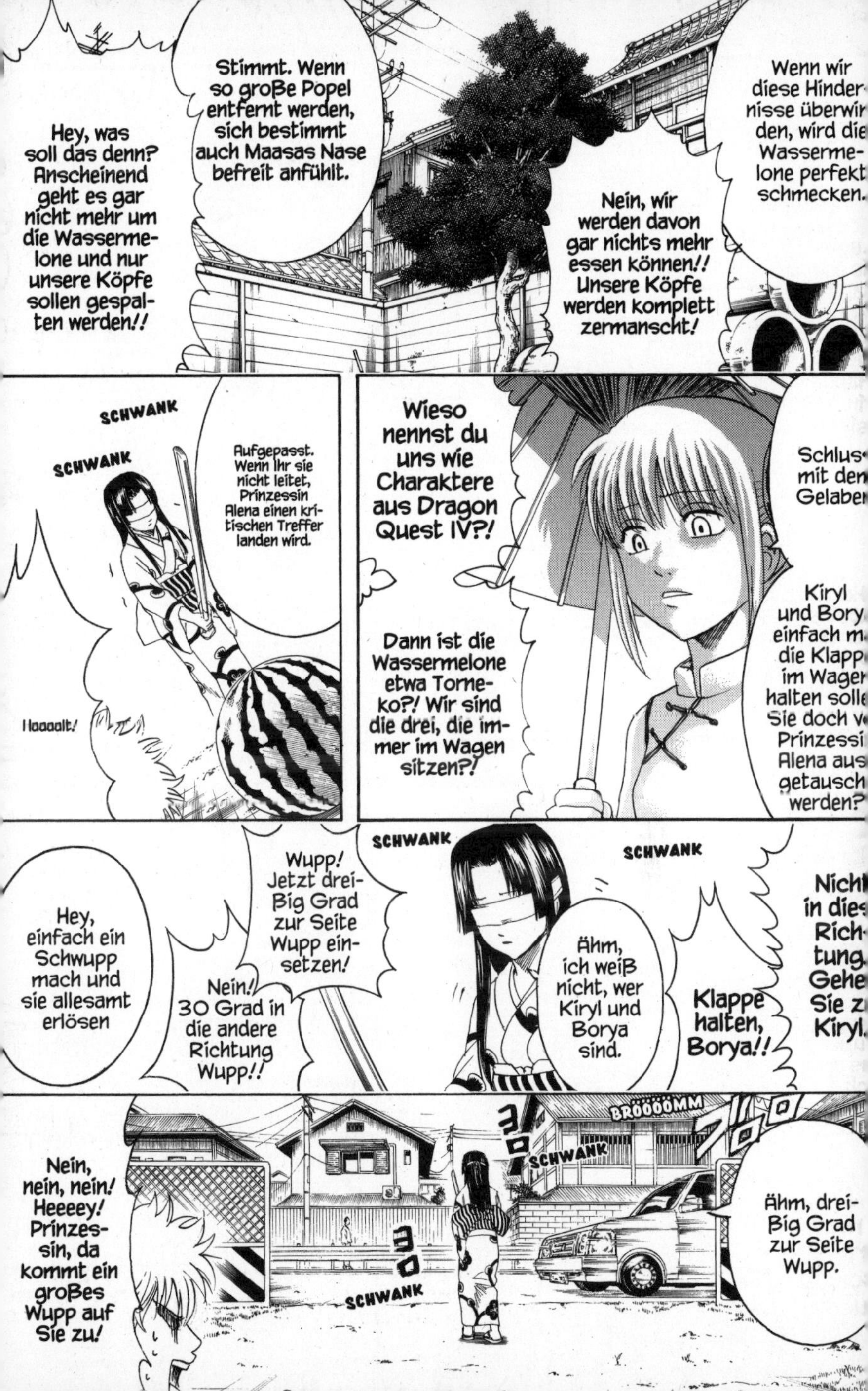

Wenn wir diese Hindernisse überwinden, wird die Wassermelone perfekt schmecken.
Nein, wir werden davon gar nichts mehr essen können!! Unsere Köpfe werden komplett zermanscht!
Stimmt. Wenn so große Popel entfernt werden, sich bestimmt auch Maasas Nase befreit anfühlt.
Hey, was soll das denn? Anscheinend geht es gar nicht mehr um die Wassermelone und nur unsere Köpfe sollen gespalten werden!!
Schlus mit den Gelaber
Kiryl und Bory einfach m die Klapp im Wager halten solle Sie doch v Prinzessi Alena aus getausch werden?
Wieso nennst du uns wie Charaktere aus Dragon Quest IV?!
Dann ist die Wassermelone etwa Torneko?! Wir sind die drei, die immer im Wagen sitzen?!
SCHWANK
SCHWANK
Aufgepasst. Wenn Ihr sie nicht leitet, Prinzessin Alena einen kritischen Treffer landen wird.
Haaaalt!
Nicht in dies Richtung. Gehe Sie z Kiryl.
SCHWANK
Klappe halten, Borya!!
Ähm, ich weiß nicht, wer Kiryl und Borya sind.
SCHWANK
Wupp! Jetzt dreißig Grad zur Seite Wupp einsetzen!
Nein! 30 Grad in die andere Richtung Wupp!!
Hey, einfach ein Schwupp mach und sie allesamt erlösen
BRÖÖÖÖMM
SCHWANK
Ähm, dreißig Grad zur Seite Wupp.
SCHWANK
Nein, nein, nein! Heeeey! Prinzessin, da kommt ein großes Wupp auf Sie zu!

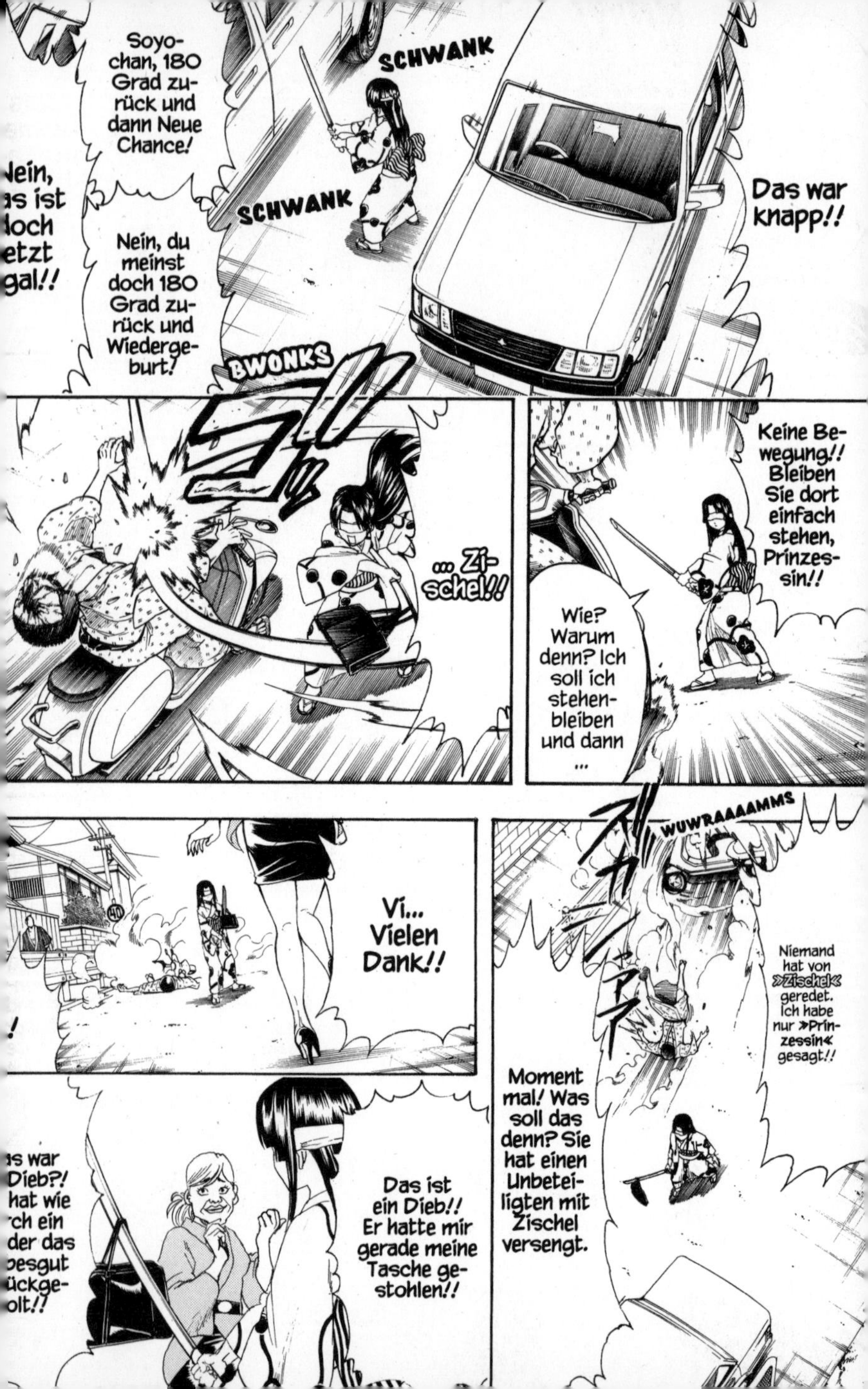
Das war knapp!!
SCHWANK
SCHWANK
Soyo-chan, 180 Grad zurück und dann Neue Chance!
Nein, du meinst doch 180 Grad zurück und Wiedergeburt!
Nein, as ist doch etzt gal!!
BWONKS
Keine Bewegung!! Bleiben Sie dort einfach stehen, Prinzessin!!
Wie? Warum denn? Ich soll ich stehenbleiben und dann ...
... Zischel!!
WUWRAAAAMMS
Niemand hat von »Zischel« geredet. Ich habe nur »Prinzessin« gesagt!!
Moment mal! Was soll das denn? Sie hat einen Unbeteiligten mit Zischel versengt.
Vi... Vielen Dank!!
Das ist ein Dieb!! Er hatte mir gerade meine Tasche gestohlen!!
as war Dieb?! hat wie ch ein der das besgut ückgeolt!!

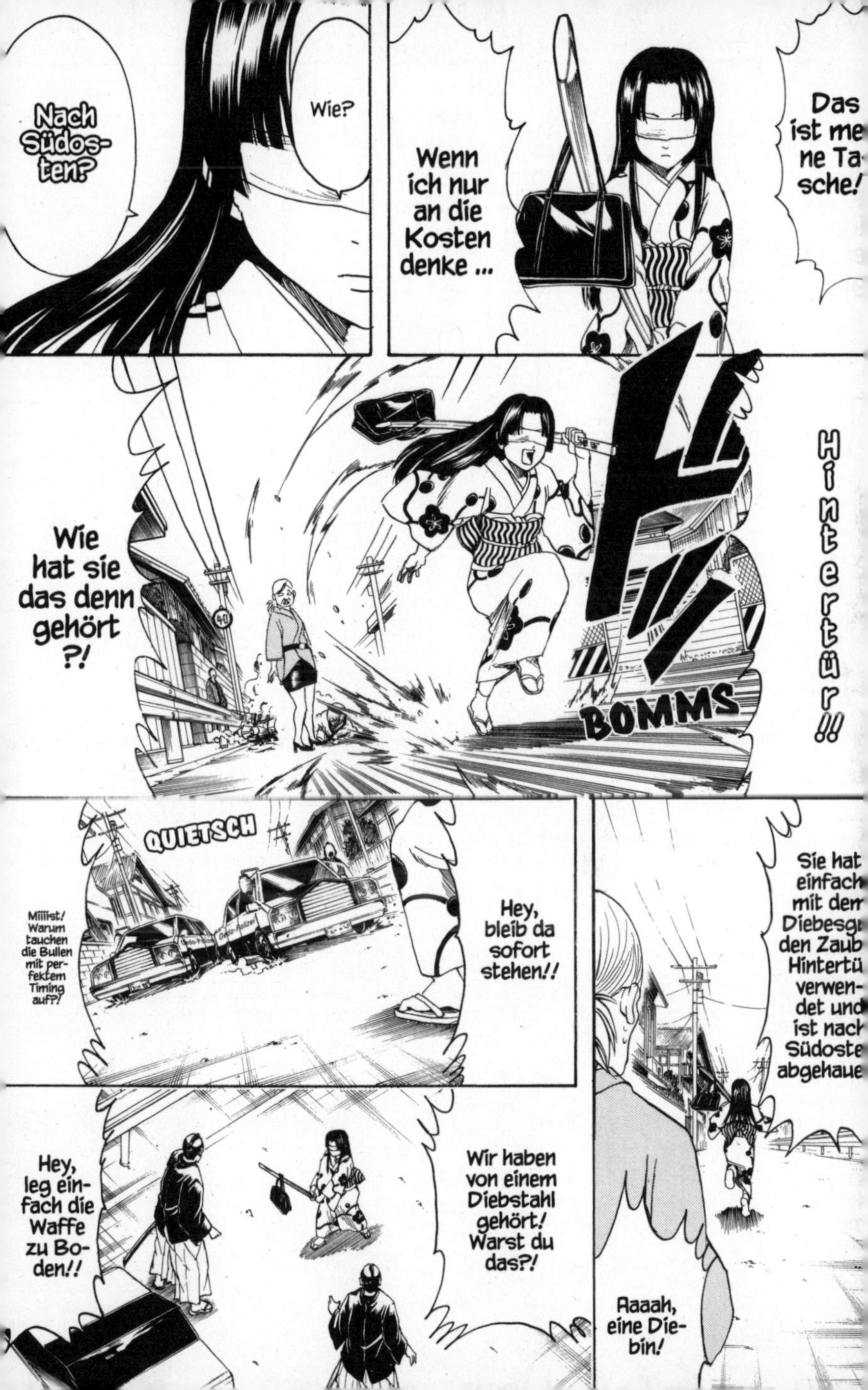

Das ist me ne Ta- sche!
Wenn ich nur an die Kosten denke ...
Wie?
Nach Südos- ten?
Hintertür!!
BOMMS
Wie hat sie das denn gehört ?!
Sie hat einfach mit dem Diebesg den Zaub Hintertü verwen- det und ist nach Südoste abgehaue
Hey, bleib da sofort stehen!!
QUIETSCH
Miiist! Warum tauchen die Bullen mit per- fektem Timing auf?!
Aaaah, eine Die- bin!
Wir haben von einem Diebstahl gehört! Warst du das?!
Hey, leg ein- fach die Waffe zu Bo- den!!

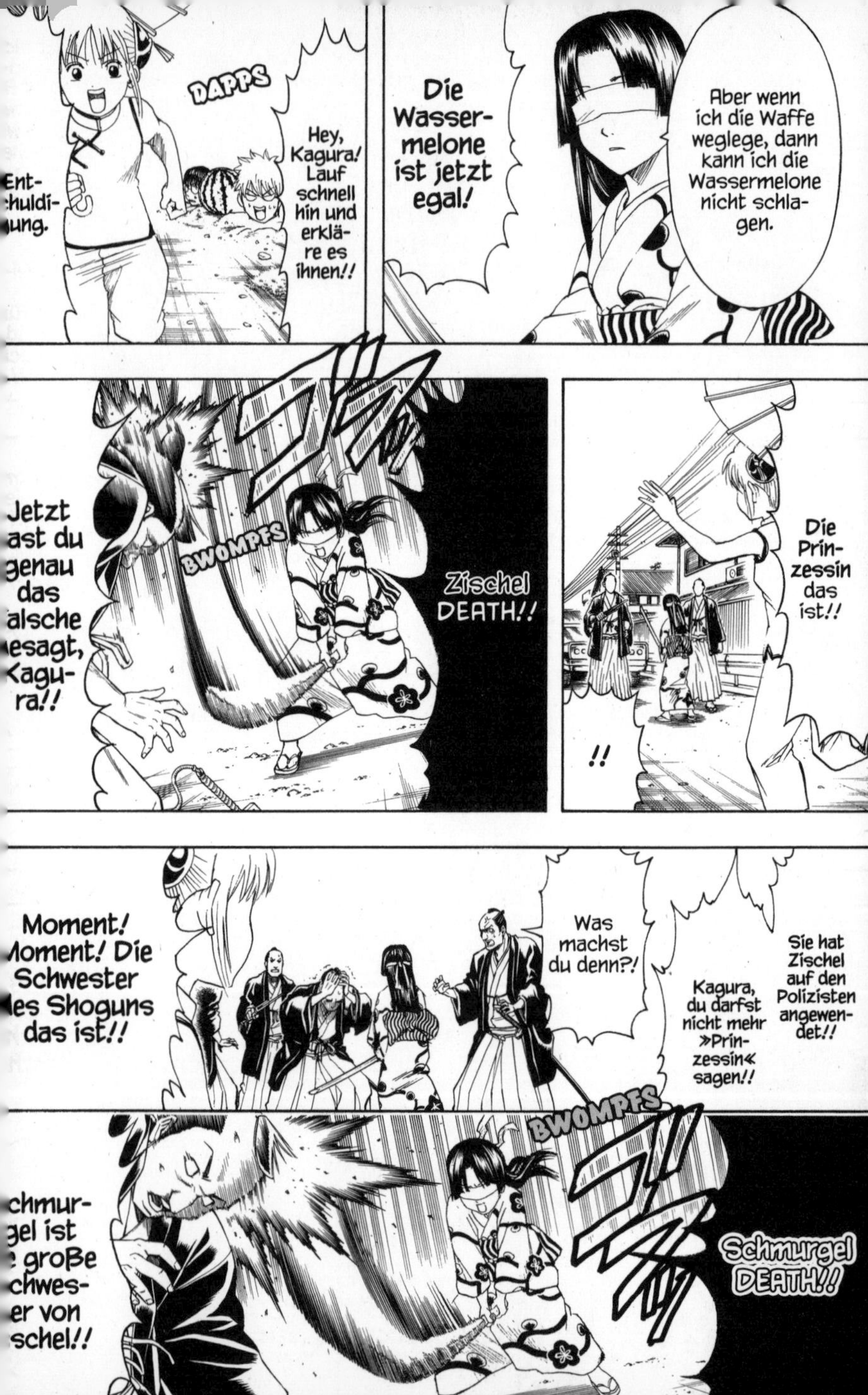
Aber wenn ich die Waffe weglege, dann kann ich die Wassermelone nicht schlagen.
Die Wassermelone ist jetzt egal!
Hey, Kagura! Lauf schnell hin und erkläre es ihnen!!
DAPPS
Ent-
chuldi-
ung.
Die Prinzessin das ist!!
!!
Zischel DEATH!!
BWOMPFS
Jetzt
ast du
genau
das
alsche
esagt,
Kagu-
ra!!
Sie hat Zischel auf den Polizisten angewendet!!
Kagura, du darfst nicht mehr »Prinzessin« sagen!!
Was machst du denn?!
Moment!
Moment! Die
Schwester
es Shoguns
das ist!!
Schmurgel DEATH!!
BWOMPFS
chmur-
gel ist
e große
chwes-
er von
schel!!

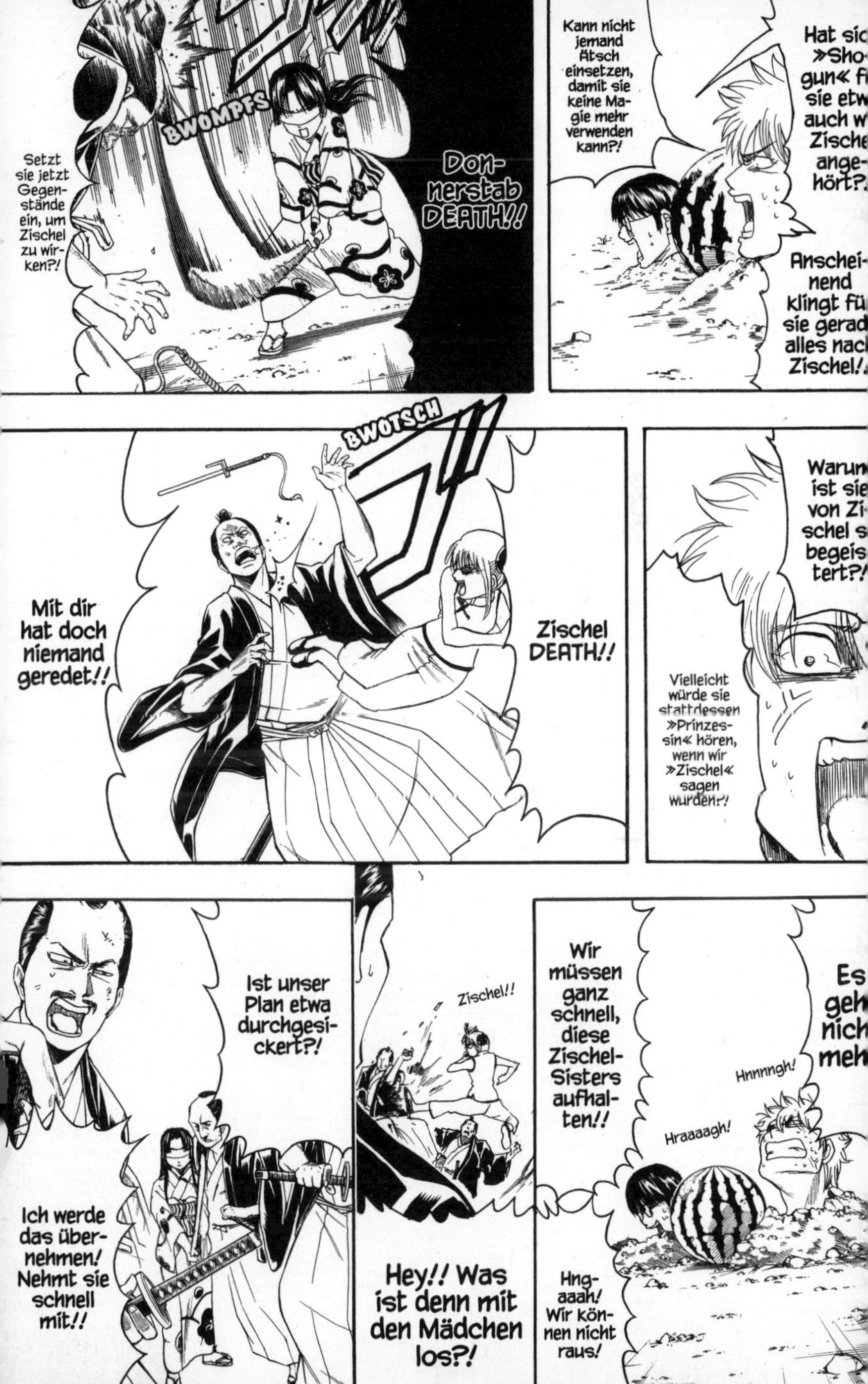
Hat sic »Shogun« f sie etw auch w Zische angehört?!
Anscheinend klingt fü sie gerad alles nac Zischel!
Kann nicht jemand Ätsch einsetzen, damit sie keine Magie mehr verwenden kann?!
Donnerstab DEATH!!
BWOMPFS
Setzt sie jetzt Gegenstände ein, um Zischel zu wirken?!
Warun ist sie von Zischel s begeistert?!
Vielleicht würde sie stattdessen »Prinzessin« hören, wenn wir »Zischel« sagen würden?!
BWOTSCH
Zischel DEATH!!
Mit dir hat doch niemand geredet!!
Es geh nich meh
Hnnnngh!
Hraaaagh!
Wir müssen ganz schnell, diese Zischel-Sisters aufhalten!!
Hngaaah! Wir können nicht raus!
Zischel!!
Hey!! Was ist denn mit den Mädchen los?!
Ist unser Plan etwa durchgesickert?!
Ich werde das übernehmen! Nehmt sie schnell mit!!

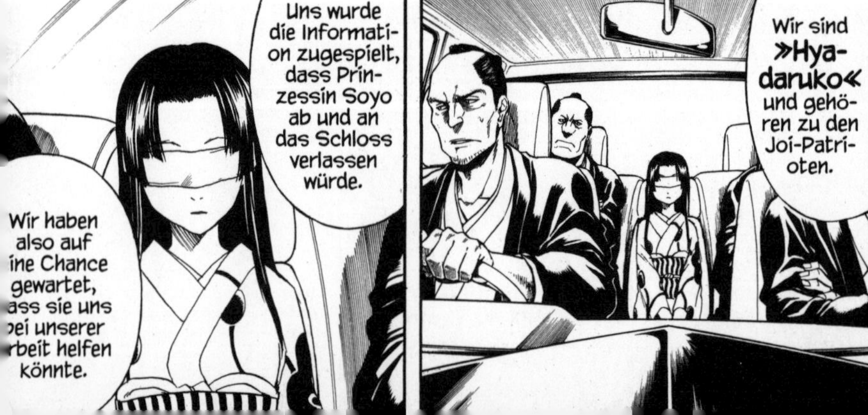

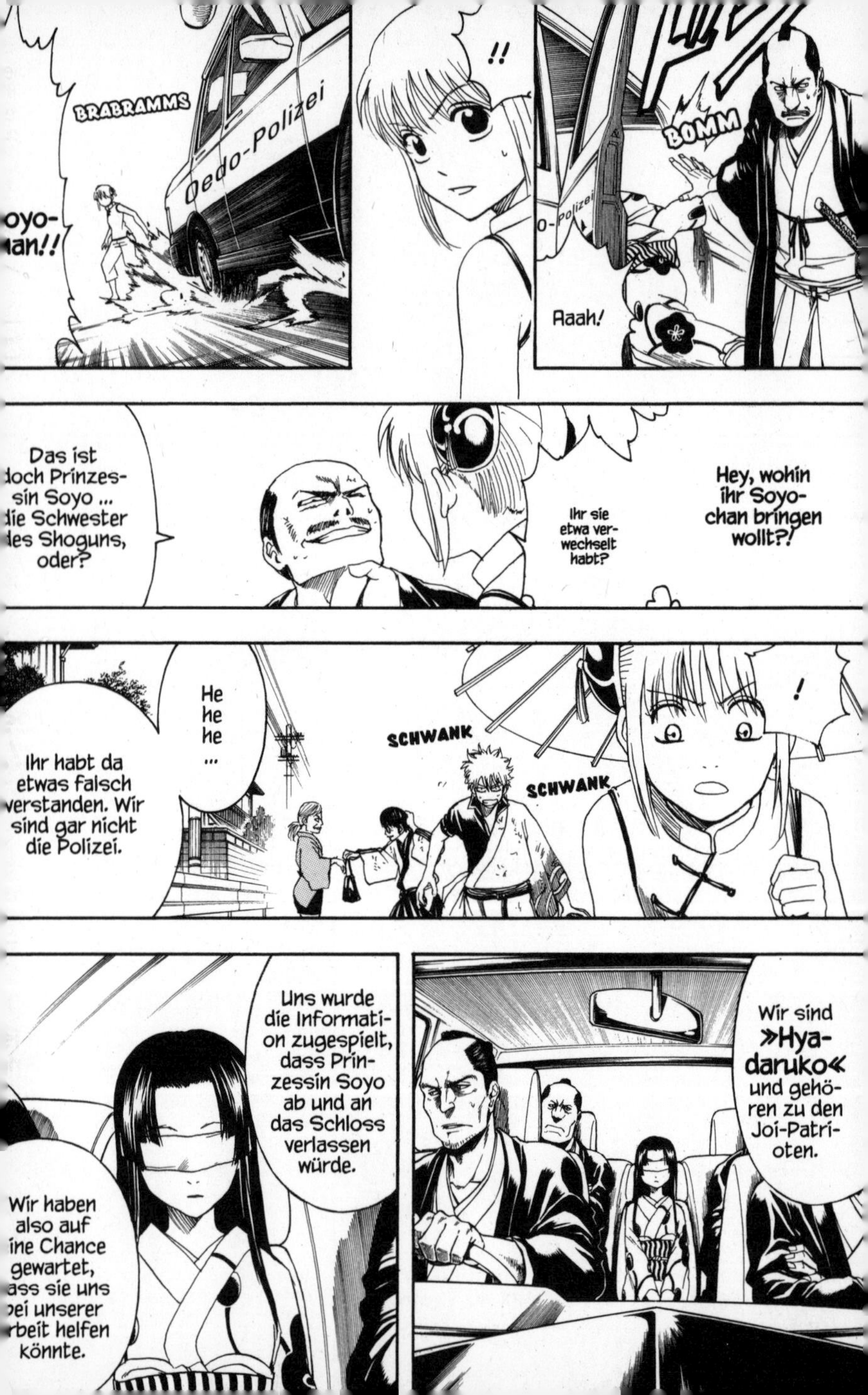

BOMM
Aaah!
!!
BRABRAMMS
Oedo-Polizei
Soyo-
chan!!
Hey, wohin ihr Soyo-chan bringen wollt?!
Ihr sie etwa verwechselt habt?
Das ist doch Prinzessin Soyo ... die Schwester des Shoguns, oder?
!
SCHWANK
SCHWANK
He he he ...
Ihr habt da etwas falsch verstanden. Wir sind gar nicht die Polizei.
Wir sind »Hyadaruko« und gehören zu den Joi-Patrioten.
Uns wurde die Information zugespielt, dass Prinzessin Soyo ab und an das Schloss verlassen würde.
Wir haben also auf eine Chance gewartet, dass sie uns bei unserer Arbeit helfen könnte.

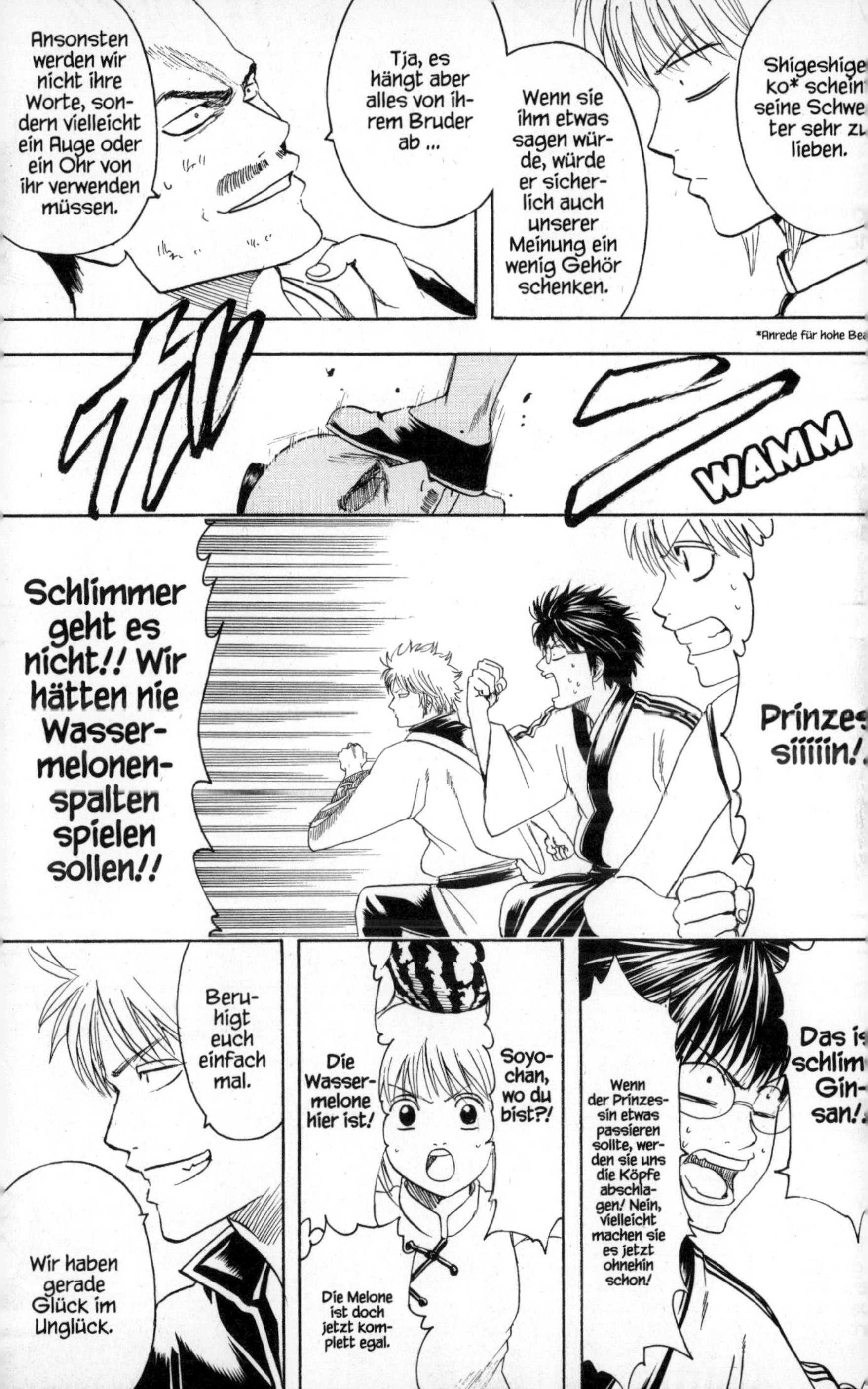
Shigeshigeko* schein seine Schwe ter sehr zu lieben.
Wenn sie ihm etwas sagen würde, würde er sicherlich auch unserer Meinung ein wenig Gehör schenken.
Tja, es hängt aber alles von ihrem Bruder ab ...
Ansonsten werden wir nicht ihre Worte, sondern vielleicht ein Auge oder ein Ohr von ihr verwenden müssen.
*Anrede für hohe Bea
WAMM
Prinzes siiiiin!
Schlimmer geht es nicht!! Wir hätten nie Wassermelonenspalten spielen sollen!!
Das is schlim Gin-san!
Wenn der Prinzessin etwas passieren sollte, werden sie uns die Köpfe abschlagen! Nein, vielleicht machen sie es jetzt ohnehin schon!
Soyo-chan, wo du bist?!
Die Wassermelone hier ist!
Die Melone ist doch jetzt komplett egal.
Beruhigt euch einfach mal.
Wir haben gerade Glück im Unglück.

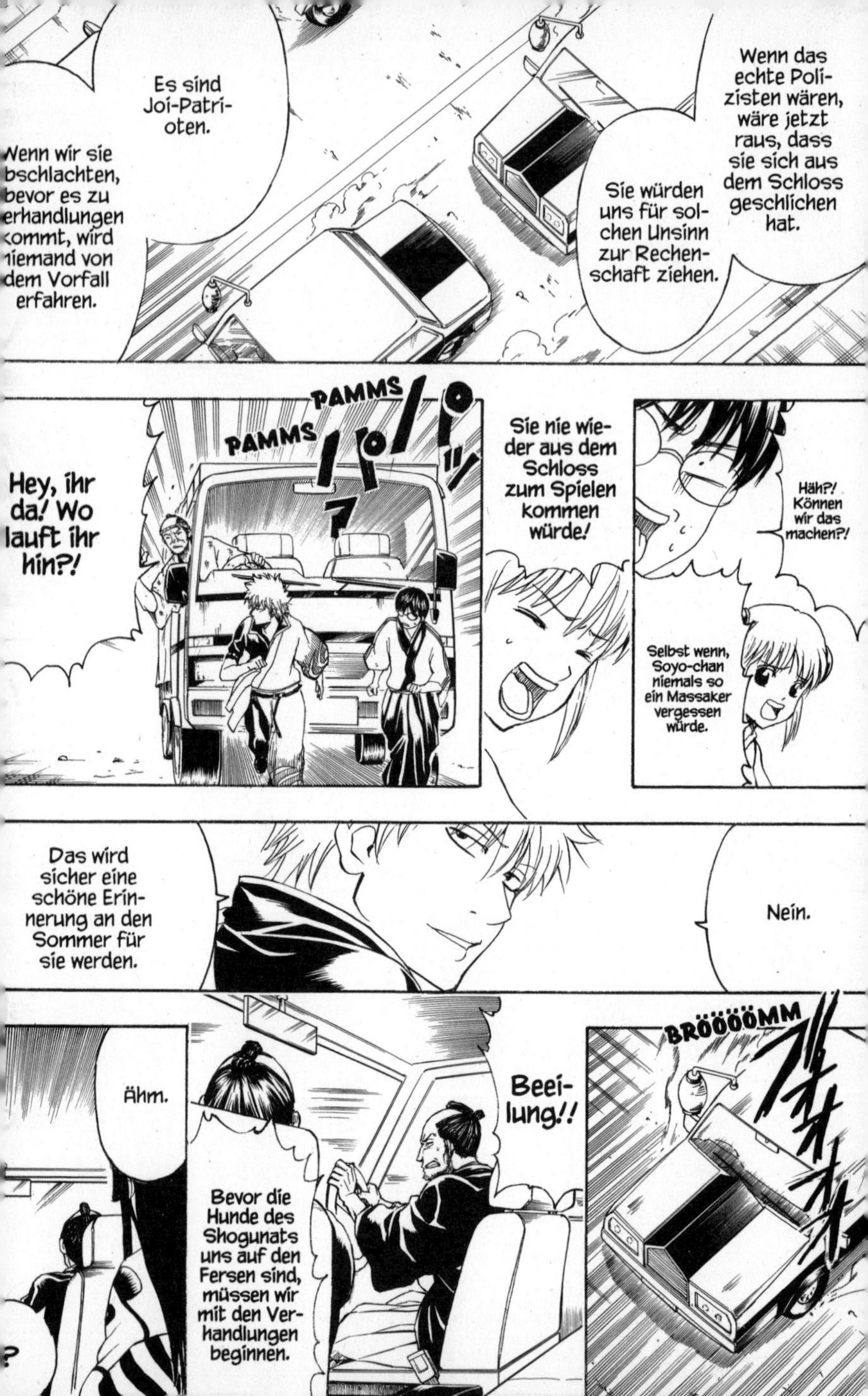
Wenn das echte Polizisten wären, wäre jetzt raus, dass sie sich aus dem Schloss geschlichen hat.
Sie würden uns für solchen Unsinn zur Rechenschaft ziehen.
Es sind Joi-Patrioten.
Venn wir sie bschlachten, bevor es zu erhandlungen kommt, wird niemand von dem Vorfall erfahren.
Häh?! Können wir das machen?!
Selbst wenn, Soyo-chan niemals so ein Massaker vergessen würde.
Sie nie wieder aus dem Schloss zum Spielen kommen würde!
PAMMS
PAMMS
Hey, ihr da! Wo lauft ihr hin?!
Nein.
Das wird sicher eine schöne Erinnerung an den Sommer für sie werden.
BRÖÖÖÖMM
Beeilung!!
Bevor die Hunde des Shogunats uns auf den Fersen sind, müssen wir mit den Verhandlungen beginnen.
Ähm.
?

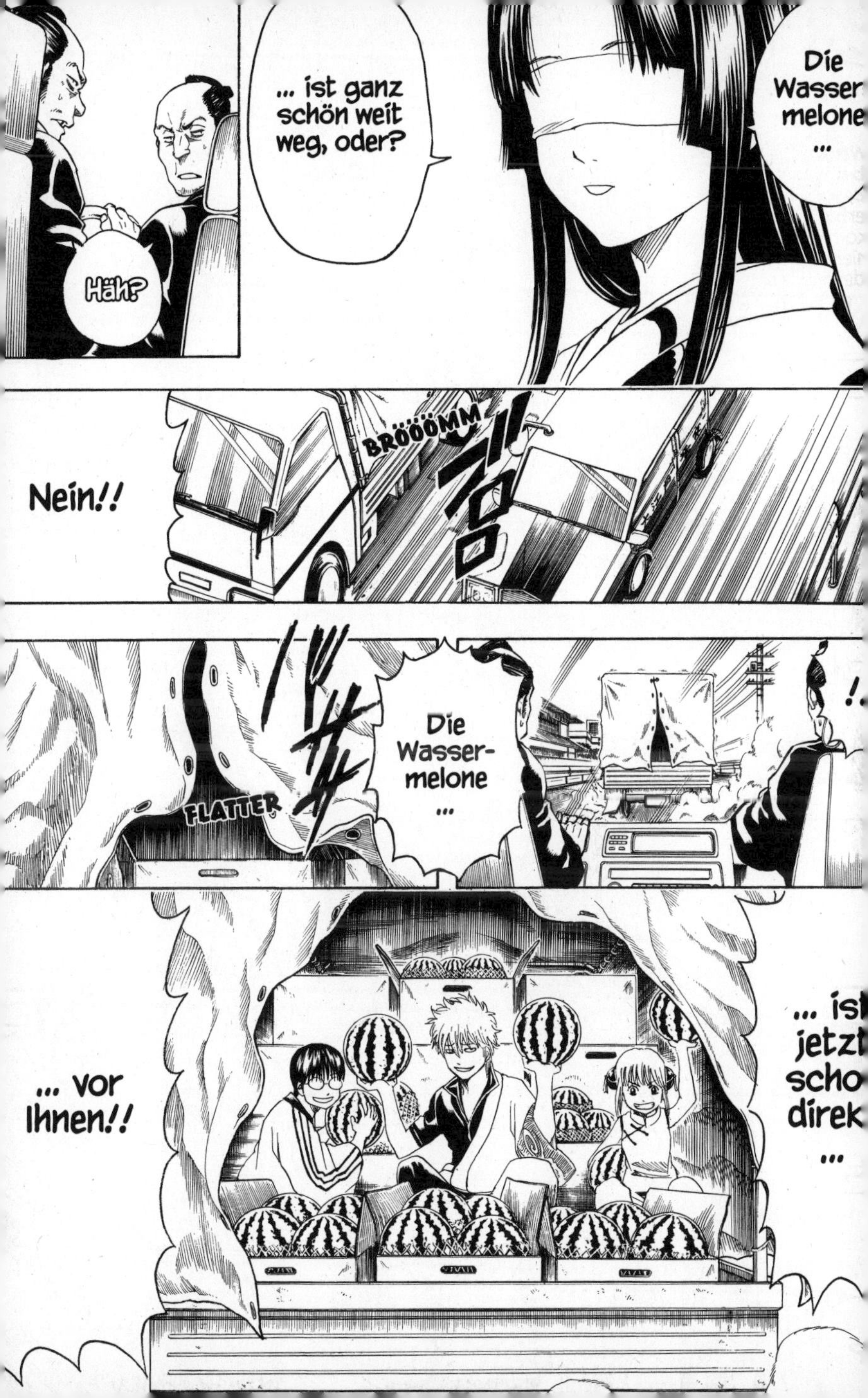
Die Wassermelone ...
... ist ganz schön weit weg, oder?
Häh?
BRÖÖÖMM
Nein!!
!
Die Wassermelone ...
FLATTER
... is jetz scho direk ...
... vor Ihnen!!

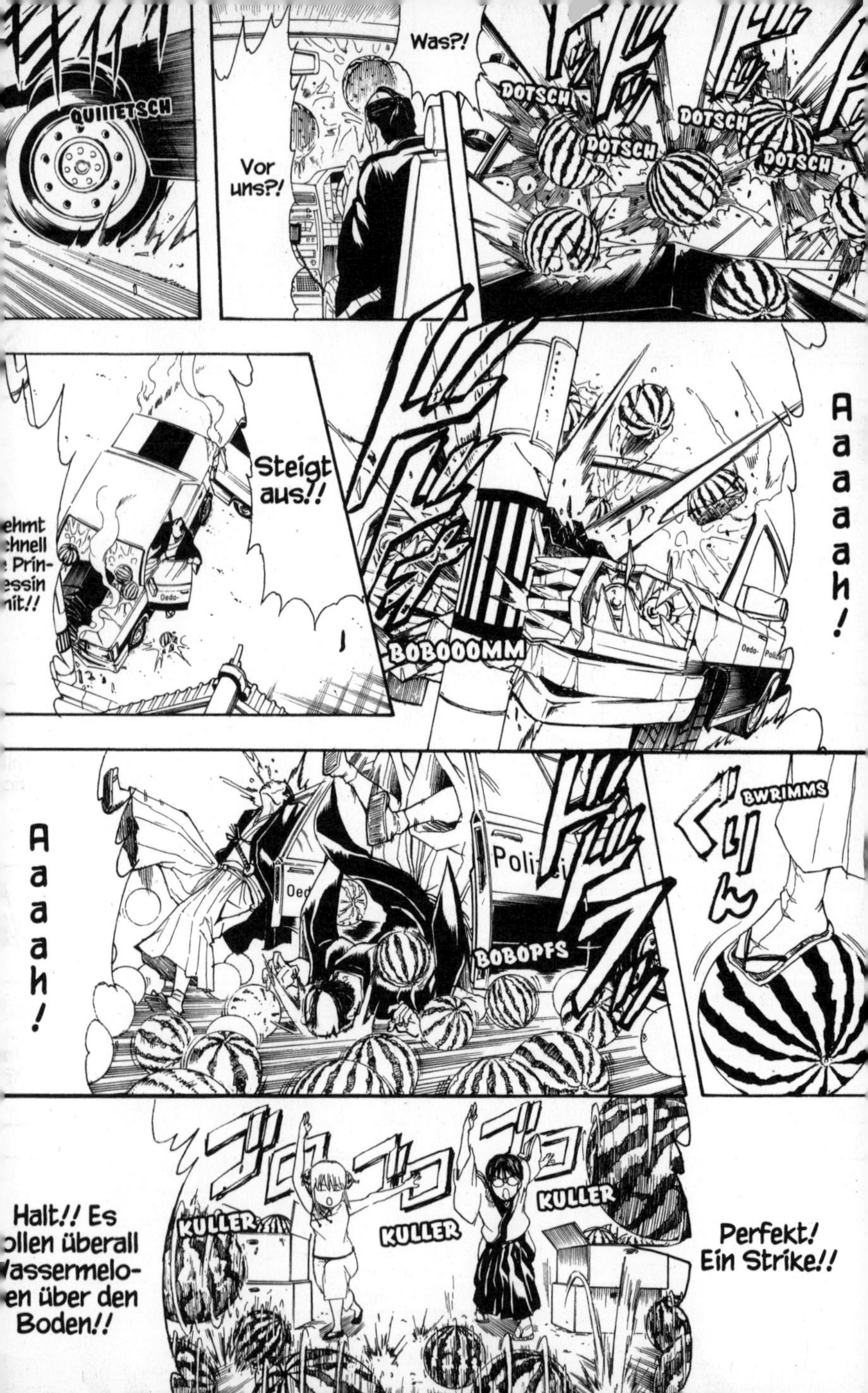

QUIIIETSCH
Vor uns?!
Was?!
DOTSCH
DOTSCH
DOTSCH
DOTSCH
Aaaaaah!
BOBOOOMM
Steigt aus!!
ehmt chnell Prin- essin nit!!
BWRIMMS
BOBOPFS
Aaaah!
Perfekt! Ein Strike!!
KULLER
KULLER
KULLER
Halt!! Es ollen überall Vassermelo- en über den Boden!!

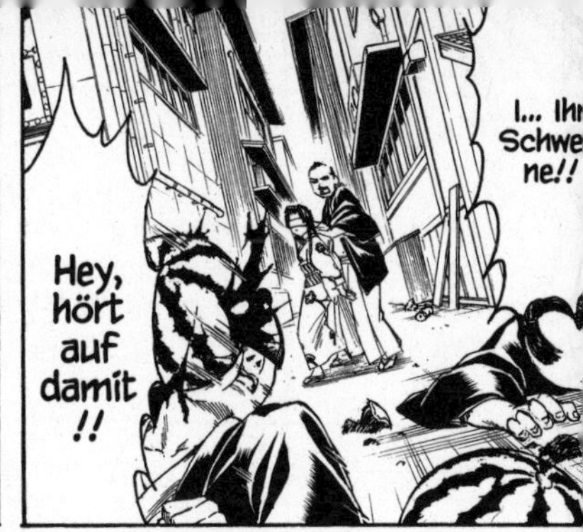
I... Ihr Schwe ne!!
Hey, hört auf damit!!

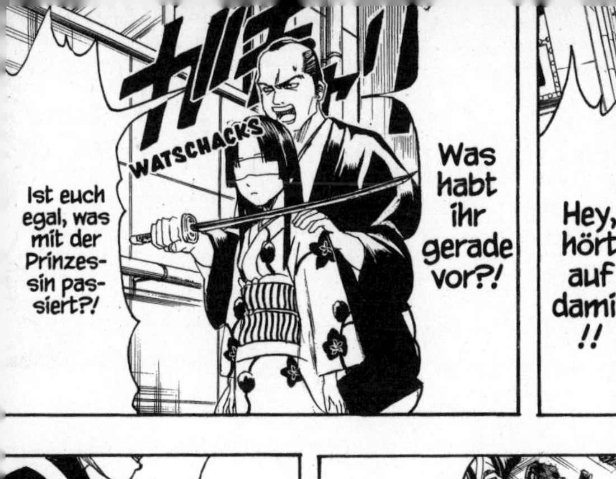
WATSCHACKS
Was habt ihr gerade vor?!
Ist euch egal, was mit der Prinzessin passiert?!

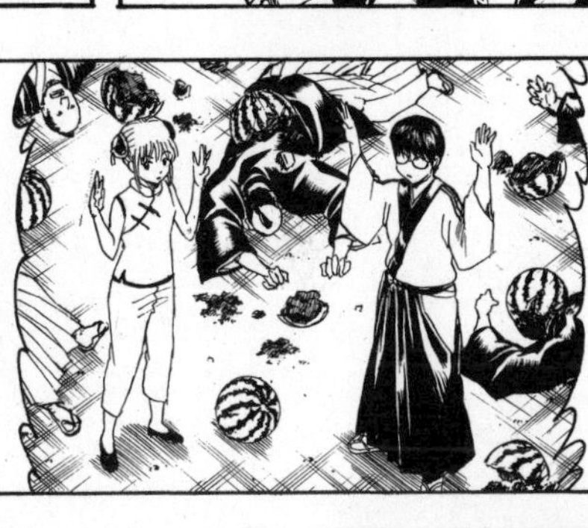
Händ hoch!

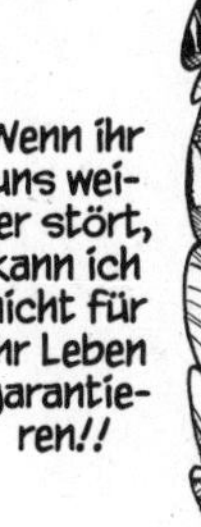
Wenn ihr uns weiter stört, kann ich nicht für ihr Leben garantieren!!

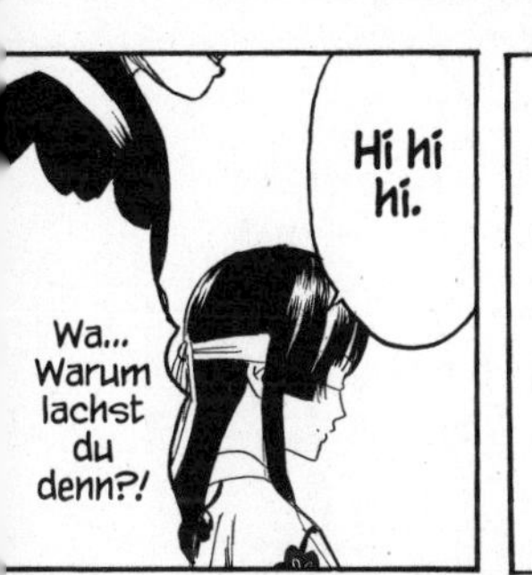
Hi hi hi.
Wa... Warum lachst du denn?!

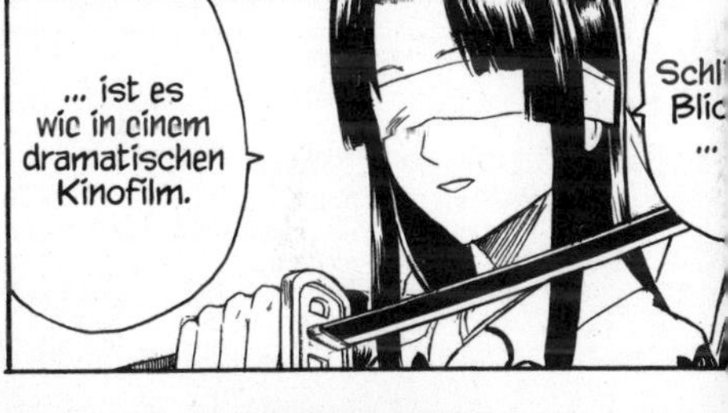
Schl Blic ...
... ist es wie in einem dramatischen Kinofilm.

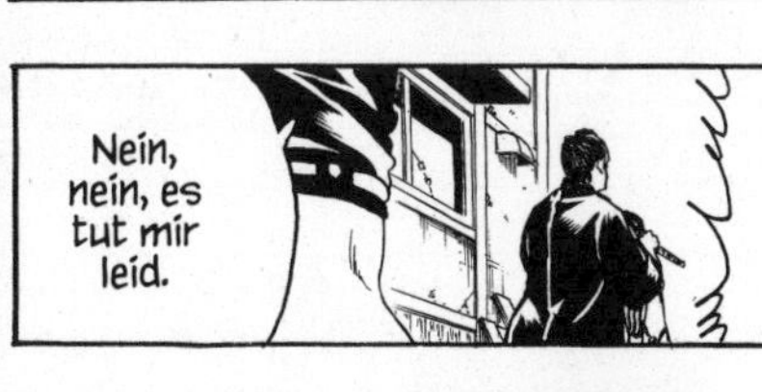
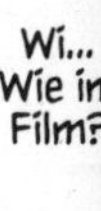
Wi... Wie im Film?
Nein, nein, es tut mir leid.

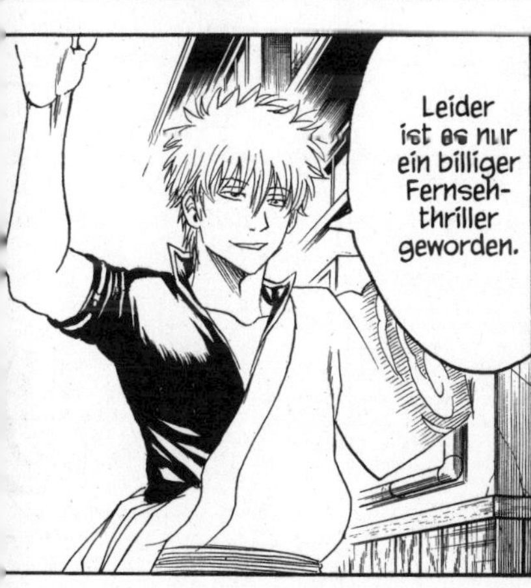
Leider ist es nur ein billiger Fernsehthriller geworden.

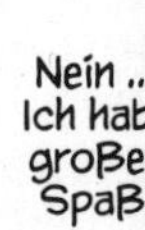
Nein ... Ich habe großen Spaß.
Aber so langsam sollte die Wassermelone echt schmackhaft sein, oder?

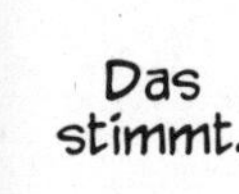
Das stimmt.

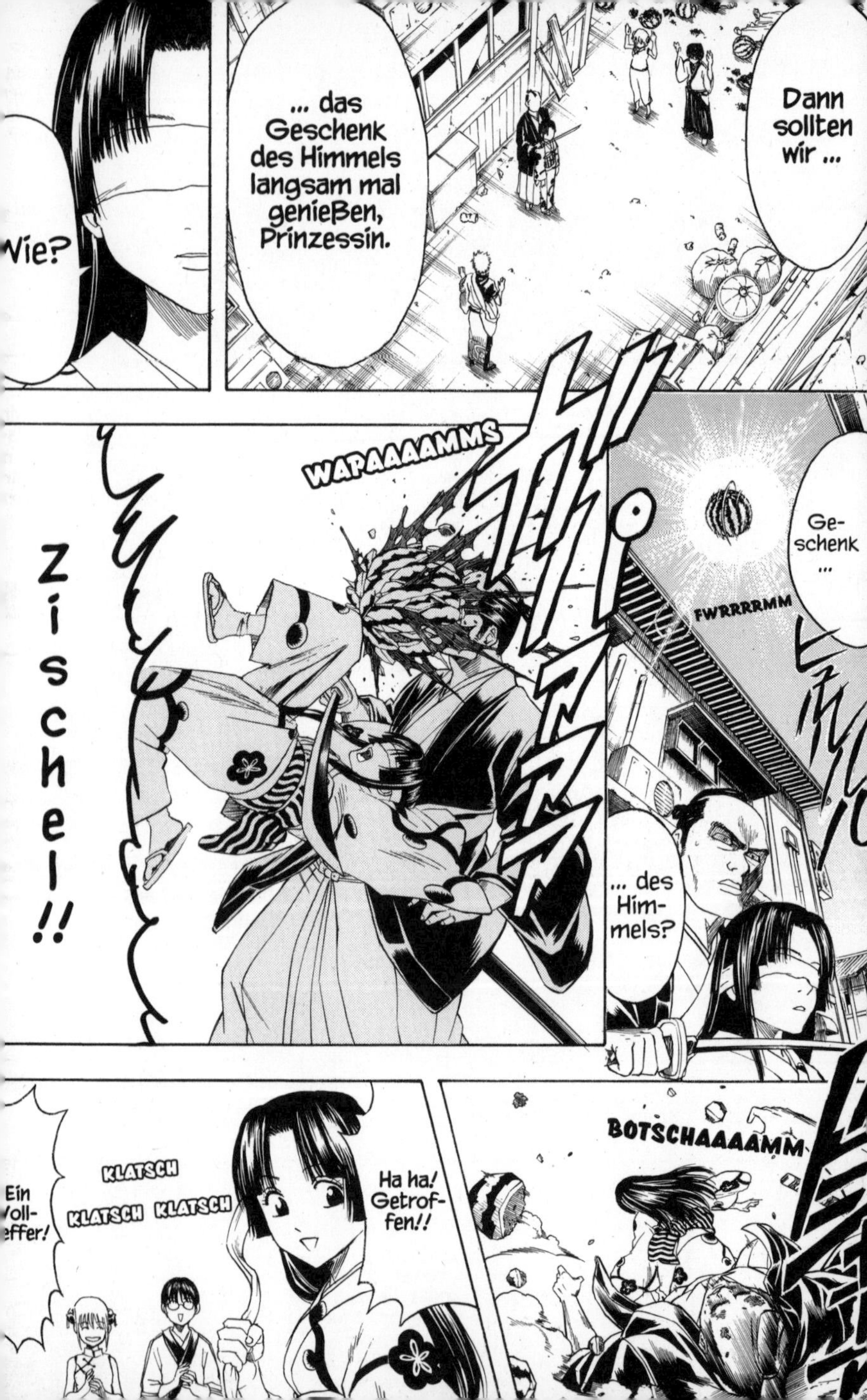
Dann sollten wir ...
... das Geschenk des Himmels langsam mal genießen, Prinzessin.
Wie?
Ge-schenk ...
FWRRRRMM
... des Him-mels?
WAPAAAAMMS
Zischel!!
BOTSCHAAAAMM
Ha ha! Getrof-fen!!
KLATSCH
KLATSCH KLATSCH
Ein Voll-treffer!

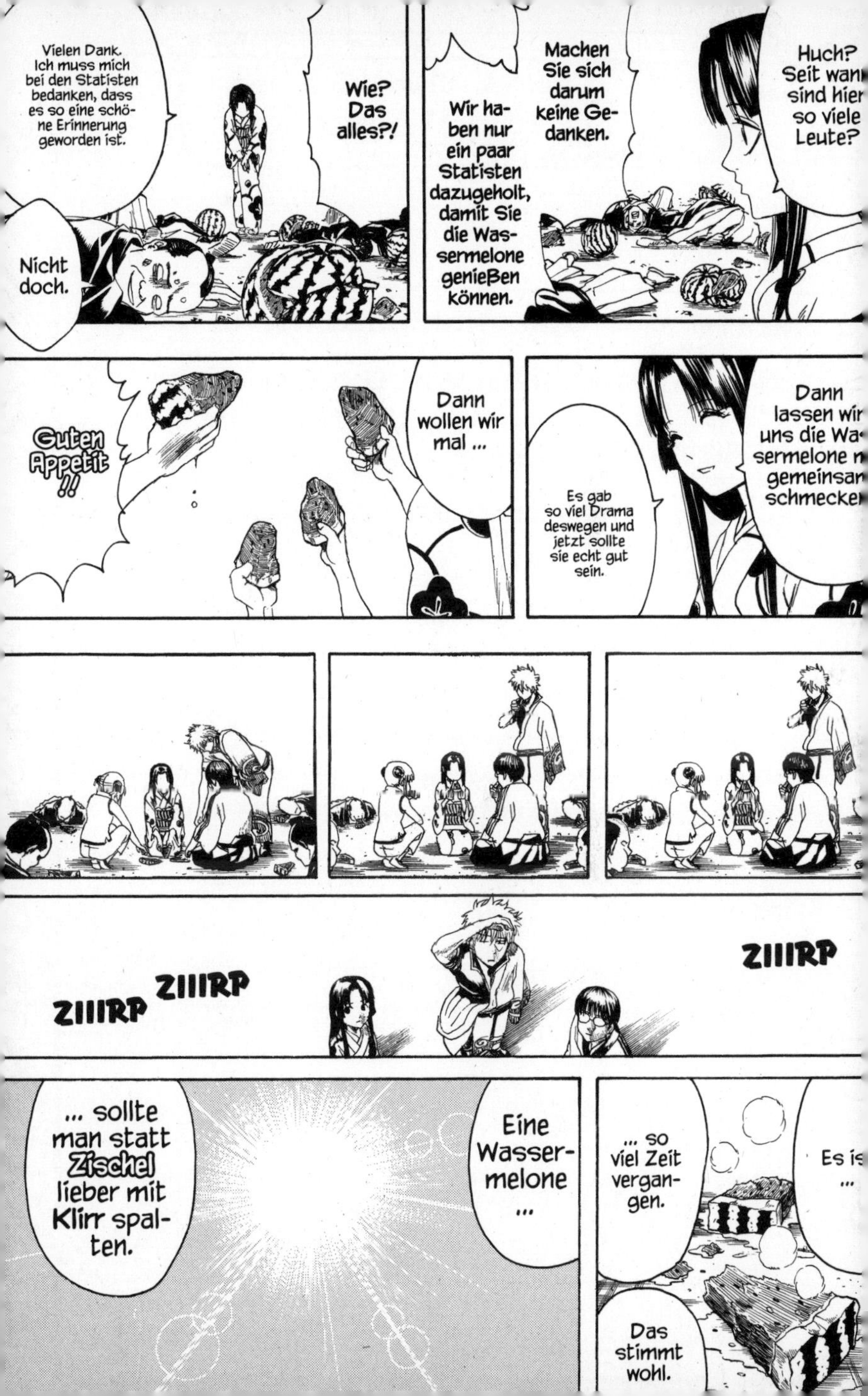

Huch? Seit wan sind hier so viele Leute?
Machen Sie sich darum keine Gedanken.
Wir haben nur ein paar Statisten dazugeholt, damit Sie die Wassermelone genießen können.
Wie? Das alles?!
Vielen Dank. Ich muss mich bei den Statisten bedanken, dass es so eine schöne Erinnerung geworden ist.
Nicht doch.

Dann lassen wir uns die Wassermelone n gemeinsan schmecker
Es gab so viel Drama deswegen und jetzt sollte sie echt gut sein.
Dann wollen wir mal ...
Guten Appetit !!

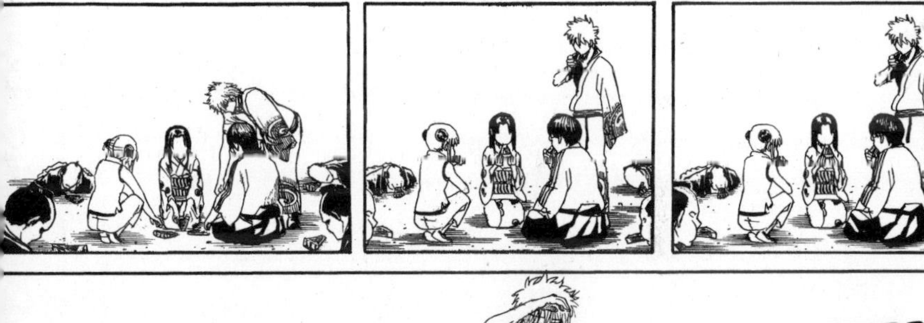
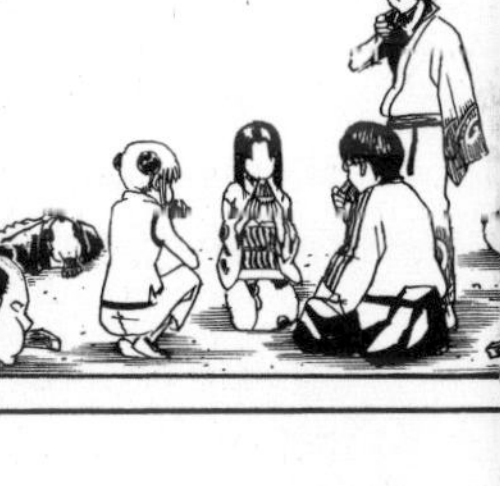
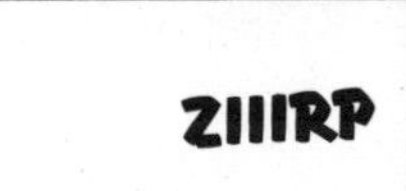

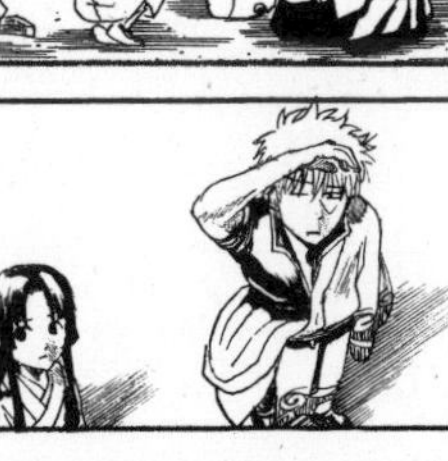
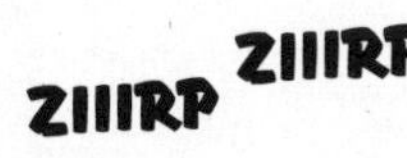

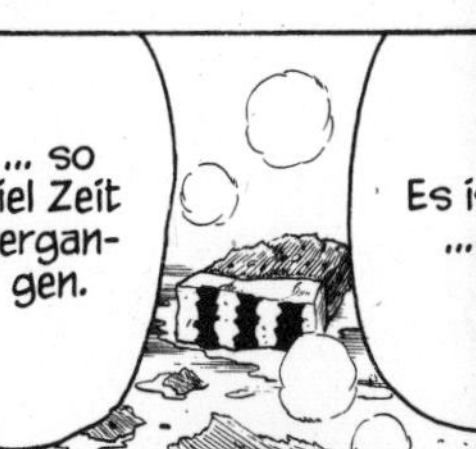

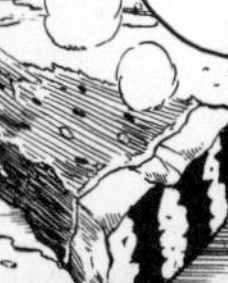

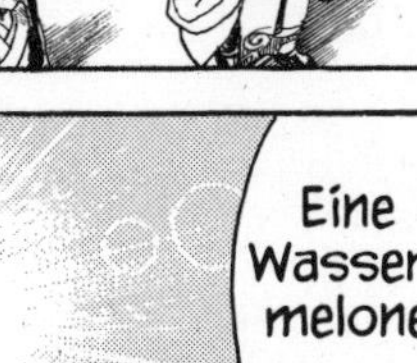

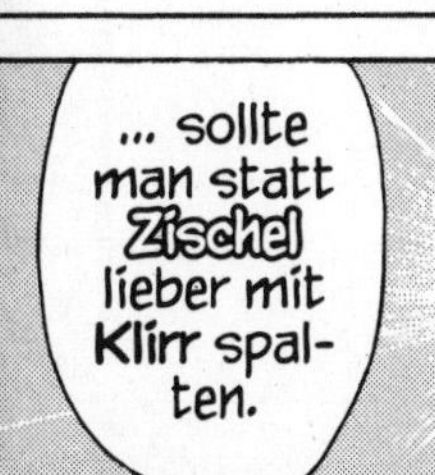

Sorachi auf Leser-Tuchfühlung Fragen-Corner 136

(Frage von »Mein liebster Nährstoff ist Zucker« aus Tokushima)

Hallo! Ich liebe *Gin Tama* und bin im zweiten Jahr der Mittelschule. Woher bekommen Sie immer diese idiotischen Schnapsideen?

P.S.: Loben Sie ruhig ihre Redakteure ein wenig öfter.

(Antwort)

Die meisten Schnapsideen sind mir eingefallen, als ich so wie du in der zweiten Klasse der Mittelschule war.

P.S.: Du kannst ruhig den Zeichner ein wenig mehr loben.

(137 auf Seite 66)

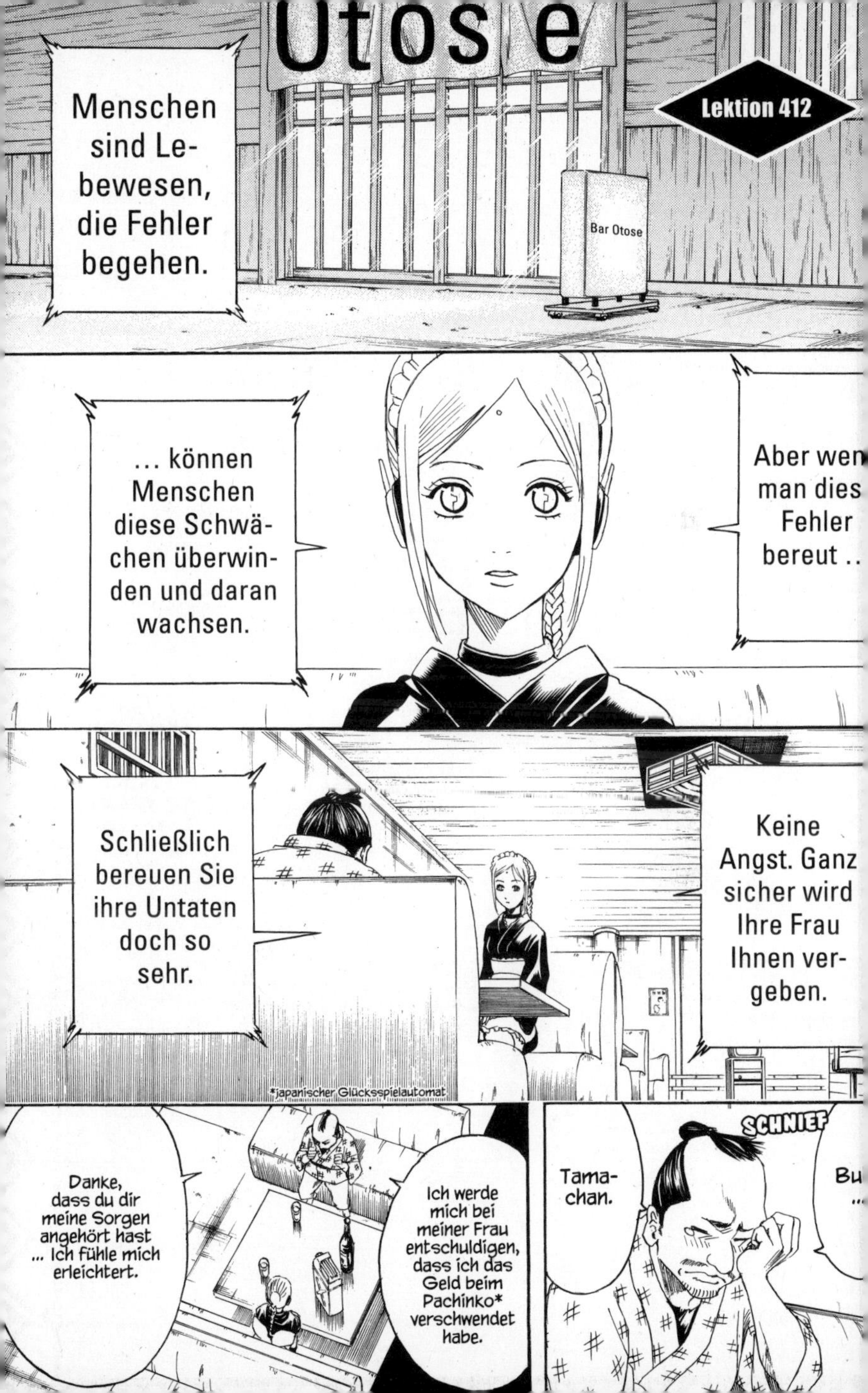

*japanischer Glücksspielautomat

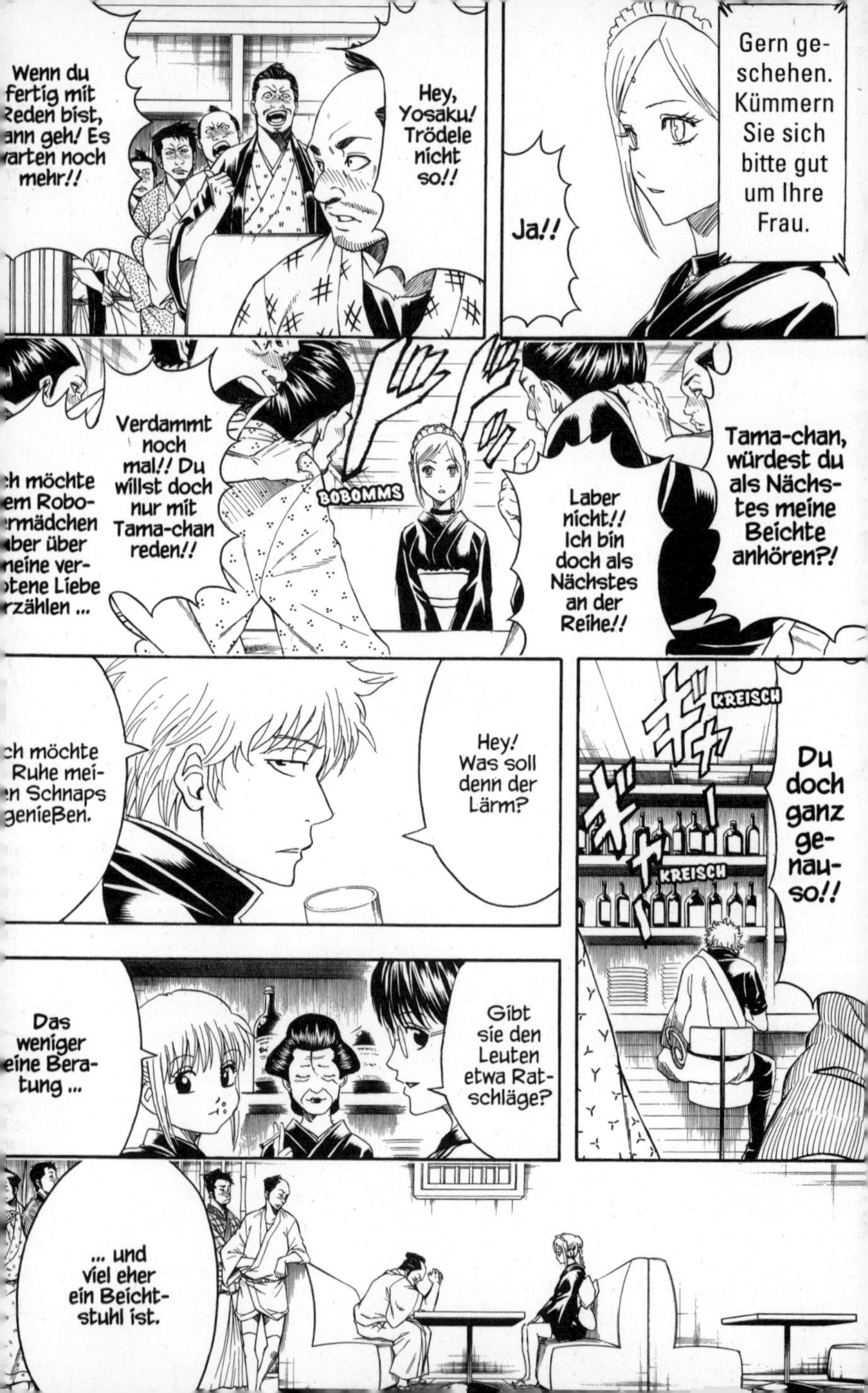

Gern geschehen. Kümmern Sie sich bitte gut um Ihre Frau.
Ja!!
Hey, Yosaku! Trödele nicht so!!
Wenn du fertig mit Reden bist, ann geh! Es arten noch mehr!!
Tama-chan, würdest du als Nächstes meine Beichte anhören?!
Laber nicht!! Ich bin doch als Nächstes an der Reihe!!
BOBOMMS
Verdammt noch mal!! Du willst doch nur mit Tama-chan reden!!
ch möchte em Roboermädchen aber über meine verotene Liebe rzählen ...
KREISCH
KREISCH
Du doch ganz genauso!!
Hey! Was soll denn der Lärm?
ch möchte Ruhe meien Schnaps genießen.
Gibt sie den Leuten etwa Ratschläge?
Das weniger eine Beratung ...
... und viel eher ein Beichtstuhl ist.

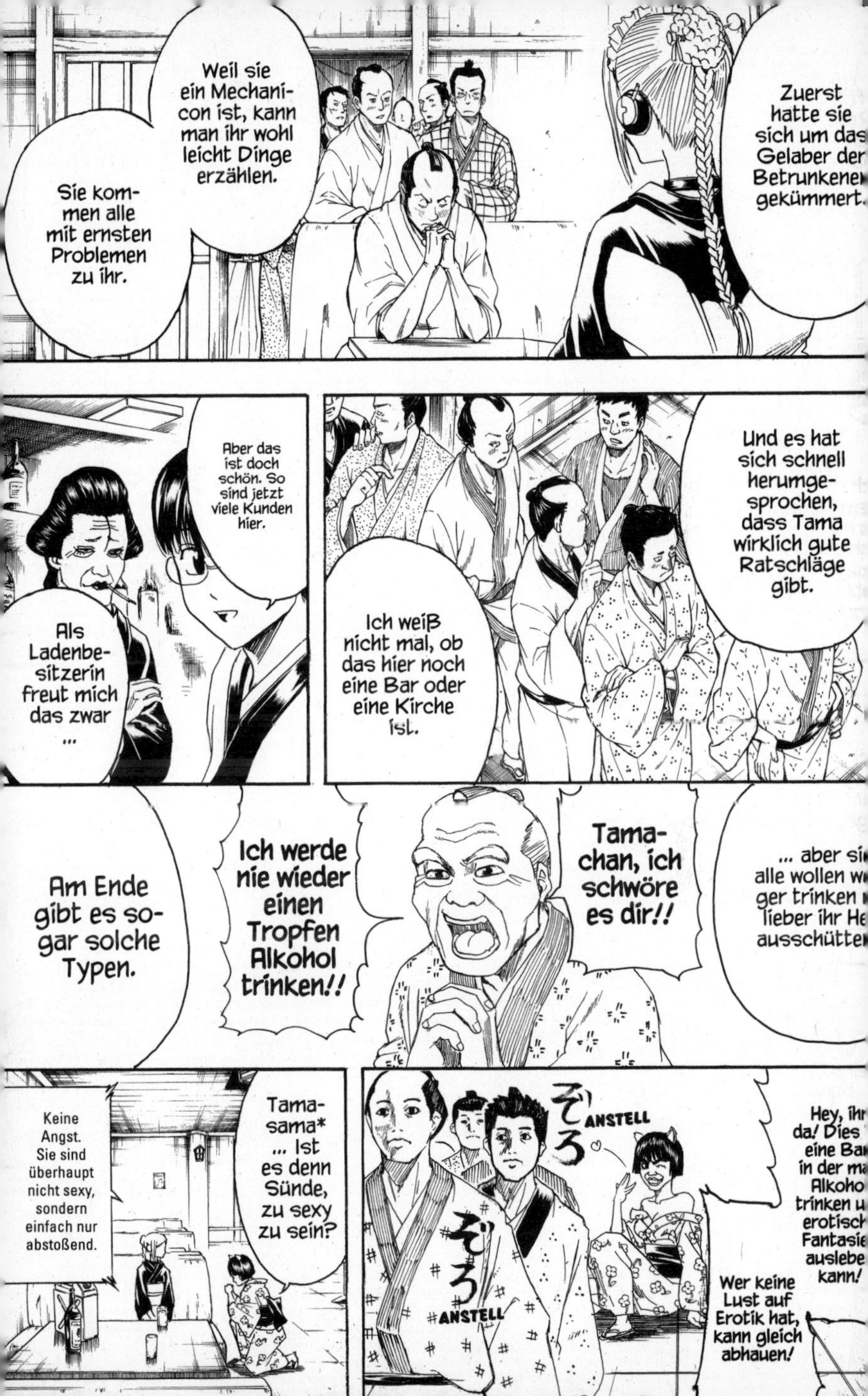

Zuerst hatte sie sich um das Gelaber der Betrunkene gekümmert.
Weil sie ein Mechanicon ist, kann man ihr wohl leicht Dinge erzählen.
Sie kommen alle mit ernsten Problemen zu ihr.
Und es hat sich schnell herumgesprochen, dass Tama wirklich gute Ratschläge gibt.
Ich weiß nicht mal, ob das hier noch eine Bar oder eine Kirche ist.
Aber das ist doch schön. So sind jetzt viele Kunden hier.
Als Ladenbesitzerin freut mich das zwar ...
... aber si alle wollen w ger trinken lieber ihr He ausschütte
Tama-chan, ich schwöre es dir!!
Ich werde nie wieder einen Tropfen Alkohol trinken!!
Am Ende gibt es sogar solche Typen.
Hey, ihr da! Dies eine Ba in der m Alkoho trinken u erotisch Fantasie ausleb kann!
ぞろ ANSTELL
ぞろ ANSTELL
Wer keine Lust auf Erotik hat, kann gleich abhauen!
Tama-sama* ... Ist es denn Sünde, zu sexy zu sein?
Keine Angst. Sie sind überhaupt nicht sexy, sondern einfach nur abstoßend.

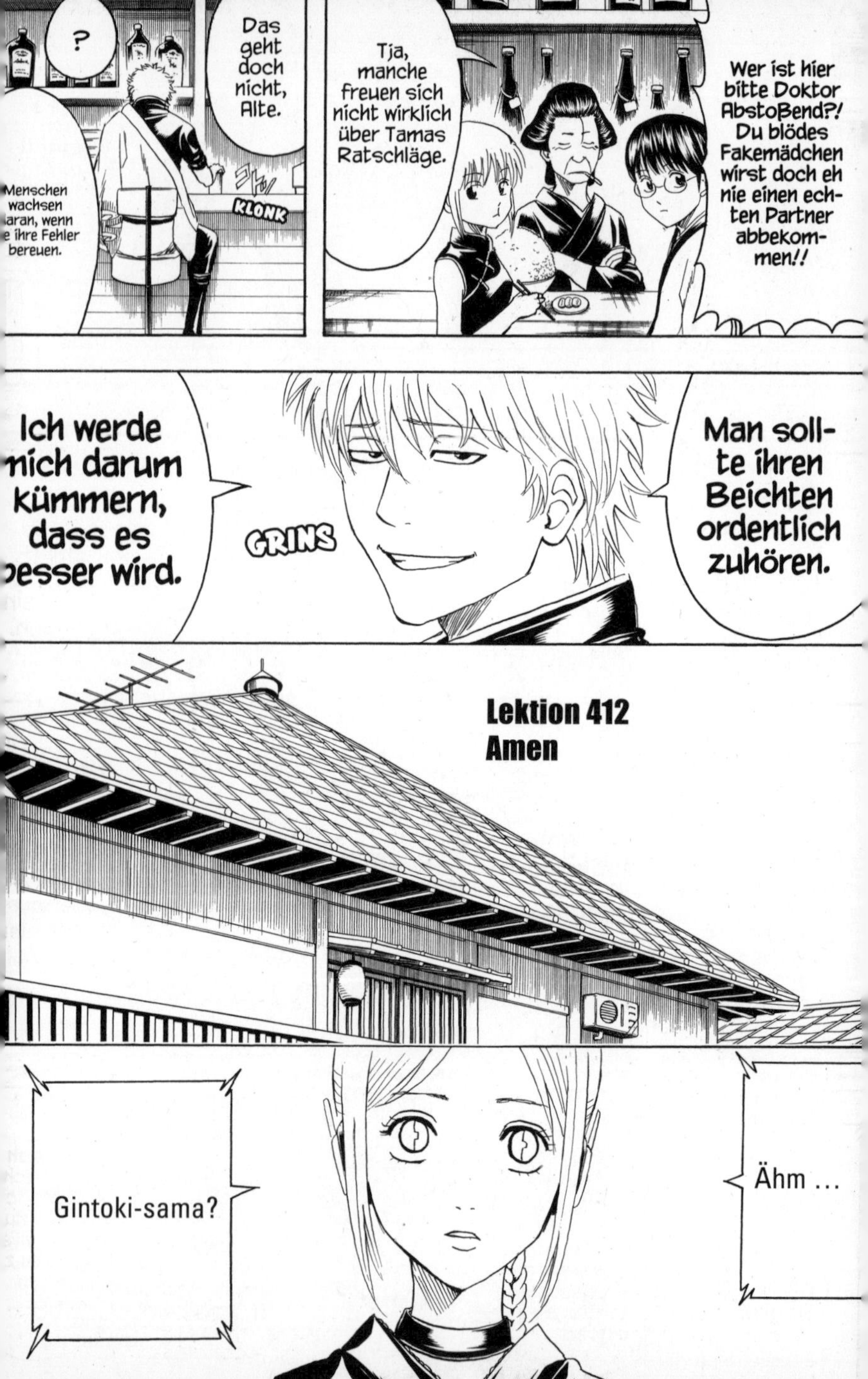
Wer ist hier bitte Doktor AbstoßBend?! Du blödes Fakemädchen wirst doch eh nie einen echten Partner abbekommen!!
Tja, manche freuen sich nicht wirklich über Tamas Ratschläge.
Das geht doch nicht, Alte.
KLONK
?
Menschen wachsen aran, wenn e ihre Fehler bereuen.
Man sollte ihren Beichten ordentlich zuhören.
GRINS
Ich werde mich darum kümmern, dass es besser wird.
Lektion 412
Amen
Ähm …
Gintoki-sama?

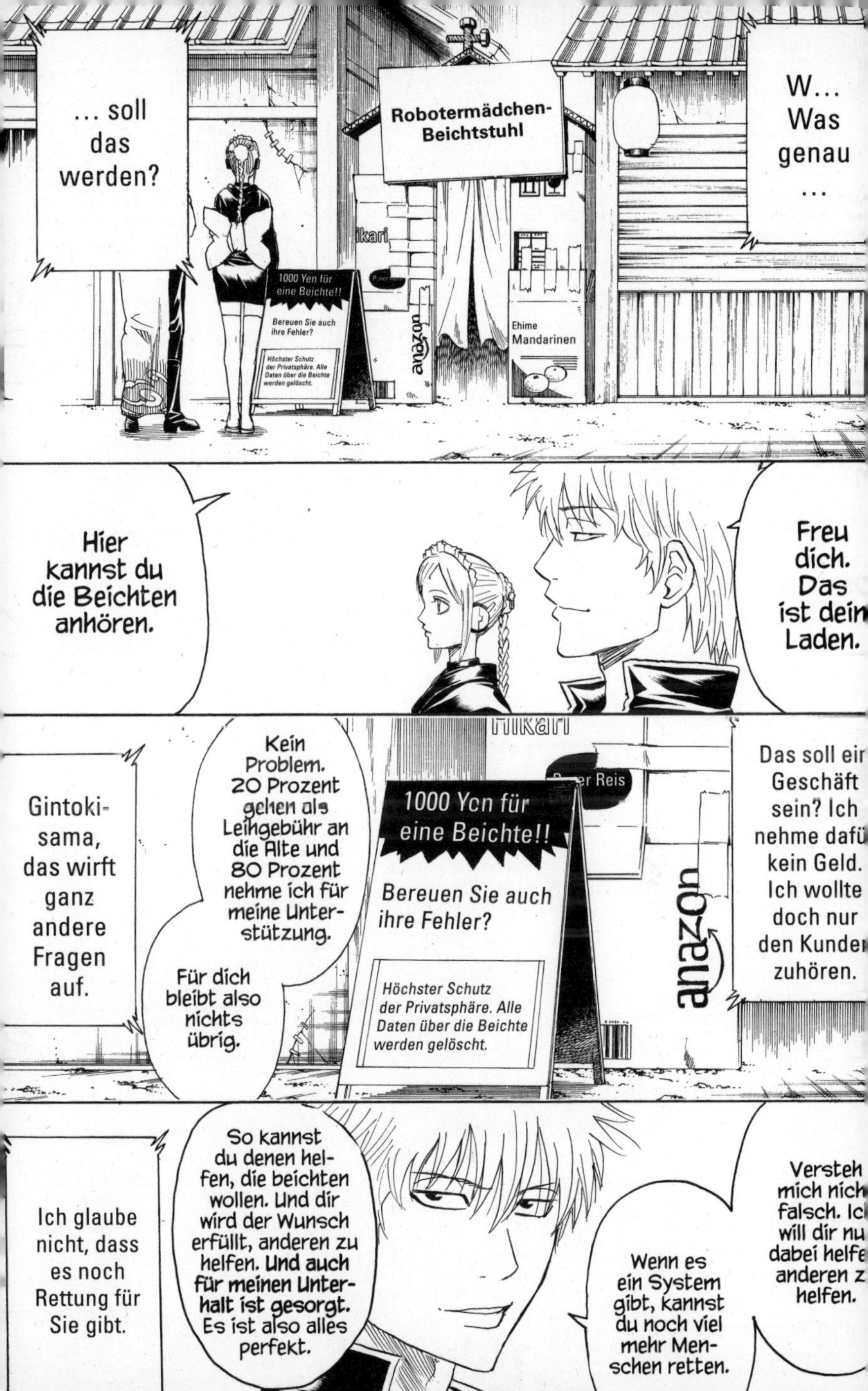

Robotermädchen-Beichtstuhl
W… Was genau …
… soll das werden?
1000 Yen für eine Beichte!!
Bereuen Sie auch ihre Fehler?
Höchster Schutz der Privatsphäre. Alle Daten über die Beichte werden gelöscht.
Ehime Mandarinen
amazon
Freu dich. Das ist dein Laden.
Hier kannst du die Beichten anhören.
Das soll ein Geschäft sein? Ich nehme dafür kein Geld. Ich wollte doch nur den Kunden zuhören.
Kein Problem. 20 Prozent gehen als Leihgebühr an die Alte und 80 Prozent nehme ich für meine Unterstützung.
Für dich bleibt also nichts übrig.
Gintoki-sama, das wirft ganz andere Fragen auf.
Versteh mich nicht falsch. Ich will dir nur dabei helfen, anderen zu helfen.
Wenn es ein System gibt, kannst du noch viel mehr Menschen retten.
So kannst du denen helfen, die beichten wollen. Und dir wird der Wunsch erfüllt, anderen zu helfen. Und auch für meinen Unterhalt ist gesorgt. Es ist also alles perfekt.
Ich glaube nicht, dass es noch Rettung für Sie gibt.

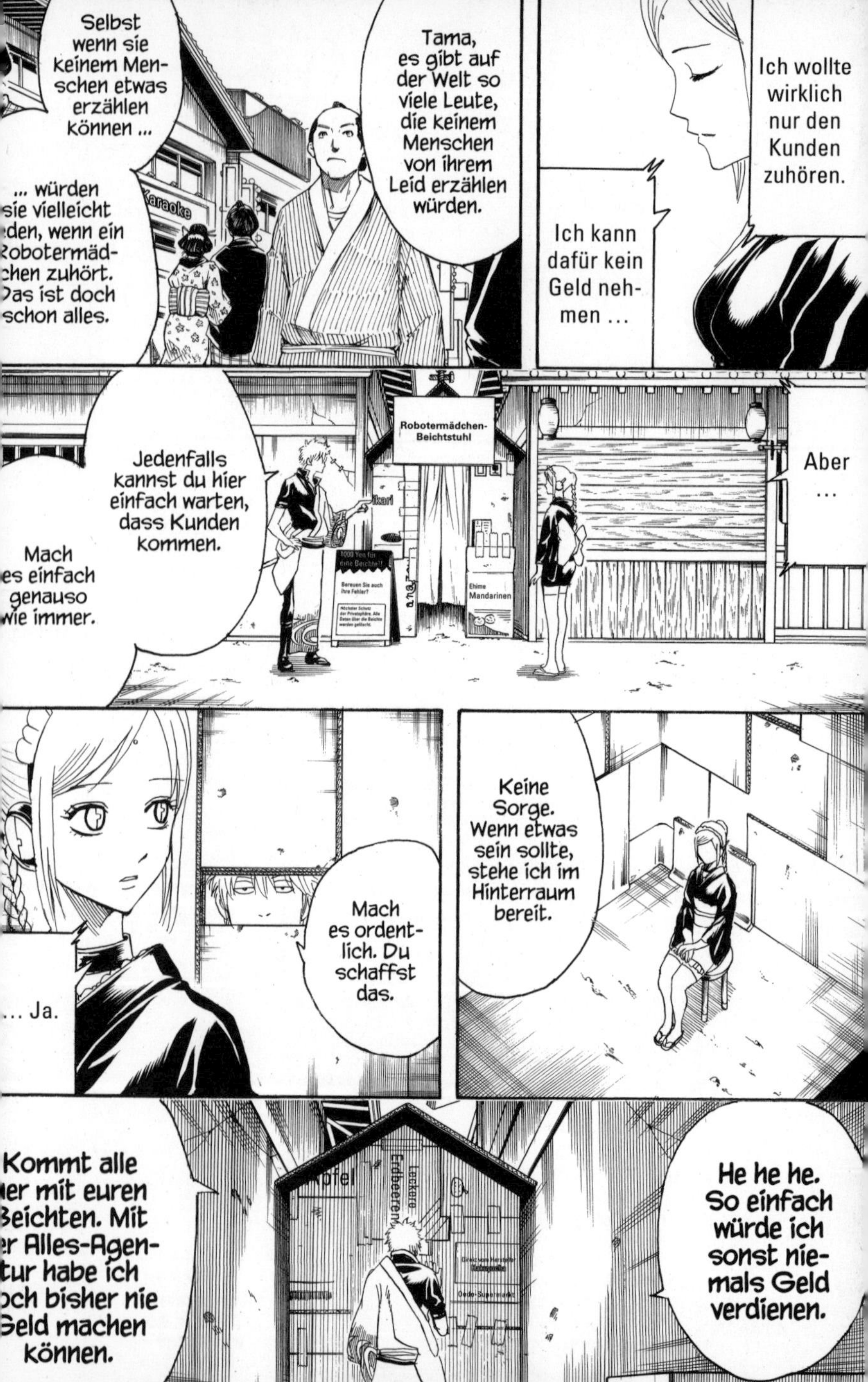

Ich wollte wirklich nur den Kunden zuhören.
Ich kann dafür kein Geld nehmen …
Tama, es gibt auf der Welt so viele Leute, die keinem Menschen von ihrem Leid erzählen würden.
Selbst wenn sie keinem Menschen etwas erzählen können …
Karaoke
… würden sie vielleicht den, wenn ein Robotermädchen zuhört. as ist doch schon alles.
Aber …
Robotermädchen-Beichtstuhl
1000 Yen für eine Beichte!!
Bereuen Sie auch Ihre Fehler?
Höchster Schutz der Privatsphäre. Alle Daten über die Beichte werden gelöscht.
Ehime Mandarinen
Jedenfalls kannst du hier einfach warten, dass Kunden kommen.
Mach es einfach genauso wie immer.
Keine Sorge. Wenn etwas sein sollte, stehe ich im Hinterraum bereit.
Mach es ordentlich. Du schaffst das.
… Ja.
He he he. So einfach würde ich sonst niemals Geld verdienen.
Leckere Erdbeeren
Oedo-Supermarkt
Kommt alle er mit euren Beichten. Mit r Alles-Agentur habe ich och bisher nie Geld machen können.

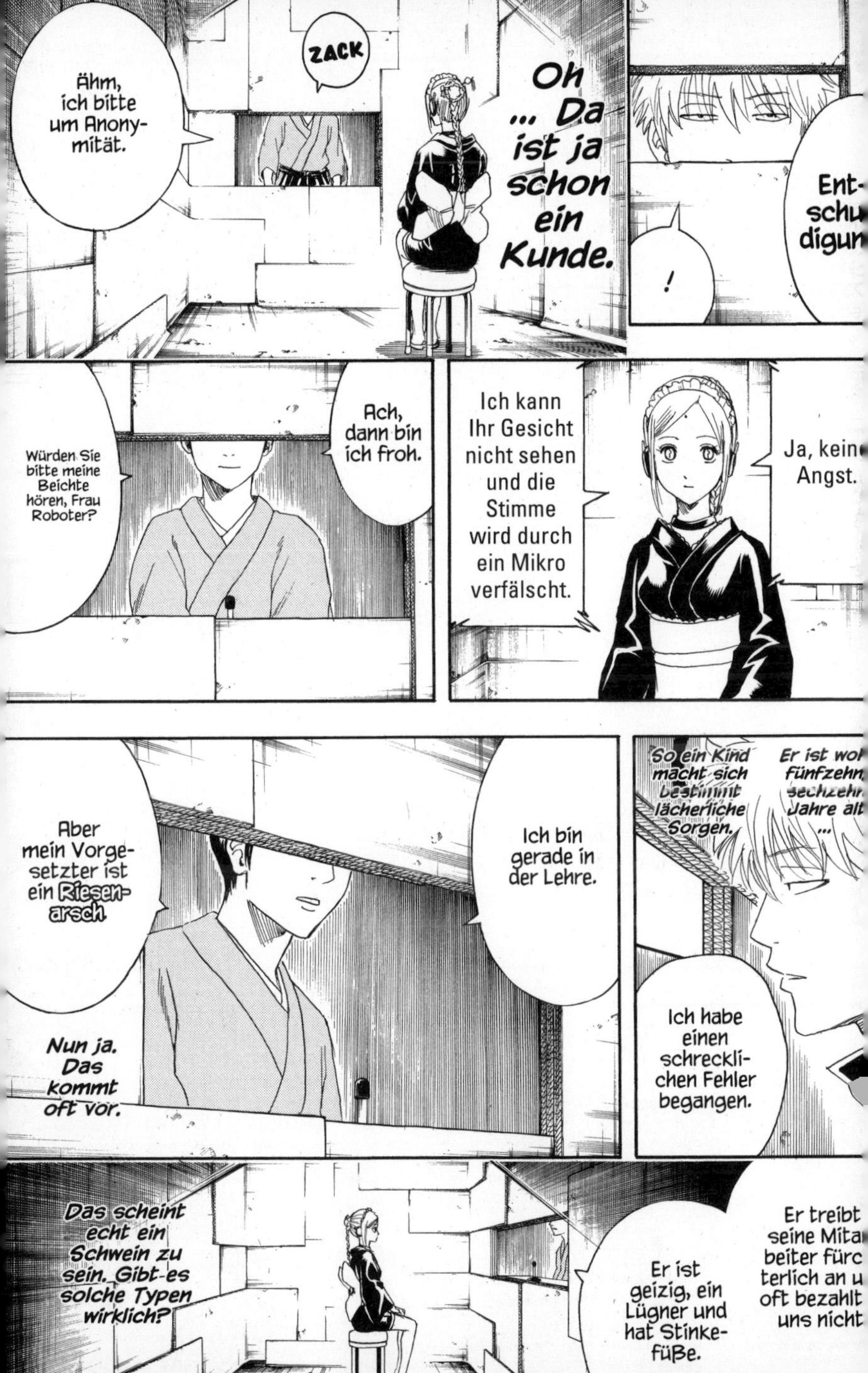

Ent-
schu
digun
!
Oh
... Da
ist ja
schon
ein
Kunde.
ZACK
Ähm,
ich bitte
um Anony-
mität.
Ja, keine
Angst.
Ich kann
Ihr Gesicht
nicht sehen
und die
Stimme
wird durch
ein Mikro
verfälscht.
Ach,
dann bin
ich froh.
Würden Sie
bitte meine
Beichte
hören, Frau
Roboter?
Er ist wo
fünfzehn,
sechzehn
Jahre alt
...
So ein Kind
macht sich
bestimmt
lächerliche
Sorgen.
Ich habe
einen
schreckli-
chen Fehler
begangen.
Ich bin
gerade in
der Lehre.
Aber
mein Vorge-
setzter ist
ein Riesen-
arsch.
Nun ja.
Das
kommt
oft vor.
Er treibt
seine Mita
beiter fürc
terlich an u
oft bezahlt
uns nicht
Er ist
geizig, ein
Lügner und
hat Stinke-
füße.
Das scheint
echt ein
Schwein zu
sein. Gibt es
solche Typen
wirklich?

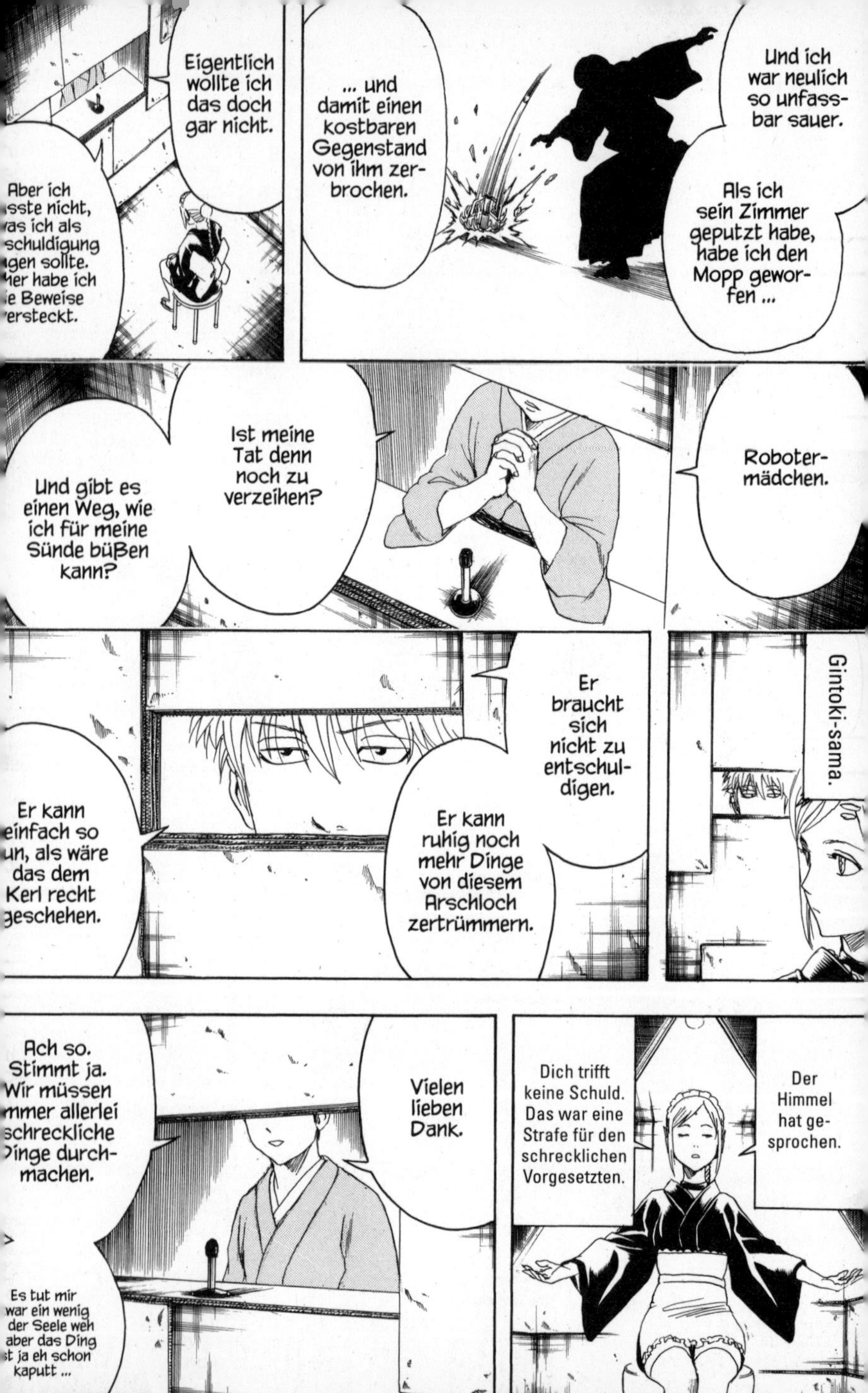
Und ich war neulich so unfassbar sauer.
Als ich sein Zimmer geputzt habe, habe ich den Mopp geworfen ...
... und damit einen kostbaren Gegenstand von ihm zerbrochen.
Eigentlich wollte ich das doch gar nicht.
Aber ich
sste nicht,
as ich als
schuldigung
gen sollte.
her habe ich
e Beweise
ersteckt.
Robotermädchen.
Ist meine Tat denn noch zu verzeihen?
Und gibt es einen Weg, wie ich für meine Sünde büßen kann?
Gintoki-sama.
Er braucht sich nicht zu entschuldigen.
Er kann ruhig noch mehr Dinge von diesem Arschloch zertrümmern.
Er kann
einfach so
un, als wäre
das dem
Kerl recht
geschehen.
Der Himmel hat gesprochen.
Dich trifft keine Schuld. Das war eine Strafe für den schrecklichen Vorgesetzten.
Vielen lieben Dank.
Ach so. Stimmt ja. Wir müssen
mmer allerlei
schreckliche
Dinge durchmachen.
Es tut mir
war ein wenig
der Seele weh
aber das Ding
st ja eh schon
kaputt ...

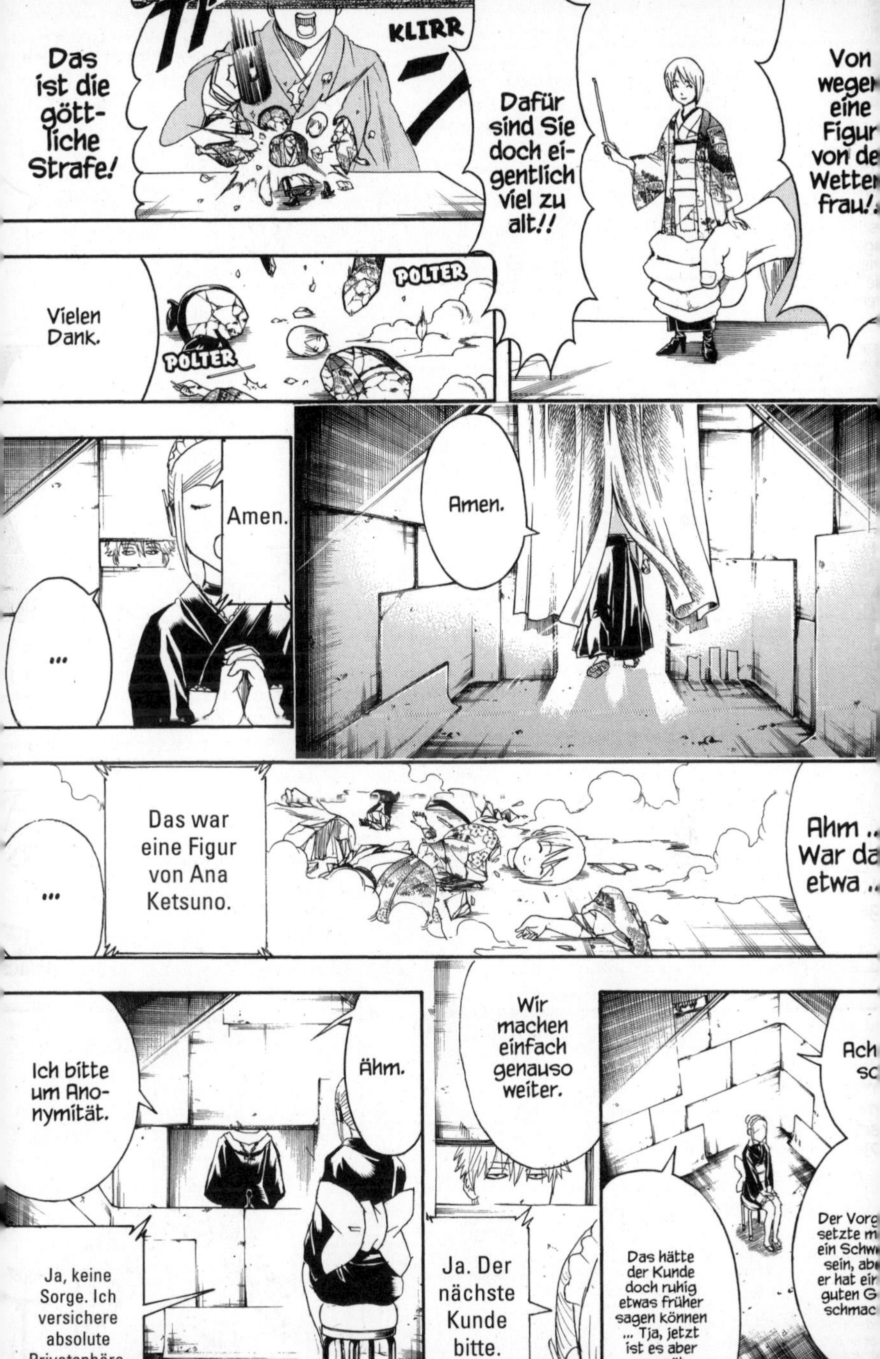
Von wegen eine Figur von der Wetterfrau!.
Dafür sind Sie doch eigentlich viel zu alt!!
KLIRR
Das ist die göttliche Strafe!
POLTER
POLTER
Vielen Dank.
Amen.
Amen.
...
Ahm ... War das etwa ...
Das war eine Figur von Ana Ketsuno.
...
Ach so
Der Vorgesetzte mag ein Schwein sein, aber er hat einen guten Geschmack
Das hätte der Kunde doch ruhig etwas früher sagen können ... Tja, jetzt ist es aber zu spät.
Wir machen einfach genauso weiter.
Ja. Der nächste Kunde bitte.
Ähm.
Ich bitte um Anonymität.
Ja, keine Sorge. Ich versichere absolute Privatsphäre.

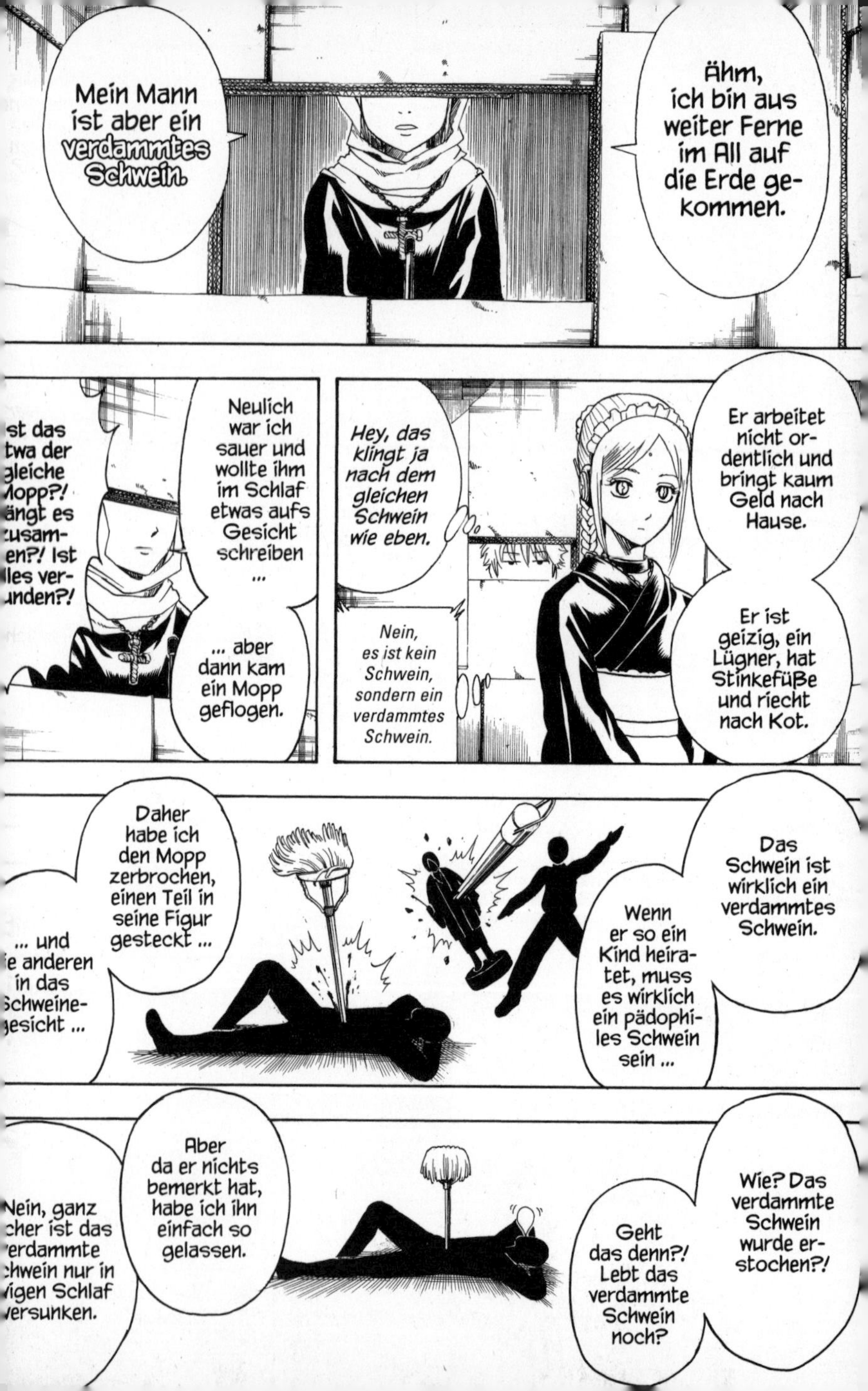

Ähm, ich bin aus weiter Ferne im All auf die Erde gekommen.
Mein Mann ist aber ein **verdammtes Schwein.**

Er arbeitet nicht ordentlich und bringt kaum Geld nach Hause.
Er ist geizig, ein Lügner, hat Stinkefüße und riecht nach Kot.
Hey, das klingt ja nach dem gleichen Schwein wie eben.
Nein, es ist kein Schwein, sondern ein verdammtes Schwein.

Neulich war ich sauer und wollte ihm im Schlaf etwas aufs Gesicht schreiben …
… aber dann kam ein Mopp geflogen.
st das twa der gleiche Mopp?! ängt es usam- en?! Ist lles ver- unden?!

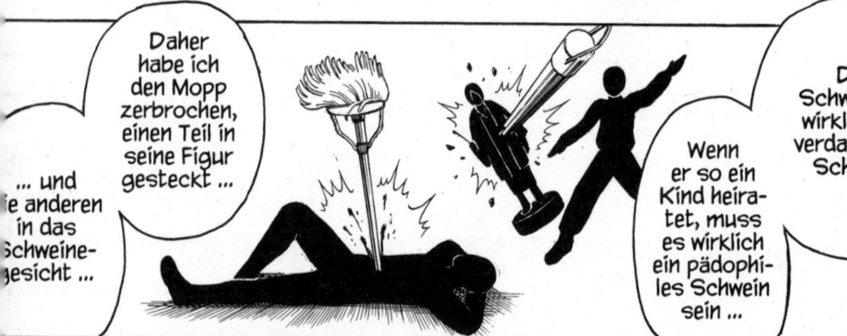

Wie? Das verdammte Schwein wurde erstochen?!

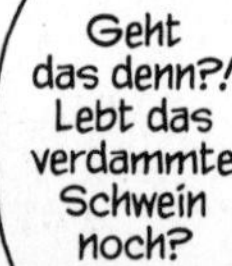

Aber da er nichts bemerkt hat, habe ich ihn einfach so gelassen.
Nein, ganz cher ist das erdammte chwein nur in igen Schlaf ersunken.

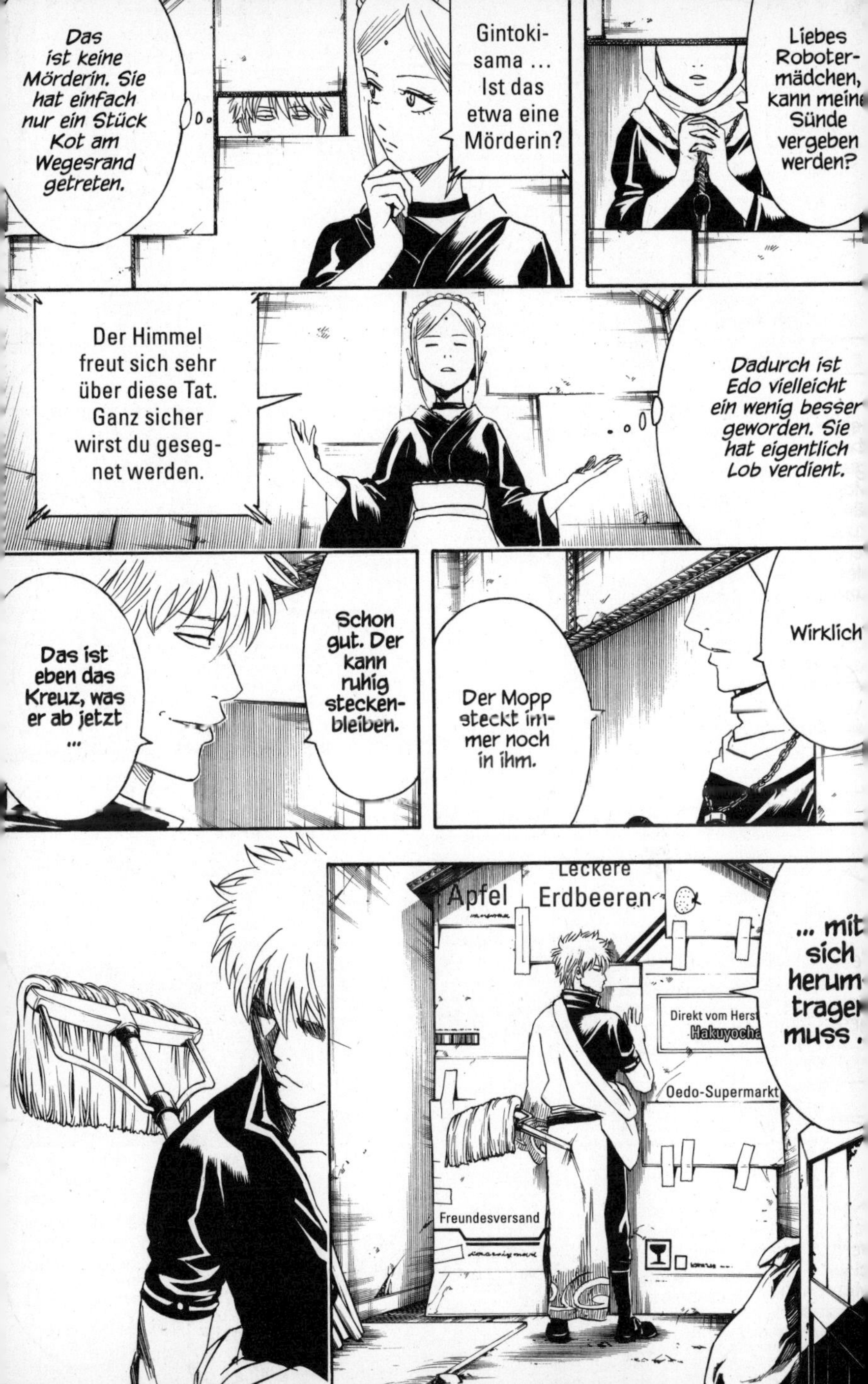
Liebes Roboter-mädchen, kann meine Sünde vergeben werden?
Gintoki-sama … Ist das etwa eine Mörderin?
Das ist keine Mörderin. Sie hat einfach nur ein Stück Kot am Wegesrand getreten.
Dadurch ist Edo vielleicht ein wenig besser geworden. Sie hat eigentlich Lob verdient.
Der Himmel freut sich sehr über diese Tat. Ganz sicher wirst du geseg-net werden.
Wirklich
Der Mopp steckt im-mer noch in ihm.
Schon gut. Der kann ruhig stecken-bleiben.
Das ist eben das Kreuz, was er ab jetzt …
… mit sich herum-trage muss.
Leckere Erdbeeren
Äpfel
Direkt vom Herst
Hakuyocha
Oedo-Supermarkt
Freundesversand

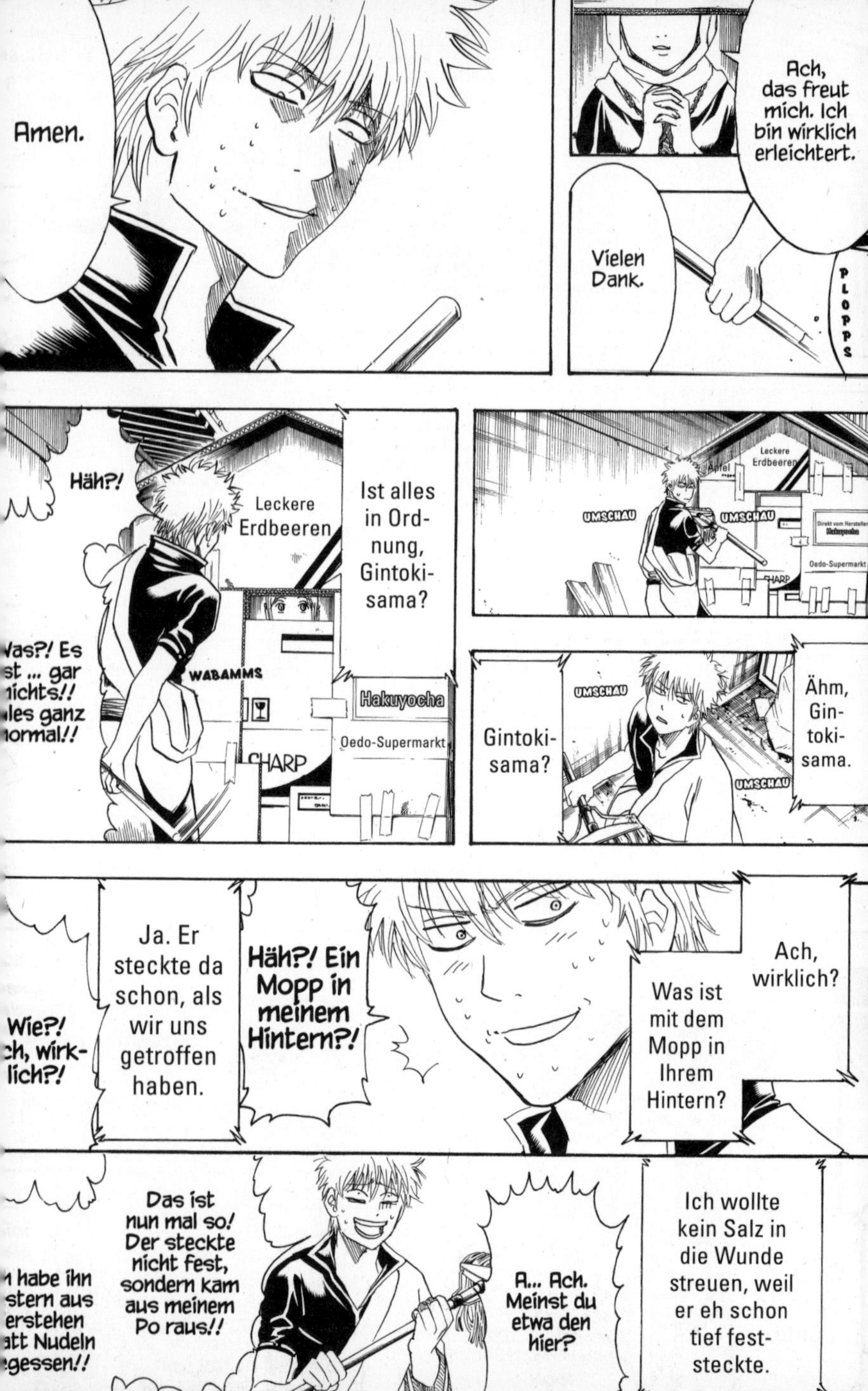

Ach, das freut mich. Ich bin wirklich erleichtert.
Vielen Dank.
PLOPPS
Amen.
UMSCHAU
UMSCHAU
Leckere Erdbeeren
Äpfel
Direkt vom Hersteller Hakuyocha
Oedo-Supermarkt
CHARP
Ist alles in Ordnung, Gintoki-sama?
Leckere Erdbeeren
Häh?!
WABAMMS
Hakuyocha
Oedo-Supermarkt
CHARP
Was?! Es ist ... gar nichts!! Alles ganz normal!!
Ähm, Gintoki-sama.
UMSCHAU
UMSCHAU
Gintoki-sama?
Ach, wirklich?
Was ist mit dem Mopp in Ihrem Hintern?
Häh?! Ein Mopp in meinem Hintern?!
Ja. Er steckte da schon, als wir uns getroffen haben.
Wie?! Ach, wirklich?!
Ich wollte kein Salz in die Wunde streuen, weil er eh schon tief feststeckte.
A... Ach. Meinst du etwa den hier?
Das ist nun mal so! Der steckte nicht fest, sondern kam aus meinem Po raus!!
Ich habe ihn gestern aus Versehen statt Nudeln gegessen!!

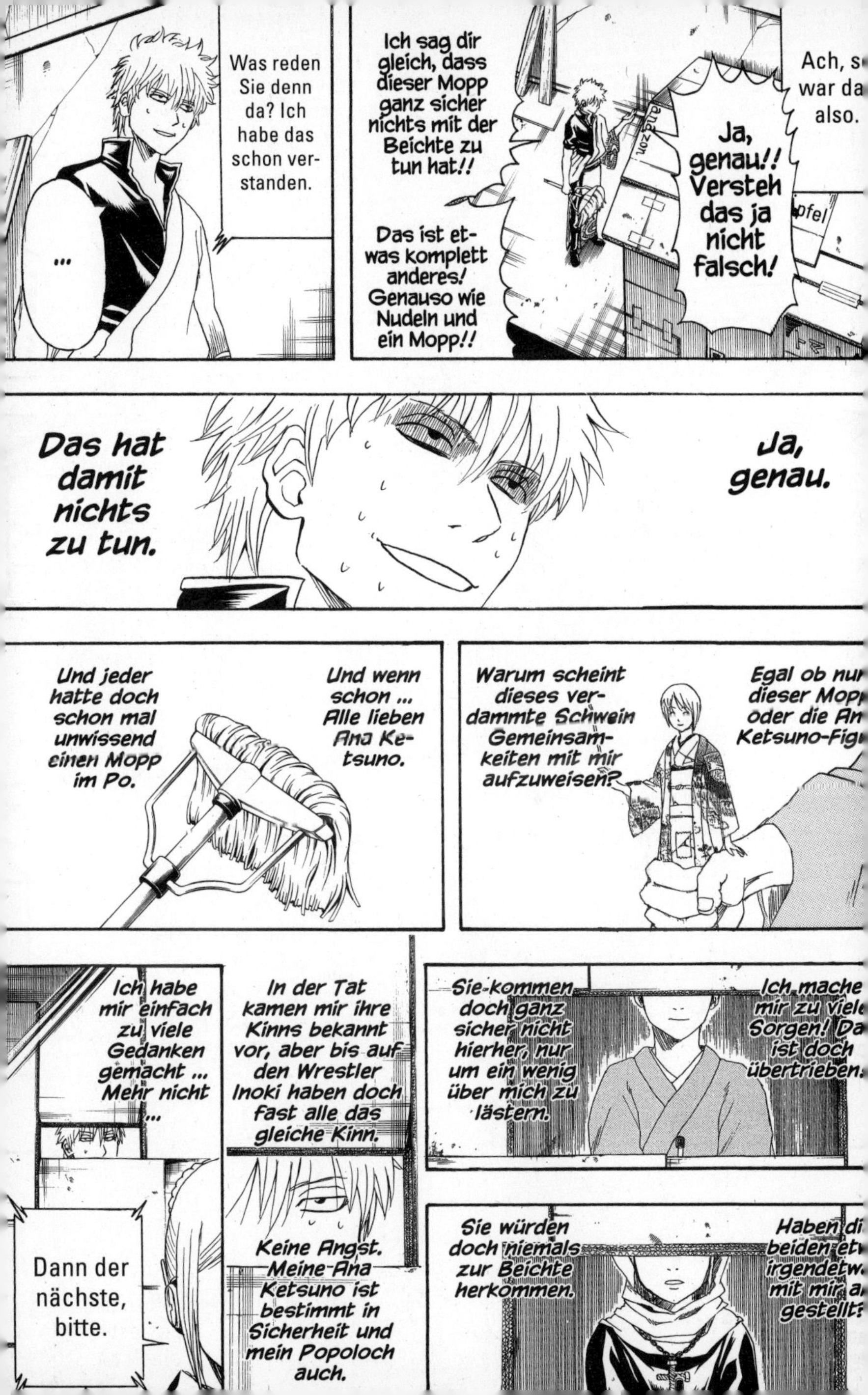

Ach, s
war da
also.

Ja, genau!! Versteh das ja nicht falsch!

Ich sag dir gleich, dass dieser Mopp ganz sicher nichts mit der Beichte zu tun hat!!

Das ist etwas komplett anderes! Genauso wie Nudeln und ein Mopp!!

Was reden Sie denn da? Ich habe das schon verstanden.

...

Ja, genau.

Das hat damit nichts zu tun.

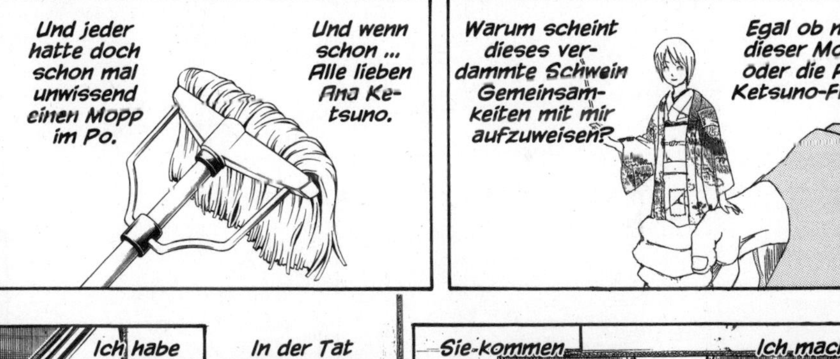

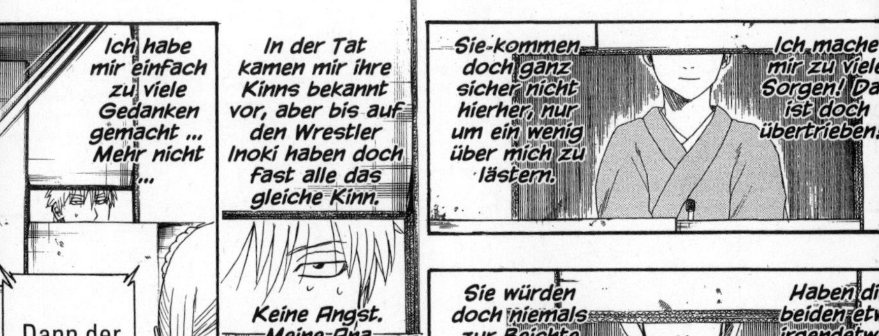

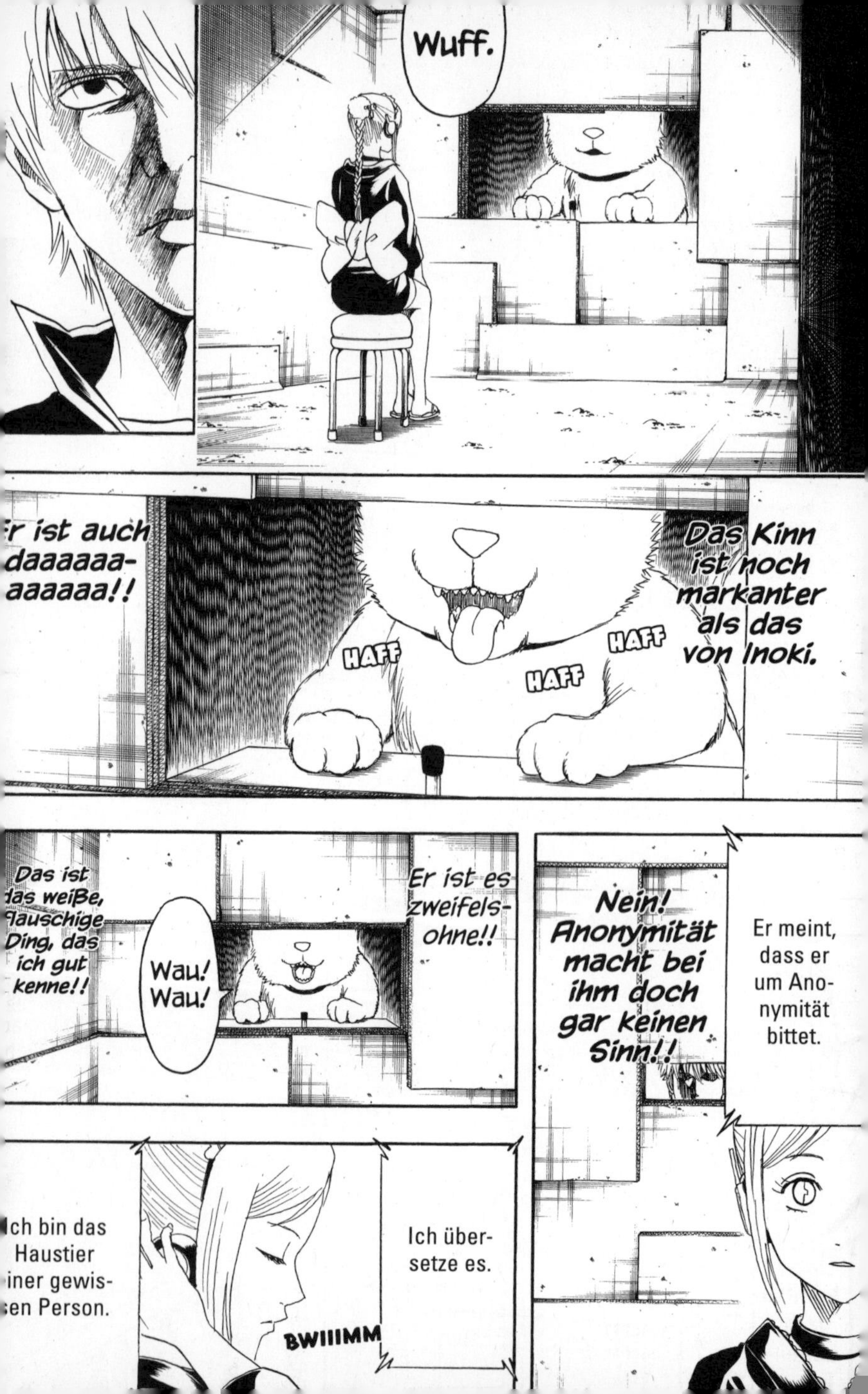
Wuff.
Das Kinn ist noch markanter als das von Inoki.
HAFF
HAFF
HAFF
r ist auch daaaaaa-aaaaaa!!
Nein! Anonymität macht bei ihm doch gar keinen Sinn!!
Er meint, dass er um Anonymität bittet.
Er ist es zweifelsohne!!
Wau! Wau!
Das ist das weiße, lauschige Ding, das ich gut kenne!!
Ich übersetze es.
BWIIIMM
Ich bin das Haustier iner gewis-sen Person.

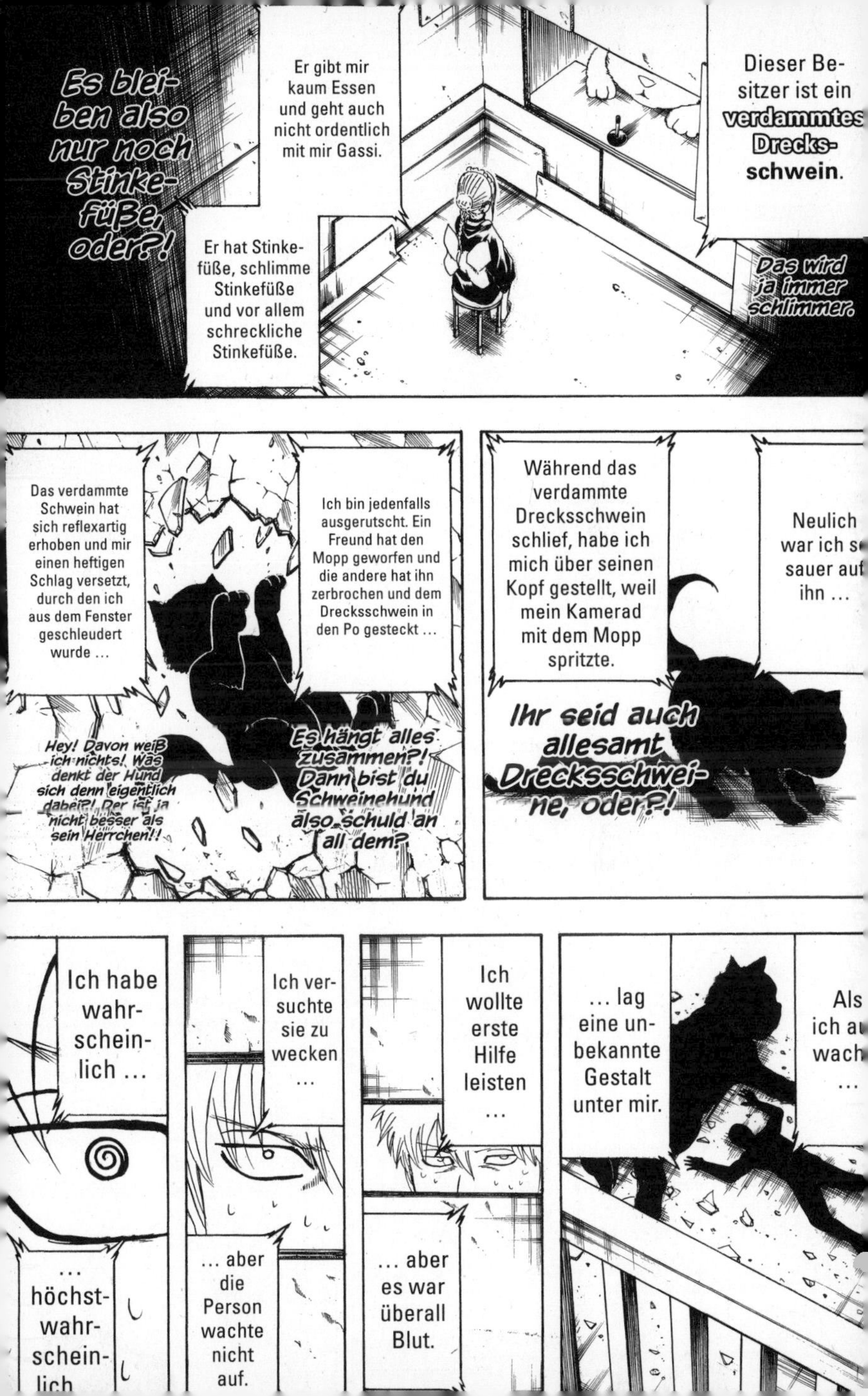

Dieser Besitzer ist ein **verdammtes Dreckschwein**.

Das wird ja immer schlimmer.

Er gibt mir kaum Essen und geht auch nicht ordentlich mit mir Gassi.

Er hat Stinkefüße, schlimme Stinkefüße und vor allem schreckliche Stinkefüße.

Es bleiben also nur noch Stinkefüße, oder?!

Neulich war ich s sauer au ihn …

Während das verdammte Drecksschwein schlief, habe ich mich über seinen Kopf gestellt, weil mein Kamerad mit dem Mopp spritzte.

Ihr seid auch allesamt Drecksschweine, oder?!

Ich bin jedenfalls ausgerutscht. Ein Freund hat den Mopp geworfen und die andere hat ihn zerbrochen und dem Drecksschwein in den Po gesteckt …

Das verdammte Schwein hat sich reflexartig erhoben und mir einen heftigen Schlag versetzt, durch den ich aus dem Fenster geschleudert wurde …

Es hängt alles zusammen?! Dann bist du Schweinehund also schuld an all dem?

Hey! Davon weiß ich nichts! Was denkt der Hund sich denn eigentlich dabei?! Der ist ja nicht besser als sein Herrchen!!

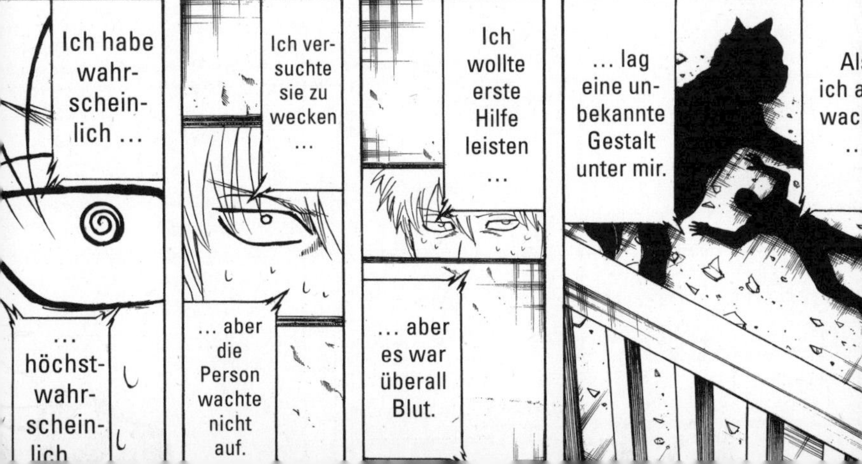

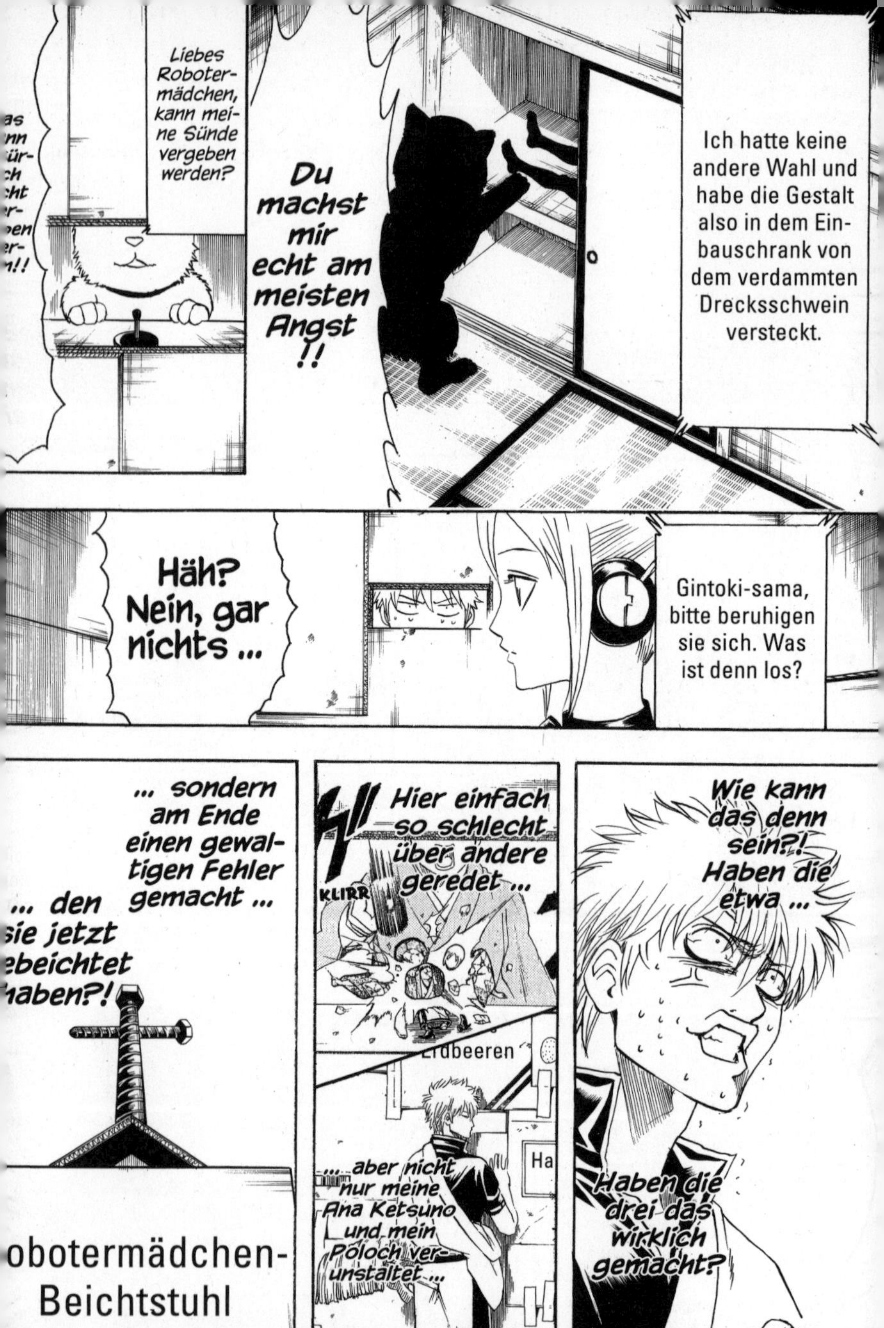

Ich hatte keine andere Wahl und habe die Gestalt also in dem Einbauschrank von dem verdammten Drecksschwein versteckt.
Du machst mir echt am meisten Angst!!
Liebes Robotermädchen, kann meine Sünde vergeben werden?
Gintoki-sama, bitte beruhigen sie sich. Was ist denn los?
Häh? Nein, gar nichts ...
Wie kann das denn sein?! Haben die etwa ...
Haben die drei das wirklich gemacht?
Hier einfach so schlecht über andere geredet ...
KLIRR
Erdbeeren
... aber nicht nur meine Ana Ketsuno und mein Poloch verunstaltet ...
Freundesversand
... sondern am Ende einen gewaltigen Fehler gemacht ...
... den sie jetzt ebeichtet haben?!
obotermädchen-Beichtstuhl

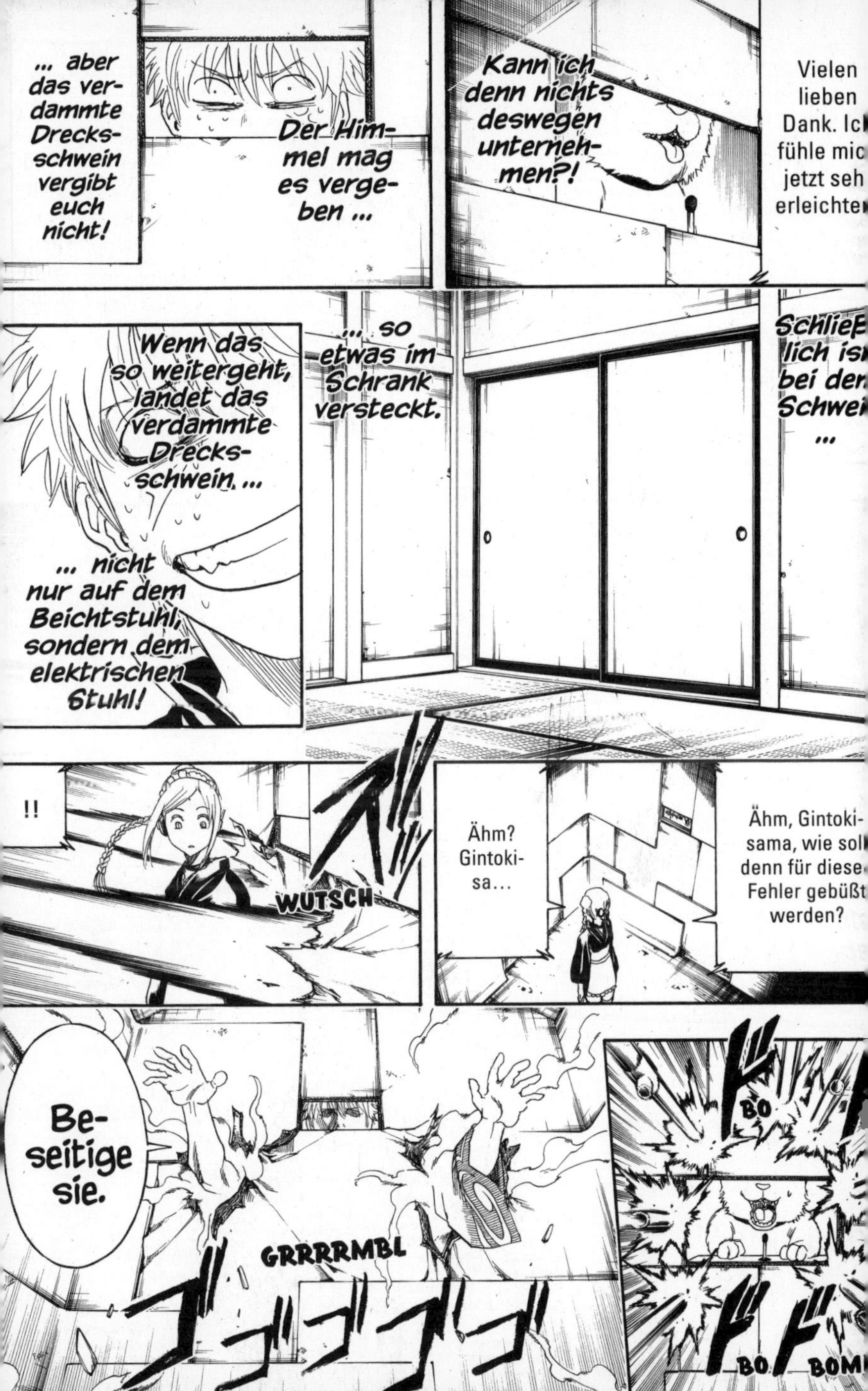
Vielen lieben Dank. Ic fühle mic jetzt seh erleichte
Kann ich denn nichts deswegen unternehmen?!
Der Himmel mag es vergeben …
… aber das verdammte Drecksschwein vergibt euch nicht!
Schließ lich is bei den Schwei …
… so etwas im Schrank versteckt.
Wenn das so weitergeht, landet das verdammte Drecksschwein …
… nicht nur auf dem Beichtstuhl, sondern dem elektrischen Stuhl!
Ähm, Gintoki-sama, wie sol denn für diese Fehler gebüßt werden?
Ähm? Gintoki-sa…
WUTSCH
!!
BO
BO
BOM
Beseitige sie.
GRRRRMBL

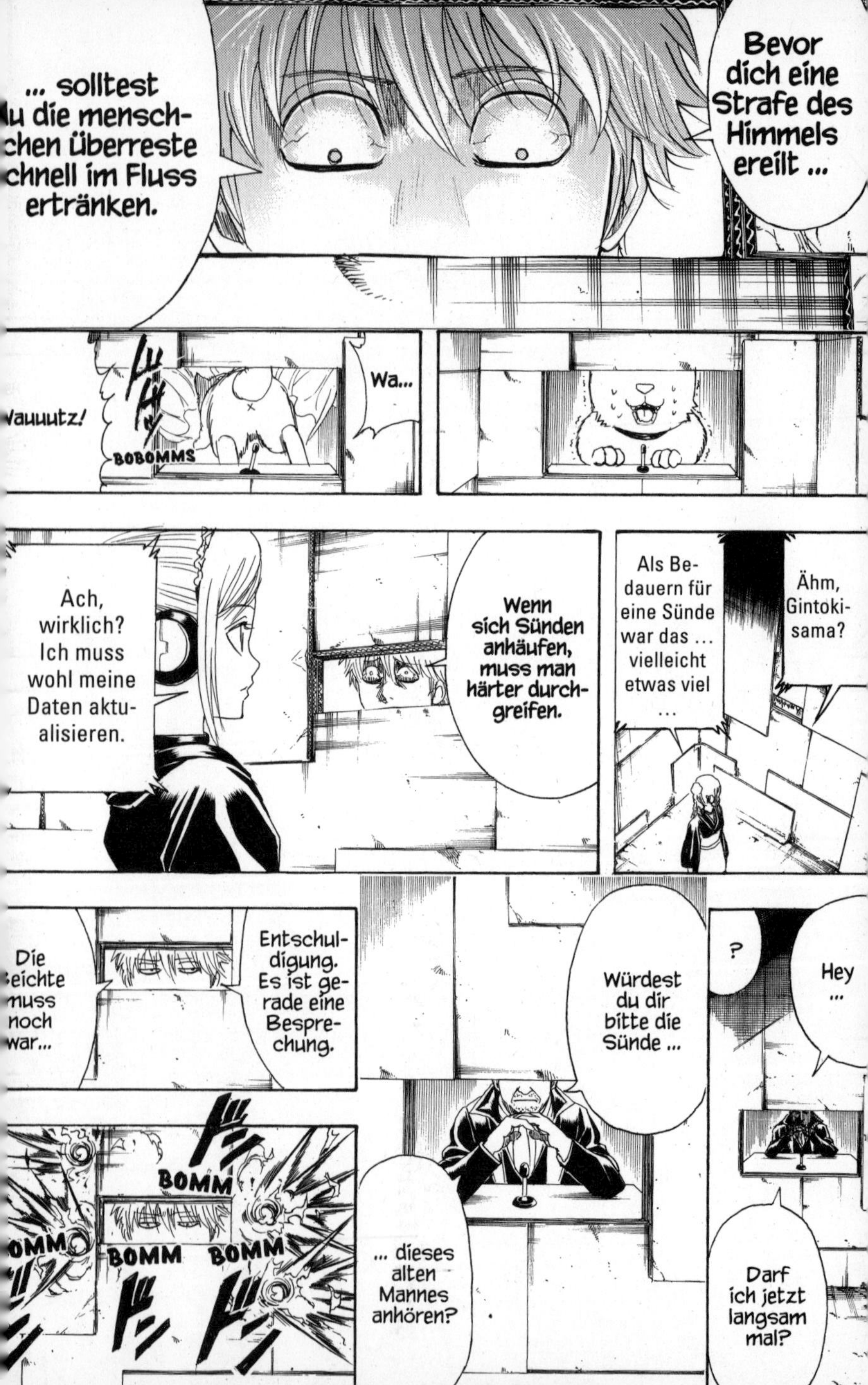
Bevor dich eine Strafe des Himmels ereilt ...
... solltest
u die mensch-
chen überreste
chnell im Fluss
ertränken.
Wa...
Wauuutz!
BOBOMMS
Ähm, Gintoki-sama?
Als Bedauern für eine Sünde war das ... vielleicht etwas viel ...
Wenn sich Sünden anhäufen, muss man härter durchgreifen.
Ach, wirklich? Ich muss wohl meine Daten aktualisieren.
Hey ...
?
Würdest du dir bitte die Sünde ...
Entschuldigung. Es ist gerade eine Besprechung.
Die
eichte
muss
noch
war...
Darf ich jetzt langsam mal?
... dieses alten Mannes anhören?
BOMM
BOMM
BOMM
OMM

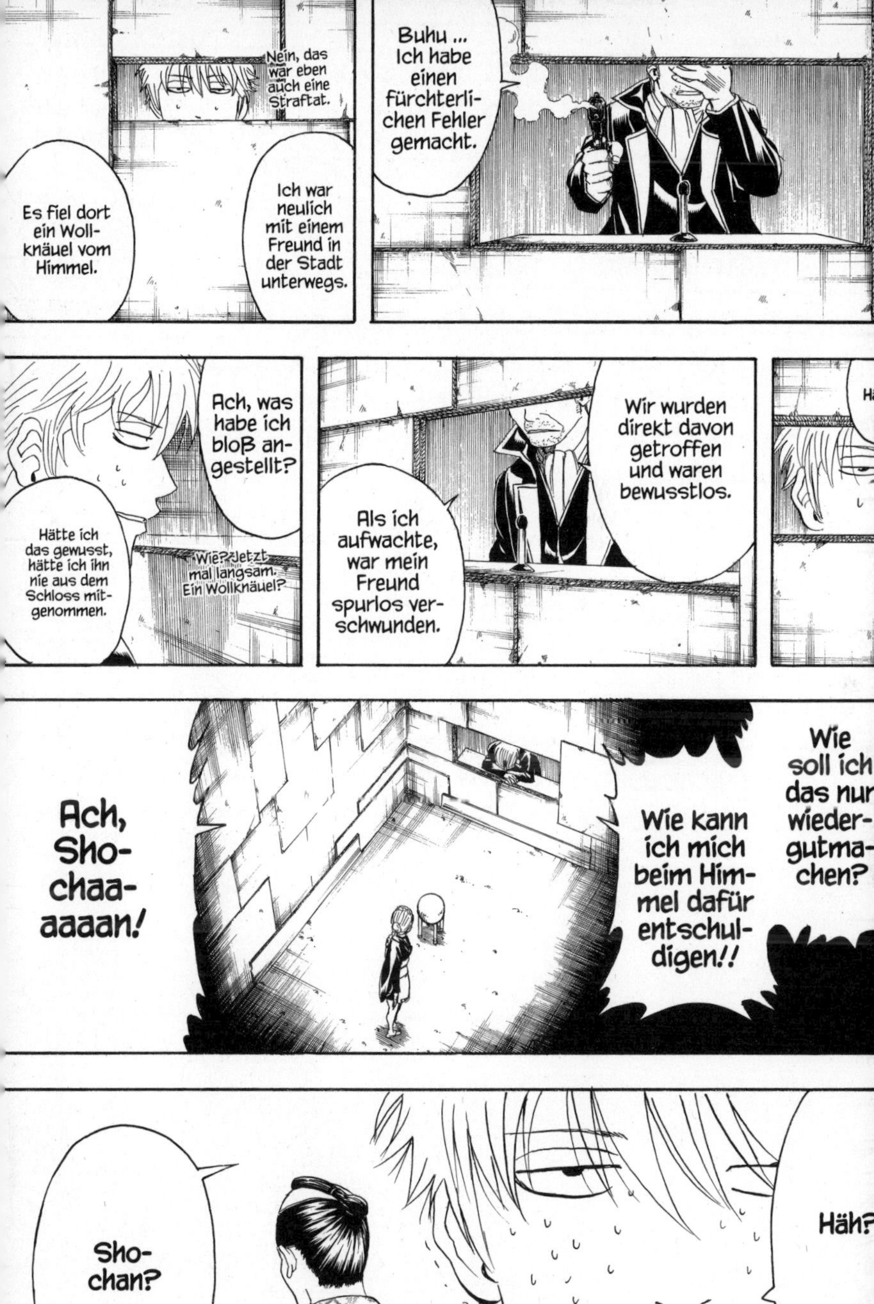

Buhu ... Ich habe einen fürchterlichen Fehler gemacht.
Nein, das war eben auch eine Straftat.
Ich war neulich mit einem Freund in der Stadt unterwegs.
Es fiel dort ein Wollknäuel vom Himmel.
Wir wurden direkt davon getroffen und waren bewusstlos.
Als ich aufwachte, war mein Freund spurlos verschwunden.
Ach, was habe ich bloß angestellt?
Wie?? Jetzt mal langsam. Ein Wollknäuel?
Hätte ich das gewusst, hätte ich ihn nie aus dem Schloss mitgenommen.
Wie soll ich das nur wiedergutmachen?
Wie kann ich mich beim Himmel dafür entschuldigen!!
Ach, Sho-chaa-aaaan!
Häh?
Sho-chan?

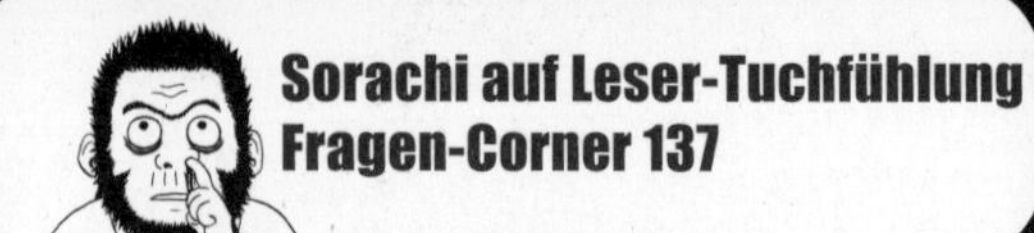

(Frage von »Auchika Auchika Fahfahfah«)

Guten Tag. Sensei, ich habe eine Frage. Warum verwenden sie als Soundword für Essen »Schmatz Schmatz«? Wäre »Kau Kau« nicht passender? Das interessiert mich beim Lesen wirklich. Bitte geben sie mir eine Antwort darauf.

(Antwort)

Weil ich auch immer beim Essen schmatze.

(138 auf Seite 86)

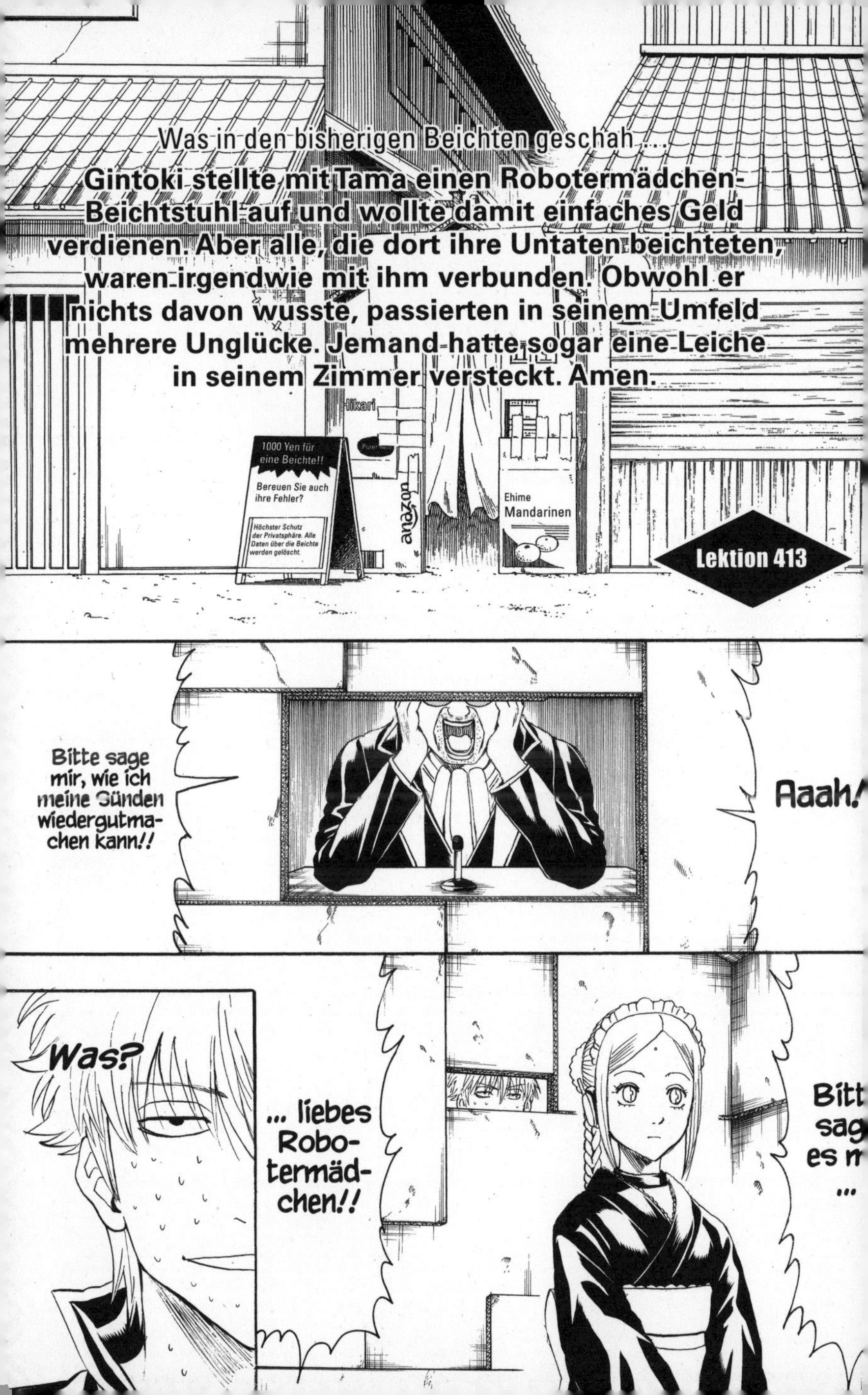
Was in den bisherigen Beichten geschah ...
Gintoki stellte mit Tama einen Robotermädchen-Beichtstuhl auf und wollte damit einfaches Geld verdienen. Aber alle, die dort ihre Untaten beichteten, waren irgendwie mit ihm verbunden. Obwohl er nichts davon wusste, passierten in seinem Umfeld mehrere Unglücke. Jemand hatte sogar eine Leiche in seinem Zimmer versteckt. Amen.
Hikari
1000 Yen für eine Beichte!!
Bereuen Sie auch ihre Fehler?
Höchster Schutz der Privatsphäre. Alle Daten über die Beichte werden gelöscht.
amazon
Ehime Mandarinen
Lektion 413
Aaah!
Bitte sage mir, wie ich meine Sünden wiedergutmachen kann!!
Bitt sag es m ...
... liebes Robotermädchen!!
Was?

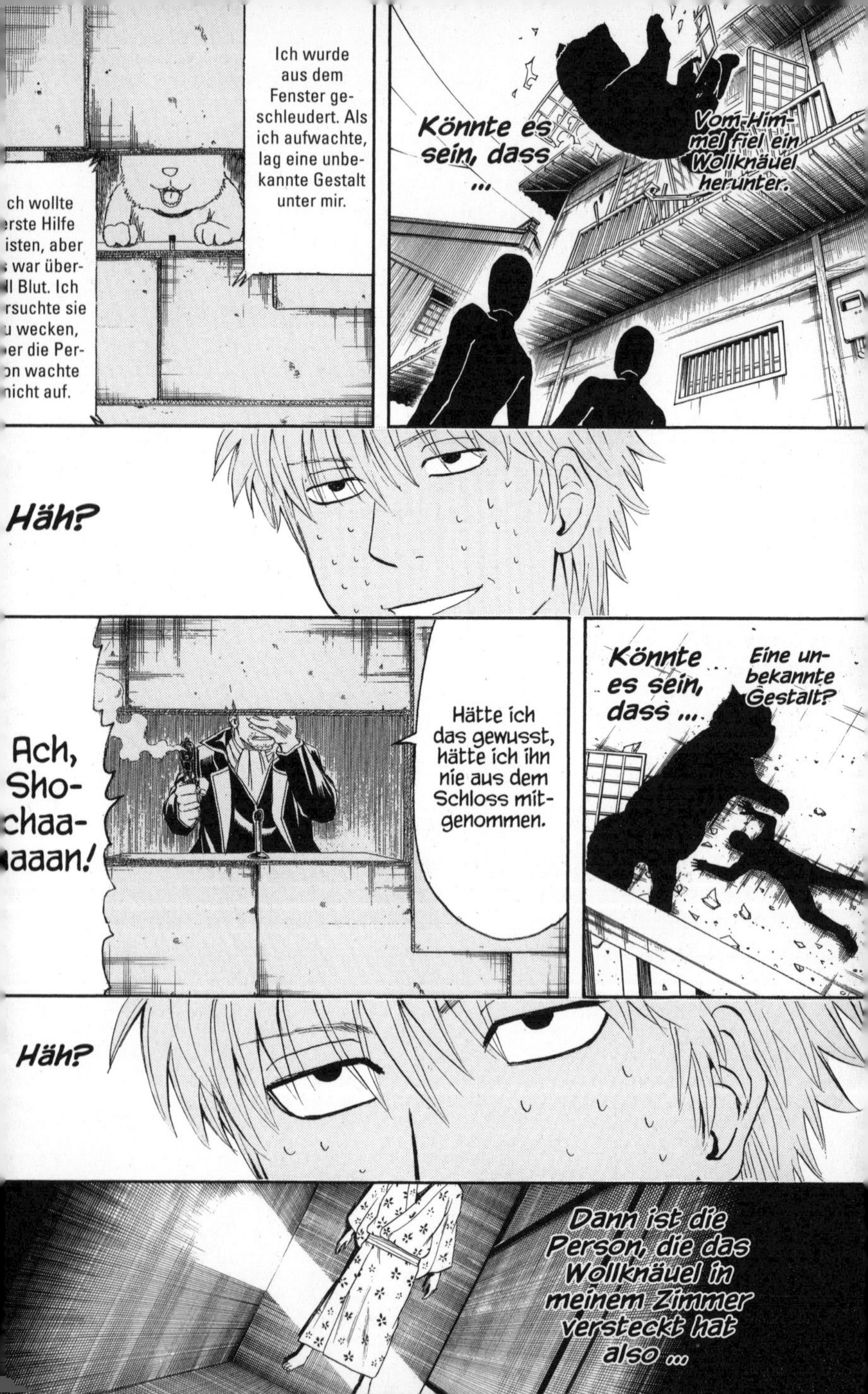

Vom Himmel fiel ein Wollknäuel herunter.
Könnte es sein, dass ...
Ich wurde aus dem Fenster geschleudert. Als ich aufwachte, lag eine unbekannte Gestalt unter mir.
ch wollte
erste Hilfe
isten, aber
war über-
l Blut. Ich
rsuchte sie
u wecken,
er die Per-
on wachte
nicht auf.
Häh?
Eine unbekannte Gestalt?
Könnte es sein, dass ...
Hätte ich das gewusst, hätte ich ihn nie aus dem Schloss mitgenommen.
Ach, Sho-chaa-
aaan!
Häh?
Dann ist die Person, die das Wollknäuel in meinem Zimmer versteckt hat also ...

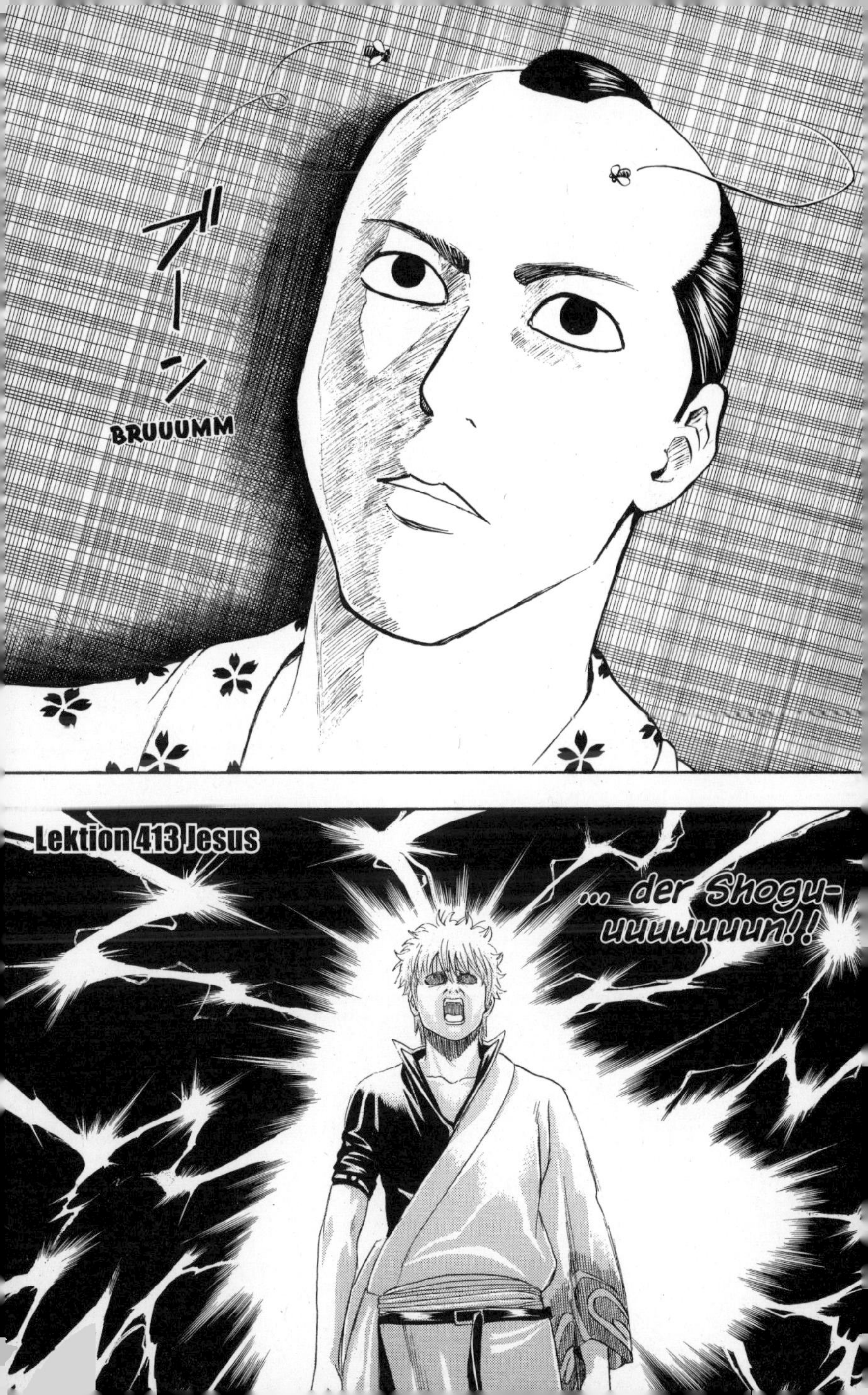

ブーン
BRUUUMM

Lektion 413 Jesus

... der Shogu-
uuuuuuuun!!

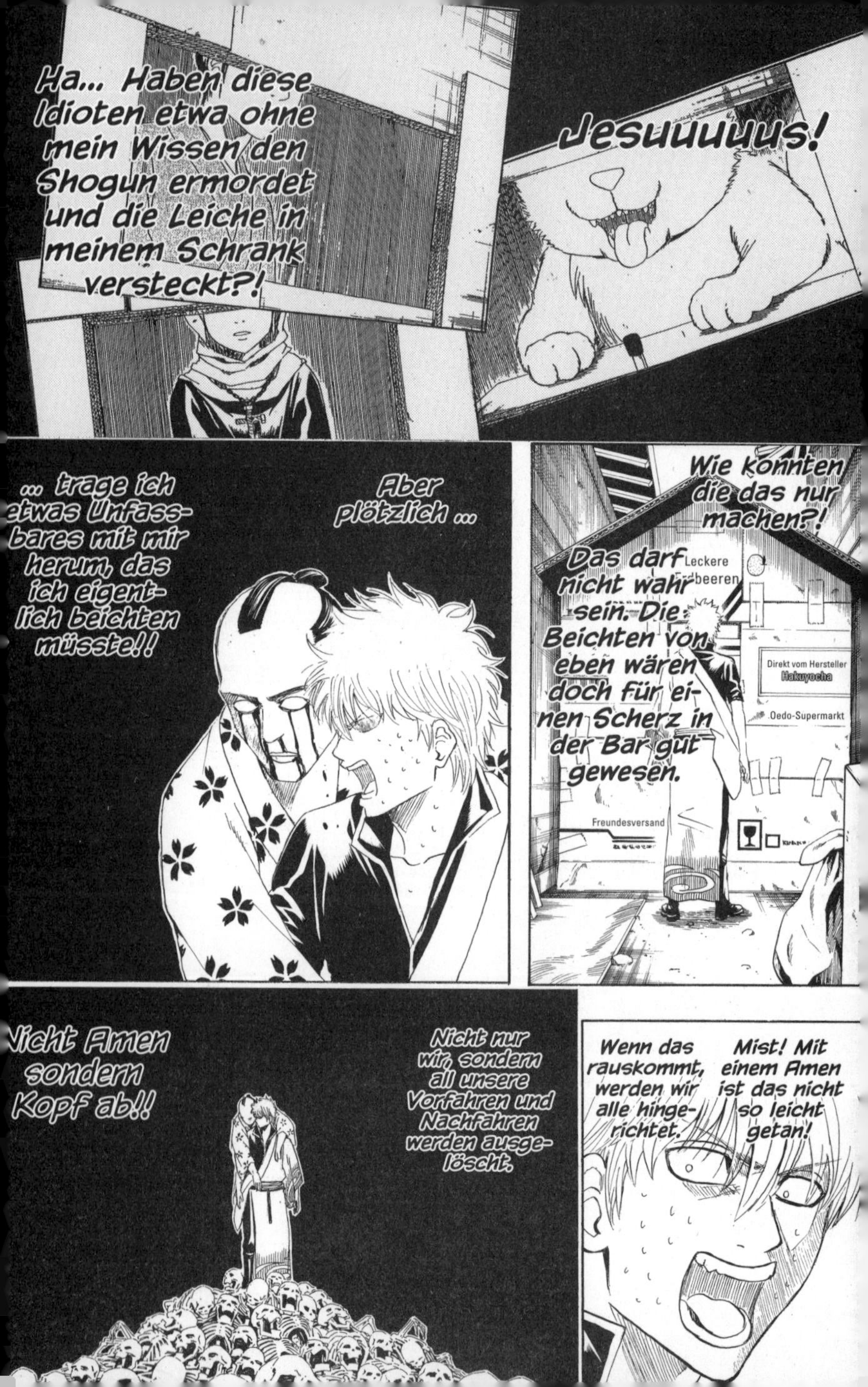

Jesuuuuus!

Ha... Haben diese Idioten etwa ohne mein Wissen den Shogun ermordet und die Leiche in meinem Schrank versteckt?!

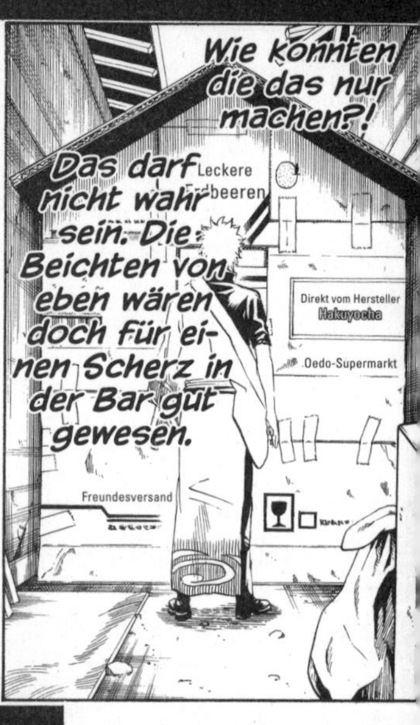

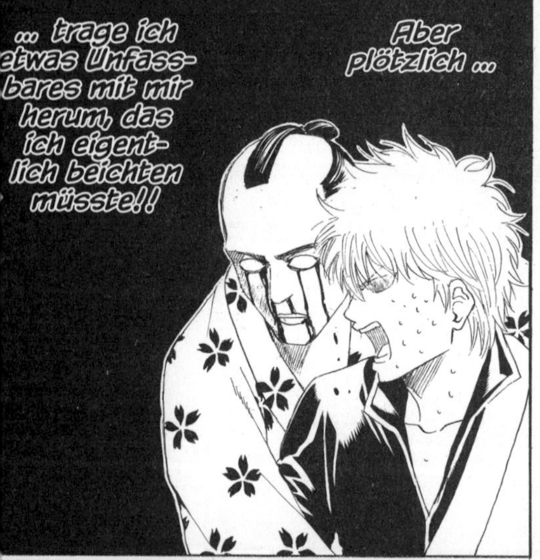

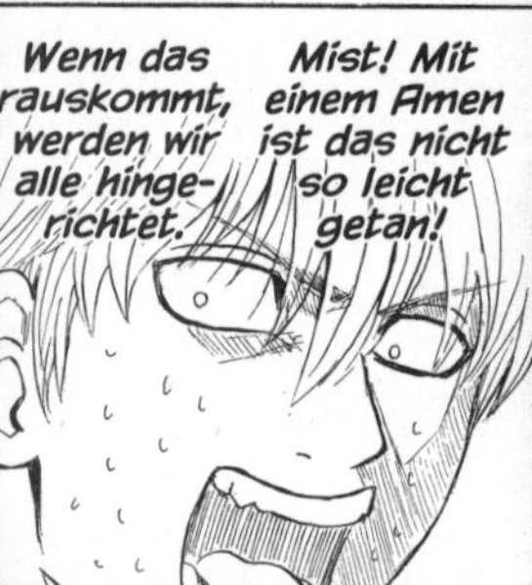

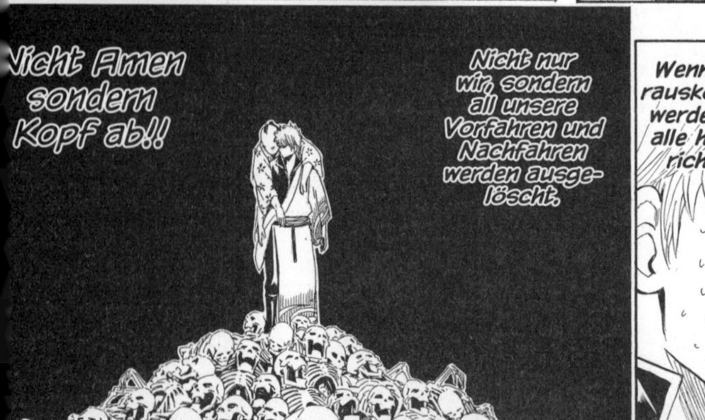

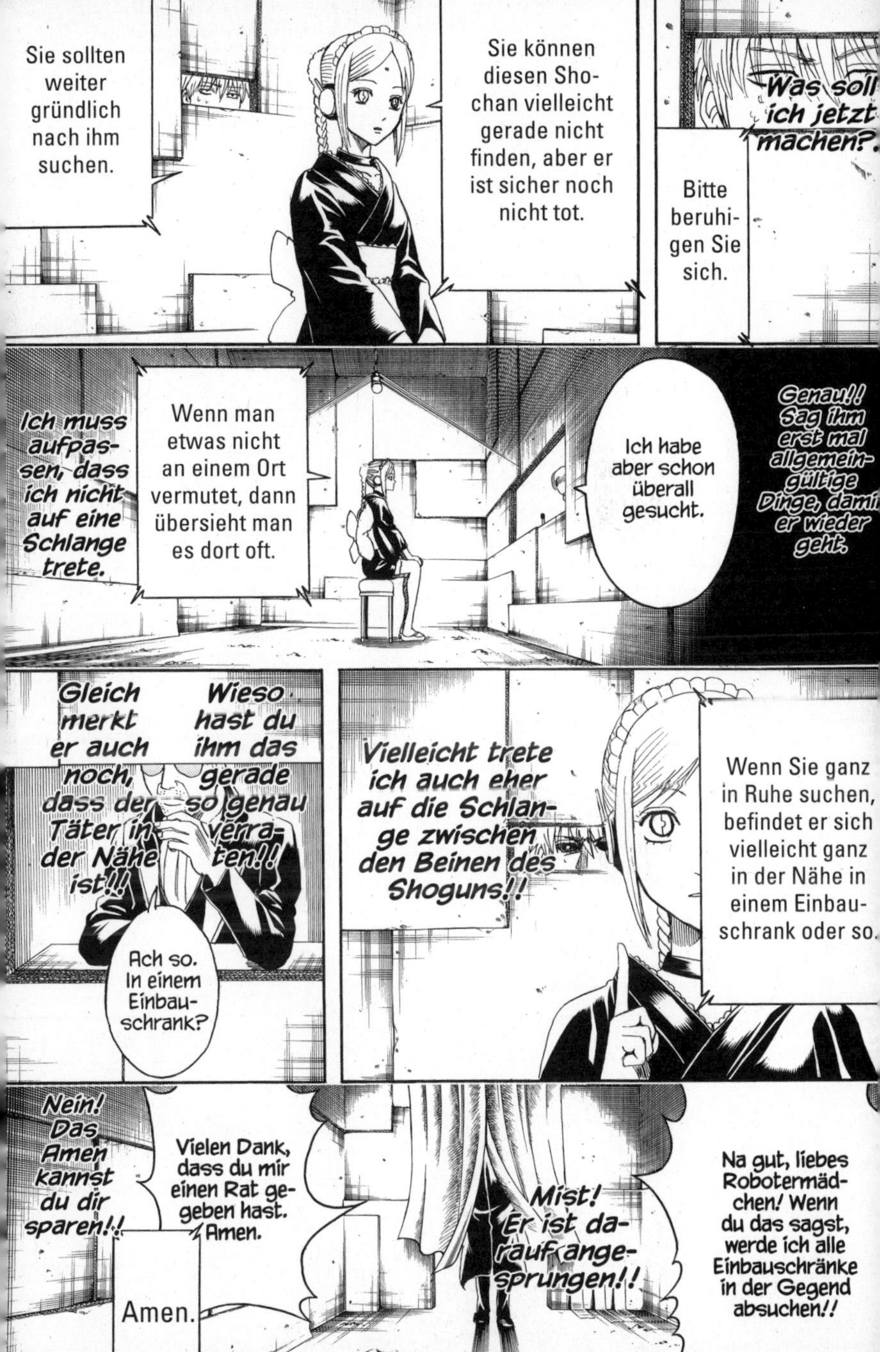
Was soll ich jetzt machen?
Bitte beruhigen Sie sich.
Sie können diesen Sho-chan vielleicht gerade nicht finden, aber er ist sicher noch nicht tot.
Sie sollten weiter gründlich nach ihm suchen.
Genau!! Sag ihm erst mal allgemeingültige Dinge, damit er wieder geht.
Ich habe aber schon überall gesucht.
Wenn man etwas nicht an einem Ort vermutet, dann übersieht man es dort oft.
Ich muss aufpassen, dass ich nicht auf eine Schlange trete.
Wenn Sie ganz in Ruhe suchen, befindet er sich vielleicht ganz in der Nähe in einem Einbauschrank oder so.
Vielleicht trete ich auch eher auf die Schlange zwischen den Beinen des Shoguns!!
Wieso hast du ihm das gerade so genau verraten!!
Gleich merkt er auch noch, dass der Täter in der Nähe ist!!!
Ach so. In einem Einbauschrank?
Na gut, liebes Robotermädchen! Wenn du das sagst, werde ich alle Einbauschränke in der Gegend absuchen!!
Mist! Er ist darauf angesprungen!!
Vielen Dank, dass du mir einen Rat gegeben hast. Amen.
Nein! Das Amen kannst du dir sparen!!
Amen.

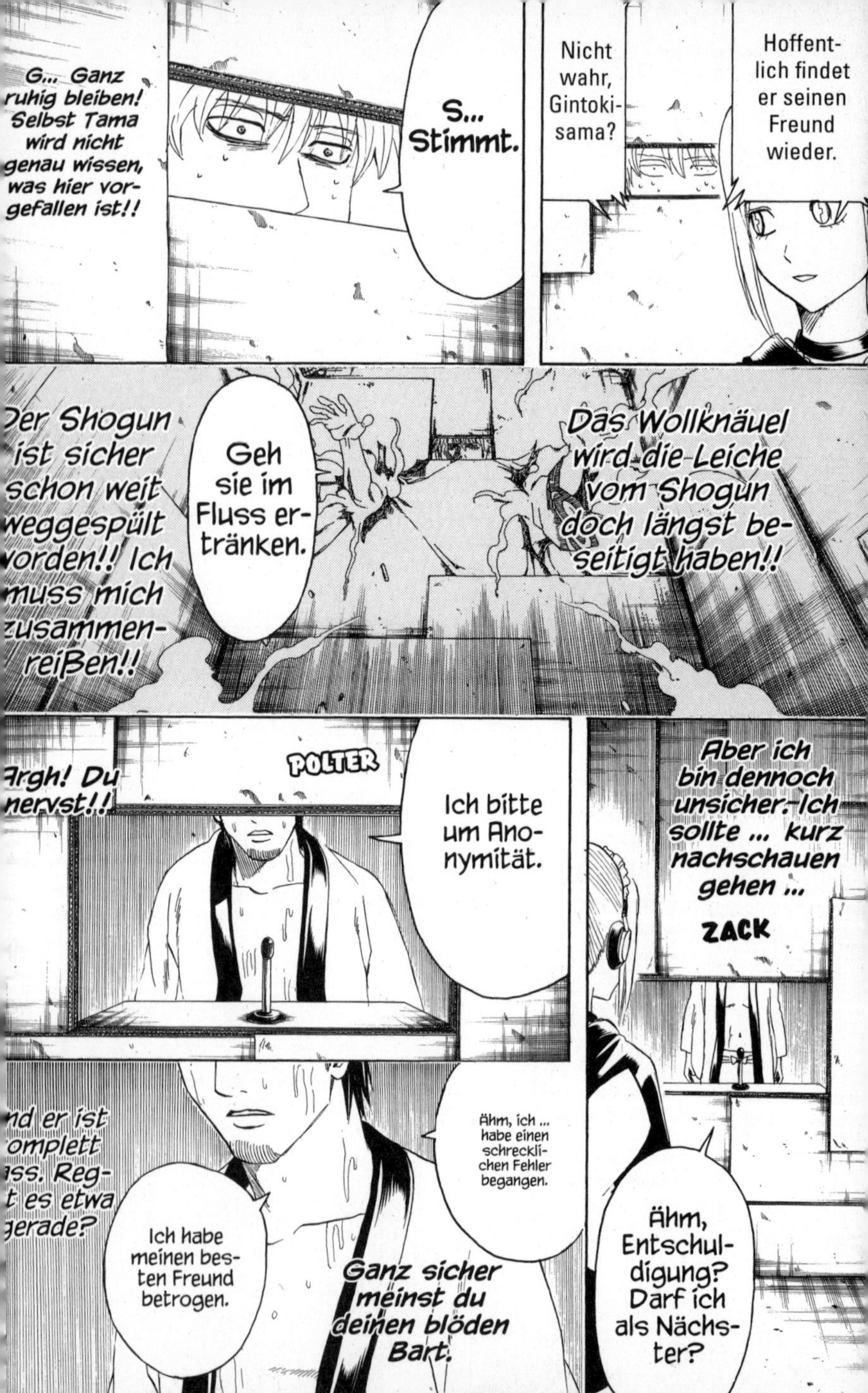
Hoffentlich findet er seinen Freund wieder.
Nicht wahr, Gintoki-sama?
S… Stimmt.
G… Ganz ruhig bleiben! Selbst Tama wird nicht genau wissen, was hier vorgefallen ist!!
Das Wollknäuel wird die Leiche vom Shogun doch längst beseitigt haben!!
Geh sie im Fluss ertränken.
Der Shogun ist sicher schon weit weggespült worden!! Ich muss mich zusammenreißen!!
Aber ich bin dennoch unsicher. Ich sollte … kurz nachschauen gehen …
ZACK
Ich bitte um Anonymität.
POLTER
Argh! Du nervst!!
Ähm, Entschuldigung? Darf ich als Nächster?
Ähm, ich … habe einen schrecklichen Fehler begangen.
Ganz sicher meinst du deinen blöden Bart.
Ich habe meinen besten Freund betrogen.
nd er ist omplett ass. Reg- t es etwa gerade?

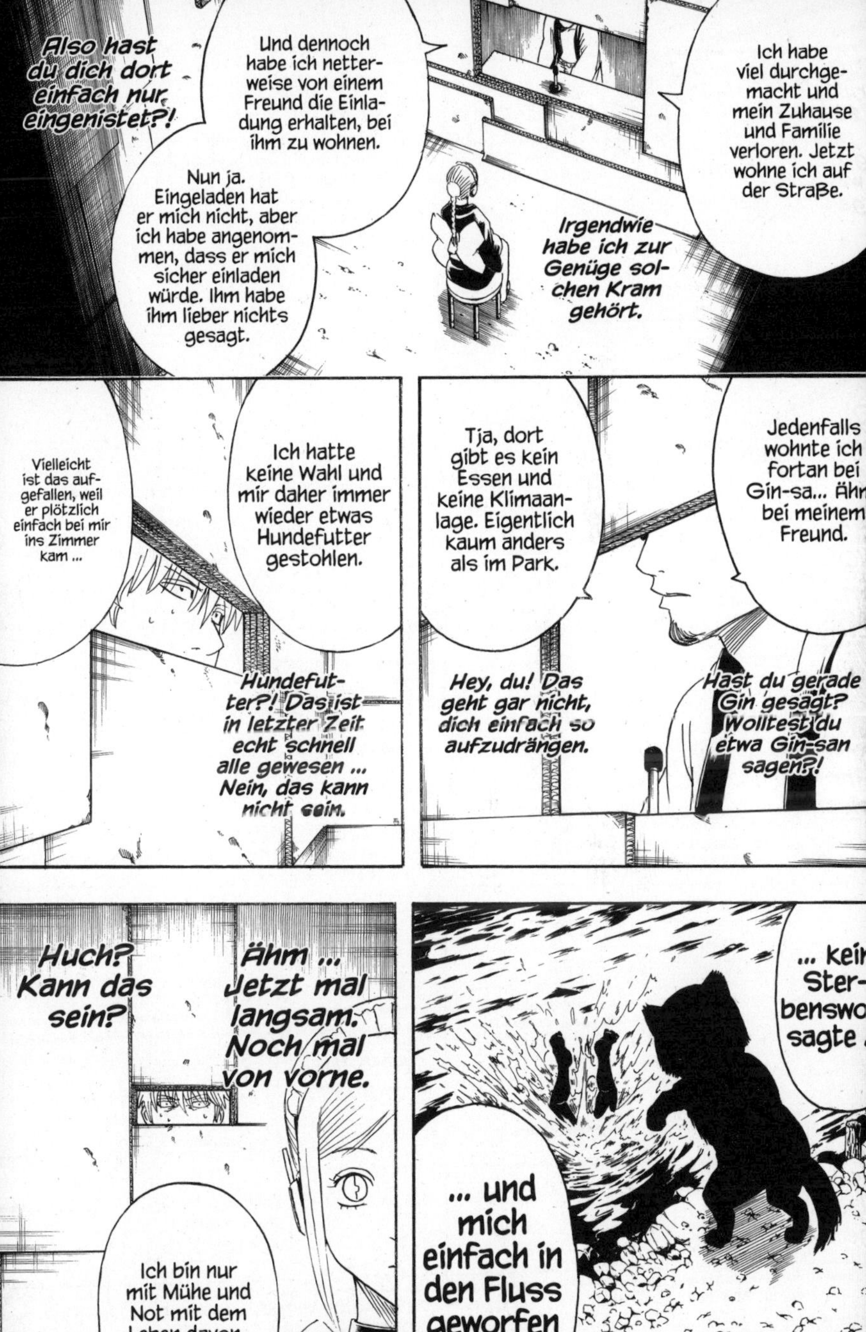
Ich habe viel durchgemacht und mein Zuhause und Familie verloren. Jetzt wohne ich auf der Straße.
Irgendwie habe ich zur Genüge solchen Kram gehört.
Und dennoch habe ich netterweise von einem Freund die Einladung erhalten, bei ihm zu wohnen.
Also hast du dich dort einfach nur eingenistet?!
Nun ja. Eingeladen hat er mich nicht, aber ich habe angenommen, dass er mich sicher einladen würde. Ihm habe ihm lieber nichts gesagt.
Jedenfalls wohnte ich fortan bei Gin-sa... Äh bei meinem Freund.
Hast du gerade Gin gesagt? Wolltest du etwa Gin-san sagen?!
Tja, dort gibt es kein Essen und keine Klimaanlage. Eigentlich kaum anders als im Park.
Hey, du! Das geht gar nicht, dich einfach so aufzudrängen.
Ich hatte keine Wahl und mir daher immer wieder etwas Hundefutter gestohlen.
Hundefutter?! Das ist in letzter Zeit echt schnell alle gewesen ... Nein, das kann nicht sein.
Vielleicht ist das aufgefallen, weil er plötzlich einfach bei mir ins Zimmer kam ...
... kei Sterbenswo sagte
... und mich einfach in den Fluss geworfen hat.
Ähm ... Jetzt mal langsam. Noch mal von vorne.
Huch? Kann das sein?
Ich bin nur mit Mühe und Not mit dem Leben davongekommen.

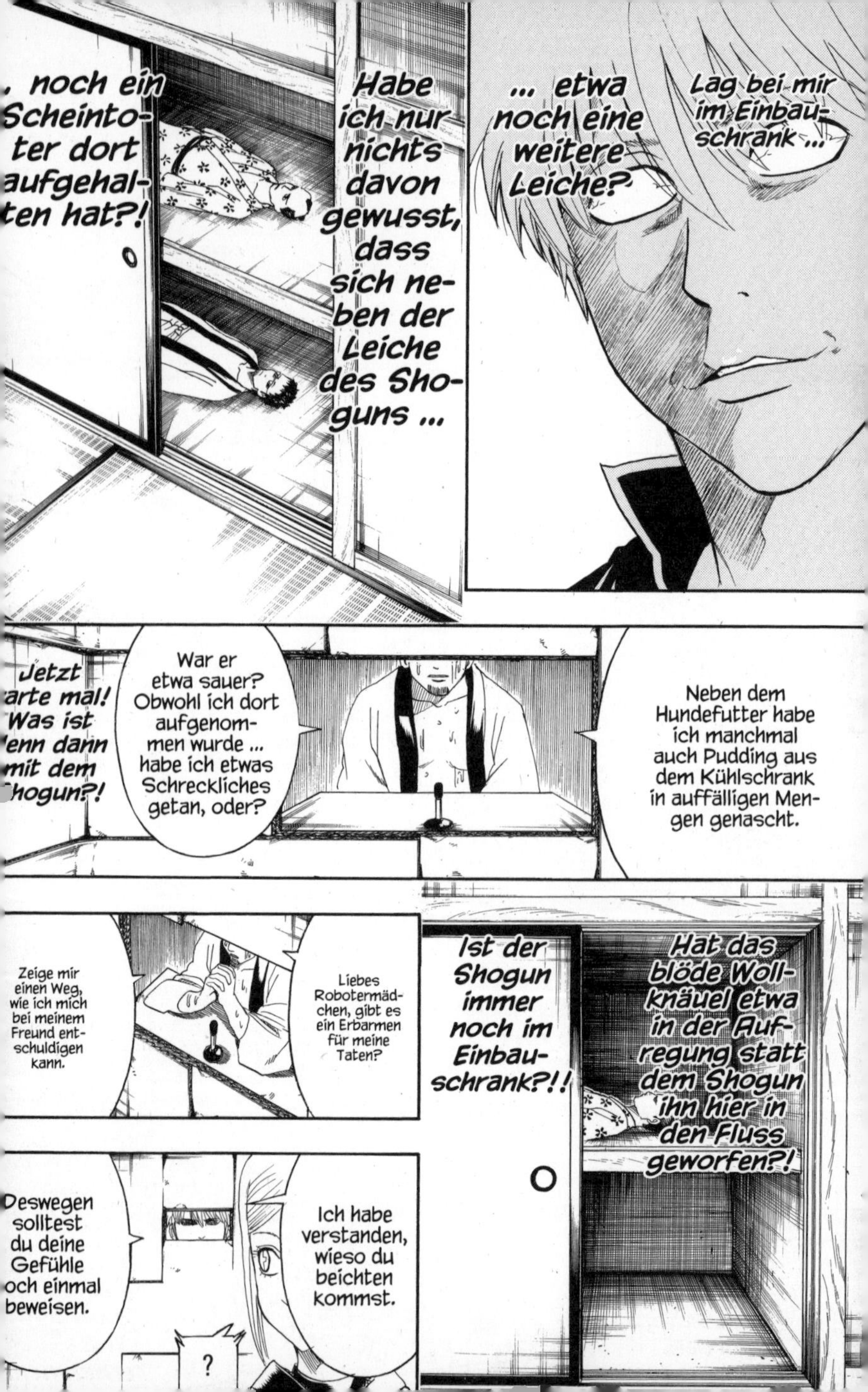
Lag bei mir im Einbauschrank ...
... etwa noch eine weitere Leiche?
Habe ich nur nichts davon gewusst, dass sich neben der Leiche des Shoguns ...
, noch ein Scheintoter dort aufgehalten hat?!
Neben dem Hundefutter habe ich manchmal auch Pudding aus dem Kühlschrank in auffälligen Mengen genascht.
War er etwa sauer? Obwohl ich dort aufgenommen wurde ... habe ich etwas Schreckliches getan, oder?
Jetzt arte mal! Was ist enn dann mit dem hogun?!
Hat das blöde Wollknäuel etwa in der Aufregung statt dem Shogun ihn hier in den Fluss geworfen?!
Ist der Shogun immer noch im Einbauschrank?!!
Liebes Robotermädchen, gibt es ein Erbarmen für meine Taten?
Zeige mir einen Weg, wie ich mich bei meinem Freund entschuldigen kann.
Ich habe verstanden, wieso du beichten kommst.
Deswegen solltest du deine Gefühle och einmal beweisen.
?

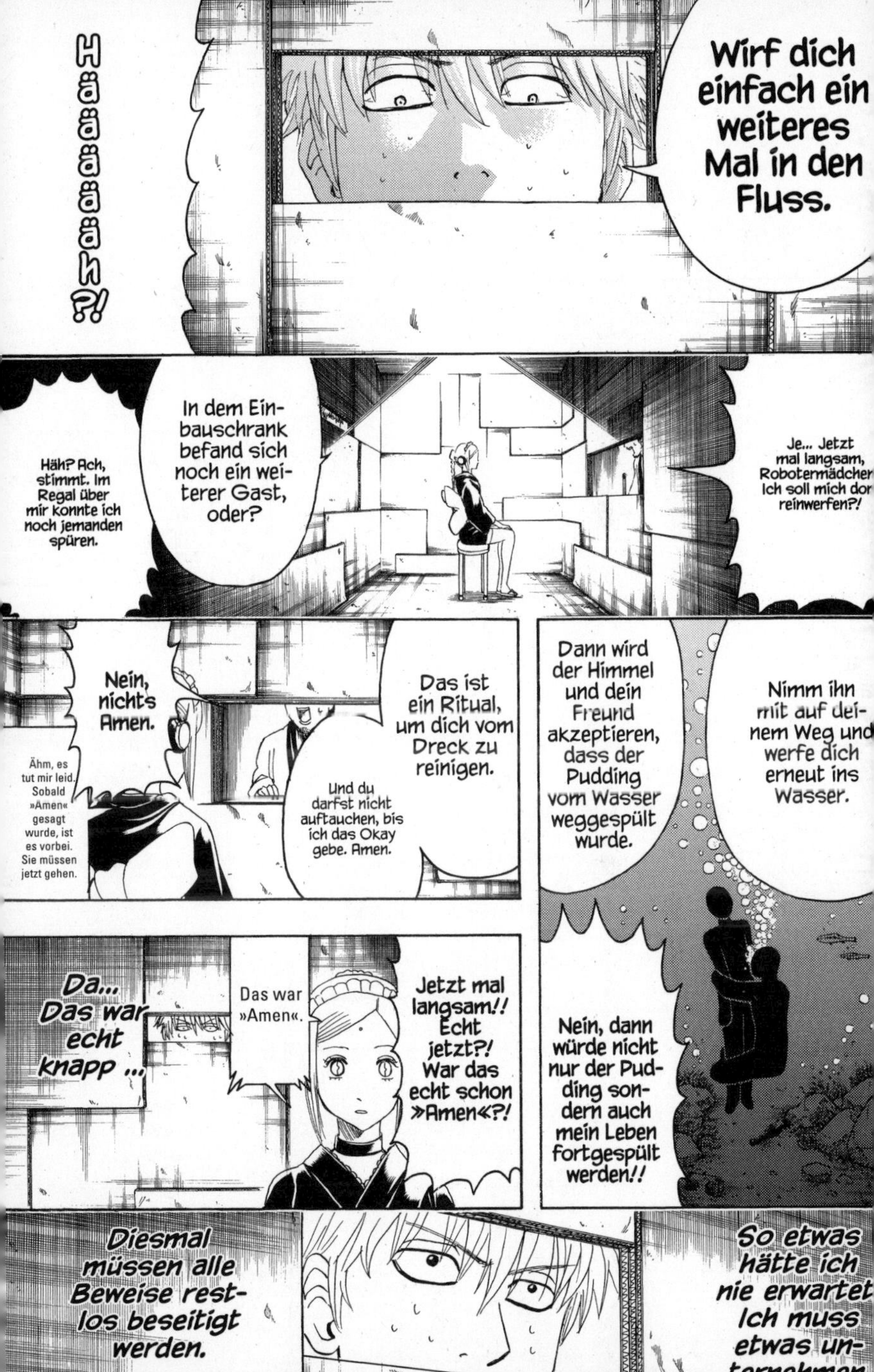
Wirf dich einfach ein weiteres Mal in den Fluss.
Häääääh?!
Je... Jetzt mal langsam, Robotermädchen. Ich soll mich dort reinwerfen?!
In dem Einbauschrank befand sich noch ein weiterer Gast, oder?
Häh? Ach, stimmt. Im Regal über mir konnte ich noch jemanden spüren.
Nimm ihn mit auf deinem Weg und werfe dich erneut ins Wasser.
Dann wird der Himmel und dein Freund akzeptieren, dass der Pudding vom Wasser weggespült wurde.
Das ist ein Ritual, um dich vom Dreck zu reinigen.
Und du darfst nicht auftauchen, bis ich das Okay gebe. Amen.
Nein, nichts Amen.
Ähm, es tut mir leid. Sobald »Amen« gesagt wurde, ist es vorbei. Sie müssen jetzt gehen.
Nein, dann würde nicht nur der Pudding sondern auch mein Leben fortgespült werden!!
Jetzt mal langsam!! Echt jetzt?! War das echt schon »Amen«?!
Das war »Amen«.
Da... Das war echt knapp ...
So etwas hätte ich nie erwartet. Ich muss etwas unternehmen.
Diesmal müssen alle Beweise restlos beseitigt werden.

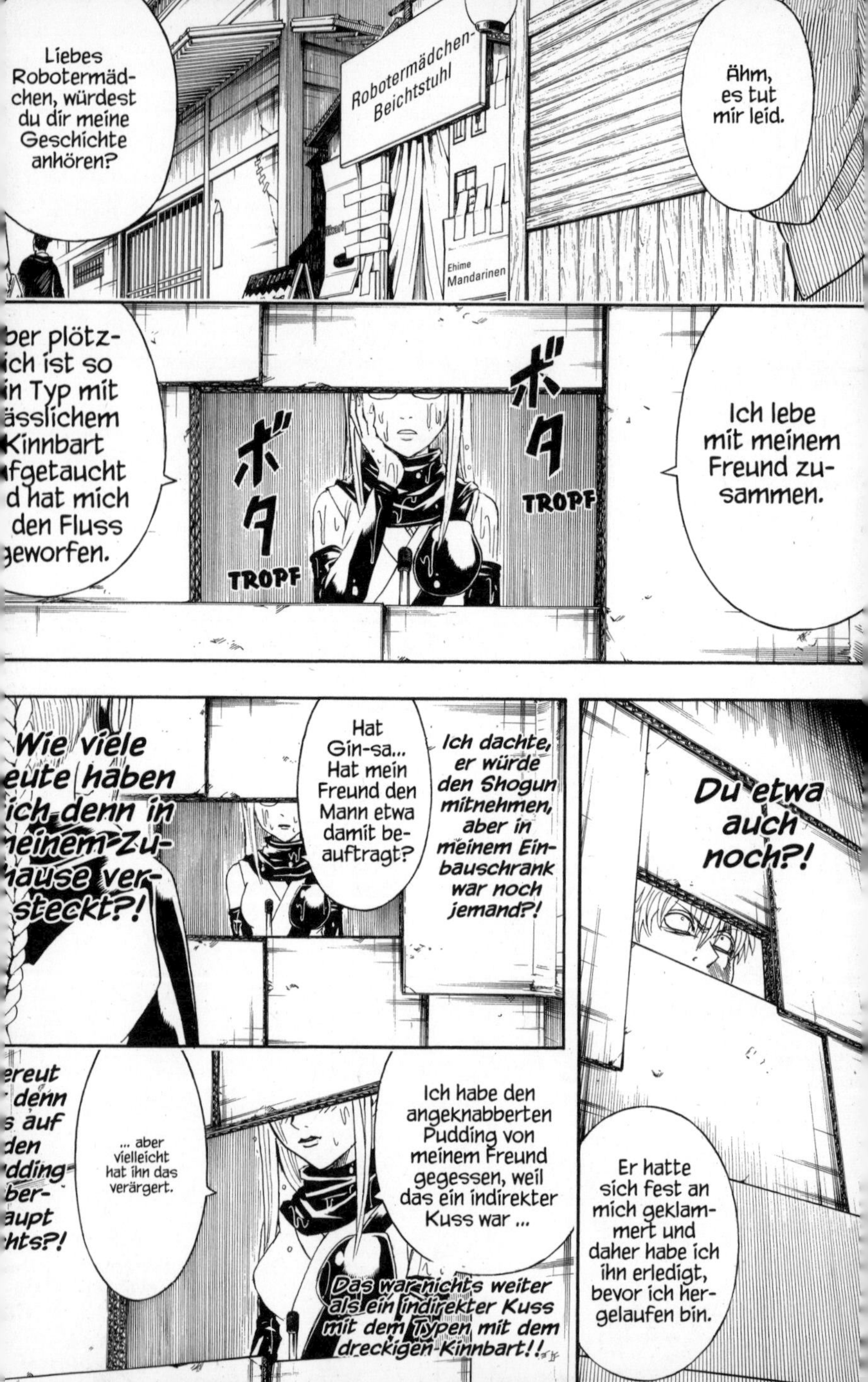

Ähm, es tut mir leid.
Robotermädchen-Beichtstuhl
Ehime Mandarinen
Liebes Robotermädchen, würdest du dir meine Geschichte anhören?
Ich lebe mit meinem Freund zusammen.
ボタ TROPF
ボタ TROPF
ber plötz-
ich ist so
in Typ mit
ässlichem
Kinnbart
fgetaucht
d hat mich
den Fluss
geworfen.
Du etwa auch noch?!
Ich dachte, er würde den Shogun mitnehmen, aber in meinem Einbauschrank war noch jemand?!
Hat Gin-sa... Hat mein Freund den Mann etwa damit beauftragt?
Wie viele
eute haben
ich denn in
neinem Zu-
ause ver-
steckt?!
Er hatte sich fest an mich geklammert und daher habe ich ihn erledigt, bevor ich hergelaufen bin.
Ich habe den angeknabberten Pudding von meinem Freund gegessen, weil das ein indirekter Kuss war ...
Das war nichts weiter als ein indirekter Kuss mit dem Typen mit dem dreckigen Kinnbart!!
... aber vielleicht hat ihn das verärgert.
ereut
denn
s auf
den
dding
ber-
aupt
hts?!

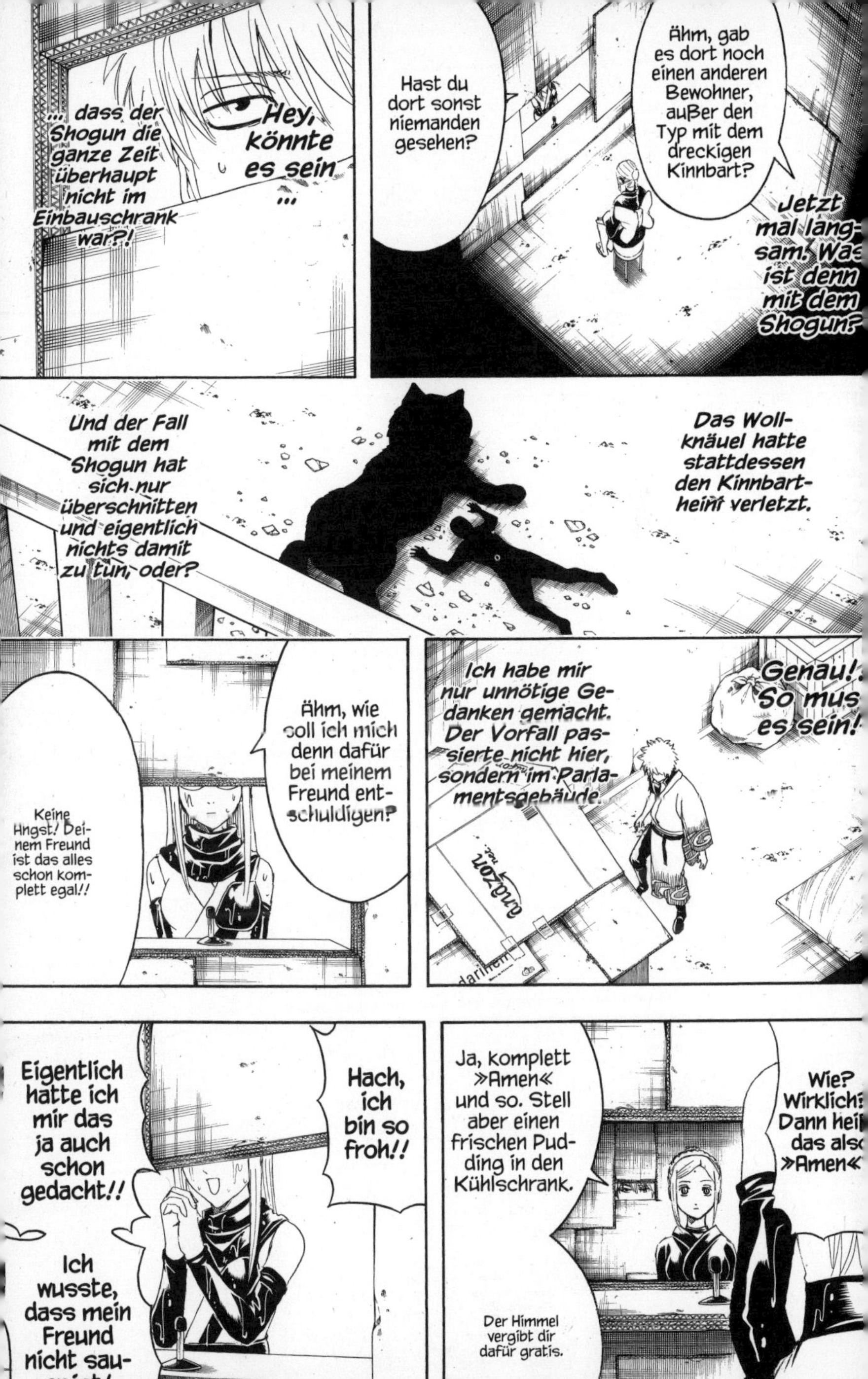
Ähm, gab es dort noch einen anderen Bewohner, außer den Typ mit dem dreckigen Kinnbart?
Hast du dort sonst niemanden gesehen?
Jetzt mal langsam. Was ist denn mit dem Shogun?
Hey, könnte es sein ...
... dass der Shogun die ganze Zeit überhaupt nicht im Einbauschrank war?!
Das Wollknäuel hatte stattdessen den Kinnbartheini verletzt.
Und der Fall mit dem Shogun hat sich nur überschnitten und eigentlich nichts damit zu tun, oder?
Genau! So muss es sein!
Ich habe mir nur unnötige Gedanken gemacht. Der Vorfall passierte nicht hier, sondern im Parlamentsgebäude.
Ähm, wie soll ich mich denn dafür bei meinem Freund entschuldigen?
Keine Angst! Deinem Freund ist das alles schon komplett egal!!
Wie? Wirklich? Dann heißt das also »Amen«?
Ja, komplett »Amen« und so. Stell aber einen frischen Pudding in den Kühlschrank.
Der Himmel vergibt dir dafür gratis.
Hach, ich bin so froh!!
Eigentlich hatte ich mir das ja auch schon gedacht!!
Ich wusste, dass mein Freund nicht sauer ist!

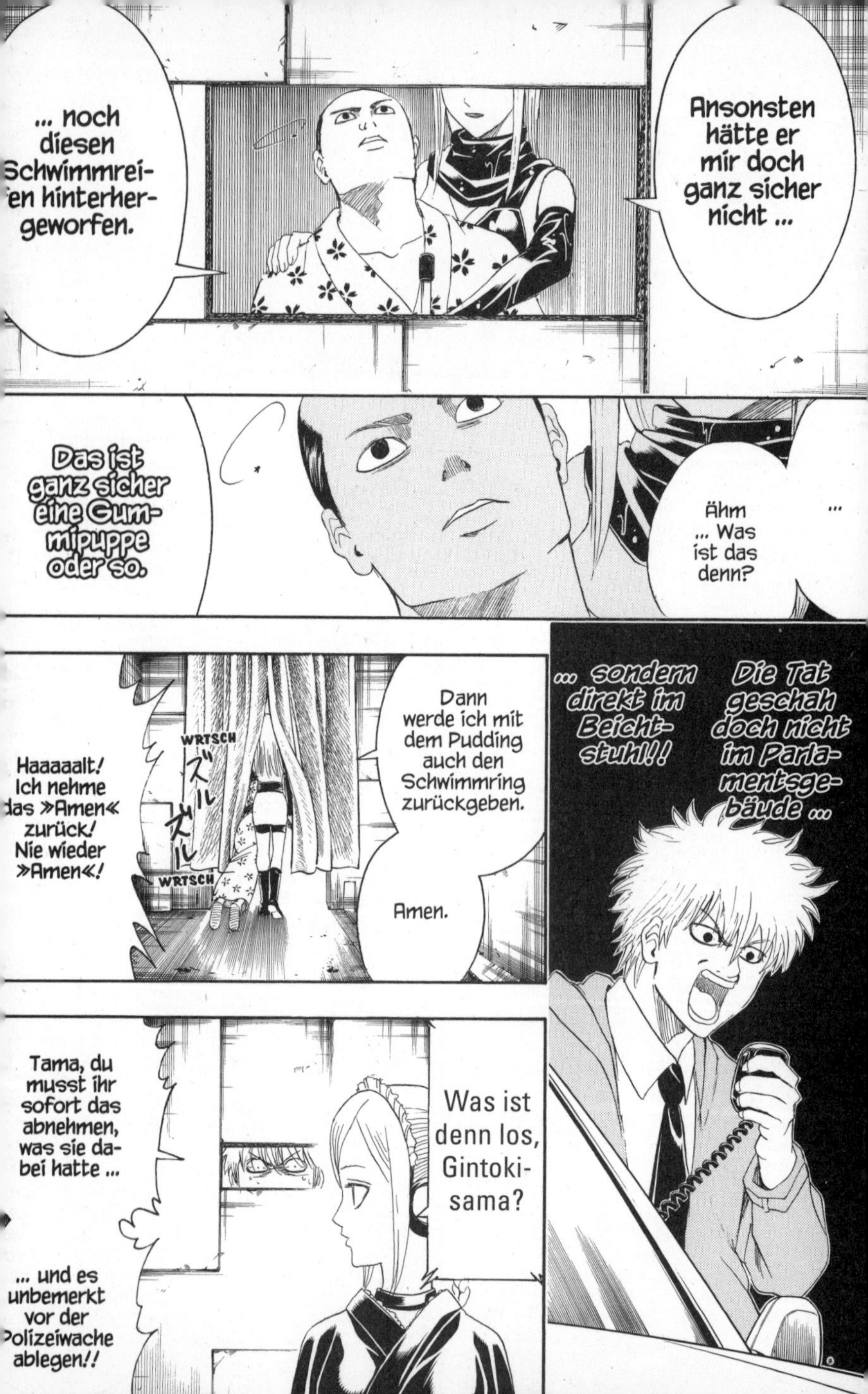
Ansonsten hätte er mir doch ganz sicher nicht ...
... noch diesen Schwimmrei-
en hinterher-geworfen.
Ähm ... Was ist das denn?
...
Das ist ganz sicher eine Gummipuppe oder so.
Die Tat geschah doch nicht im Parlamentsgebäude ...
... sondern direkt im Beichtstuhl!!
Dann werde ich mit dem Pudding auch den Schwimmring zurückgeben.
Amen.
WRTSCH
ズル
ズル
WRTSCH
Haaaaalt! Ich nehme das »Amen« zurück! Nie wieder »Amen«!
Was ist denn los, Gintoki-sama?
Tama, du musst ihr sofort das abnehmen, was sie dabei hatte ...
... und es unbemerkt vor der Polizeiwache ablegen!!

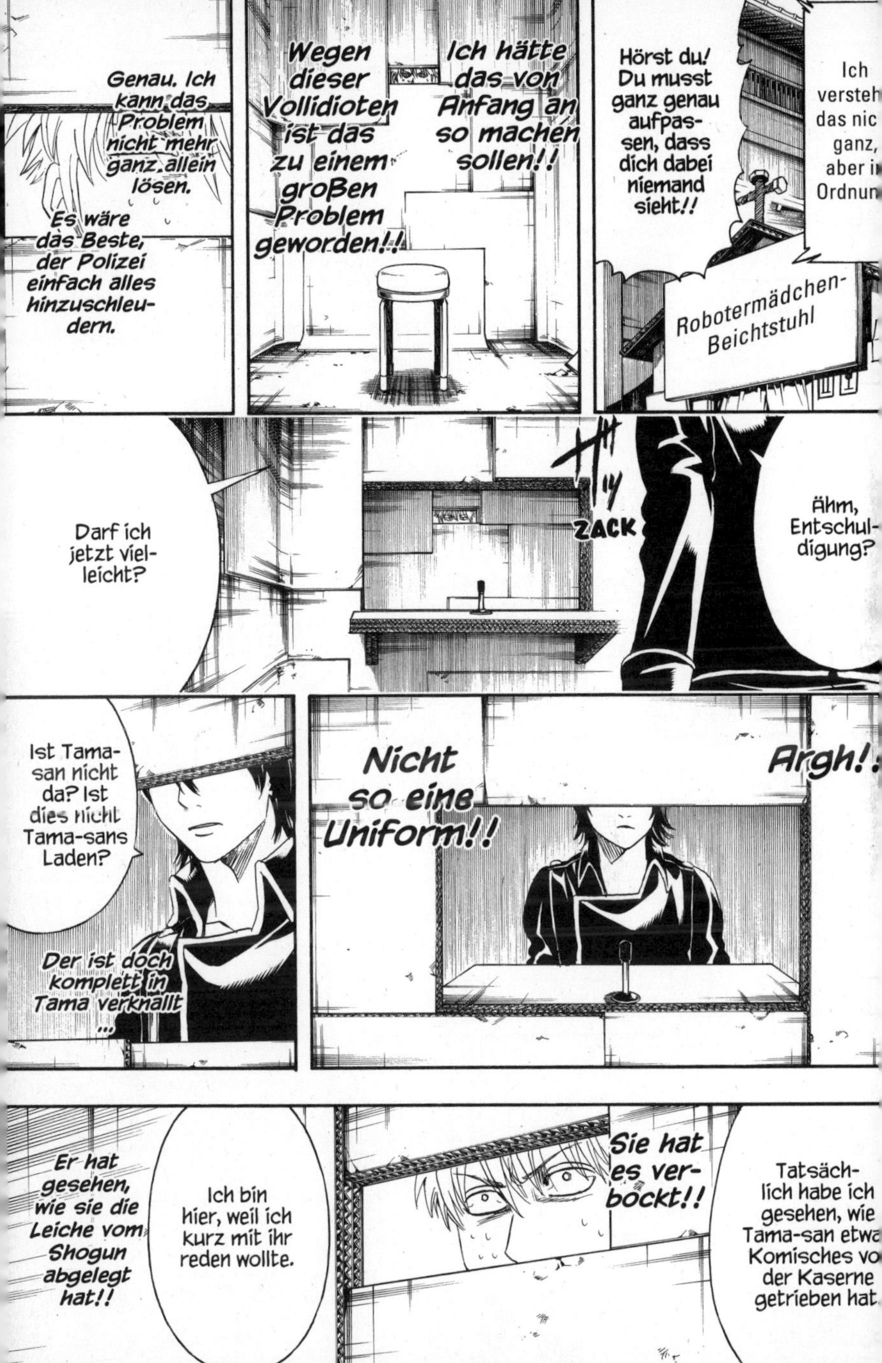
Ich versteh das nic ganz, aber i Ordnun
Hörst du! Du musst ganz genau aufpassen, dass dich dabei niemand sieht!!
Robotermädchen-Beichtstuhl
Ich hätte das von Anfang an so machen sollen!!
Wegen dieser Vollidioten ist das zu einem großen Problem geworden!!
Genau. Ich kann das Problem nicht mehr ganz allein lösen.
Es wäre das Beste, der Polizei einfach alles hinzuschleudern.
Ähm, Entschuldigung?
ZACK
Darf ich jetzt vielleicht?
Argh!
Nicht so eine Uniform!!
Ist Tama-san nicht da? Ist dies nicht Tama-sans Laden?
Der ist doch komplett in Tama verknallt ...
Tatsächlich habe ich gesehen, wie Tama-san etwa Komisches vo der Kaserne getrieben hat
Sie hat es verbockt!!
Ich bin hier, weil ich kurz mit ihr reden wollte.
Er hat gesehen, wie sie die Leiche vom Shogun abgelegt hat!!

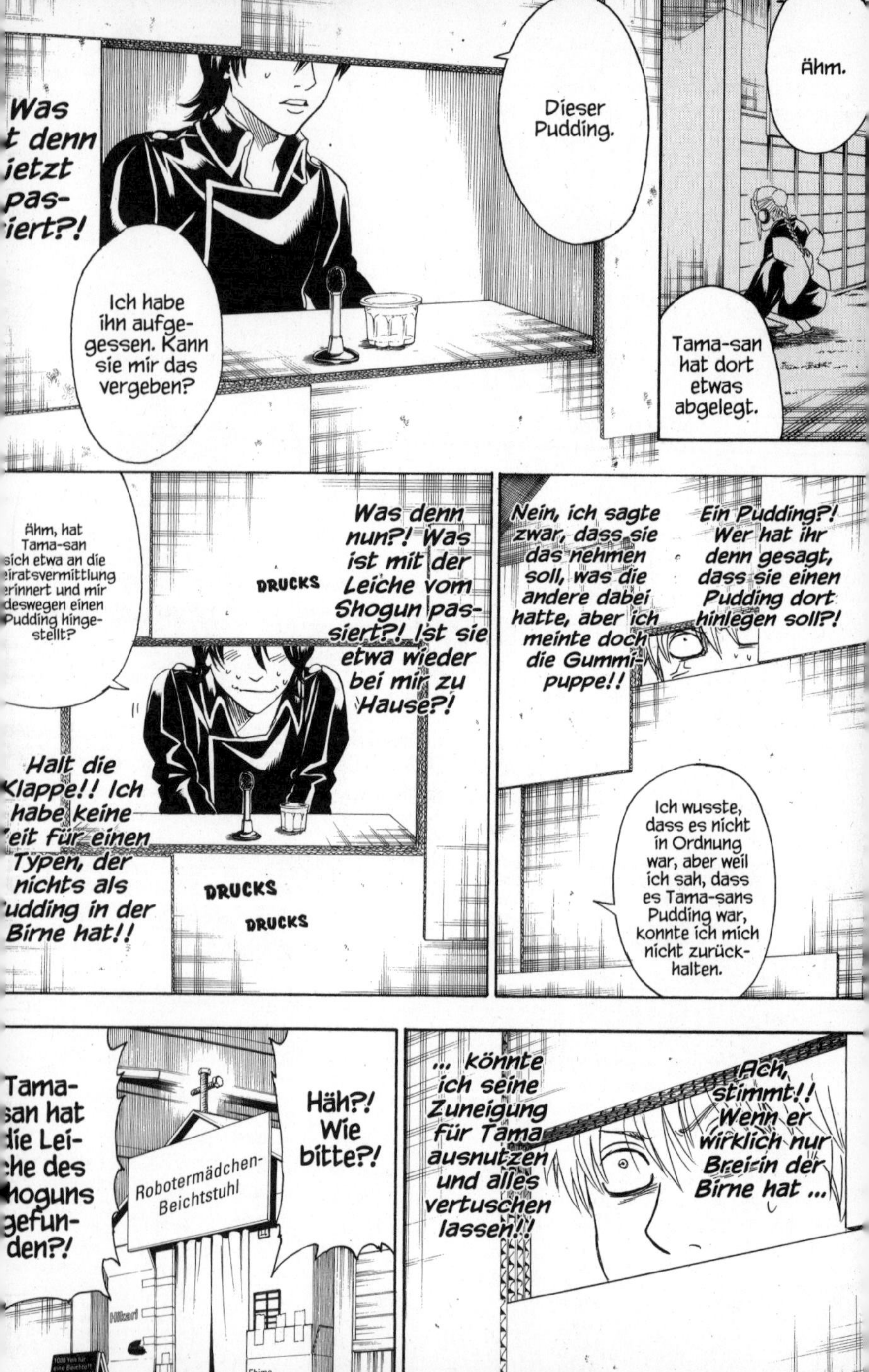
Ähm.
Tama-san hat dort etwas abgelegt.
Dieser Pudding.
Ich habe ihn aufgegessen. Kann sie mir das vergeben?
Was t denn ietzt pas- iert?!
Ein Pudding?! Wer hat ihr denn gesagt, dass sie einen Pudding dort hinlegen soll?!
Nein, ich sagte zwar, dass sie das nehmen soll, was die andere dabei hatte, aber ich meinte doch die Gummipuppe!!
Ich wusste, dass es nicht in Ordnung war, aber weil ich sah, dass es Tama-sans Pudding war, konnte ich mich nicht zurückhalten.
Was denn nun?! Was ist mit der Leiche vom Shogun passiert?! Ist sie etwa wieder bei mir zu Hause?!
DRUCKS
Ähm, hat Tama-san sich etwa an die eiratsvermittlung erinnert und mir deswegen einen Pudding hingestellt?
DRUCKS
DRUCKS
Halt die Klappe!! Ich habe keine eit für einen Typen, der nichts als udding in der Birne hat!!
Ach, stimmt!! Wenn er wirklich nur Brei in der Birne hat ...
... könnte ich seine Zuneigung für Tama ausnutzen und alles vertuschen lassen!!
Häh?! Wie bitte?!
Tama- san hat die Lei- che des hoguns gefun- den?!
Robotermädchen-Beichtstuhl
Hikari
Ehime Mandarinen

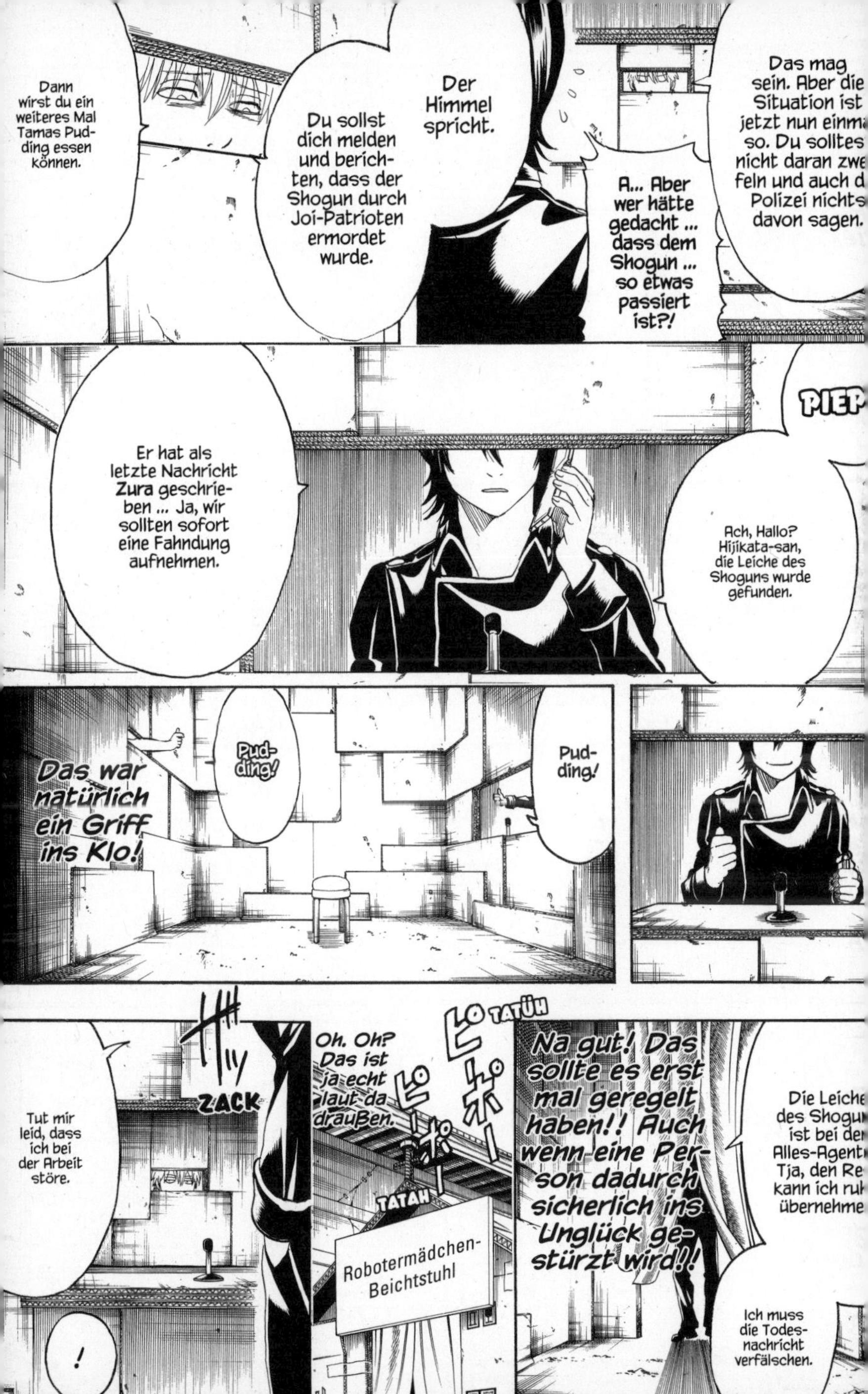
Das mag sein. Aber die Situation ist jetzt nun einma so. Du solltes nicht daran zwe feln und auch d Polizei nichts davon sagen.
A... Aber wer hätte gedacht ... dass dem Shogun ... so etwas passiert ist?!
Der Himmel spricht.
Du sollst dich melden und berichten, dass der Shogun durch Joi-Patrioten ermordet wurde.
Dann wirst du ein weiteres Mal Tamas Pudding essen können.
PIEP
Ach, Hallo? Hijikata-san, die Leiche des Shoguns wurde gefunden.
Er hat als letzte Nachricht **Zura** geschrieben ... Ja, wir sollten sofort eine Fahndung aufnehmen.
Pudding!
Pudding!
Das war natürlich ein Griff ins Klo!
Die Leiche des Shogu ist bei de Alles-Agent Tja, den Re kann ich ruh übernehme
Ich muss die Todesnachricht verfälschen.
Na gut! Das sollte es erst mal geregelt haben!! Auch wenn eine Person dadurch sicherlich ins Unglück gestürzt wird!!
TATÜH
TATAH
Oh. Oh? Das ist ja echt laut da draußen.
Robotermädchen-Beichtstuhl
ZACK
Tut mir leid, dass ich bei der Arbeit störe.
!

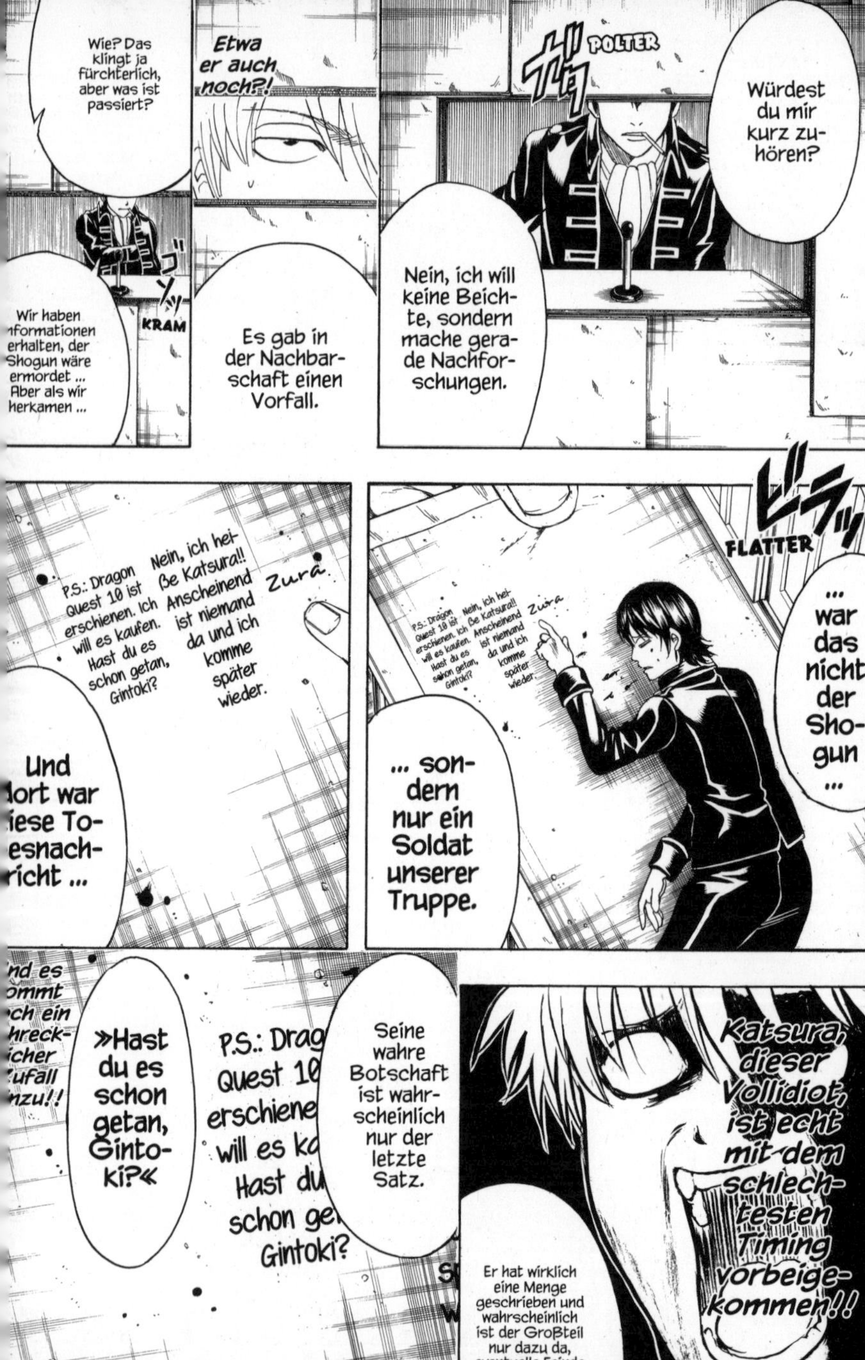

POLTER
Würdest du mir kurz zuhören?
Nein, ich will keine Beichte, sondern mache gerade Nachforschungen.
Etwa er auch noch?!
Es gab in der Nachbarschaft einen Vorfall.
Wie? Das klingt ja fürchterlich, aber was ist passiert?
KRAM
Wir haben nformationen erhalten, der Shogun wäre ermordet ... Aber als wir herkamen ...
FLATTER
... war das nicht der Shogun ...
... sondern nur ein Soldat unserer Truppe.
P.S.: Dragon Quest 10 ist erschienen. Ich will es kaufen. Hast du es schon getan, Gintoki?
Nein, ich heiße Katsura!! Anscheinend ist niemand da und ich komme später wieder.
Zura
P.S.: Dragon Quest 10 ist erschienen. Ich will es kaufen. Hast du es schon getan, Gintoki?
Nein, ich heiße Katsura!! Anscheinend ist niemand da und ich komme später wieder.
Zura
Und lort war iese To- esnach- richt ...
Katsura, dieser Vollidiot, ist echt mit dem schlechtesten Timing vorbeigekommen!!
Er hat wirklich eine Menge geschrieben und wahrscheinlich ist der Großteil nur dazu da, eventuelle Feinde zu verwirren.
Seine wahre Botschaft ist wahrscheinlich nur der letzte Satz.
P.S.: Drag Quest 10 erschiene will es ka Hast du schon ge Gintoki?
»Hast du es schon getan, Gintoki?«
nd es ommt ch ein hreck- icher Zufall nzu!!

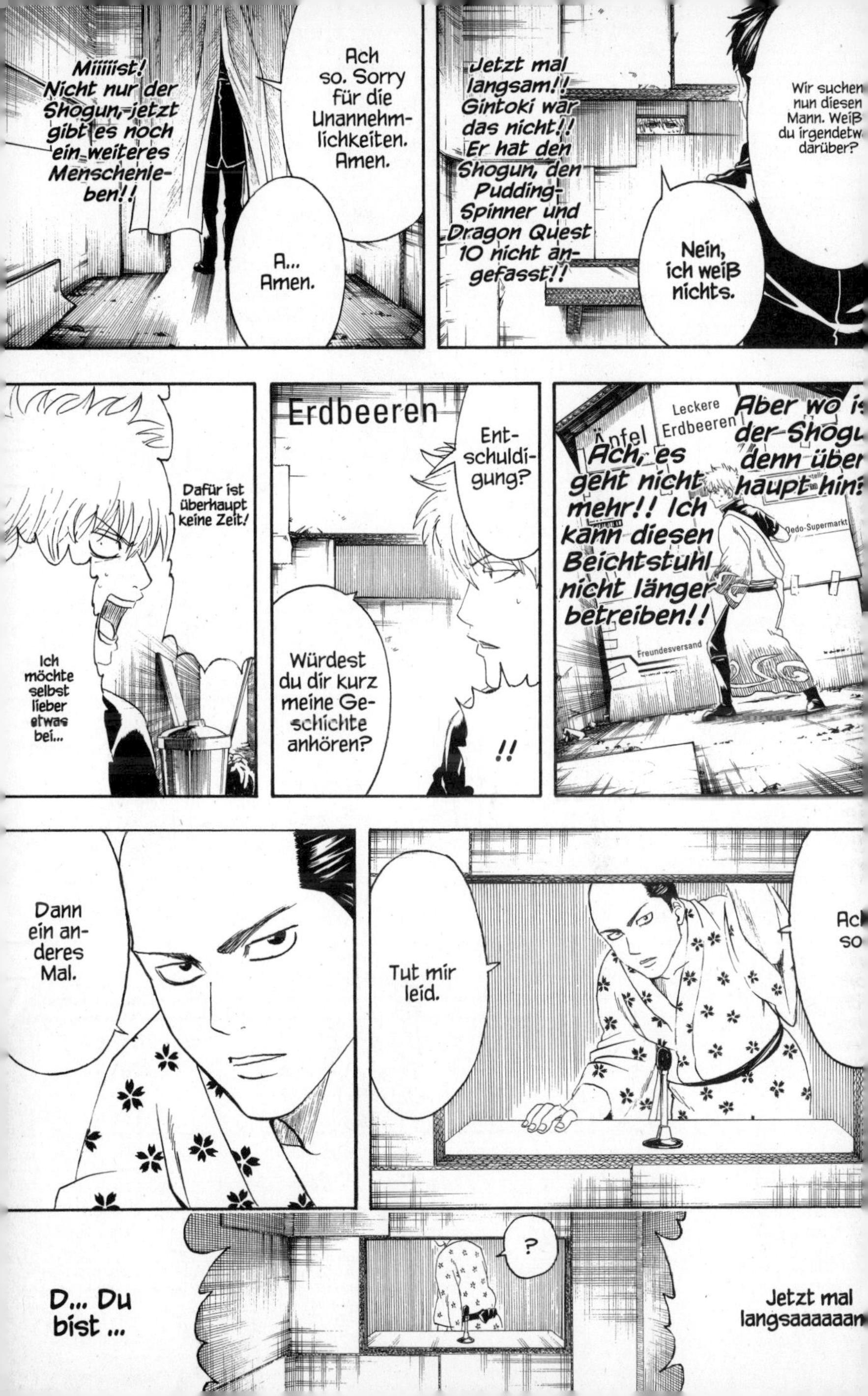

Wir suchen nun diesen Mann. Weiß du irgendetw darüber?

Nein, ich weiß nichts.

Jetzt mal langsam!! Gintoki war das nicht!! Er hat den Shogun, den Pudding-Spinner und Dragon Quest 10 nicht angefasst!!

Ach so. Sorry für die Unannehmlichkeiten. Amen.

A... Amen.

Miiiiist! Nicht nur der Shogun, jetzt gibt es noch ein weiteres Menschenleben!!

Leckere Erdbeeren

Äpfel

Oedo-Supermarkt

Freundesversand

Aber wo is der Shogu denn über haupt hin?

Ach, es geht nicht mehr!! Ich kann diesen Beichtstuhl nicht länger betreiben!!

Erdbeeren

Ent-schuldi-gung?

Würdest du dir kurz meine Geschichte anhören?

!!

Dafür ist überhaupt keine Zeit!

Ich möchte selbst lieber etwas bei...

Ac so

Tut mir leid.

Dann ein anderes Mal.

Jetzt mal langsaaaaaan

?

D... Du bist ...

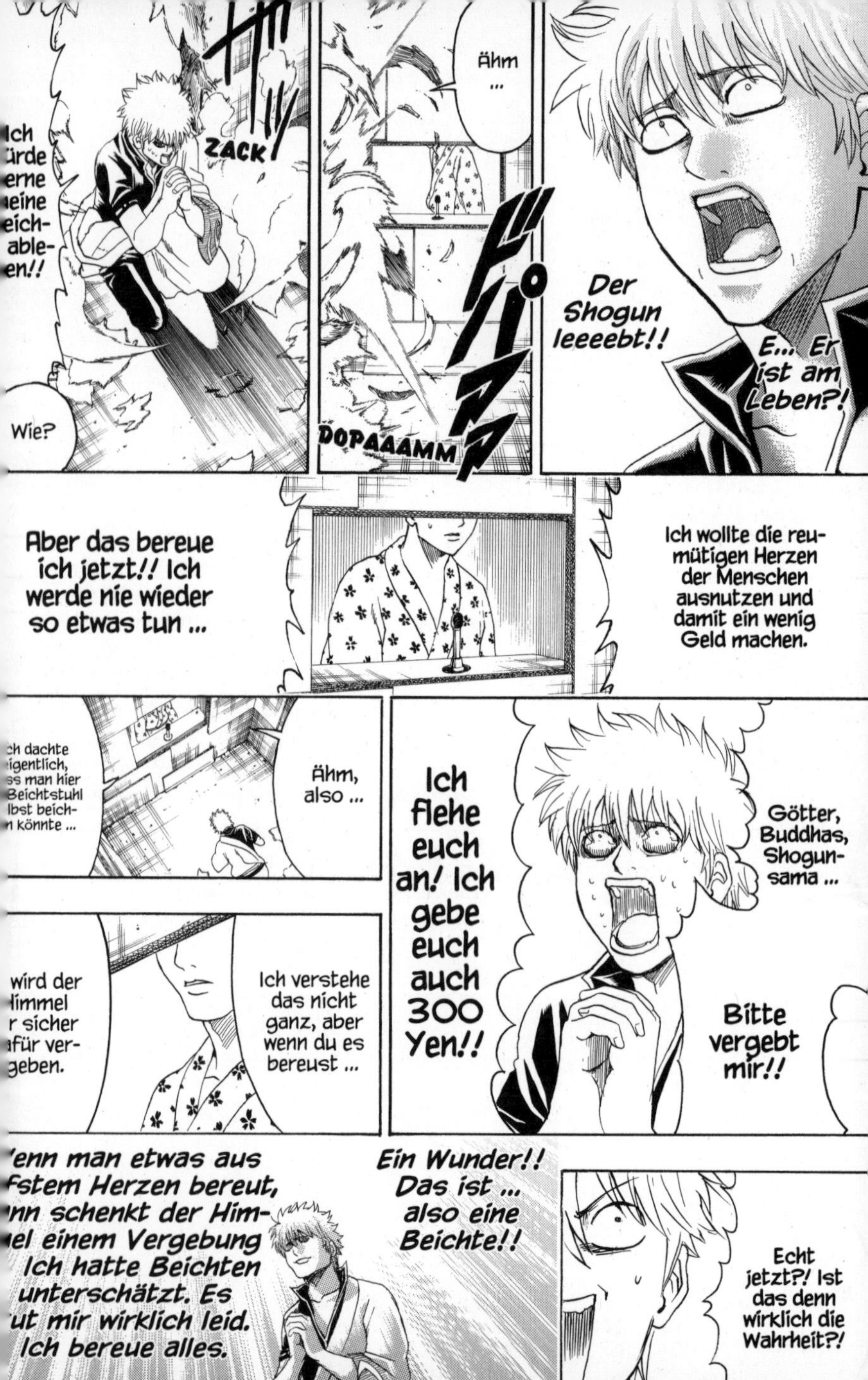
E... Er ist am Leben?!
Der Shogun leeeebt!!
Ähm ...
DOPAAAMM
ZACK
Ich ürde erne eine eich-able-en!!
Wie?
Ich wollte die reumütigen Herzen der Menschen ausnutzen und damit ein wenig Geld machen.
Aber das bereue ich jetzt!! Ich werde nie wieder so etwas tun ...
Götter, Buddhas, Shogun-sama ...
Bitte vergebt mir!!
Ich flehe euch an! Ich gebe euch auch 300 Yen!!
Ähm, also ...
ch dachte igentlich, ss man hier Beichtstuhl lbst beich-n könnte ...
Ich verstehe das nicht ganz, aber wenn du es bereust ...
wird der immel r sicher afür ver-geben.
Echt jetzt?! Ist das denn wirklich die Wahrheit?!
Ein Wunder!! Das ist ... also eine Beichte!!
Venn man etwas aus fstem Herzen bereut, nn schenkt der Him-el einem Vergebung Ich hatte Beichten unterschätzt. Es ut mir wirklich leid. Ich bereue alles.

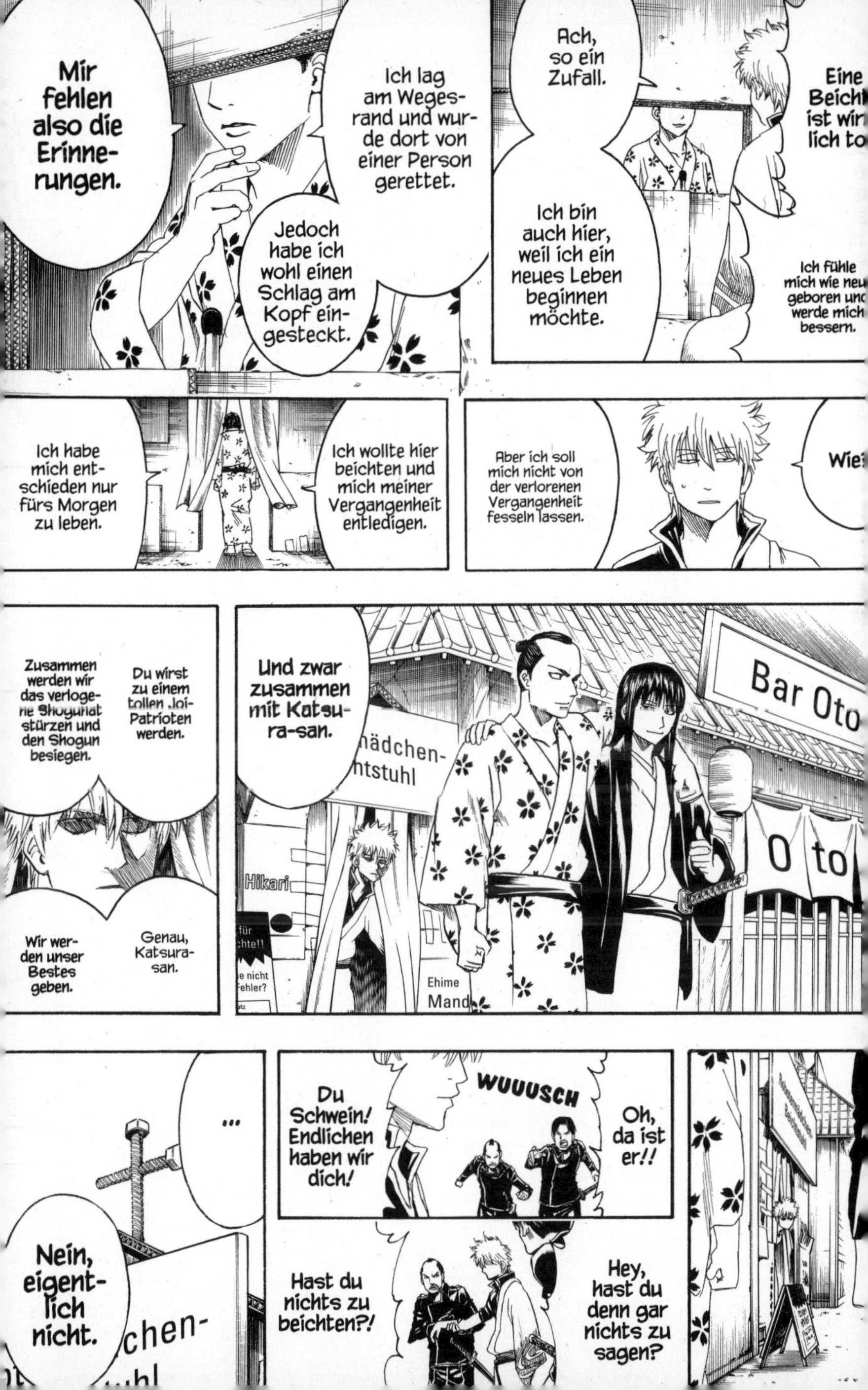
Eine
Beich
ist wir
lich to
Ich fühle mich wie neu geboren und werde mich bessern.
Ach, so ein Zufall.
Ich bin auch hier, weil ich ein neues Leben beginnen möchte.
Ich lag am Wegesrand und wurde dort von einer Person gerettet.
Mir fehlen also die Erinnerungen.
Jedoch habe ich wohl einen Schlag am Kopf eingesteckt.
Wie
Aber ich soll mich nicht von der verlorenen Vergangenheit fesseln lassen.
Ich wollte hier beichten und mich meiner Vergangenheit entledigen.
Ich habe mich entschieden nur fürs Morgen zu leben.
Bar Oto
O to
Und zwar zusammen mit Katsura-san.
mädchen-
ntstuhl
Hikari
Ehime
Mand
Du wirst zu einem tollen Joi-Patrioten werden.
Zusammen werden wir das verlogene Shogunat stürzen und den Shogun besiegen.
Genau, Katsura-san.
Wir werden unser Bestes geben.
Oh, da ist er!!
WUUUSCH
Du Schwein! Endlichen haben wir dich!
Hey, hast du denn gar nichts zu sagen?
Hast du nichts zu beichten?!
...
Nein, eigentlich nicht.
chen-
tuhl

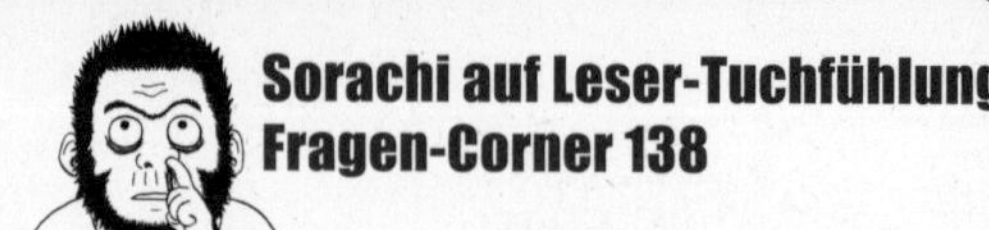

Sorachi auf Leser-Tuchfühlung Fragen-Corner 138

(Frage von »Ich strenge mich ja auch bei den Aufnahmeprüfungen an« aus Kanagawa)

In Lektion 407: Shinbo und Hajime hat Shinpachi ein Handy. Haben jetzt etwa alle von der Alles-Agentur Handys dabei? Das kommt mir komisch vor.

(Antwort)

Shinpachi hat dort ein Handy von Yamazaki erhalten. Shinpachi und so waren auf der Suche nach Gin-san und Obi-One und hatten sich daher mit Yamazakis Leuten getroffen. Danach hat dieser ihnen Handys ausgeliehen, damit sie in Kontakt bleiben können. Nur so konnten sie Gin-san leicht finden. Sorry, dass das nicht so einfach zu verstehen war.

(139 auf Seite 106)

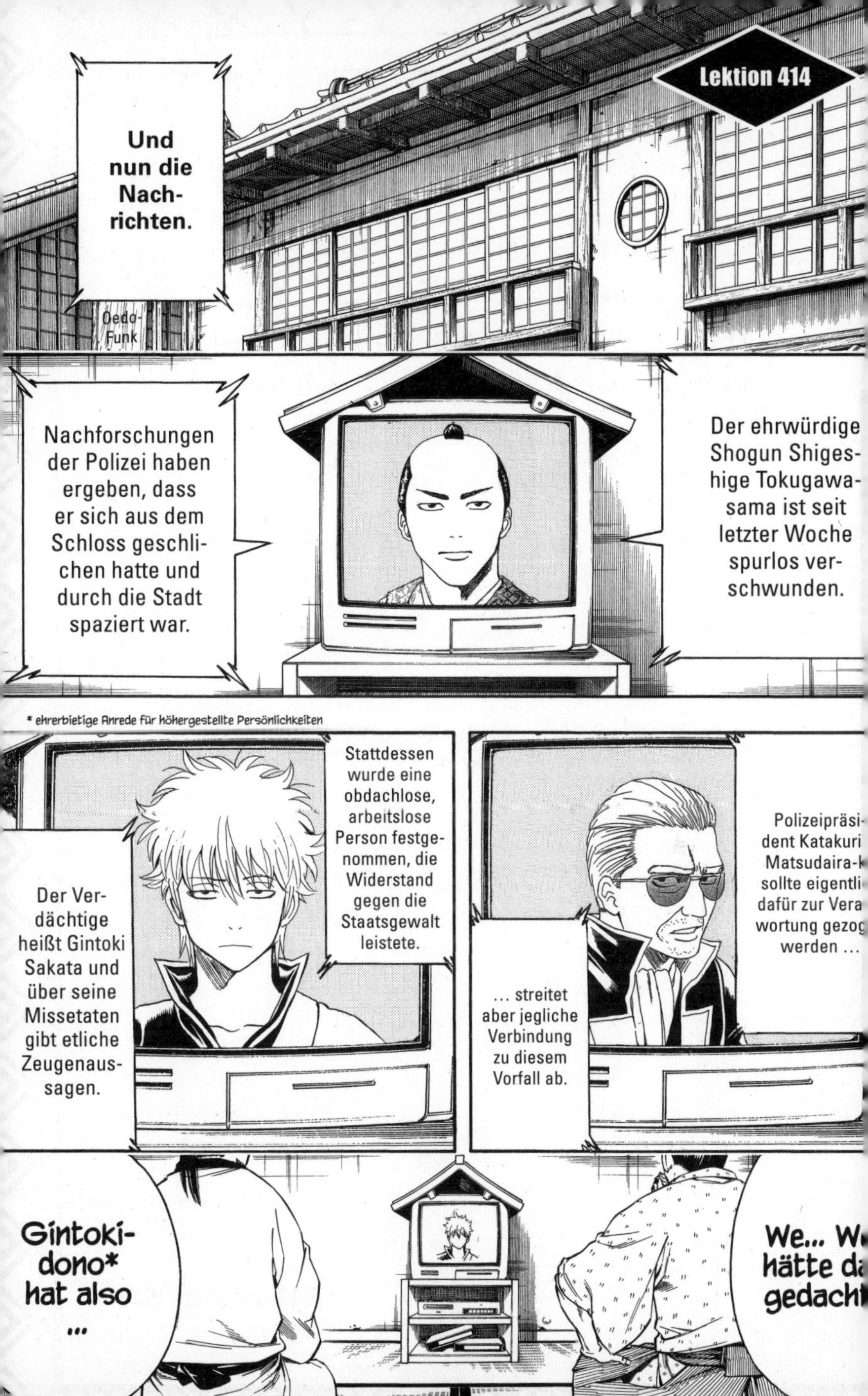
Lektion 414
Und nun die Nachrichten.
Oedo-Funk
Der ehrwürdige Shogun Shigeshige Tokugawa-sama ist seit letzter Woche spurlos verschwunden.
Nachforschungen der Polizei haben ergeben, dass er sich aus dem Schloss geschlichen hatte und durch die Stadt spaziert war.
* ehrerbietige Anrede für höhergestellte Persönlichkeiten
Polizeipräsident Katakuri Matsudaira-k
sollte eigentli
dafür zur Vera
wortung gezog
werden …
… streitet aber jegliche Verbindung zu diesem Vorfall ab.
Stattdessen wurde eine obdachlose, arbeitslose Person festgenommen, die Widerstand gegen die Staatsgewalt leistete.
Der Verdächtige heißt Gintoki Sakata und über seine Missetaten gibt etliche Zeugenaussagen.
We… W
hätte da
gedacht
Gintoki-dono* hat also …

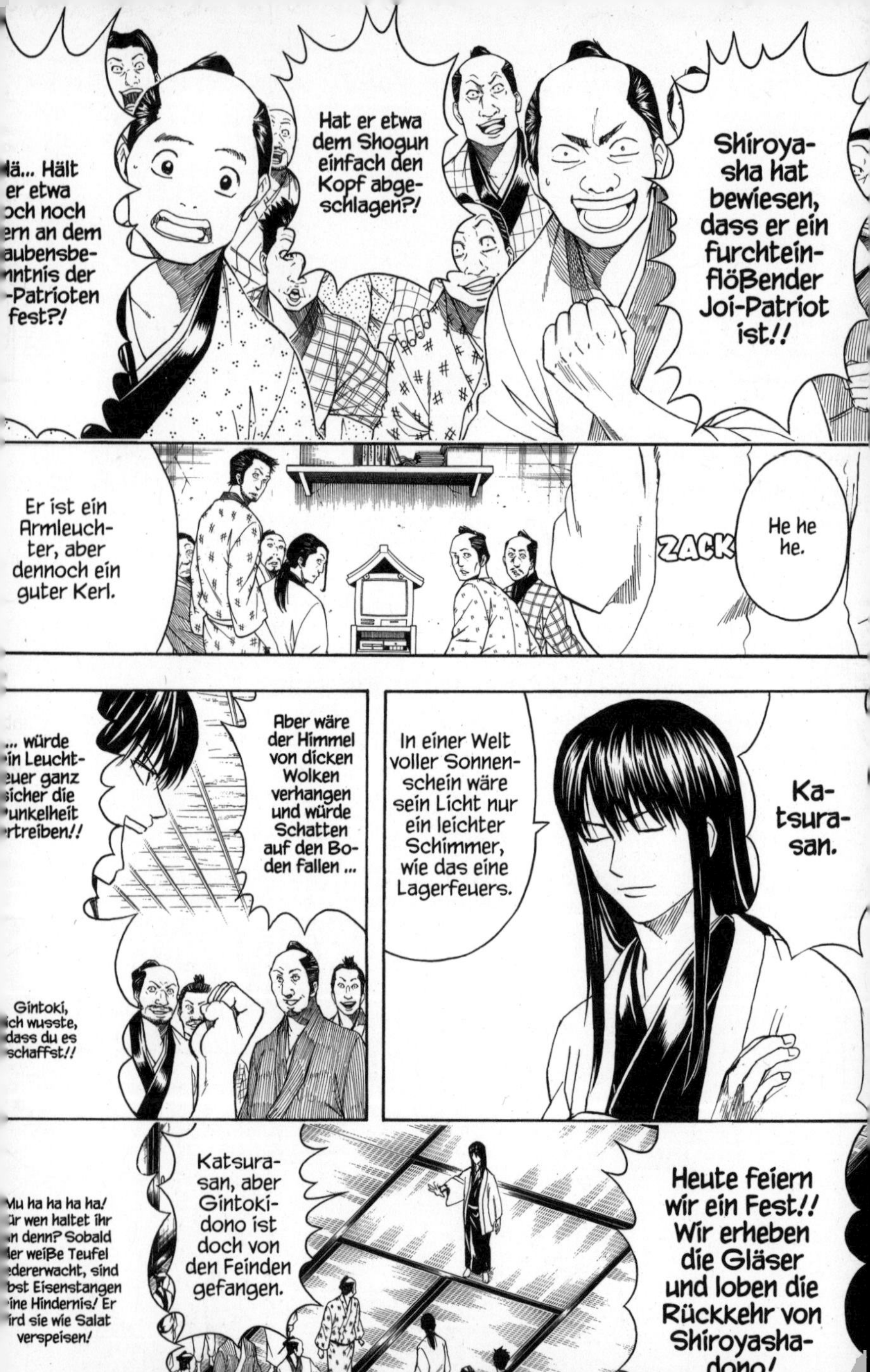

Shiroyasha hat bewiesen, dass er ein furchteinflößender Joi-Patriot ist!!
Hat er etwa dem Shogun einfach den Kopf abgeschlagen?!
ä... Hält er etwa och noch ern an dem aubensbe- nntnis der -Patrioten fest?!
He he he.
ZACK
Er ist ein Armleuchter, aber dennoch ein guter Kerl.
Katsura-san.
In einer Welt voller Sonnenschein wäre sein Licht nur ein leichter Schimmer, wie das eine Lagerfeuers.
Aber wäre der Himmel von dicken Wolken verhangen und würde Schatten auf den Boden fallen ...
... würde in Leucht- euer ganz sicher die unkelheit rtreiben!!
Gintoki, ch wusste, dass du es schaffst!!
Heute feiern wir ein Fest!! Wir erheben die Gläser und loben die Rückkehr von Shiroyasha-dono!
Katsura-san, aber Gintoki-dono ist doch von den Feinden gefangen.
Mu ha ha ha ha! ür wen haltet ihr n denn? Sobald er weiße Teufel ederwacht, sind bst Eisenstangen ine Hindernis! Er ird sie wie Salat verspeisen!

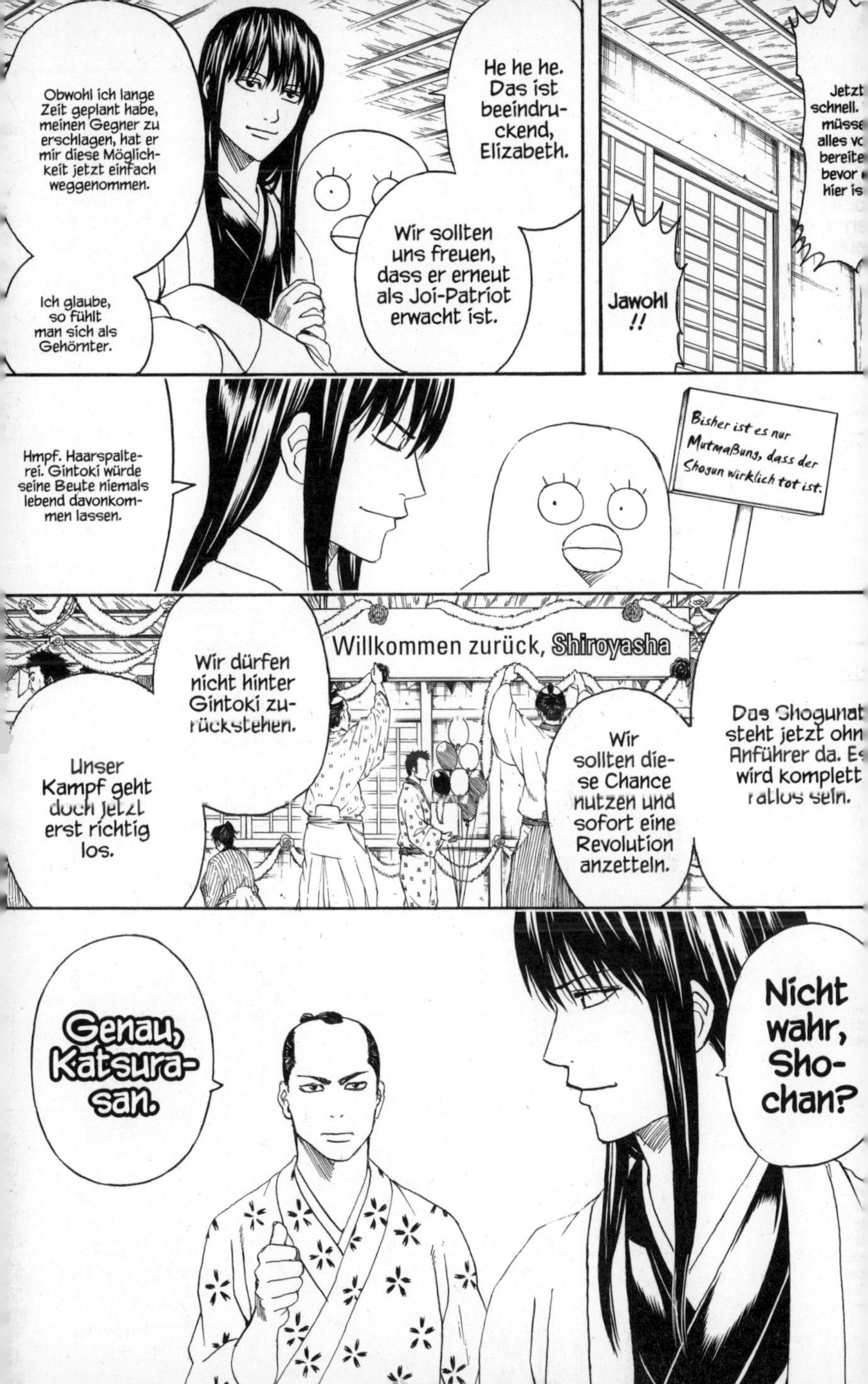
Jetzt schnell. müsse alles vo bereite bevor hier is
Jawohl!!
He he he. Das ist beeindruckend, Elizabeth.
Obwohl ich lange Zeit geplant habe, meinen Gegner zu erschlagen, hat er mir diese Möglichkeit jetzt einfach weggenommen.
Ich glaube, so fühlt man sich als Gehörnter.
Wir sollten uns freuen, dass er erneut als Joi-Patriot erwacht ist.
Bisher ist es nur Mutmaßung, dass der Shogun wirklich tot ist.
Hmpf. Haarspalterei. Gintoki würde seine Beute niemals lebend davonkommen lassen.
Das Shogunat steht jetzt ohn Anführer da. Es wird komplett ratlos sein.
Wir sollten diese Chance nutzen und sofort eine Revolution anzetteln.
Willkommen zurück, Shiroyasha
Wir dürfen nicht hinter Gintoki zurückstehen.
Unser Kampf geht doch jetzt erst richtig los.
Nicht wahr, Sho-chan?
Genau, Katsura-san.

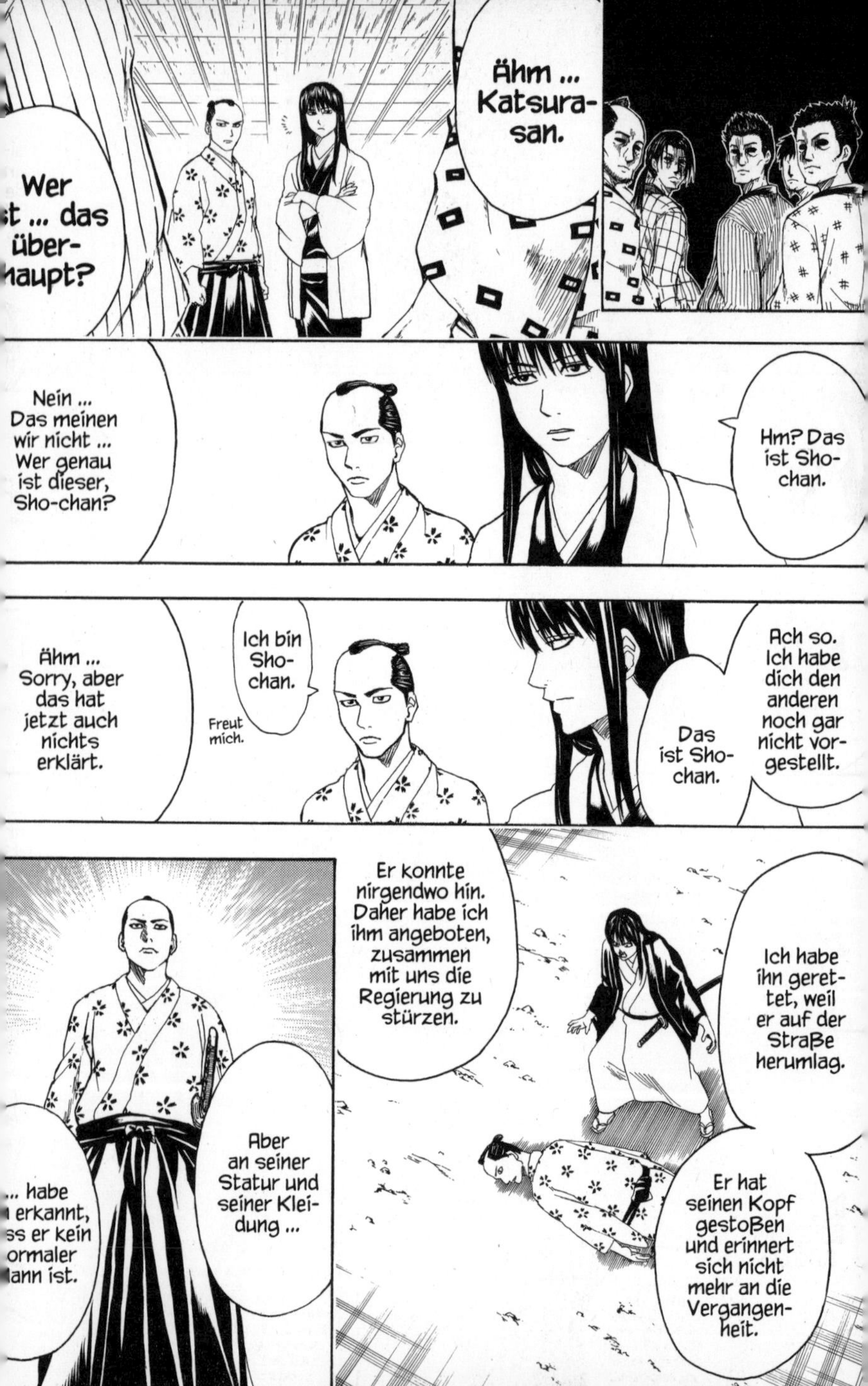

Ähm ... Katsura-san.
Wer ist ... das überhaupt?
Hm? Das ist Sho-chan.
Nein ... Das meinen wir nicht ... Wer genau ist dieser, Sho-chan?
Ach so. Ich habe dich den anderen noch gar nicht vorgestellt.
Das ist Sho-chan.
Ich bin Sho-chan.
Freut mich.
Ähm ... Sorry, aber das hat jetzt auch nichts erklärt.
Ich habe ihn gerettet, weil er auf der Straße herumlag.
Er hat seinen Kopf gestoßen und erinnert sich nicht mehr an die Vergangenheit.
Er konnte nirgendwo hin. Daher habe ich ihm angeboten, zusammen mit uns die Regierung zu stürzen.
Aber an seiner Statur und seiner Kleidung ...
... habe erkannt, ss er kein ormaler ann ist.

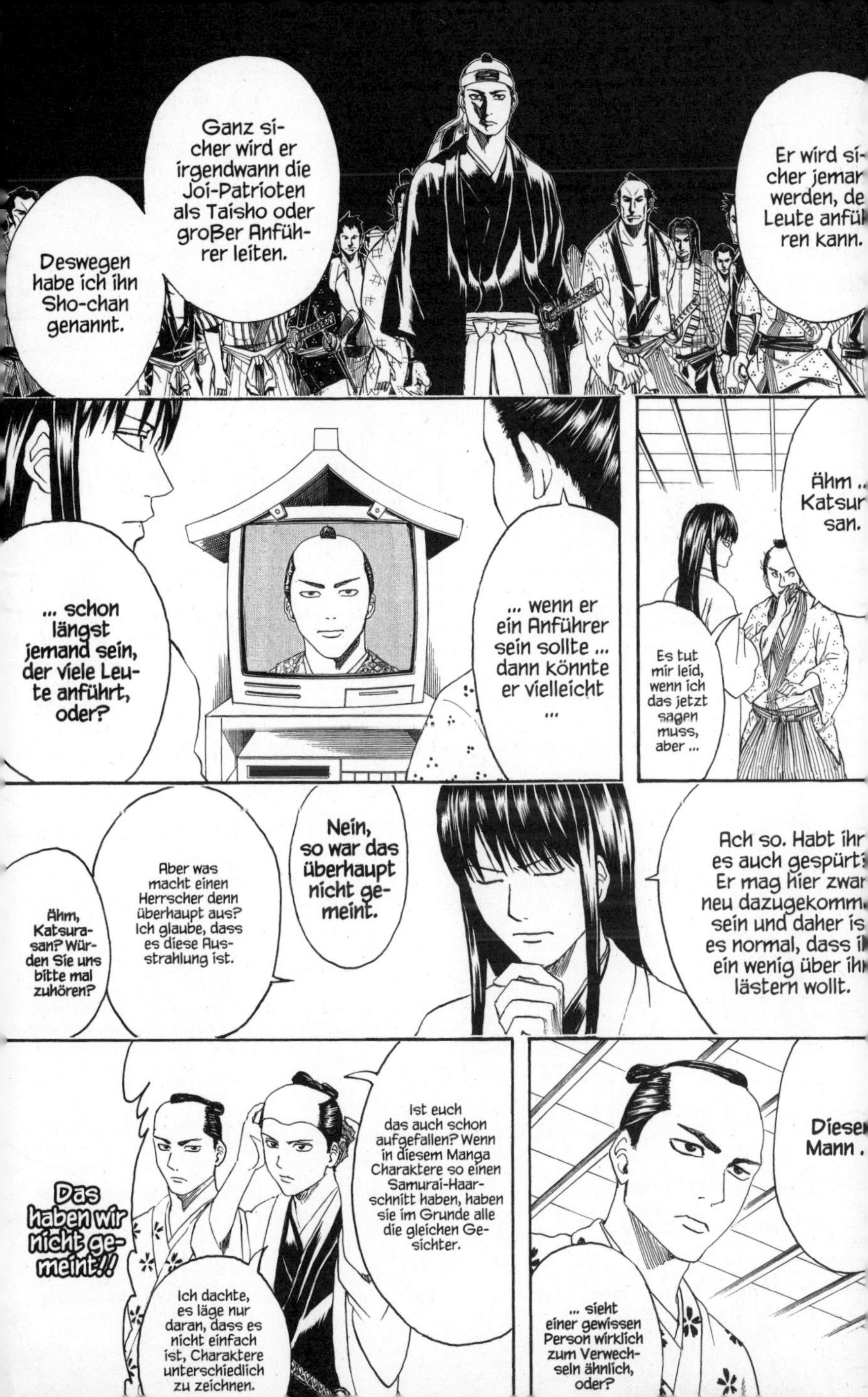

Er wird si-
cher jemar
werden, de
Leute anfül
ren kann.
Ganz si-
cher wird er
irgendwann die
Joi-Patrioten
als Taisho oder
großer Anfüh-
rer leiten.
Deswegen
habe ich ihn
Sho-chan
genannt.
Ähm ..
Katsur
san.
Es tut
mir leid,
wenn ich
das jetzt
sagen
muss,
aber ...
... wenn er
ein Anführer
sein sollte ...
dann könnte
er vielleicht
...
... schon
längst
jemand sein,
der viele Leu-
te anführt,
oder?
Ach so. Habt ihr
es auch gespürt
Er mag hier zwar
neu dazugekomm
sein und daher is
es normal, dass i
ein wenig über ih
lästern wollt.
Nein,
so war das
überhaupt
nicht ge-
meint.
Aber was
macht einen
Herrscher denn
überhaupt aus?
Ich glaube, dass
es diese Aus-
strahlung ist.
Ähm,
Katsura-
san? Wür-
den Sie uns
bitte mal
zuhören?
Dieser
Mann .
... sieht
einer gewissen
Person wirklich
zum Verwech-
seln ähnlich,
oder?
Ist euch
das auch schon
aufgefallen? Wenn
in diesem Manga
Charaktere so einen
Samurai-Haar-
schnitt haben, haben
sie im Grunde alle
die gleichen Ge-
sichter.
Ich dachte,
es läge nur
daran, dass es
nicht einfach
ist, Charaktere
unterschiedlich
zu zeichnen.
Das
haben wir
nicht ge-
meint!!

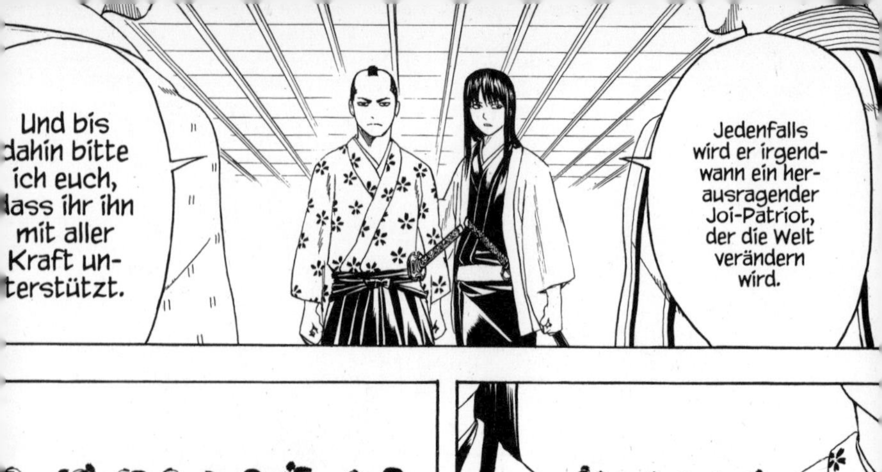
Jedenfalls wird er irgendwann ein herausragender Joi-Patriot, der die Welt verändern wird.
Und bis dahin bitte ich euch, dass ihr ihn mit aller Kraft unterstützt.

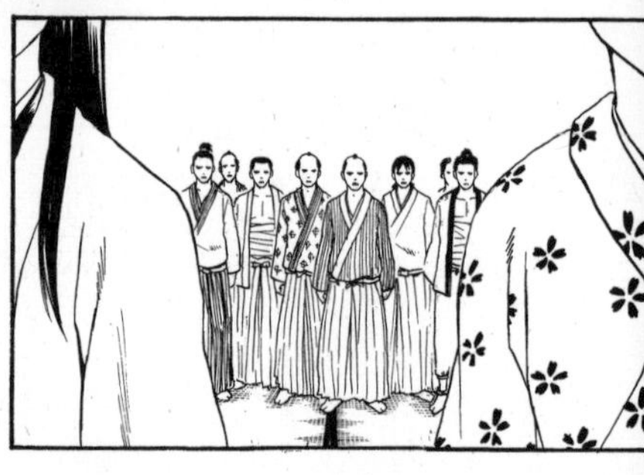

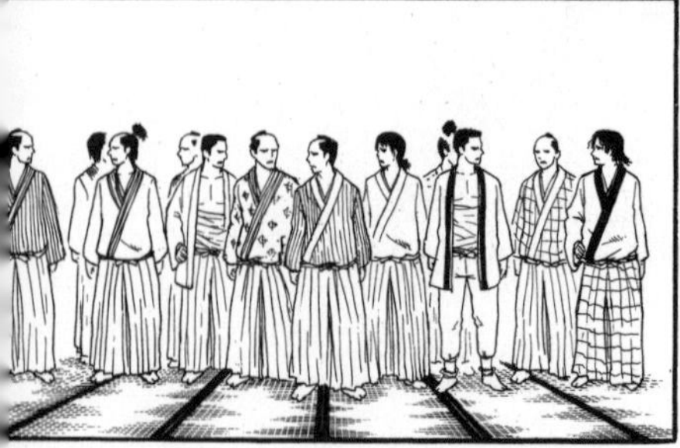

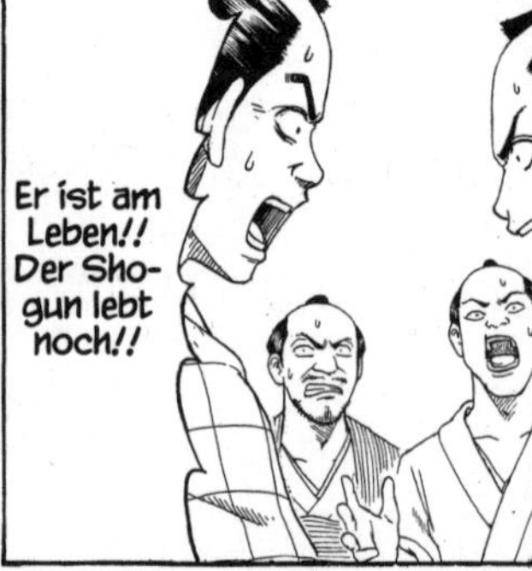
Hey, das ist echt schlimm! Das ist zweifelsohne der verschwundene Shogun!!
Er ist am Leben!! Der Shogun lebt noch!!

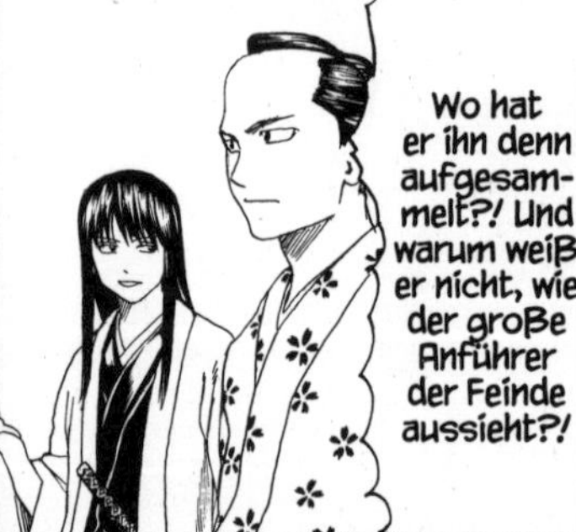
Wo hat er ihn denn aufgesammelt?! Und warum weiß er nicht, wie der große Anführer der Feinde aussieht?!

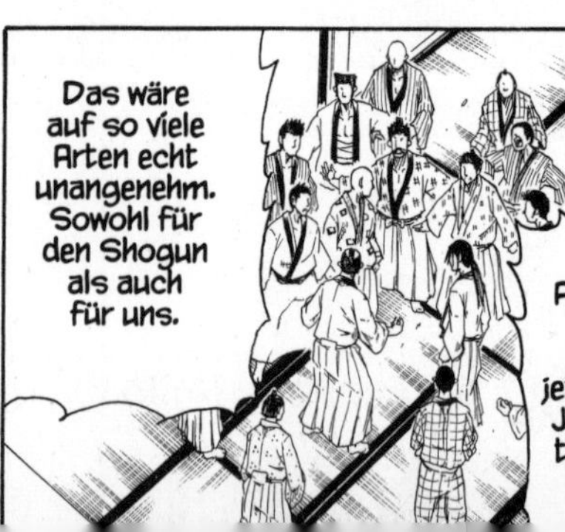
Was machen wir nun? Wir müssen ihn aufhalten!
Ansonsten wird der Shogun jetzt bei den Joi-Patrioten mitmischen!!
Das wäre auf so viele Arten echt unangenehm. Sowohl für den Shogun als auch für uns.

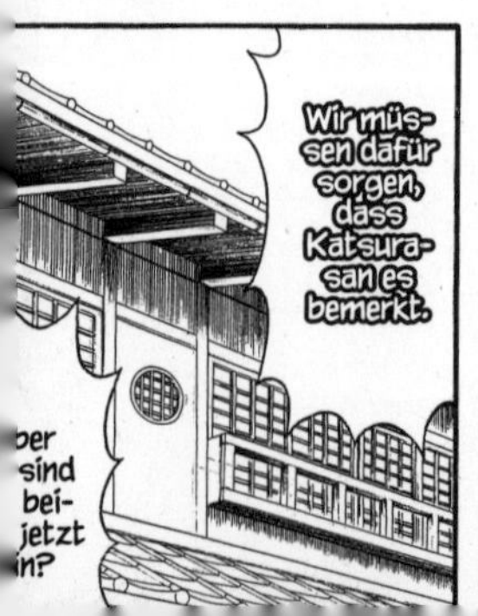
Wir müssen dafür sorgen, dass Katsura-san es bemerkt.

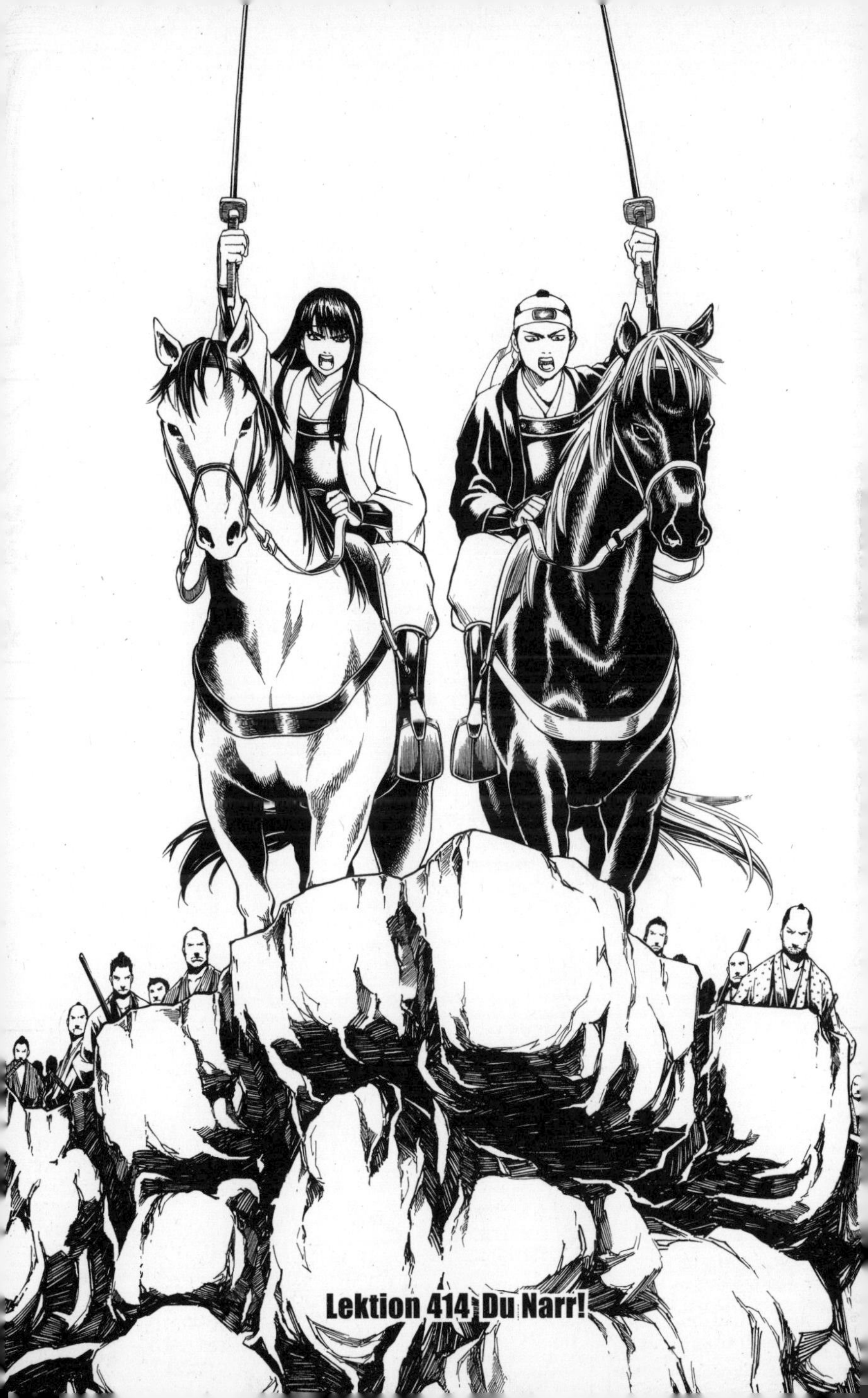
Lektion 414 Du Narr!

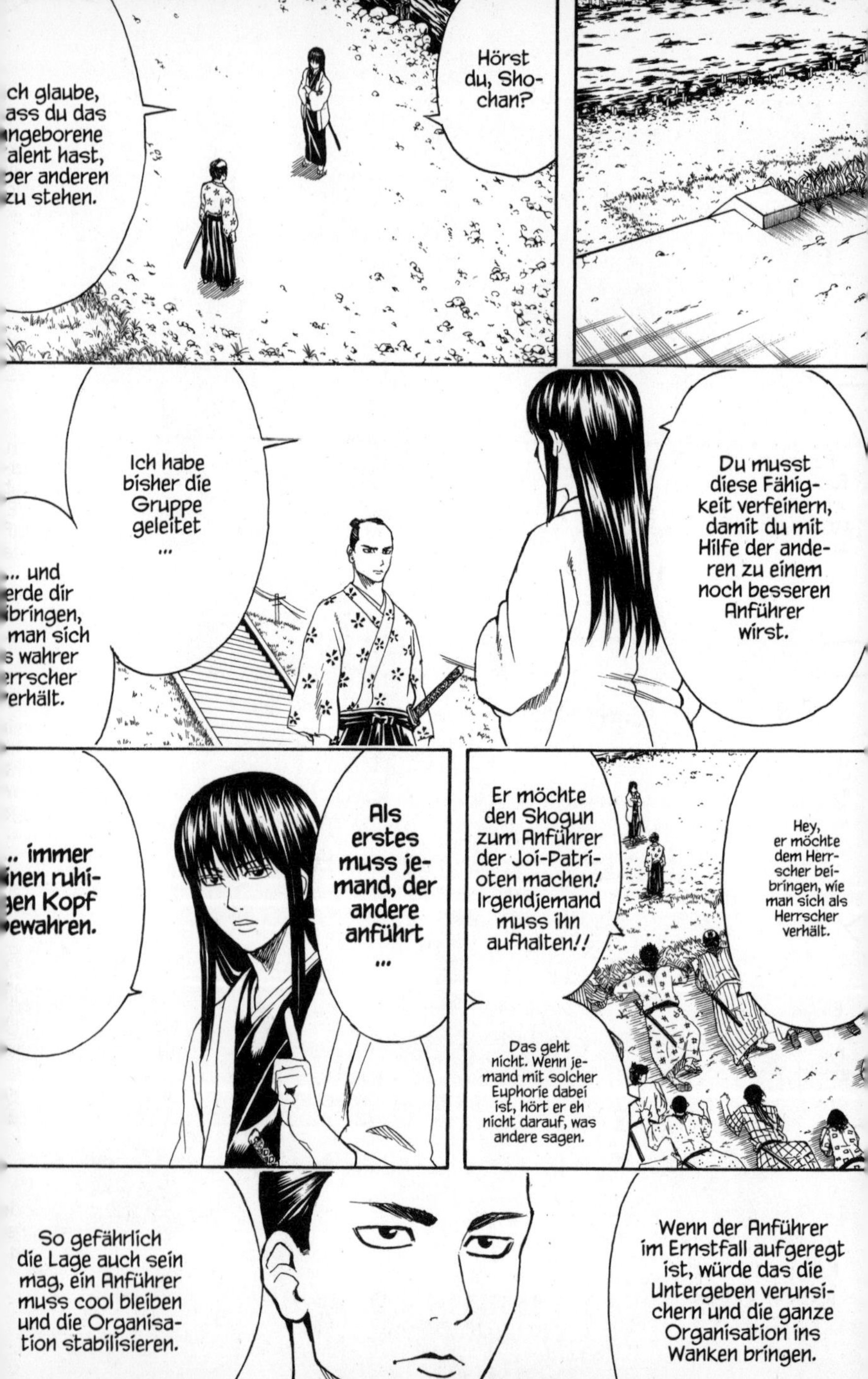

Hörst du, Shochan?
ch glaube, ass du das ngeborene alent hast, ber anderen zu stehen.
Du musst diese Fähigkeit verfeinern, damit du mit Hilfe der anderen zu einem noch besseren Anführer wirst.
Ich habe bisher die Gruppe geleitet ...
... und erde dir ibringen, man sich s wahrer errscher erhält.
Hey, er möchte dem Herrscher beibringen, wie man sich als Herrscher verhält.
Er möchte den Shogun zum Anführer der Joi-Patrioten machen! Irgendjemand muss ihn aufhalten!!
Das geht nicht. Wenn jemand mit solcher Euphorie dabei ist, hört er eh nicht darauf, was andere sagen.
Als erstes muss jemand, der andere anführt ...
.. immer inen ruhigen Kopf ewahren.
Wenn der Anführer im Ernstfall aufgeregt ist, würde das die Untergeben verunsichern und die ganze Organisation ins Wanken bringen.
So gefährlich die Lage auch sein mag, ein Anführer muss cool bleiben und die Organisation stabilisieren.

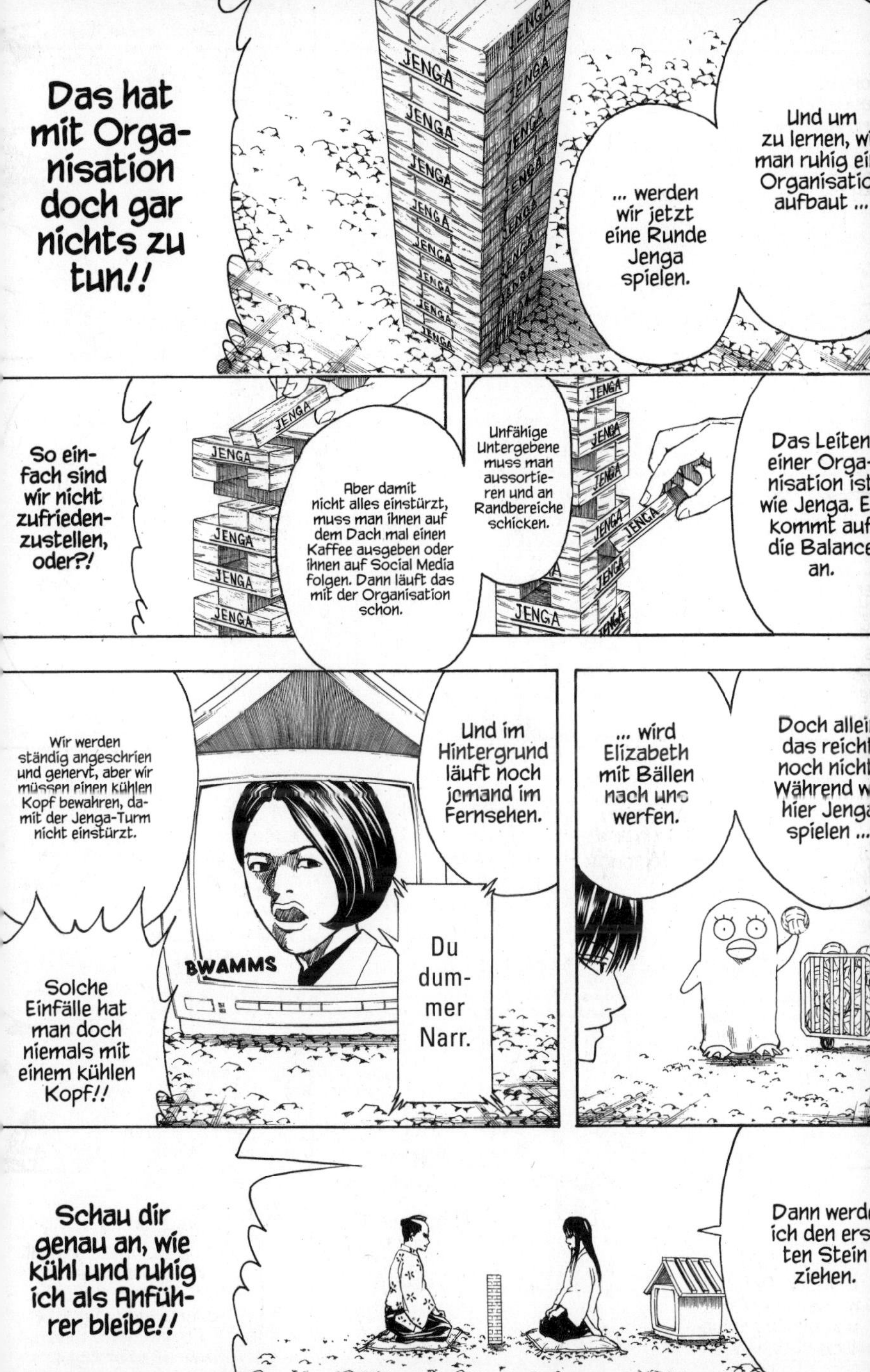
Und um zu lernen, wi man ruhig ei Organisati aufbaut ...
... werden wir jetzt eine Runde Jenga spielen.
Das hat mit Organisation doch gar nichts zu tun!!
Das Leiten einer Organisation ist wie Jenga. E kommt auf die Balance an.
Unfähige Untergebene muss man aussortieren und an Randbereiche schicken.
Aber damit nicht alles einstürzt, muss man ihnen auf dem Dach mal einen Kaffee ausgeben oder ihnen auf Social Media folgen. Dann läuft das mit der Organisation schon.
So einfach sind wir nicht zufriedenzustellen, oder?!
Doch allei das reich noch nicht Während w hier Jenga spielen ...
... wird Elizabeth mit Bällen nach uns werfen.
Und im Hintergrund läuft noch jemand im Fernsehen.
Du dummer Narr.
BWAMMS
Wir werden ständig angeschrien und genervt, aber wir müssen einen kühlen Kopf bewahren, damit der Jenga-Turm nicht einstürzt.
Solche Einfälle hat man doch niemals mit einem kühlen Kopf!!
Dann werd ich den ersten Stein ziehen.
Schau dir genau an, wie kühl und ruhig ich als Anführer bleibe!!

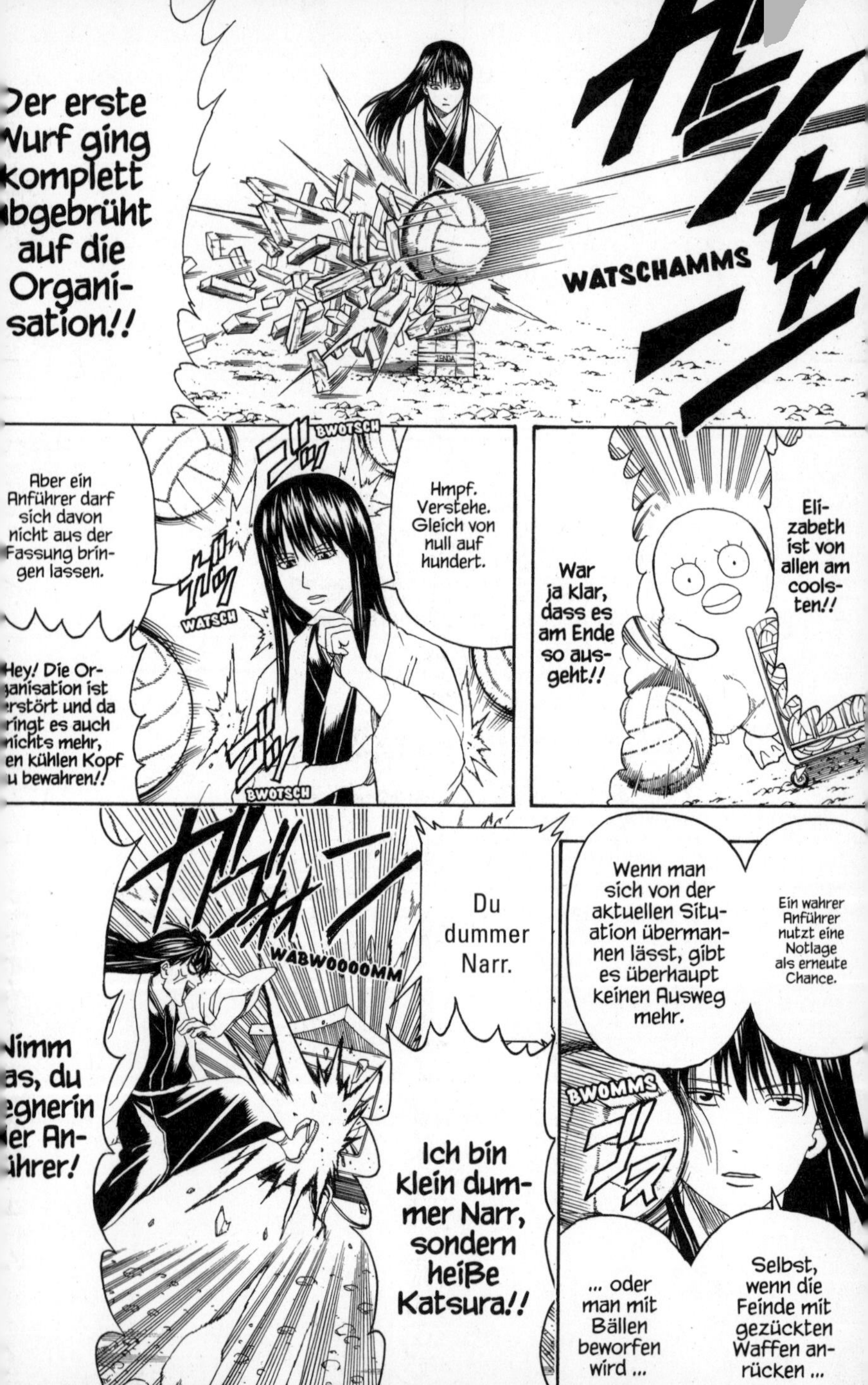

WATSCHAMMS
Der erste Wurf ging komplett abgebrüht auf die Organisation!!
Eli-zabeth ist von allen am cools-ten!!
War ja klar, dass es am Ende so aus-geht!!
BWOTSCH
Hmpf. Verstehe. Gleich von null auf hundert.
Aber ein Anführer darf sich davon nicht aus der Fassung brin-gen lassen.
WATSCH
Hey! Die Or-ganisation ist zerstört und da bringt es auch nichts mehr, den kühlen Kopf zu bewahren!!
BWOTSCH
Ein wahrer Anführer nutzt eine Notlage als erneute Chance.
Wenn man sich von der aktuellen Situ-ation überman-nen lässt, gibt es überhaupt keinen Ausweg mehr.
Du dummer Narr.
WABWOOOOMM
Nimm das, du Gegnerin der An-führer!
BWOMMS
Selbst, wenn die Feinde mit gezückten Waffen an-rücken ...
... oder man mit Bällen beworfen wird ...
Ich bin klein dummer Narr, sondern heiße Katsura!!

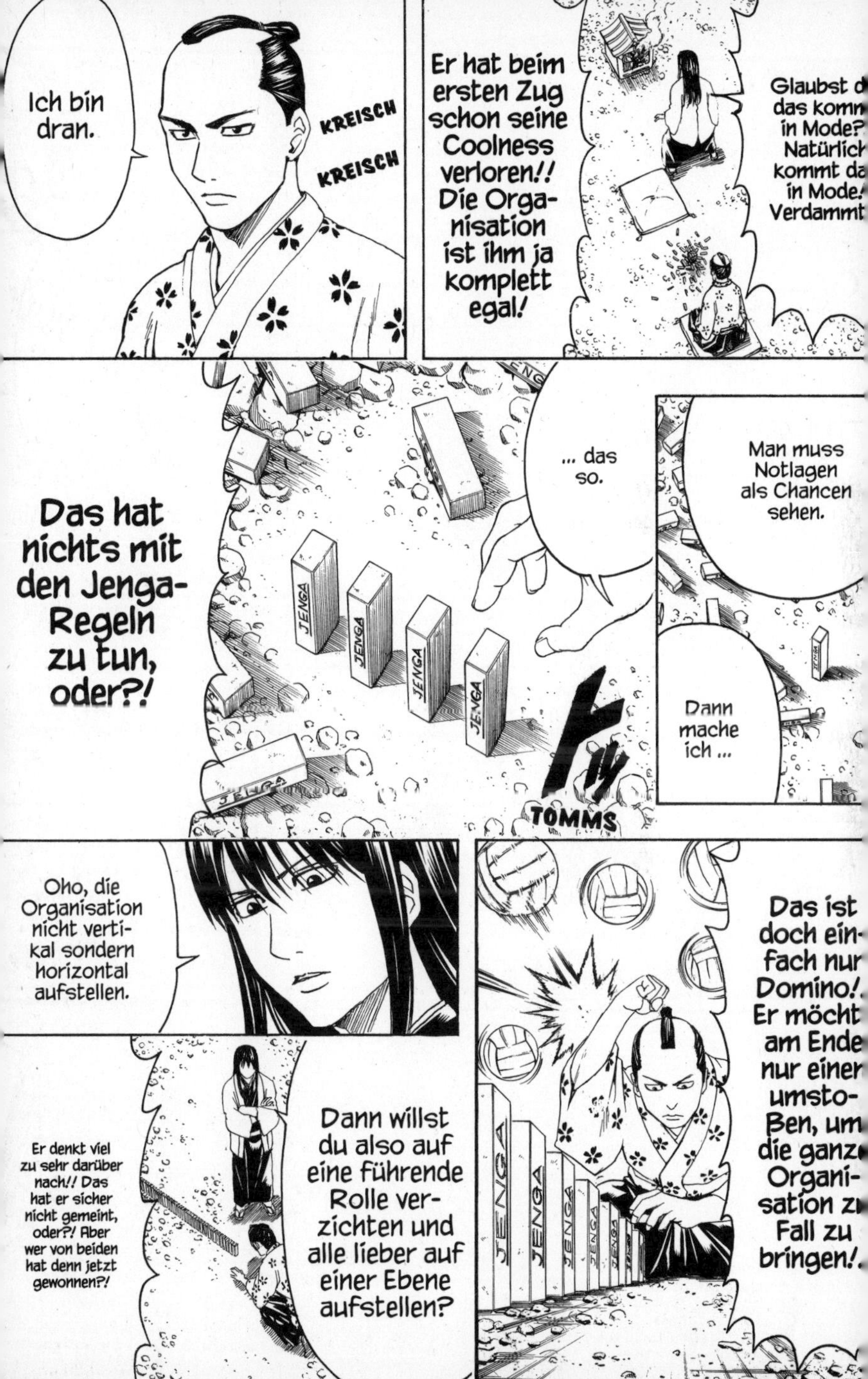

Glaubst d
das komm
in Mode?
Natürlich
kommt da
in Mode!
Verdammt
Er hat beim ersten Zug schon seine Coolness verloren!! Die Organisation ist ihm ja komplett egal!
KREISCH
KREISCH
Ich bin dran.
Man muss Notlagen als Chancen sehen.
Dann mache ich ...
... das so.
TOMMS
Das hat nichts mit den Jenga-Regeln zu tun, oder?!
Das ist doch einfach nur Domino!. Er möcht am Ende nur einer umstoßen, um die ganz Organisation zu Fall zu bringen!.
Oho, die Organisation nicht vertikal sondern horizontal aufstellen.
Dann willst du also auf eine führende Rolle verzichten und alle lieber auf einer Ebene aufstellen?
Er denkt viel zu sehr darüber nach!! Das hat er sicher nicht gemeint, oder?! Aber wer von beiden hat denn jetzt gewonnen?!

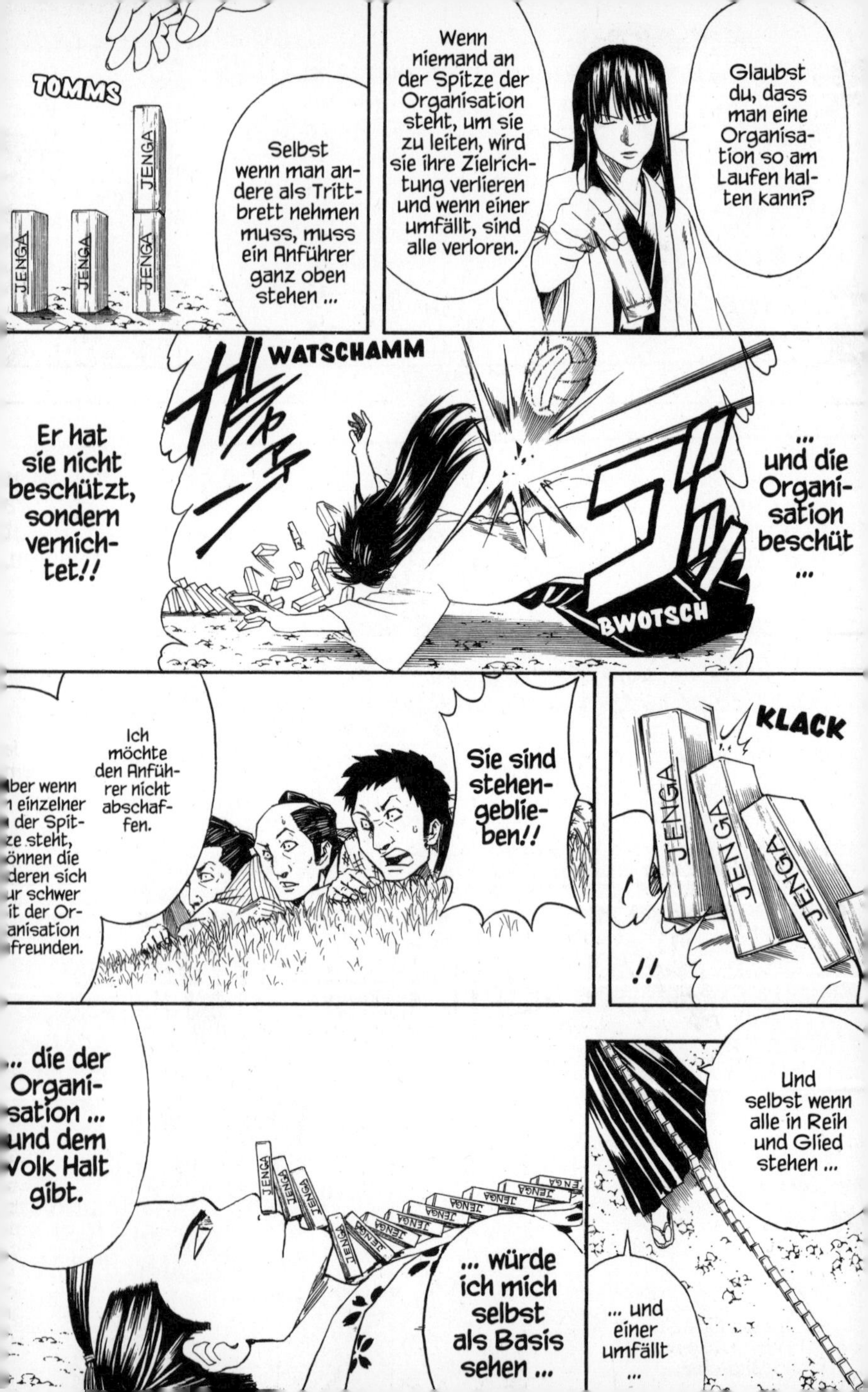

Glaubst du, dass man eine Organisation so am Laufen halten kann?
Wenn niemand an der Spitze der Organisation steht, um sie zu leiten, wird sie ihre Zielrichtung verlieren und wenn einer umfällt, sind alle verloren.
TOMMS
Selbst wenn man andere als Trittbrett nehmen muss, muss ein Anführer ganz oben stehen ...
WATSCHAMM
... und die Organisation beschüt ...
BWOTSCH
Er hat sie nicht beschützt, sondern vernichtet!!
KLACK
!!
Sie sind stehengeblieben!!
Ich möchte den Anführer nicht abschaffen.
ber wenn n einzelner der Spitze steht, önnen die deren sich ur schwer it der Organisation freunden.
Und selbst wenn alle in Reih und Glied stehen ...
... und einer umfällt ...
... würde ich mich selbst als Basis sehen ...
... die der Organisation ... und dem Volk Halt gibt.

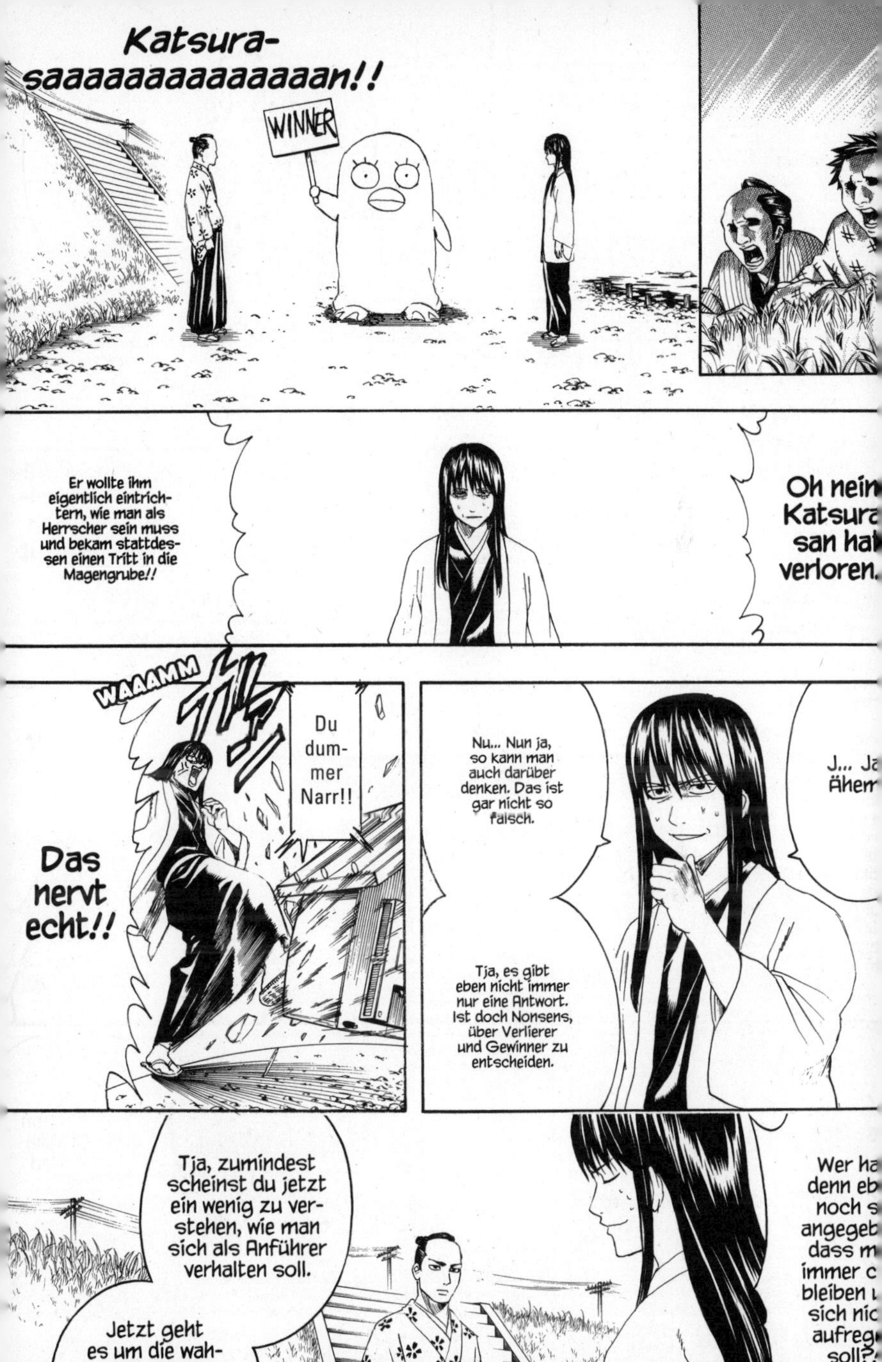

Katsura-
saaaaaaaaaaaaaan!!
WINNER
Oh nein
Katsura
san ha
verloren.
Er wollte ihm eigentlich eintrichtern, wie man als Herrscher sein muss und bekam stattdessen einen Tritt in die Magengrube!!
J... Ja
Ähem
Nu... Nun ja, so kann man auch darüber denken. Das ist gar nicht so falsch.
Tja, es gibt eben nicht immer nur eine Antwort. Ist doch Nonsens, über Verlierer und Gewinner zu entscheiden.
WAAAMM
Du dummer Narr!!
Das nervt echt!!
Wer ha
denn eb
noch s
angegeb
dass m
immer c
bleiben u
sich nic
aufreg
soll!?
Tja, zumindest scheinst du jetzt ein wenig zu verstehen, wie man sich als Anführer verhalten soll.
Jetzt geht es um die wahren Probleme, Sho-chan.

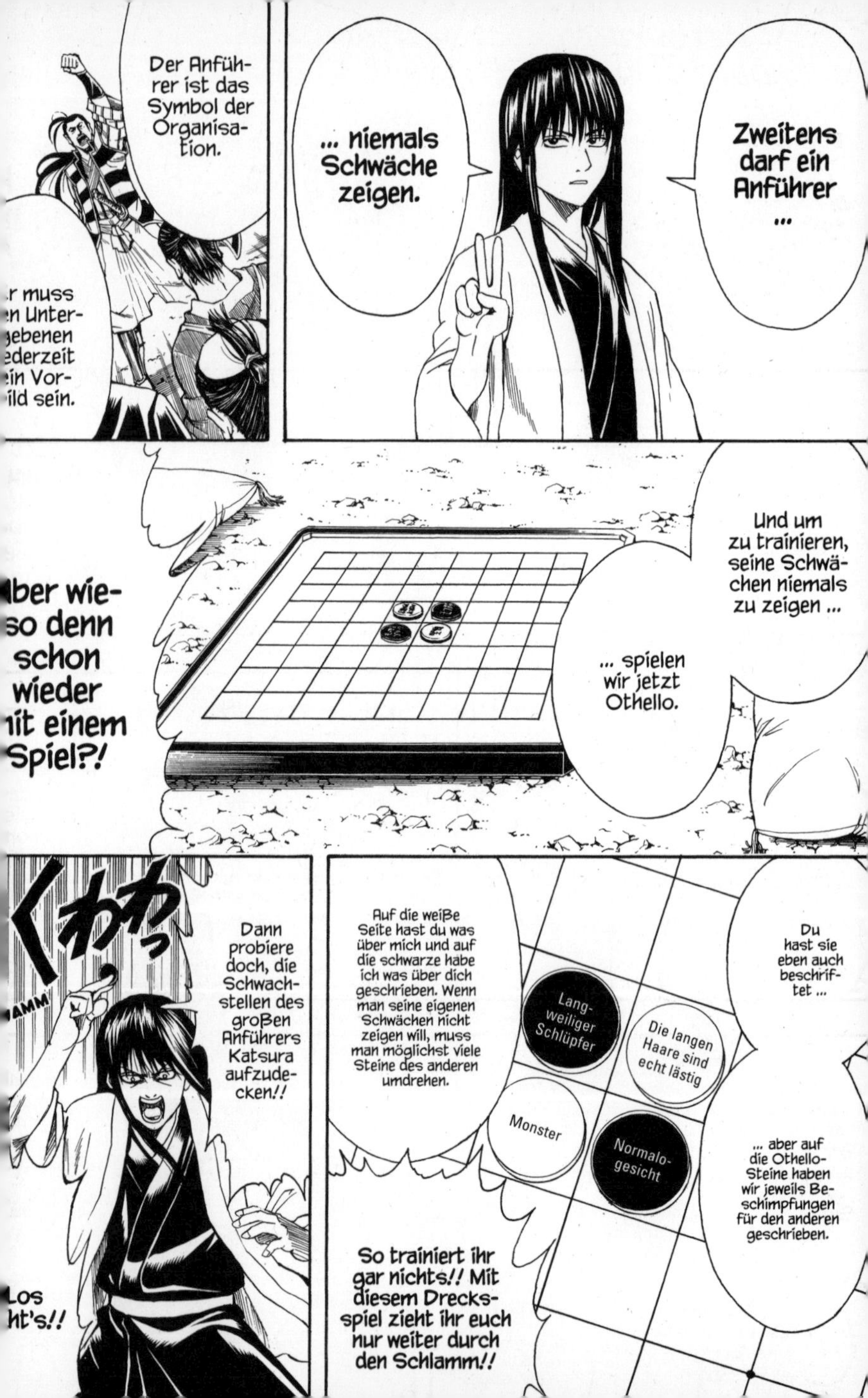
Zweitens darf ein Anführer ...
... niemals Schwäche zeigen.
Der Anführer ist das Symbol der Organisation.
r muss n Untergebenen ederzeit ein Vorbild sein.
Und um zu trainieren, seine Schwächen niemals zu zeigen ...
... spielen wir jetzt Othello.
ber wieso denn schon wieder it einem Spiel?!
Du hast sie eben auch beschriftet ...
... aber auf die Othello-Steine haben wir jeweils Beschimpfungen für den anderen geschrieben.
Langweiliger Schlüpfer
Die langen Haare sind echt lästig
Monster
Normalogesicht
Auf die weiße Seite hast du was über mich und auf die schwarze habe ich was über dich geschrieben. Wenn man seine eigenen Schwächen nicht zeigen will, muss man möglichst viele Steine des anderen umdrehen.
So trainiert ihr gar nichts!! Mit diesem Drecksspiel zieht ihr euch nur weiter durch den Schlamm!!
Dann probiere doch, die Schwachstellen des großen Anführers Katsura aufzudecken!!
くわっ
AMM
Los ht's!!

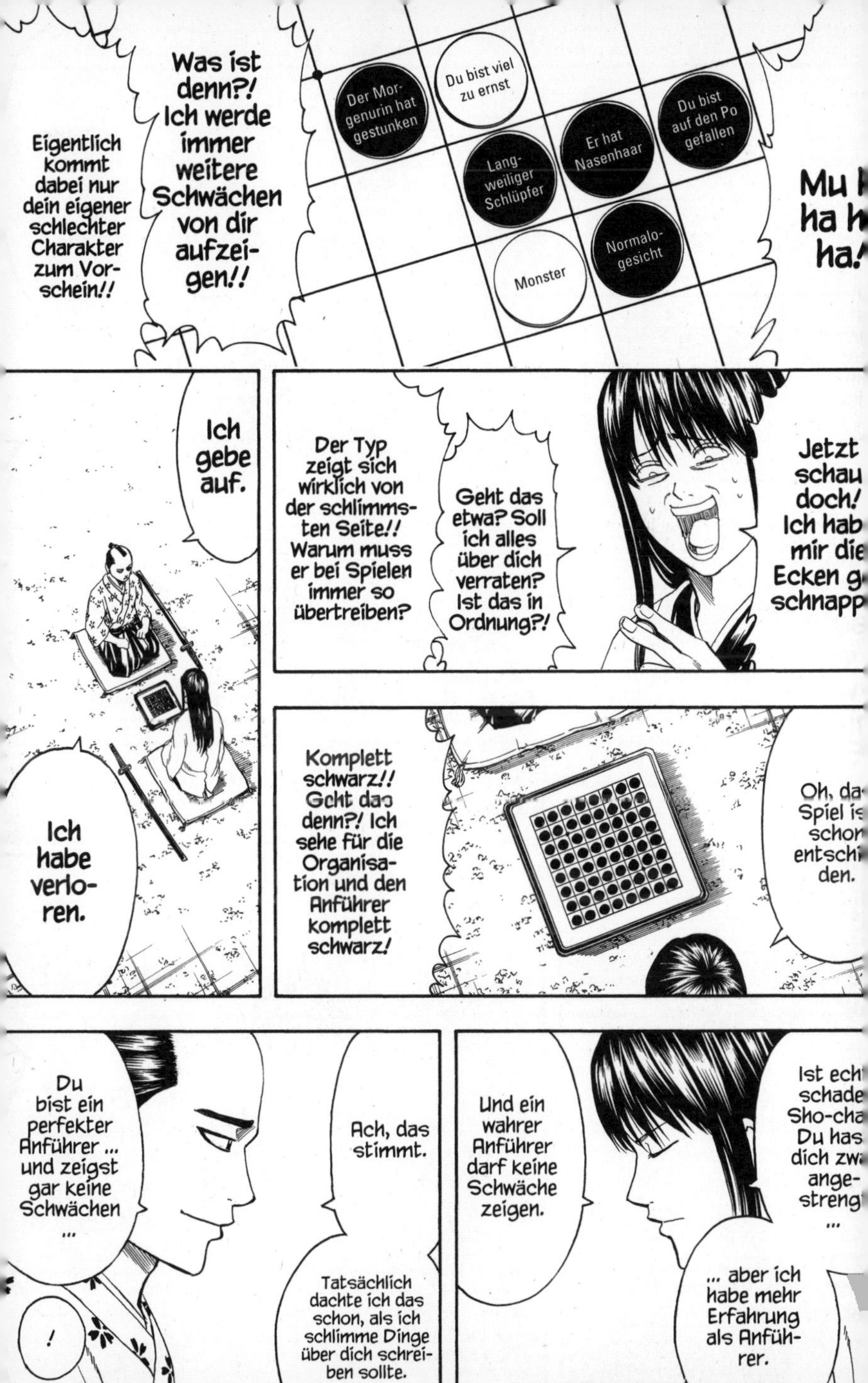
Was ist denn?! Ich werde immer weitere Schwächen von dir aufzeigen!!
Eigentlich kommt dabei nur dein eigener schlechter Charakter zum Vorschein!!
Der Morgenurin hat gestunken
Du bist viel zu ernst
Du bist auf den Po gefallen
Er hat Nasenhaar
Langweiliger Schlüpfer
Normalogesicht
Monster
Geht das etwa? Soll ich alles über dich verraten? Ist das in Ordnung?!
Der Typ zeigt sich wirklich von der schlimmsten Seite!! Warum muss er bei Spielen immer so übertreiben?
Ich gebe auf.
Ich habe verloren.
Komplett schwarz!! Geht das denn?! Ich sehe für die Organisation und den Anführer komplett schwarz!
Und ein wahrer Anführer darf keine Schwäche zeigen.
... aber ich habe mehr Erfahrung als Anführer.
Ach, das stimmt.
Tatsächlich dachte ich das schon, als ich schlimme Dinge über dich schreiben sollte.
Du bist ein perfekter Anführer ... und zeigst gar keine Schwächen ...
!

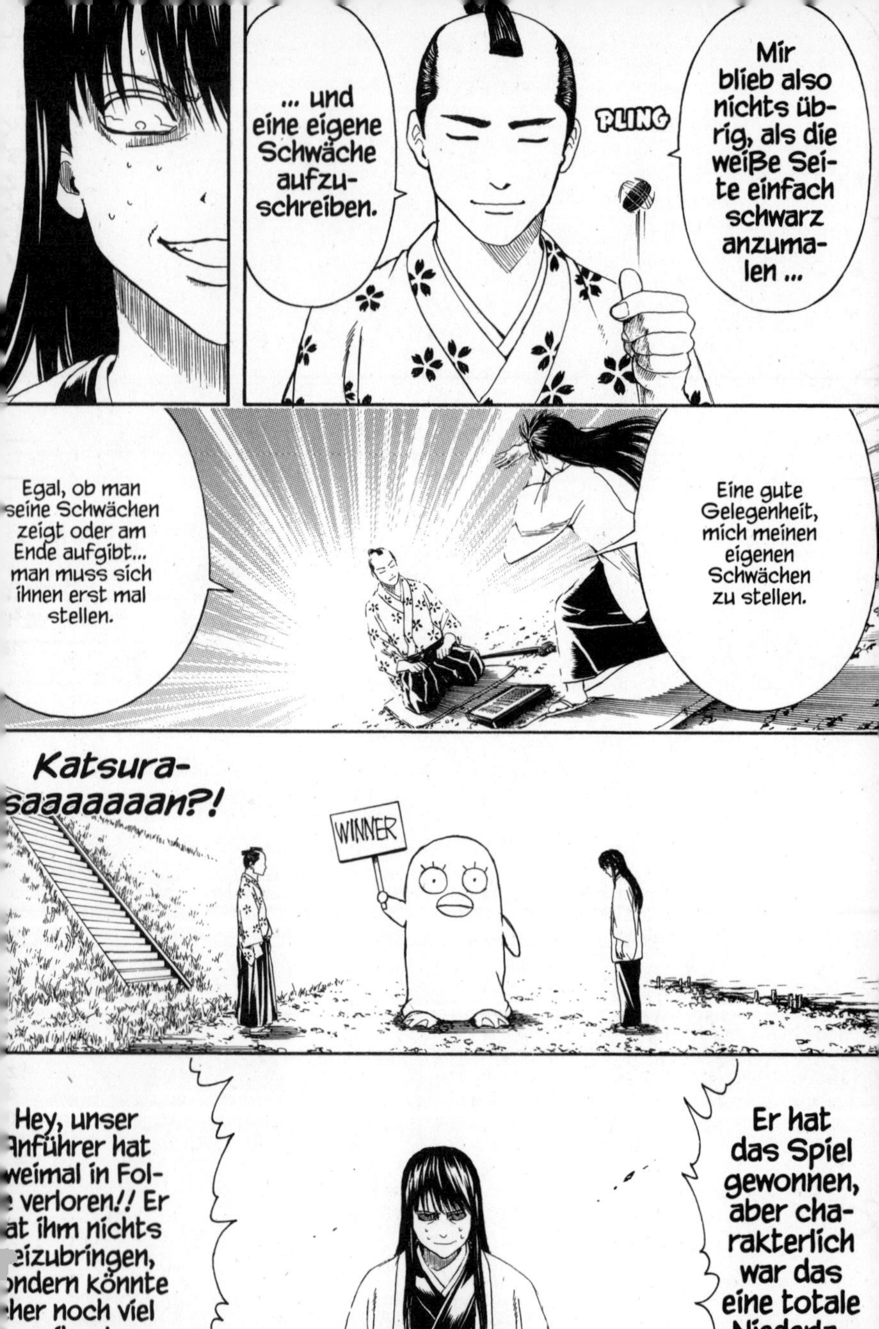
Mir blieb also nichts übrig, als die weiße Seite einfach schwarz anzumalen ...
PLING
... und eine eigene Schwäche aufzuschreiben.
Eine gute Gelegenheit, mich meinen eigenen Schwächen zu stellen.
Egal, ob man seine Schwächen zeigt oder am Ende aufgibt... man muss sich ihnen erst mal stellen.
Katsura-saaaaaaaan?!
WINNER
Er hat das Spiel gewonnen, aber charakterlich war das eine totale Niederlage!!
Hey, unser Anführer hat zweimal in Folge verloren!! Er hat ihm nichts beizubringen, sondern könnte eher noch viel von ihm lernen!!

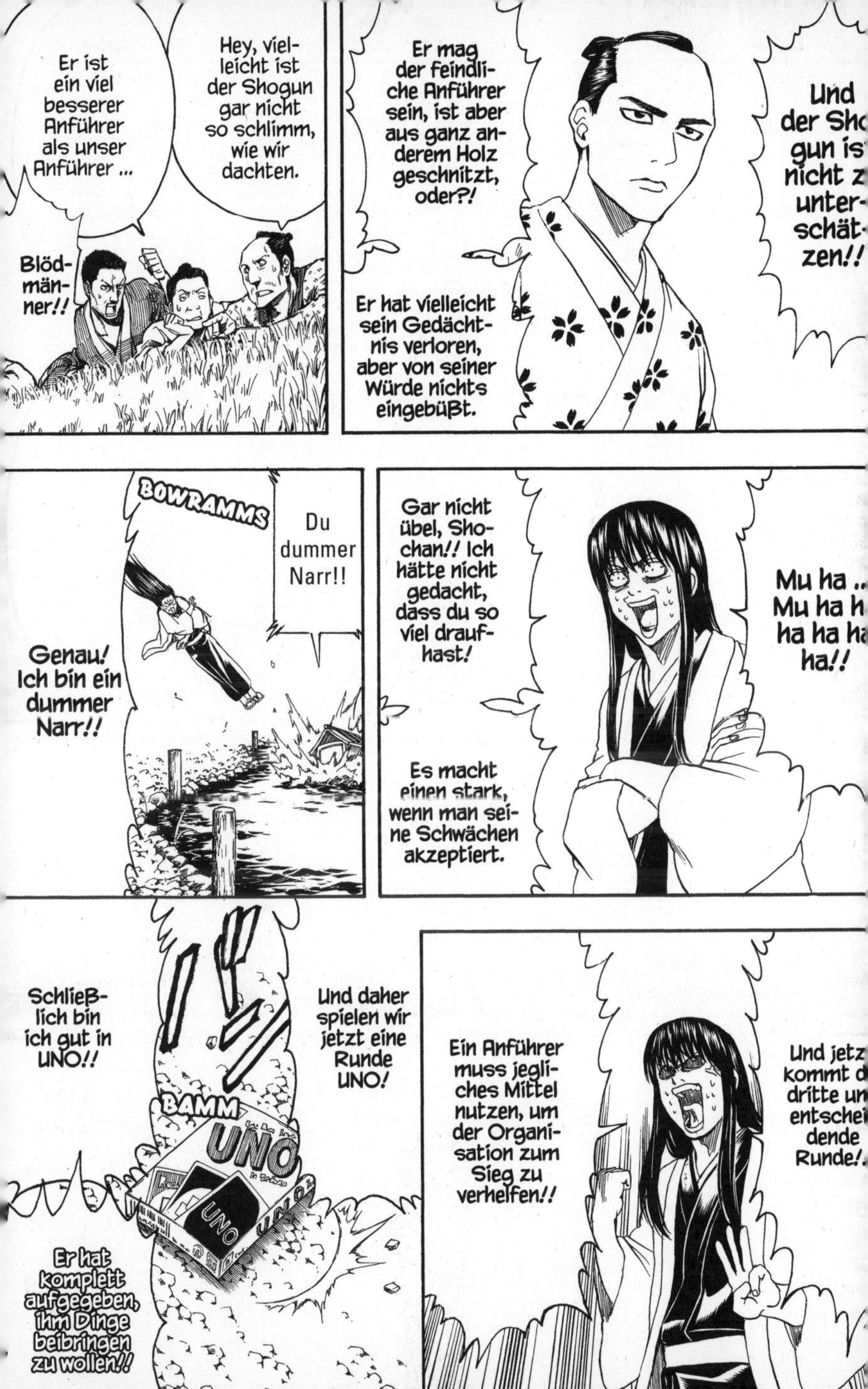
Und der Sho gun ist nicht zu unter-schätzen!!
Er mag der feindliche Anführer sein, ist aber aus ganz anderem Holz geschnitzt, oder?!
Er hat vielleicht sein Gedächtnis verloren, aber von seiner Würde nichts eingebüßt.
Hey, vielleicht ist der Shogun gar nicht so schlimm, wie wir dachten.
Er ist ein viel besserer Anführer als unser Anführer ...
Blödmänner!!
Mu ha ... Mu ha ha ha ha ha ha!!
Gar nicht übel, Sho-chan!! Ich hätte nicht gedacht, dass du so viel draufhast!
Es macht einen stark, wenn man seine Schwächen akzeptiert.
Du dummer Narr!!
BOWRAMMS
Genau! Ich bin ein dummer Narr!!
Und jetzt kommt die dritte und entscheidende Runde!
Ein Anführer muss jegliches Mittel nutzen, um der Organisation zum Sieg zu verhelfen!!
Und daher spielen wir jetzt eine Runde UNO!
Schließlich bin ich gut in UNO!!
BAMM
UNO
Er hat komplett aufgegeben, ihm Dinge beibringen zu wollen!!

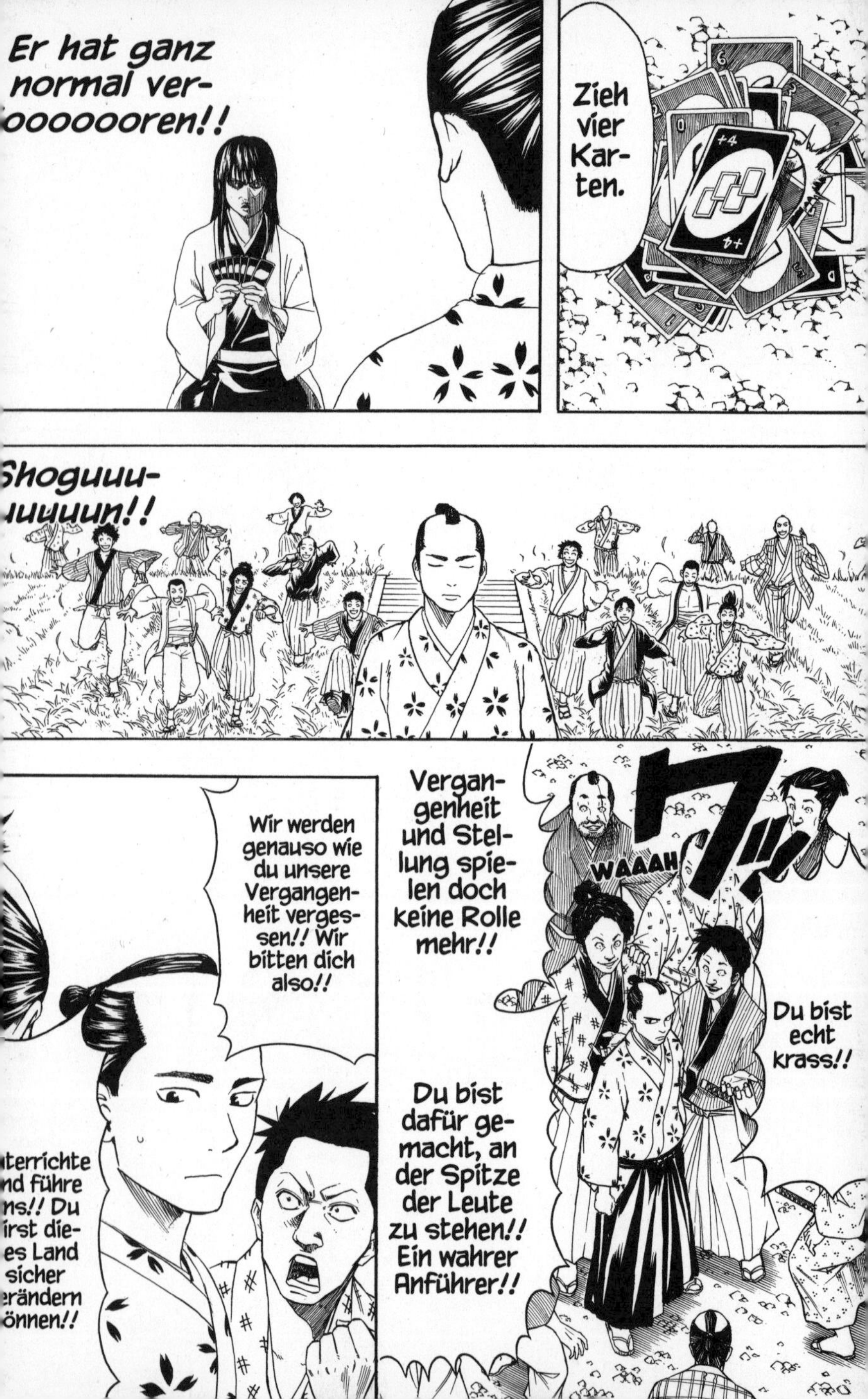
Zieh vier Kar-ten.
Er hat ganz normal ver-ooooooren!!
Shoguuu-uuuuun!!
Du bist echt krass!!
Vergan-genheit und Stel-lung spie-len doch keine Rolle mehr!!
WAAAH
Du bist dafür ge-macht, an der Spitze der Leute zu stehen!! Ein wahrer Anführer!!
Wir werden genauso wie du unsere Vergangen-heit verges-sen!! Wir bitten dich also!!
terrichte nd führe ns!! Du irst die-es Land sicher erändern önnen!!

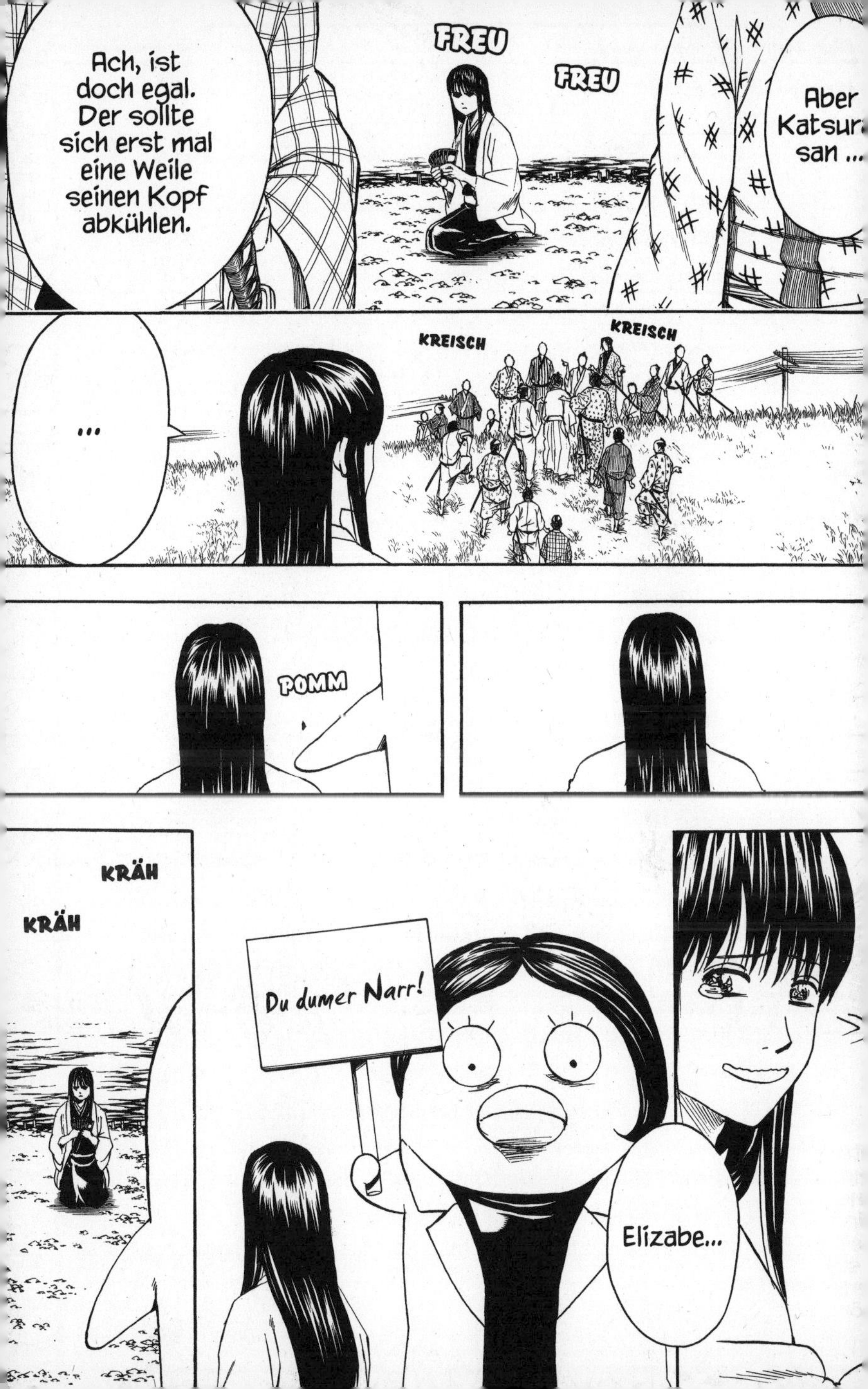
Aber Katsura-san ...
FREU
FREU
Ach, ist doch egal. Der sollte sich erst mal eine Weile seinen Kopf abkühlen.
KREISCH
KREISCH
...
POMM
KRÄH
KRÄH
Elizabe...
Du dumer Narr!

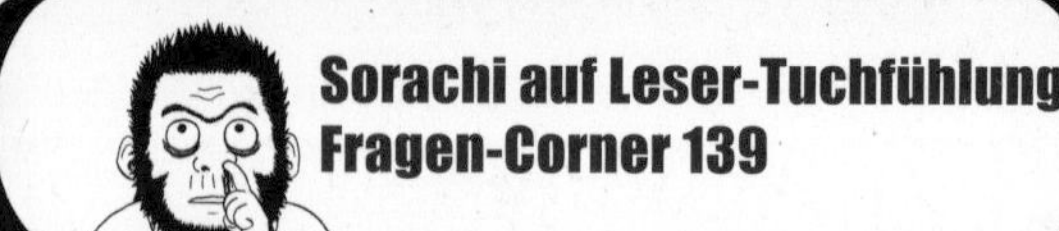

Sorachi auf Leser-Tuchfühlung Fragen-Corner 139

(Frage von »Ich wollte es rasieren, aber ich habe Angst, diesen Schritt in eine neue Welt zu machen« aus Mie)

Sorachi-sensei, guten Tag. Bis ich mit meinem Freund zusammenkam, habe ich nicht gewusst, dass es so etwas wie Haare am Hintern wirklich gibt. Mein Freund hat deswegen auch Komplexe ... Bitte lachen Sie mich nicht für diesen Gedanken aus, der von Kondo-san stammen könnte. Jedoch bin ich auf der Suche nach einem Sinn für Haare am Hintern. Aber da gibt es gar nichts! Die sind doch eigentlich nur im Weg! Und unhygienisch! Sie scheinen aber großen Wert auf ihre eigenen Arschhaare zu legen, aber ich weiß nicht genau, ob so eine Frage eigentlich tabu wäre. Auch wenn das unhöflich ist, möchte ich sie dennoch fragen: Was passiert, wenn man seine Arschhaare rasiert?

(Antwort)

Ich kann nicht ganz nachvollziehen, warum du annimmst, dass ich meine Arschhaare rasieren würde. Die Haare wachsen nur kräftiger nach, wenn man sie rasiert. Daher sollte man einen gemeinsamen Weg mit ihnen gehen, damit sie irgendwann weniger werden. Man kann ruhig stolz auf die Popohärchen sein. Zwar mag man heutzutage mit Haaren am Hintern komisch angesehen werden, weil es unhygienisch aussehen mag und beim Abwischen kleine Klopapierkügelchen daran hängen bleiben können, aber nur auf unseren Hintern wachsen so wunderbar weiche Haare. Daher sollten wir ruhig dieses Kreuz mit uns herumtragen. Die Arschhaare sind nicht einfach nur Härchen, sondern ein Segen, der uns von den Göttern geschenkt wurde. Sie sind ein Beweis, dass es unerklärliche Kräfte geben muss. Die Haare am Popo wachsen, damit der After von ihnen beschützt wird. Man muss sich dafür nicht schämen.
Es gibt auf der Erde nichts, auf das man stolzer sein könnte, als Arschhaare.

(140 auf Seite 126)

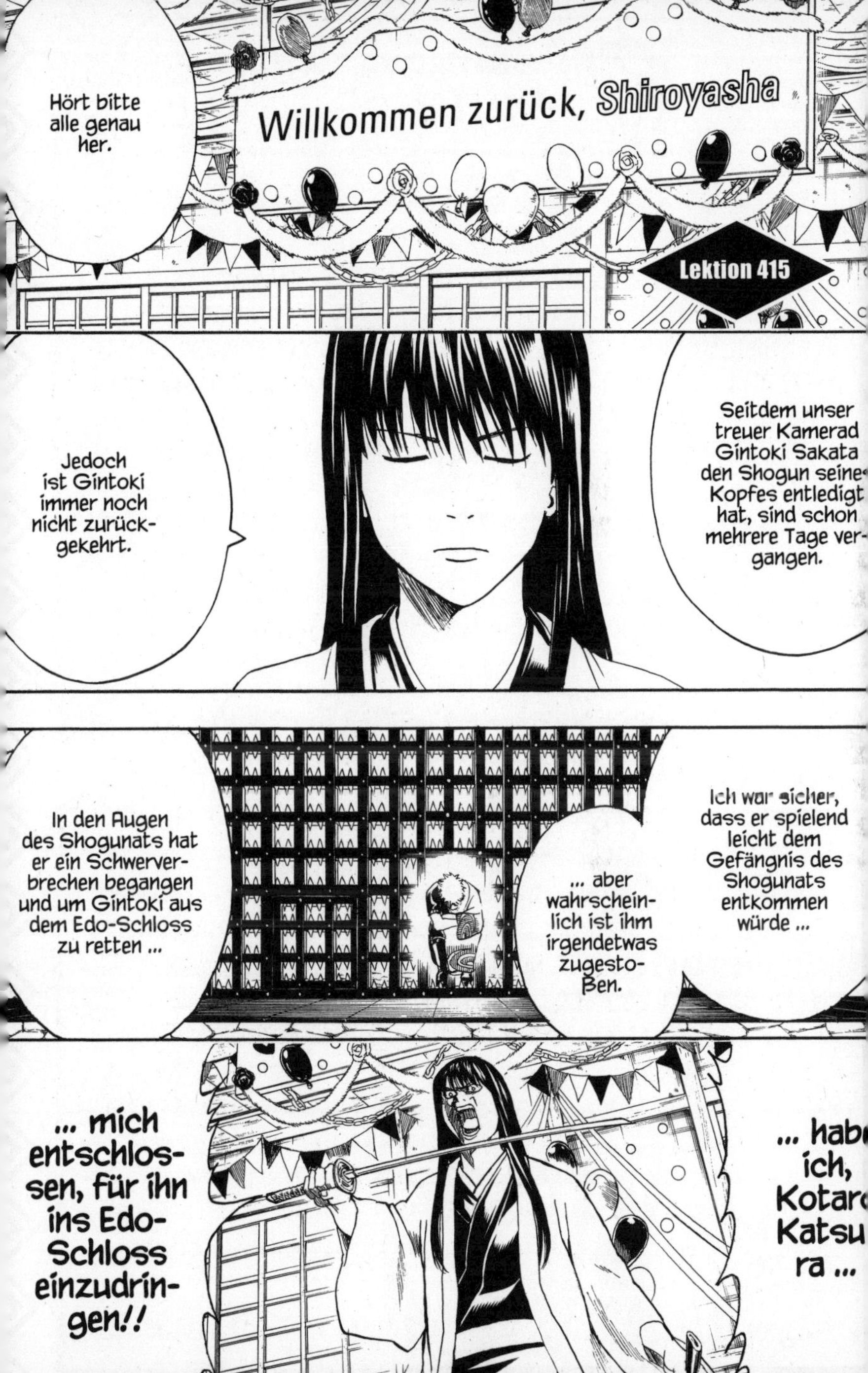
Willkommen zurück, Shiroyasha
Lektion 415
Hört bitte alle genau her.
Seitdem unser treuer Kamerad Gintoki Sakata den Shogun seines Kopfes entledigt hat, sind schon mehrere Tage vergangen.
Jedoch ist Gintoki immer noch nicht zurückgekehrt.
Ich war sicher, dass er spielend leicht dem Gefängnis des Shogunats entkommen würde ...
... aber wahrscheinlich ist ihm irgendetwas zugestoßen.
In den Augen des Shogunats hat er ein Schwerverbrechen begangen und um Gintoki aus dem Edo-Schloss zu retten ...
... habe ich, Kotaro Katsura ...
... mich entschlossen, für ihn ins Edo-Schloss einzudringen!!

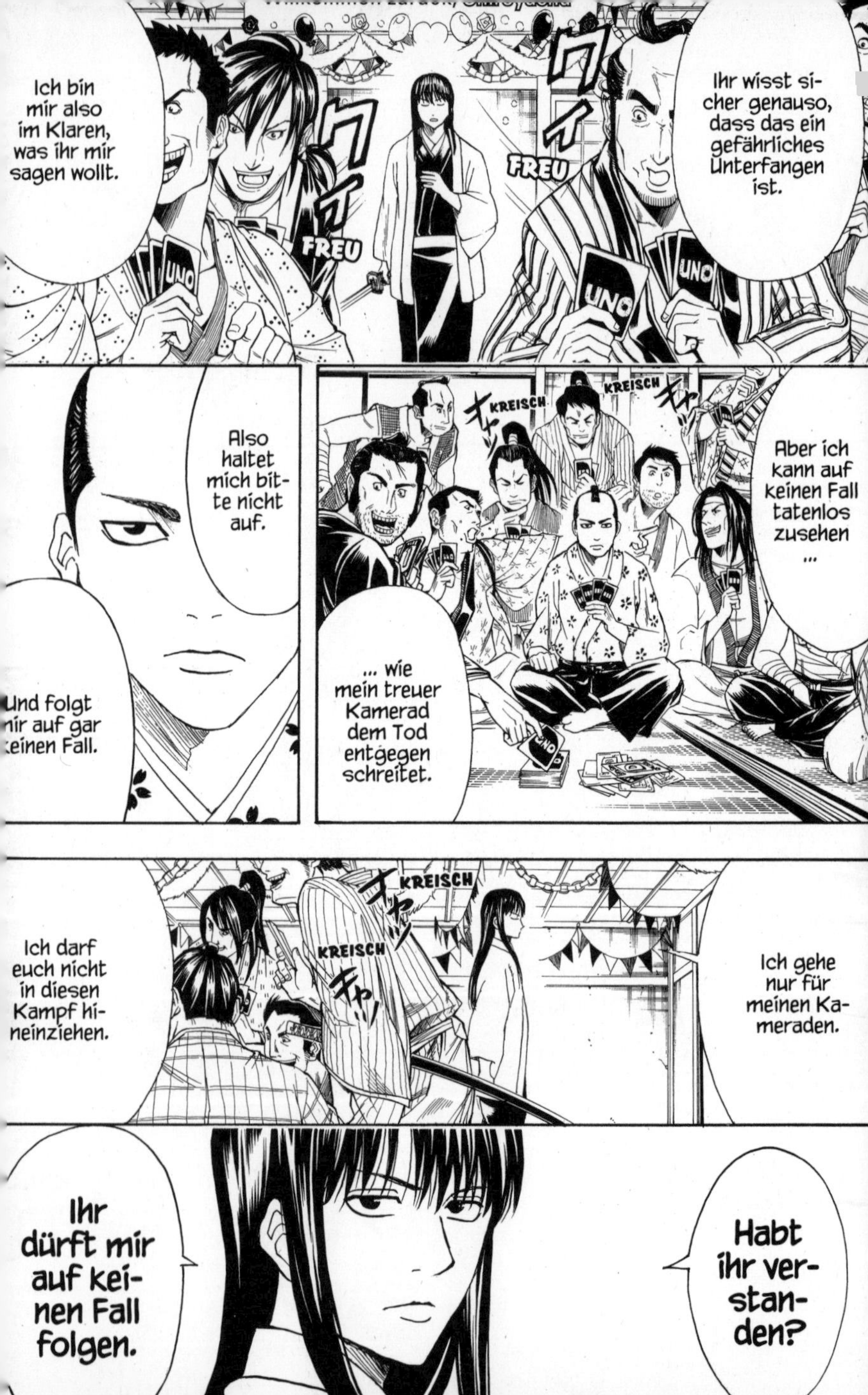
Ihr wisst sicher genauso, dass das ein gefährliches Unterfangen ist.
FREU
FREU
Ich bin mir also im Klaren, was ihr mir sagen wollt.
KREISCH
KREISCH
Aber ich kann auf keinen Fall tatenlos zusehen ...
... wie mein treuer Kamerad dem Tod entgegen schreitet.
Also haltet mich bitte nicht auf.
Und folgt mir auf gar keinen Fall.
KREISCH
KREISCH
Ich gehe nur für meinen Kameraden.
Ich darf euch nicht in diesen Kampf hineinziehen.
Ihr dürft mir auf keinen Fall folgen.
Habt ihr verstanden?

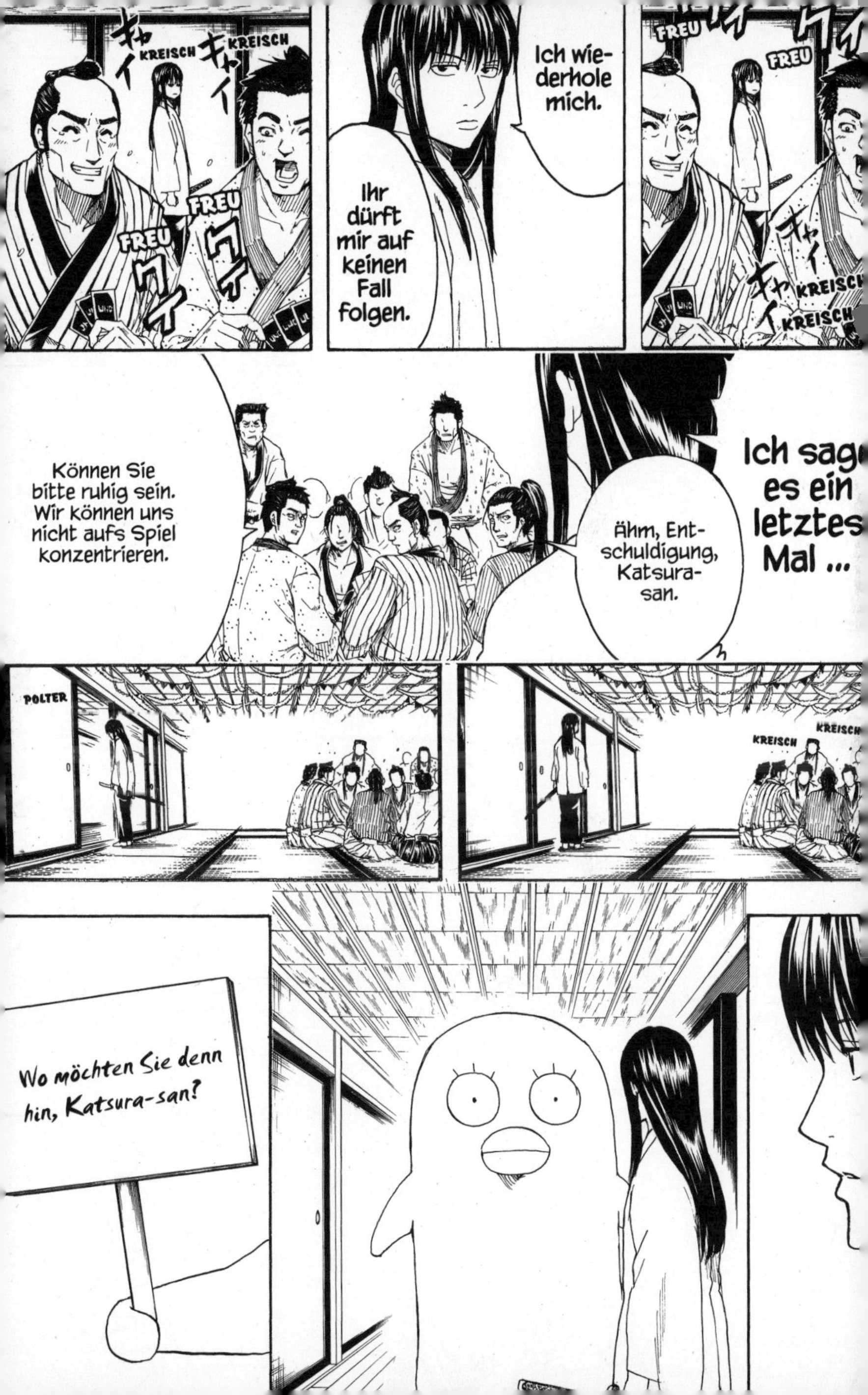

FREU
FREU
KREISCH
KREISCH
Ich wiederhole mich.
Ihr dürft mir auf keinen Fall folgen.
KREISCH
KREISCH
FREU
FREU
Ich sage es ein letztes Mal ...
Ähm, Entschuldigung, Katsura-san.
Können Sie bitte ruhig sein. Wir können uns nicht aufs Spiel konzentrieren.
KREISCH
KREISCH
POLTER
Wo möchten Sie denn hin, Katsura-san?

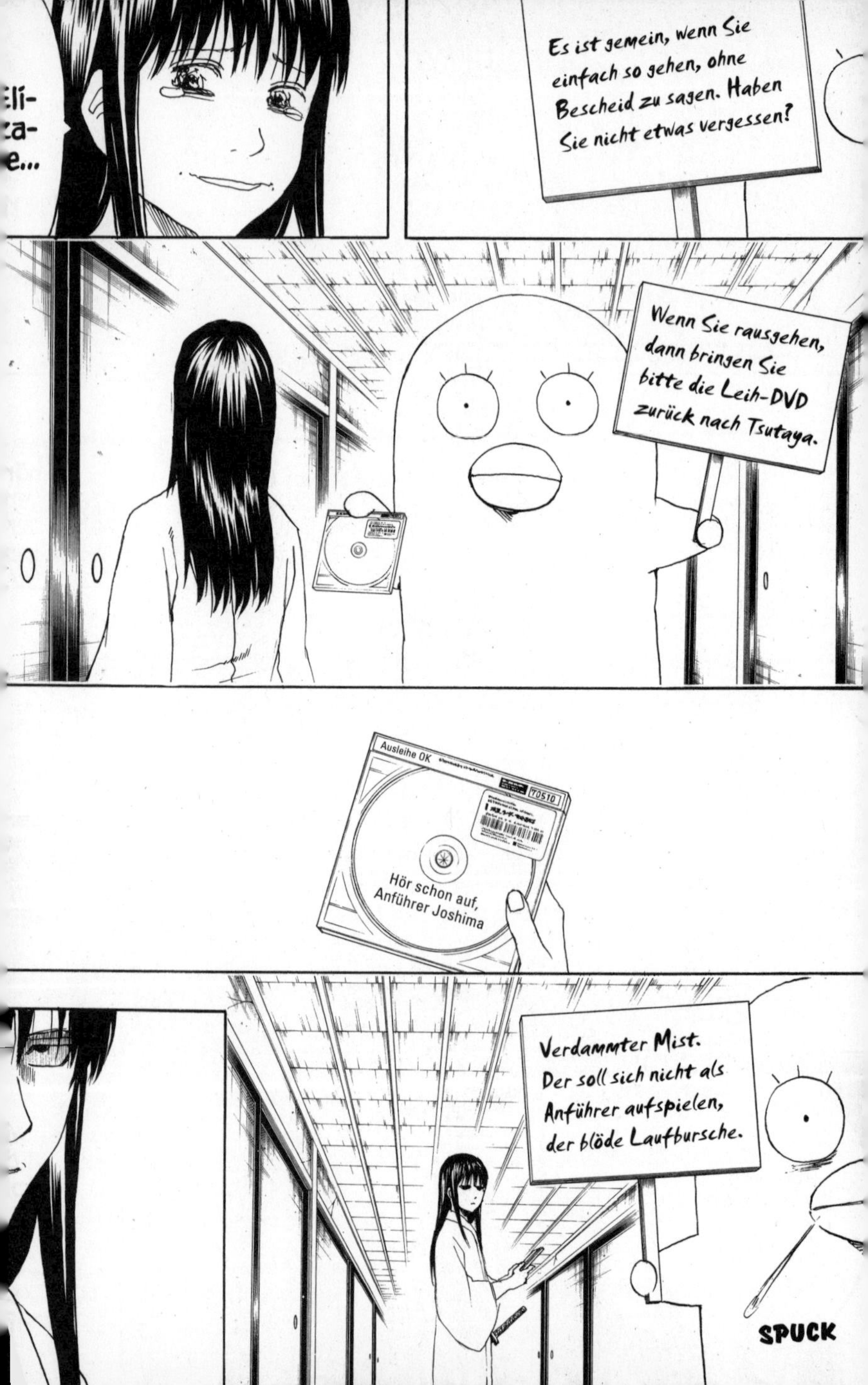
Es ist gemein, wenn Sie einfach so gehen, ohne Bescheid zu sagen. Haben Sie nicht etwas vergessen?
Eli-
za-
e...
Wenn Sie rausgehen, dann bringen Sie bitte die Leih-DVD zurück nach Tsutaya.
Ausleihe OK
70510
Hör schon auf, Anführer Joshima
Verdammter Mist. Der soll sich nicht als Anführer aufspielen, der blöde Laufbursche.
SPUCK

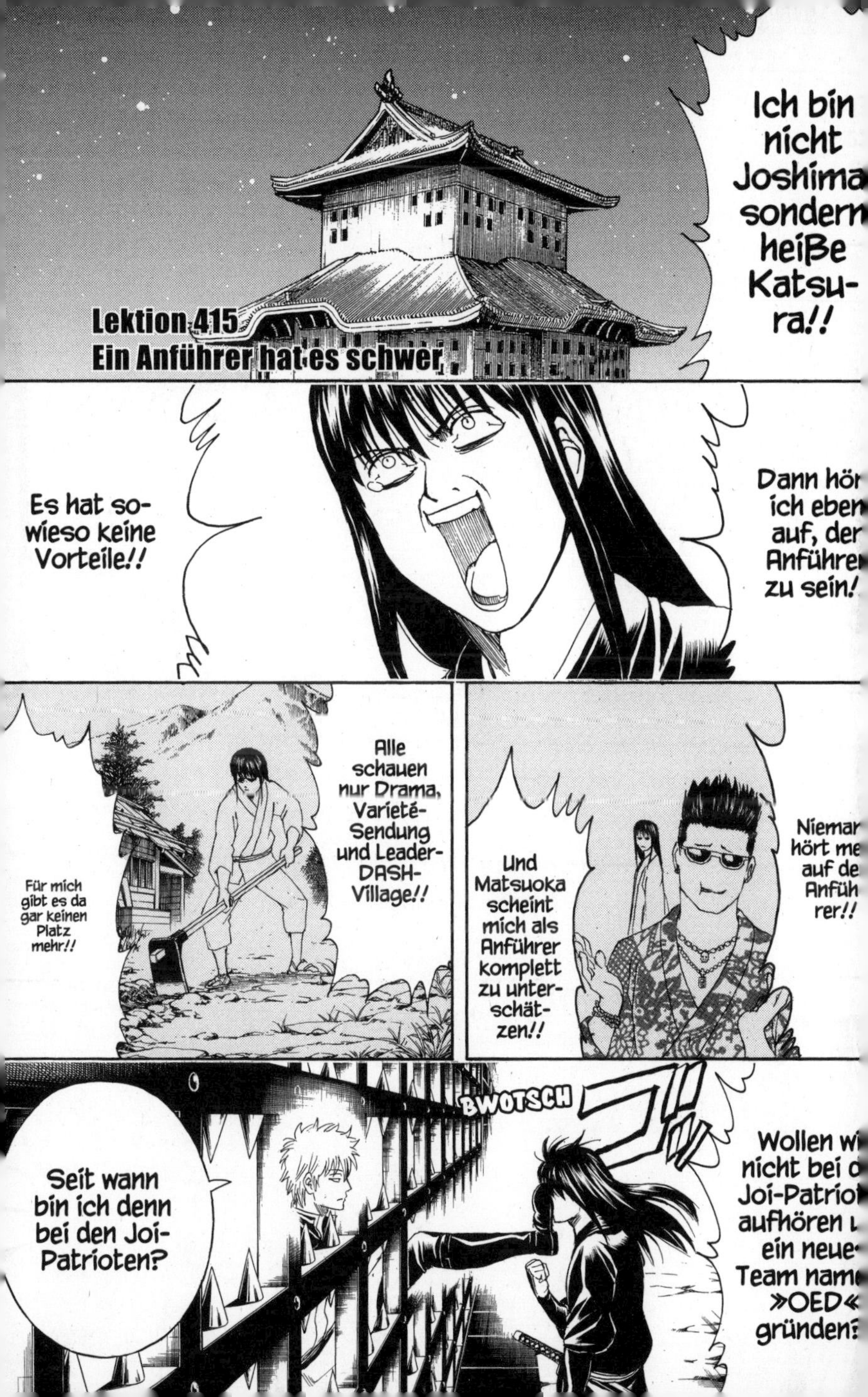

Ich bin nicht Joshima sondern heiße Katsu-ra!!

Lektion 415
Ein Anführer hat es schwer

Dann hör ich eben auf, der Anführe zu sein!

Es hat so-wieso keine Vorteile!!

Niemar hört me auf de Anfüh rer!!

Und Matsuoka scheint mich als Anführer komplett zu unter-schät-zen!!

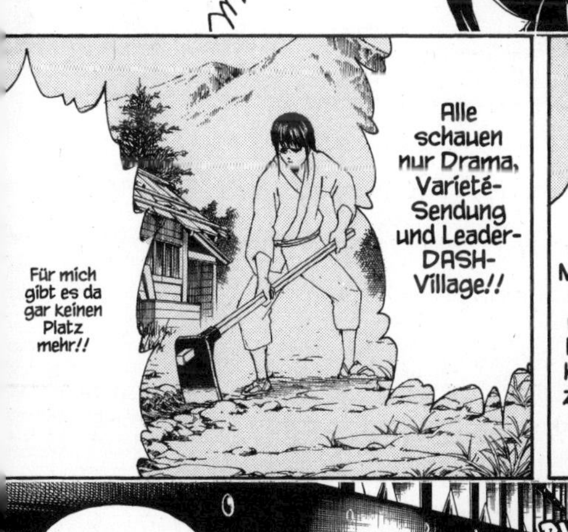

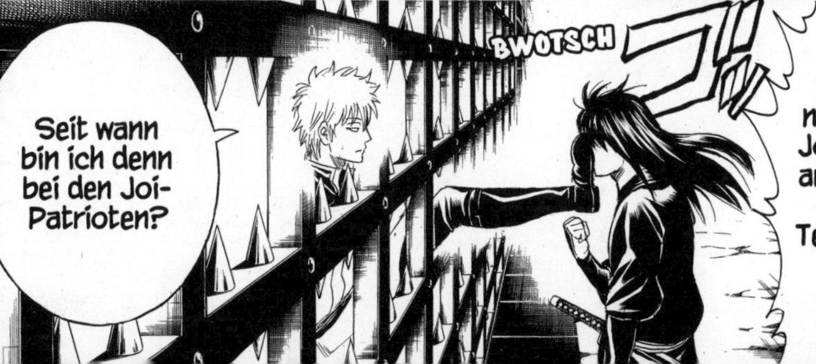

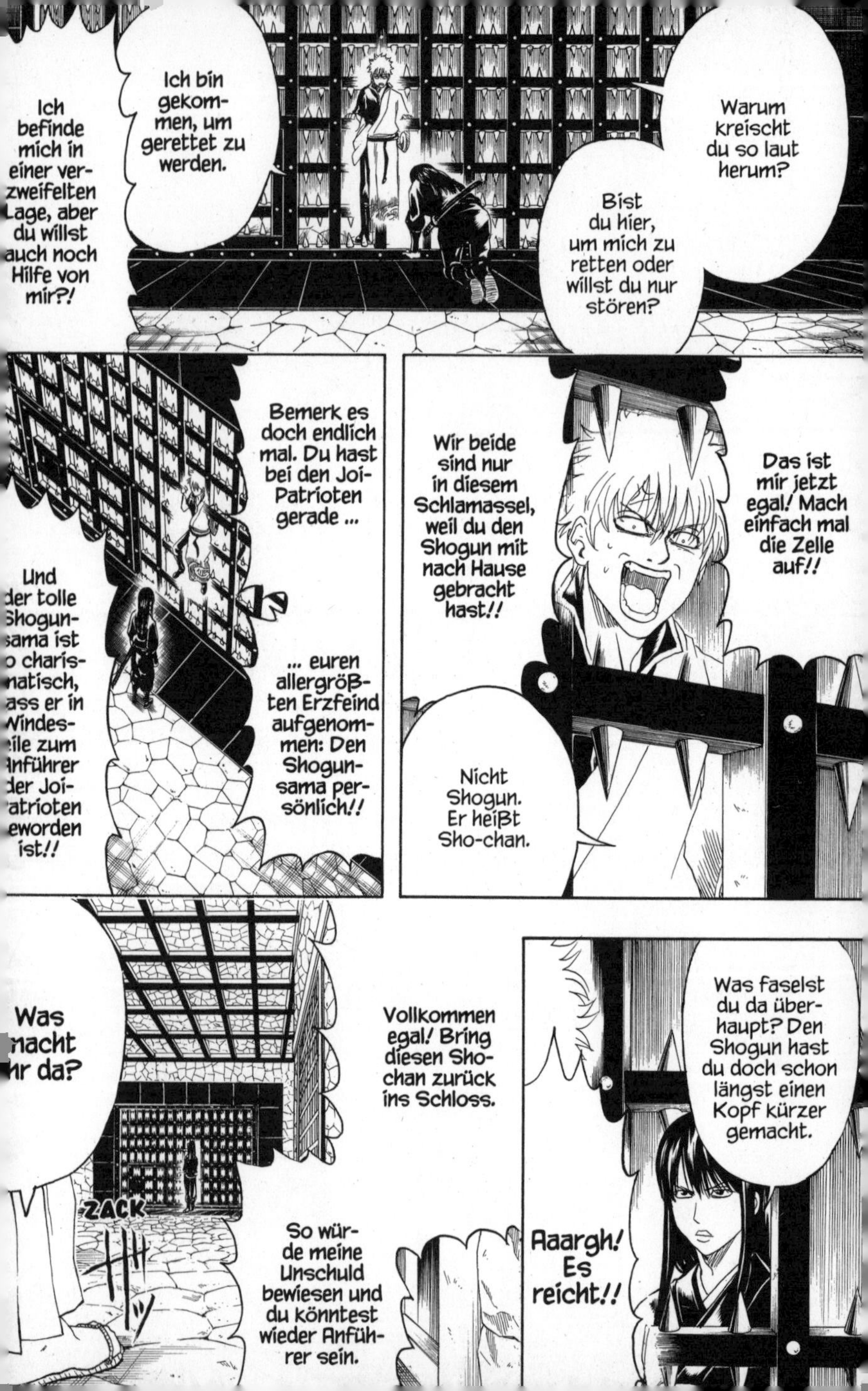

Warum kreischt du so laut herum?

Bist du hier, um mich zu retten oder willst du nur stören?

Ich bin gekommen, um gerettet zu werden.

Ich befinde mich in einer verzweifelten Lage, aber du willst auch noch Hilfe von mir?!

Das ist mir jetzt egal! Mach einfach mal die Zelle auf!!

Wir beide sind nur in diesem Schlamassel, weil du den Shogun mit nach Hause gebracht hast!!

Nicht Shogun. Er heißt Sho-chan.

Bemerk es doch endlich mal. Du hast bei den Joi-Patrioten gerade ...

... euren allergrößten Erzfeind aufgenommen: Den Shogun-sama persönlich!!

Und der tolle Shogun-sama ist o charismatisch, ass er in Windes-eile zum Anführer der Joi-atrioten eworden ist!!

Was faselst du da überhaupt? Den Shogun hast du doch schon längst einen Kopf kürzer gemacht.

Aaargh! Es reicht!!

Vollkommen egal! Bring diesen Shochan zurück ins Schloss.

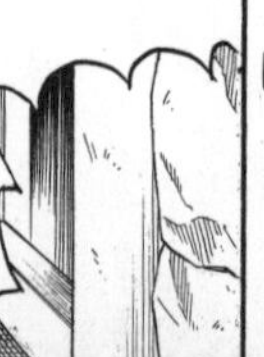

So würde meine Unschuld bewiesen und du könntest wieder Anführer sein.

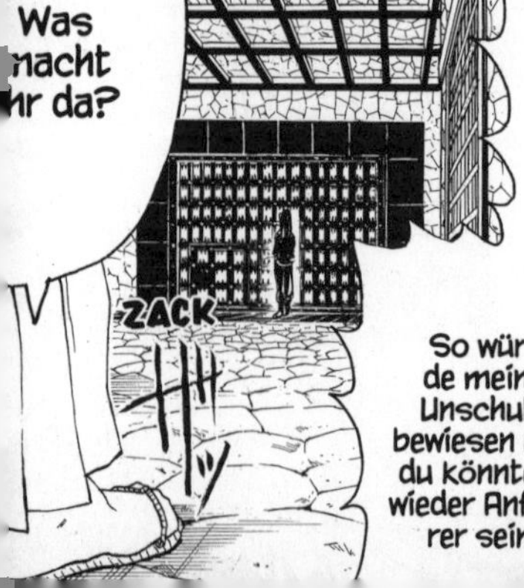

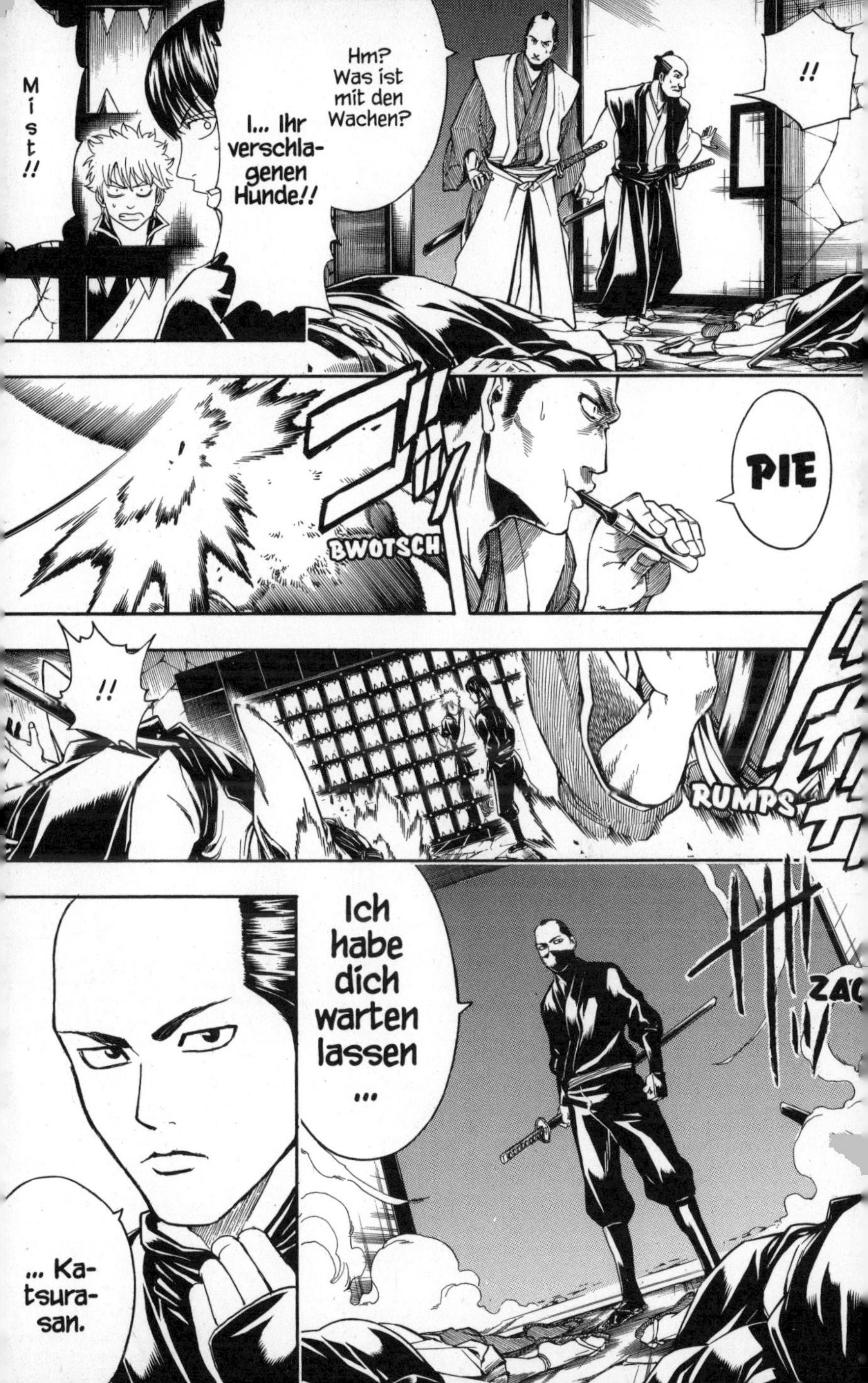
!!
Hm? Was ist mit den Wachen?
I... Ihr verschlagenen Hunde!!
Mist!!
PIE
BWOTSCH
RUMPS
!!
Ich habe dich warten lassen ...
... Katsura-san.

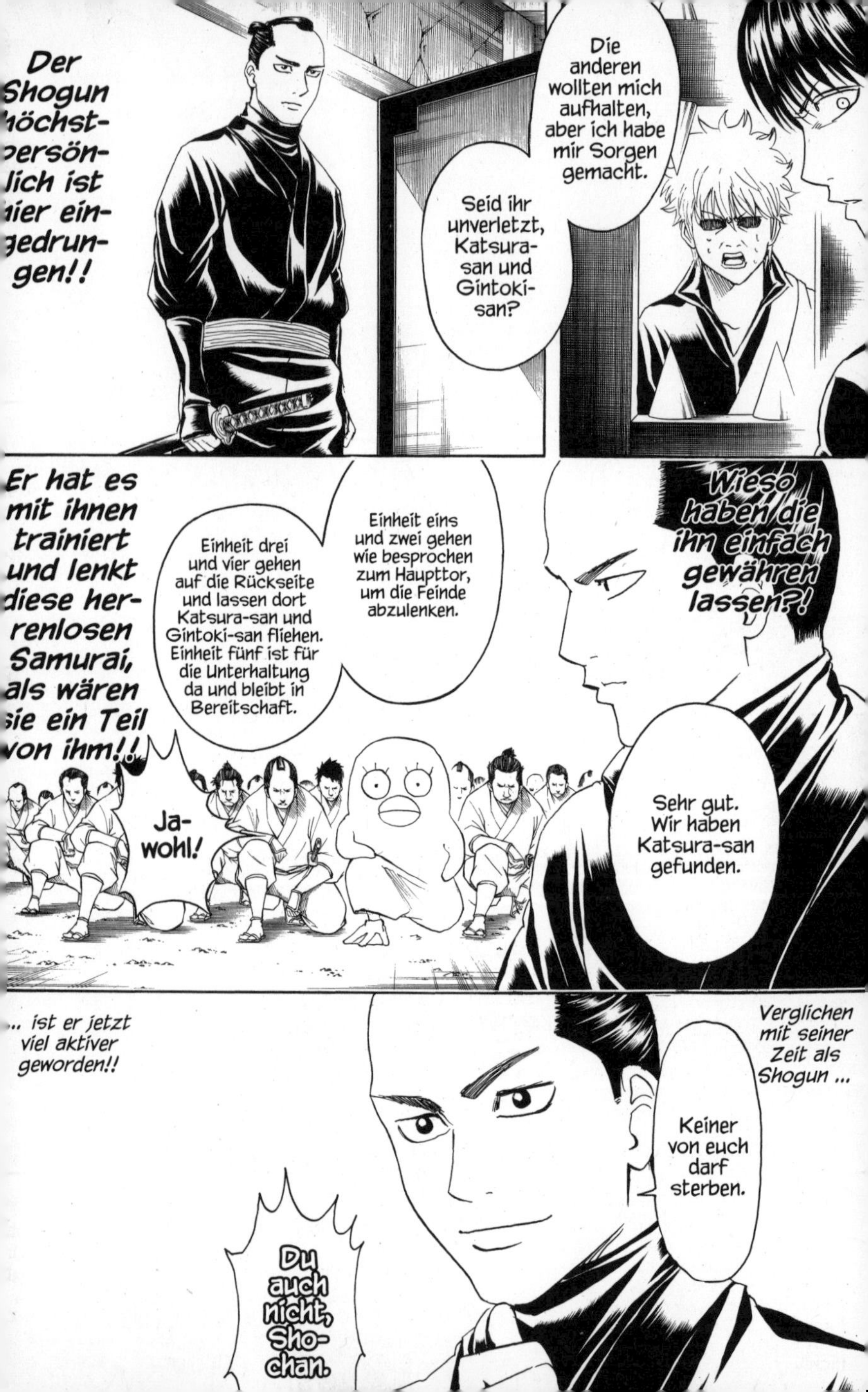
Der Shogun höchstpersönlich ist hier eingedrungen!!
Die anderen wollten mich aufhalten, aber ich habe mir Sorgen gemacht.
Seid ihr unverletzt, Katsura-san und Gintoki-san?
Er hat es mit ihnen trainiert und lenkt diese herrenlosen Samurai, als wären sie ein Teil von ihm!!
Wieso haben die ihn einfach gewähren lassen?!
Einheit eins und zwei gehen wie besprochen zum Haupttor, um die Feinde abzulenken.
Einheit drei und vier gehen auf die Rückseite und lassen dort Katsura-san und Gintoki-san fliehen. Einheit fünf ist für die Unterhaltung da und bleibt in Bereitschaft.
Jawohl!
Sehr gut. Wir haben Katsura-san gefunden.
Verglichen mit seiner Zeit als Shogun ...
... ist er jetzt viel aktiver geworden!!
Keiner von euch darf sterben.
Du auch nicht, Sho-chan.

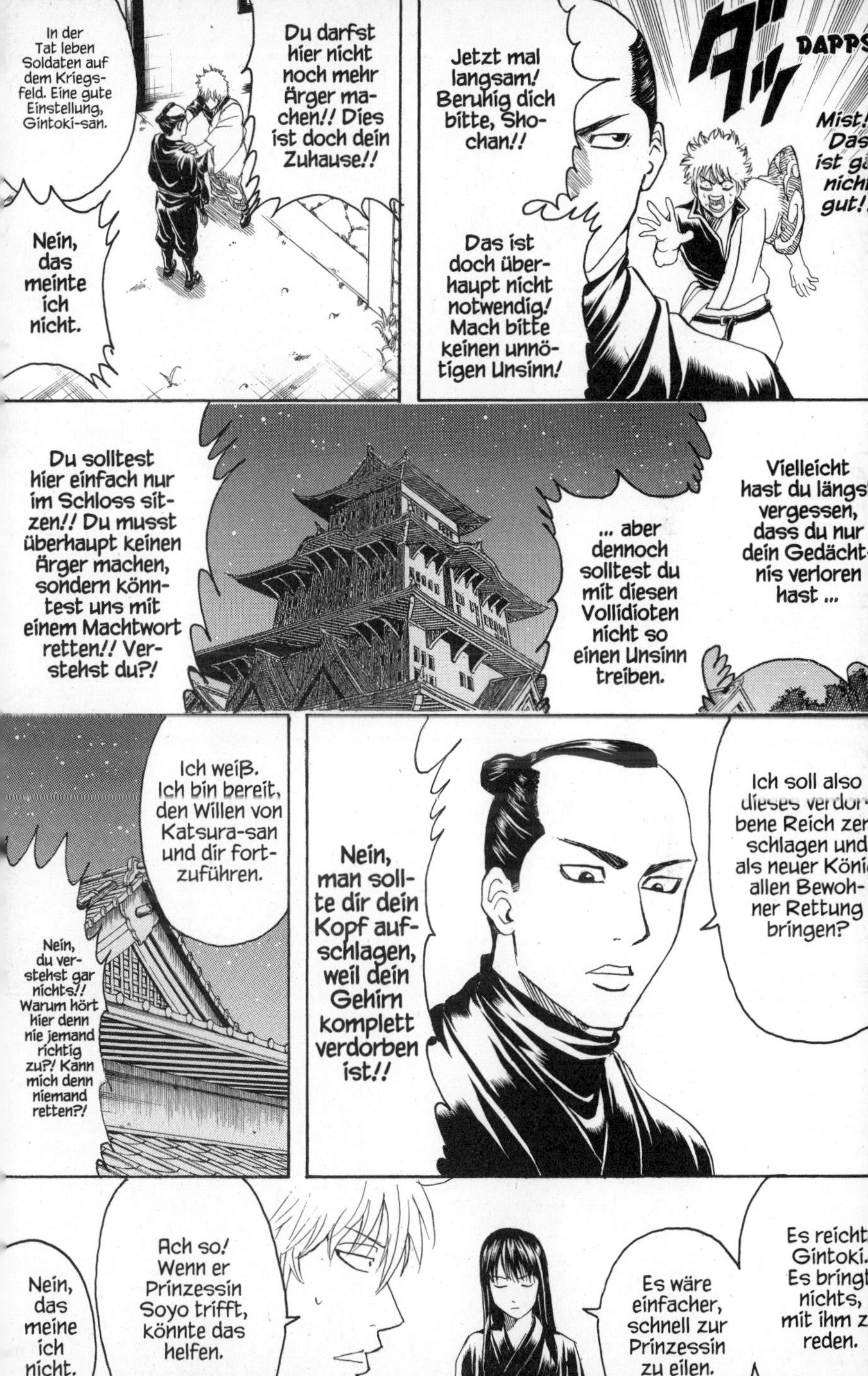

DAPPS
Mist! Das ist ga nich gut!
Jetzt mal langsam! Beruhig dich bitte, Sho-chan!!
Das ist doch überhaupt nicht notwendig! Mach bitte keinen unnötigen Unsinn!
Du darfst hier nicht noch mehr Ärger machen!! Dies ist doch dein Zuhause!!
In der Tat leben Soldaten auf dem Kriegsfeld. Eine gute Einstellung, Gintoki-san.
Nein, das meinte ich nicht.
Vielleicht hast du längs vergessen, dass du nur dein Gedächtnis verloren hast ...
... aber dennoch solltest du mit diesen Vollidioten nicht so einen Unsinn treiben.
Du solltest hier einfach nur im Schloss sitzen!! Du musst überhaupt keinen Ärger machen, sondern könntest uns mit einem Machtwort retten!! Verstehst du?!
Ich soll also dieses verdorbene Reich zer schlagen und als neuer Köni allen Bewohner Rettung bringen?
Nein, man sollte dir dein Kopf aufschlagen, weil dein Gehirn komplett verdorben ist!!
Ich weiß. Ich bin bereit, den Willen von Katsura-san und dir fortzuführen.
Nein, du verstehst gar nichts!! Warum hört hier denn nie jemand richtig zu?! Kann mich denn niemand retten?!
Es reicht Gintoki. Es bringt nichts, mit ihm z reden.
Es wäre einfacher, schnell zur Prinzessin zu eilen.
Ach so! Wenn er Prinzessin Soyo trifft, könnte das helfen.
Nein, das meine ich nicht.

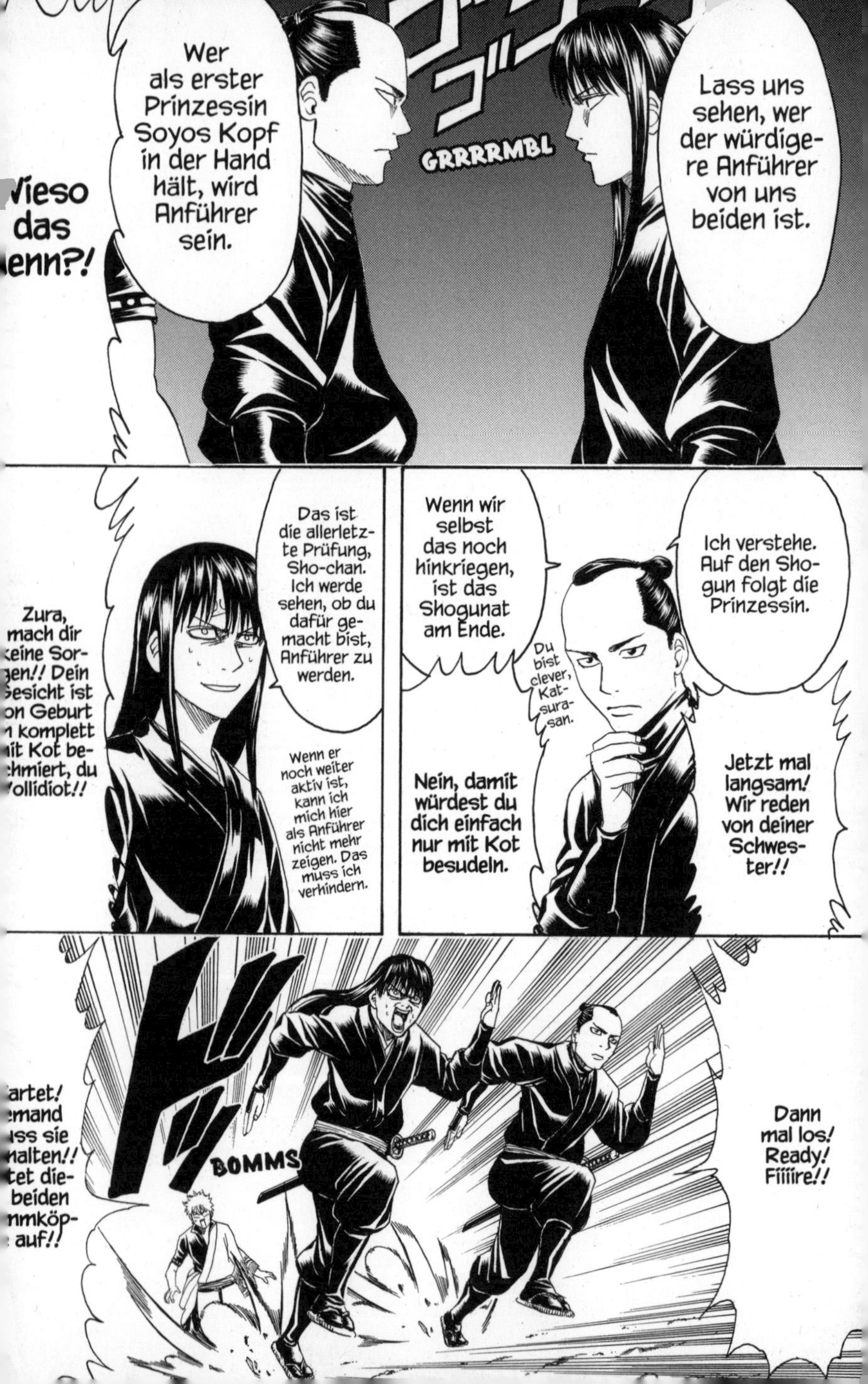
Lass uns sehen, wer der würdigere Anführer von uns beiden ist.
GRRRRMBL
Wer als erster Prinzessin Soyos Kopf in der Hand hält, wird Anführer sein.
Vieso das enn?!
Ich verstehe. Auf den Shogun folgt die Prinzessin.
Jetzt mal langsam! Wir reden von deiner Schwester!!
Du bist clever, Katsura-san.
Wenn wir selbst das noch hinkriegen, ist das Shogunat am Ende.
Nein, damit würdest du dich einfach nur mit Kot besudeln.
Das ist die allerletzte Prüfung, Sho-chan. Ich werde sehen, ob du dafür gemacht bist, Anführer zu werden.
Wenn er noch weiter aktiv ist, kann ich mich hier als Anführer nicht mehr zeigen. Das muss ich verhindern.
Zura, mach dir keine Sorgen!! Dein Gesicht ist on Geburt n komplett nit Kot beschmiert, du Vollidiot!!
Dann mal los! Ready! Fiiiire!!
BOMMS
artet! emand ıss sie halten!! tet die beiden nmköpauf!!

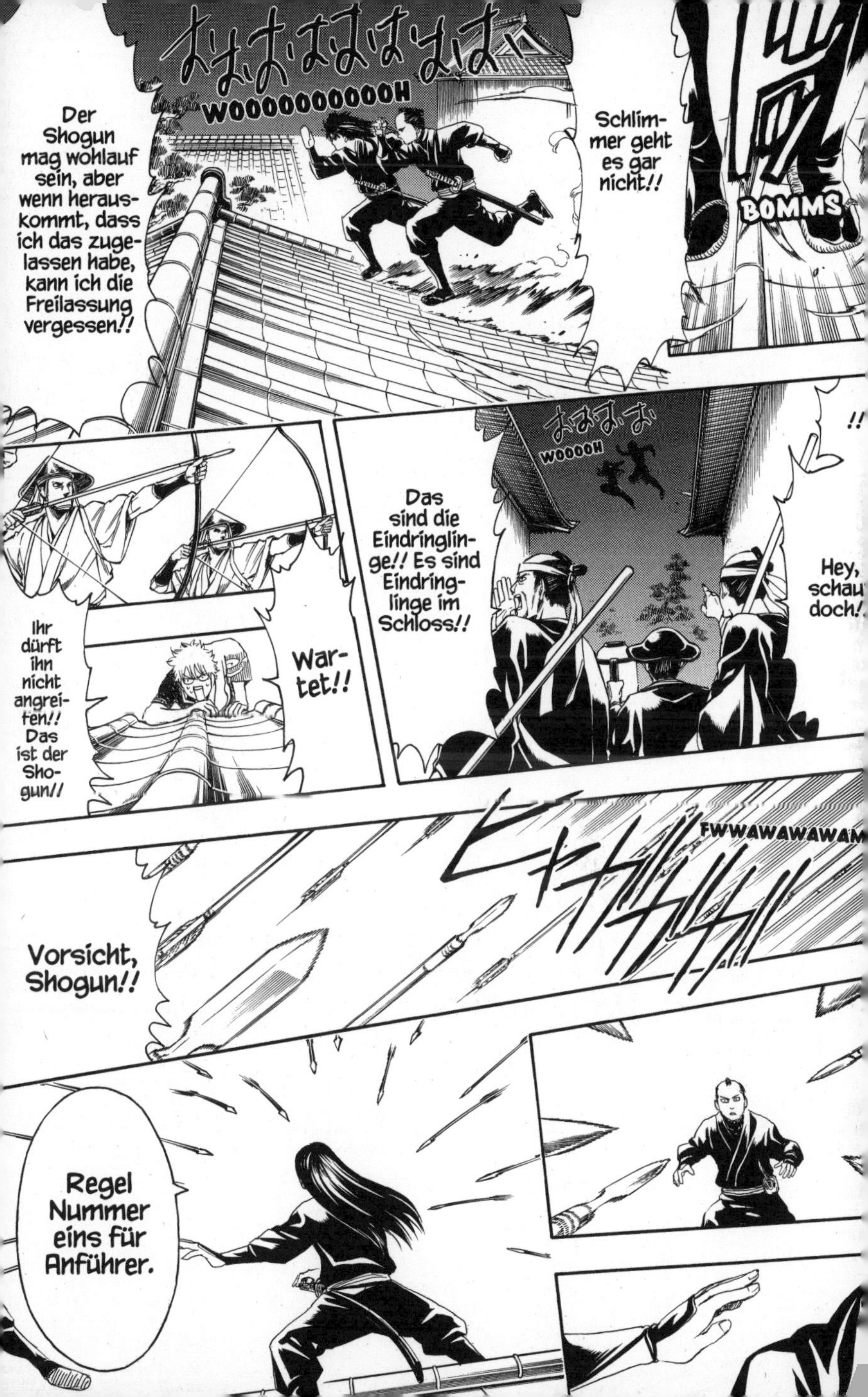

WOOOOOOOOOOOH
Der Shogun mag wohlauf sein, aber wenn herauskommt, dass ich das zugelassen habe, kann ich die Freilassung vergessen!!
Schlimmer geht es gar nicht!!
BOMMS
WOOOOH
!!
Hey, schau doch!
Das sind die Eindringlinge!! Es sind Eindringlinge im Schloss!!
Wartet!!
Ihr dürft ihn nicht angreifen!! Das ist der Shogun!!
FWWAWAWAWAM
Vorsicht, Shogun!!
Regel Nummer eins für Anführer.

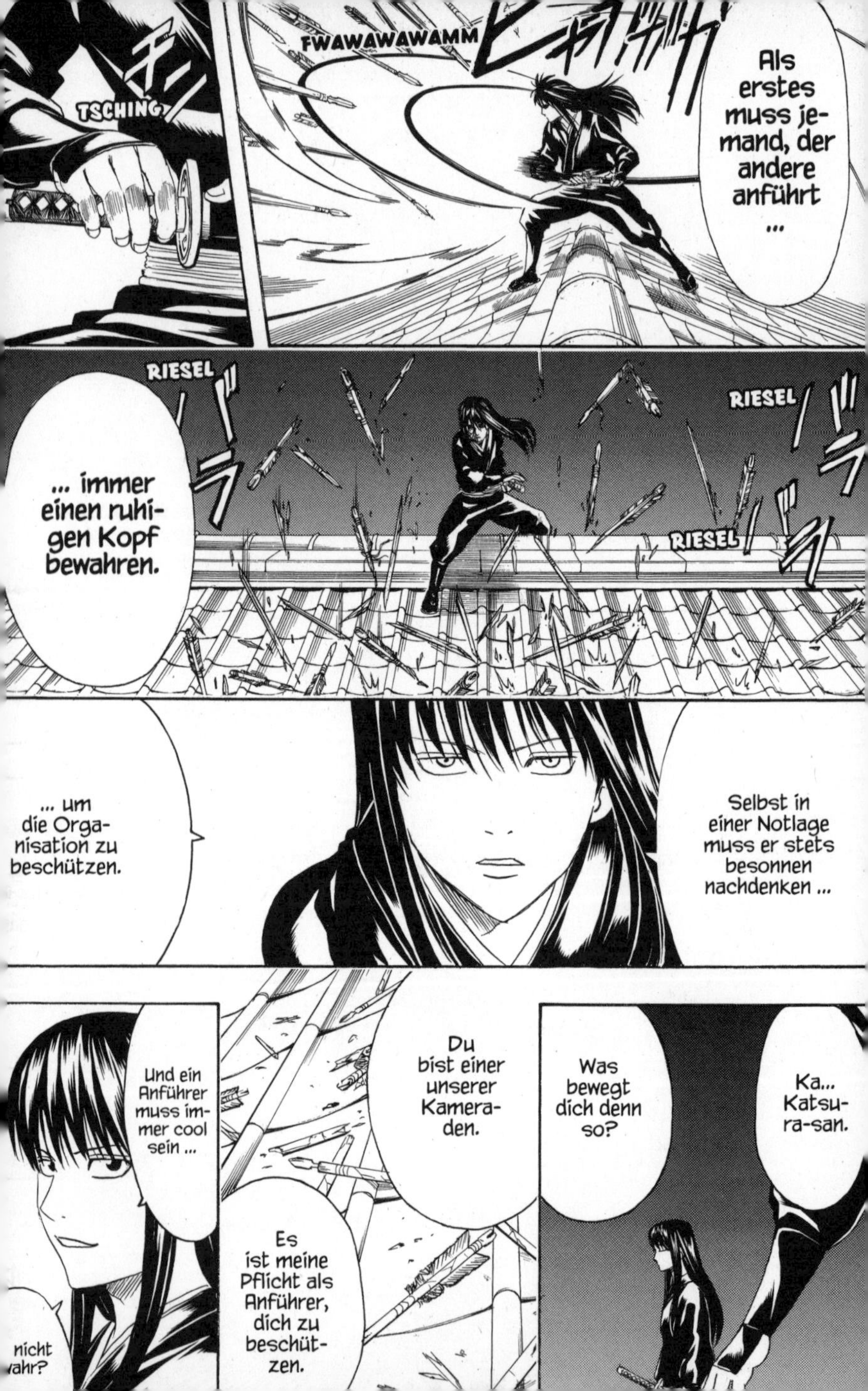

TSCHING
FWAWAWAWAMM
Als erstes muss jemand, der andere anführt ...
RIESEL
RIESEL
RIESEL
... immer einen ruhigen Kopf bewahren.
Selbst in einer Notlage muss er stets besonnen nachdenken ...
... um die Organisation zu beschützen.
Ka... Katsura-san.
Was bewegt dich denn so?
Du bist einer unserer Kameraden.
Es ist meine Pflicht als Anführer, dich zu beschützen.
Und ein Anführer muss immer cool sein ...
nicht wahr?

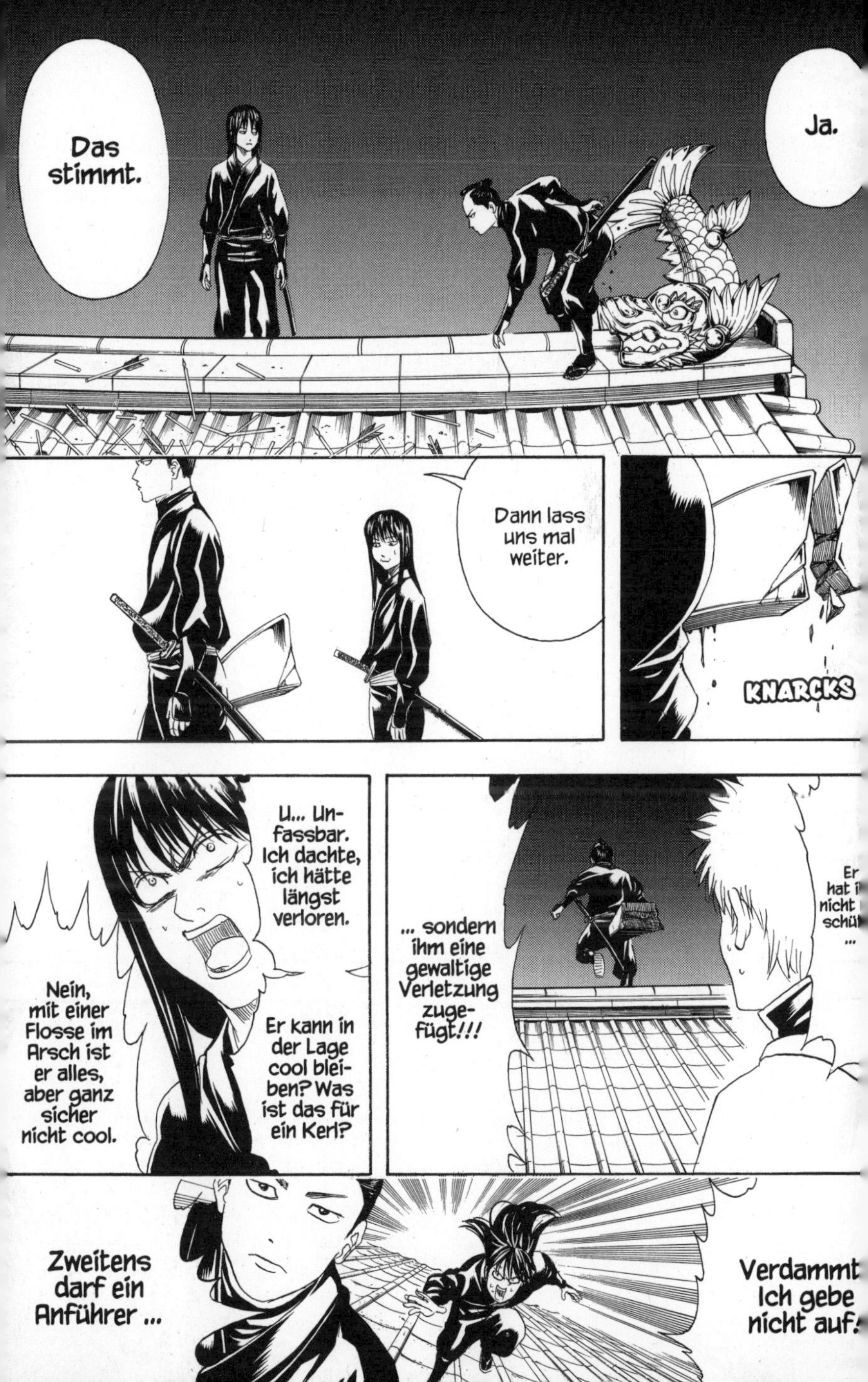

Ja.
Das stimmt.
KNARCKS
Dann lass uns mal weiter.
Er hat i nicht schü ...
... sondern ihm eine gewaltige Verletzung zugefügt!!!
U... Unfassbar. Ich dachte, ich hätte längst verloren.
Er kann in der Lage cool bleiben? Was ist das für ein Kerl?
Nein, mit einer Flosse im Arsch ist er alles, aber ganz sicher nicht cool.
Verdammt Ich gebe nicht auf
Zweitens darf ein Anführer ...

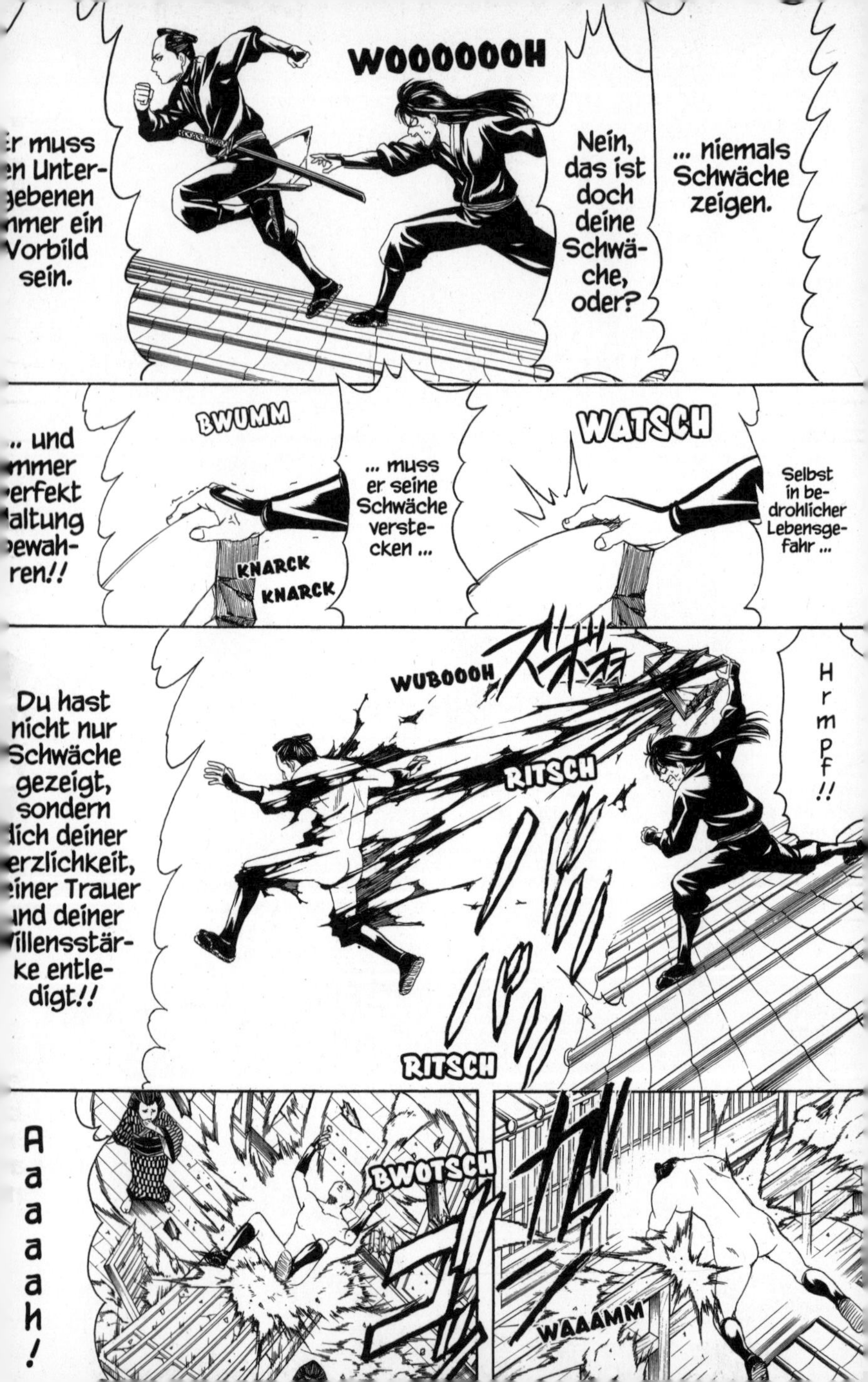

WOOOOOOH
... niemals Schwäche zeigen.
Nein, das ist doch deine Schwäche, oder?
Er muss den Untergebenen immer ein Vorbild sein.
Selbst in bedrohlicher Lebensgefahr ...
WATSCH
... muss er seine Schwäche verstecken ...
BWUMM
KNARCK KNARCK
... und immer perfekt Haltung bewahren!!
Hrmpf!!
WUBOOOH
RITSCH
Du hast nicht nur Schwäche gezeigt, sondern dich deiner Herzlichkeit, deiner Trauer und deiner Willensstärke entledigt!!
RITSCH
WAAAMM
BWOTSCH
Aaaaaah!

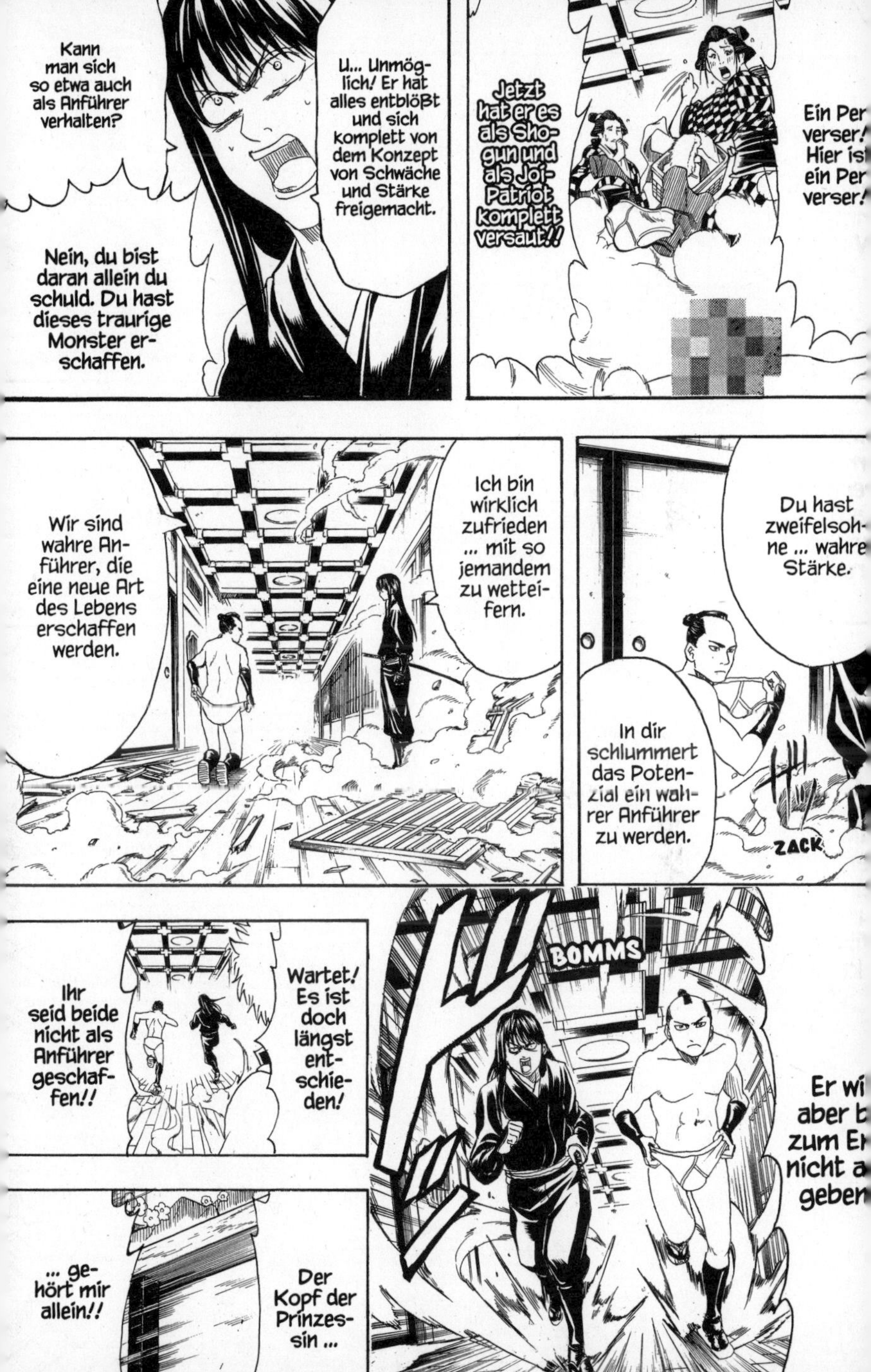
Ein Per verser! Hier is ein Per verser!
Jetzt hat er es als Sho-gun und als Joi-Patriot komplett versaut!!
U... Unmög-lich! Er hat alles entblößt und sich komplett von dem Konzept von Schwäche und Stärke freigemacht.
Kann man sich so etwa auch als Anführer verhalten?
Nein, du bist daran allein du schuld. Du hast dieses traurige Monster er-schaffen.
Du hast zweifelsoh-ne ... wahre Stärke.
In dir schlummert das Poten-zial ein wah-rer Anführer zu werden.
ZACK
Ich bin wirklich zufrieden ... mit so jemandem zu wettei-fern.
Wir sind wahre An-führer, die eine neue Art des Lebens erschaffen werden.
BOMMS
Er wi aber b zum Er nicht a geben
Wartet! Es ist doch längst ent-schie-den!
Ihr seid beide nicht als Anführer geschaf-fen!!
Der Kopf der Prinzes-sin ...
... ge-hört mir allein!!

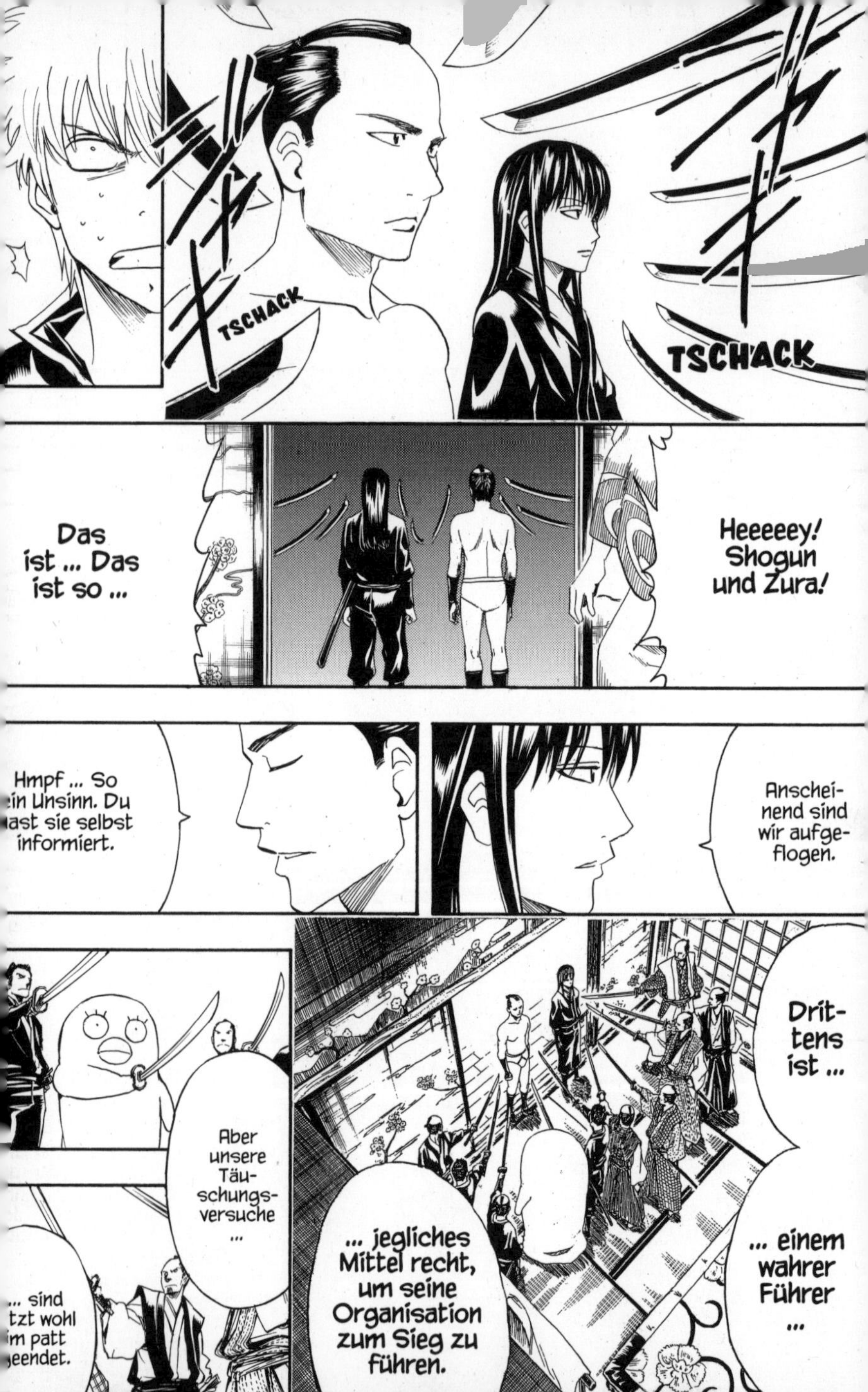
TSCHACK
TSCHACK
Heeeeey! Shogun und Zura!
Das ist ... Das ist so ...
Anschei-nend sind wir aufge-flogen.
Hmpf ... So ein Unsinn. Du hast sie selbst informiert.
Drit-tens ist ...
... einem wahrer Führer ...
... jegliches Mittel recht, um seine Organisation zum Sieg zu führen.
Aber unsere Täu-schungs-versuche ...
... sind tzt wohl im patt geendet.

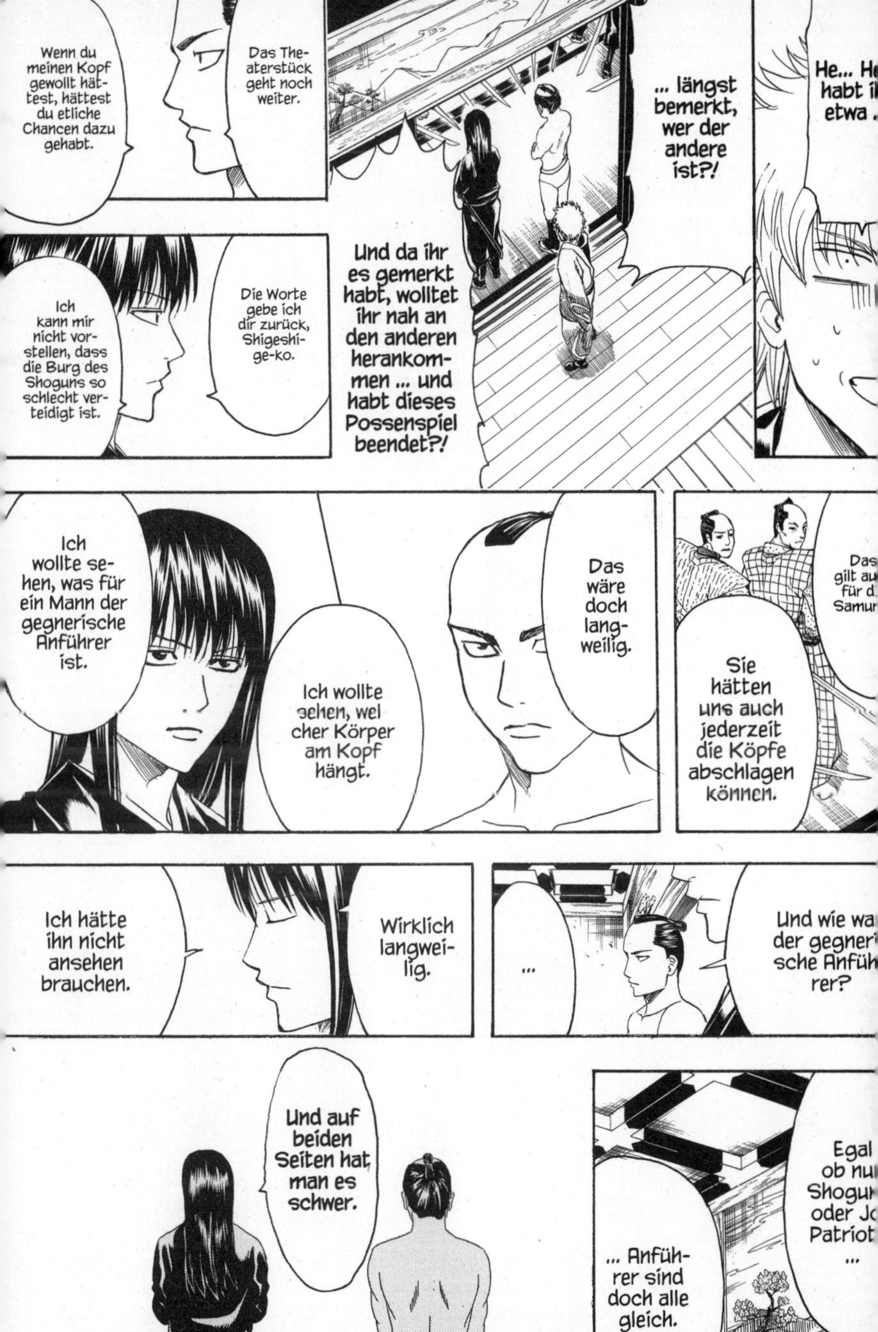
He... H
habt i
etwa .
... längst bemerkt, wer der andere ist?!
Und da ihr es gemerkt habt, wolltet ihr nah an den anderen herankommen ... und habt dieses Possenspiel beendet?!
Das Theaterstück geht noch weiter.
Wenn du meinen Kopf gewollt hättest, hättest du etliche Chancen dazu gehabt.
Die Worte gebe ich dir zurück, Shigeshige-ko.
Ich kann mir nicht vorstellen, dass die Burg des Shoguns so schlecht verteidigt ist.
Das
gilt au
für d
Samur
Sie hätten uns auch jederzeit die Köpfe abschlagen können.
Das wäre doch langweilig.
Ich wollte sehen, welcher Körper am Kopf hängt.
Ich wollte sehen, was für ein Mann der gegnerische Anführer ist.
Und wie wa
der gegneri
sche Anfüh
rer?
...
Wirklich langweilig.
Ich hätte ihn nicht ansehen brauchen.
Egal
ob nu
Shogun
oder Jo
Patriot
...
... Anführer sind doch alle gleich.
Und auf beiden Seiten hat man es schwer.

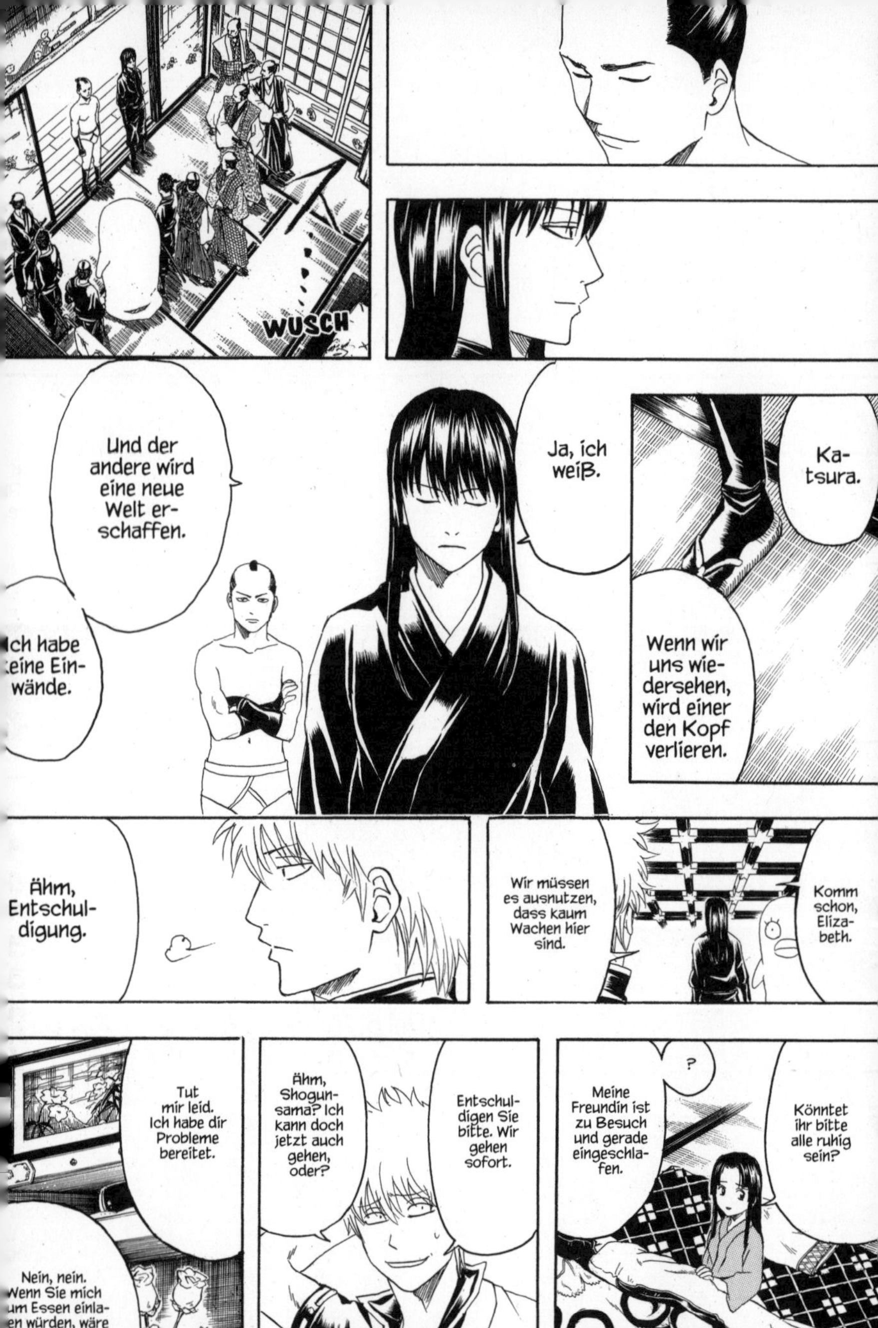
WUSCH
Ka-tsura.
Wenn wir uns wiedersehen, wird einer den Kopf verlieren.
Ja, ich weiß.
Und der andere wird eine neue Welt erschaffen.
Ich habe keine Einwände.
Komm schon, Elizabeth.
Wir müssen es ausnutzen, dass kaum Wachen hier sind.
Ähm, Entschuldigung.
Könntet ihr bitte alle ruhig sein?
?
Meine Freundin ist zu Besuch und gerade eingeschlafen.
Entschuldigen Sie bitte. Wir gehen sofort.
Ähm, Shogun-sama? Ich kann doch jetzt auch gehen, oder?
Tut mir leid. Ich habe dir Probleme bereitet.
Nein, nein. Wenn Sie mich um Essen einladen würden, wäre lles in Ordnung. nsonsten nehme h auch einfach nur Geld.

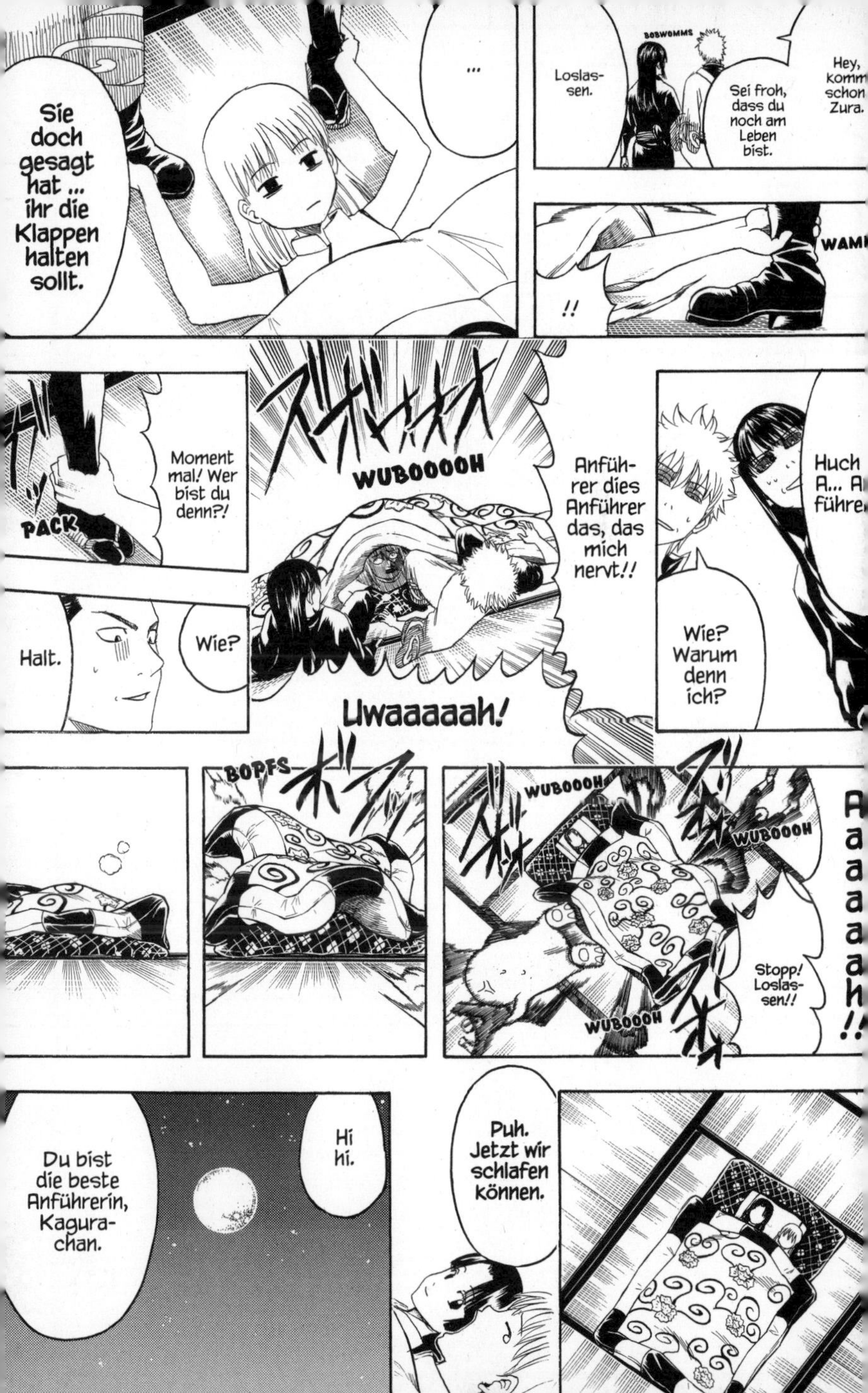

Hey, komm schon Zura.
Sei froh, dass du noch am Leben bist.
BOBWOMMS
Losslas-sen.
...
Sie doch gesagt hat ... ihr die Klappen halten sollt.
WAM
!!
Huch A... A führe
Wie? Warum denn ich?
Anfüh-rer dies Anführer das, das mich nervt!!
WUBOOOOH
Moment mal! Wer bist du denn?!
PACK
Wie?
Halt.
Uwaaaaah!
Aaaaaaah!!
Stopp! Loslas-sen!!
WUBOOOH
WUBOOOH
WUBOOOH
BOPFS
Puh. Jetzt wir schlafen können.
Hi hi.
Du bist die beste Anführerin, Kagura-chan.

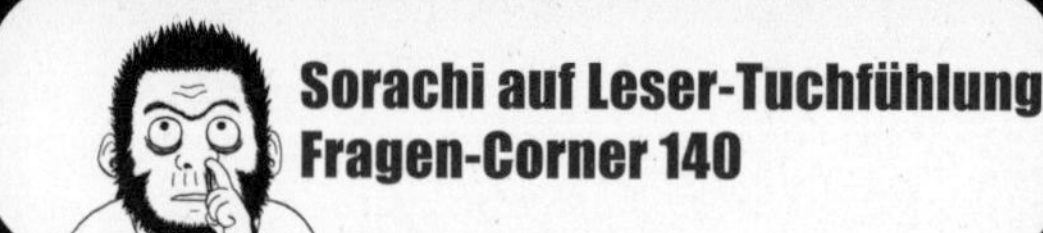

(Frage von »Ich hätte gerne eine Illustration mit Gin-san und Takasugi (Aufs Autogramm kann ich verzichten)« aus Nagano)

Sorachi-sensei, guten Tag. Ich habe mir neulich einen *Gin Tama*-Band gekauft und dort steckten fünf Haare drin. Das hat mich ein wenig traumatisiert. War das vielleicht ein Geschenk von Ihnen? Oder war das nur ein schlechter Scherz?

(Antwort)

Nein, das sind sicher Gin-sans Locken.

(141 auf Seite 166)

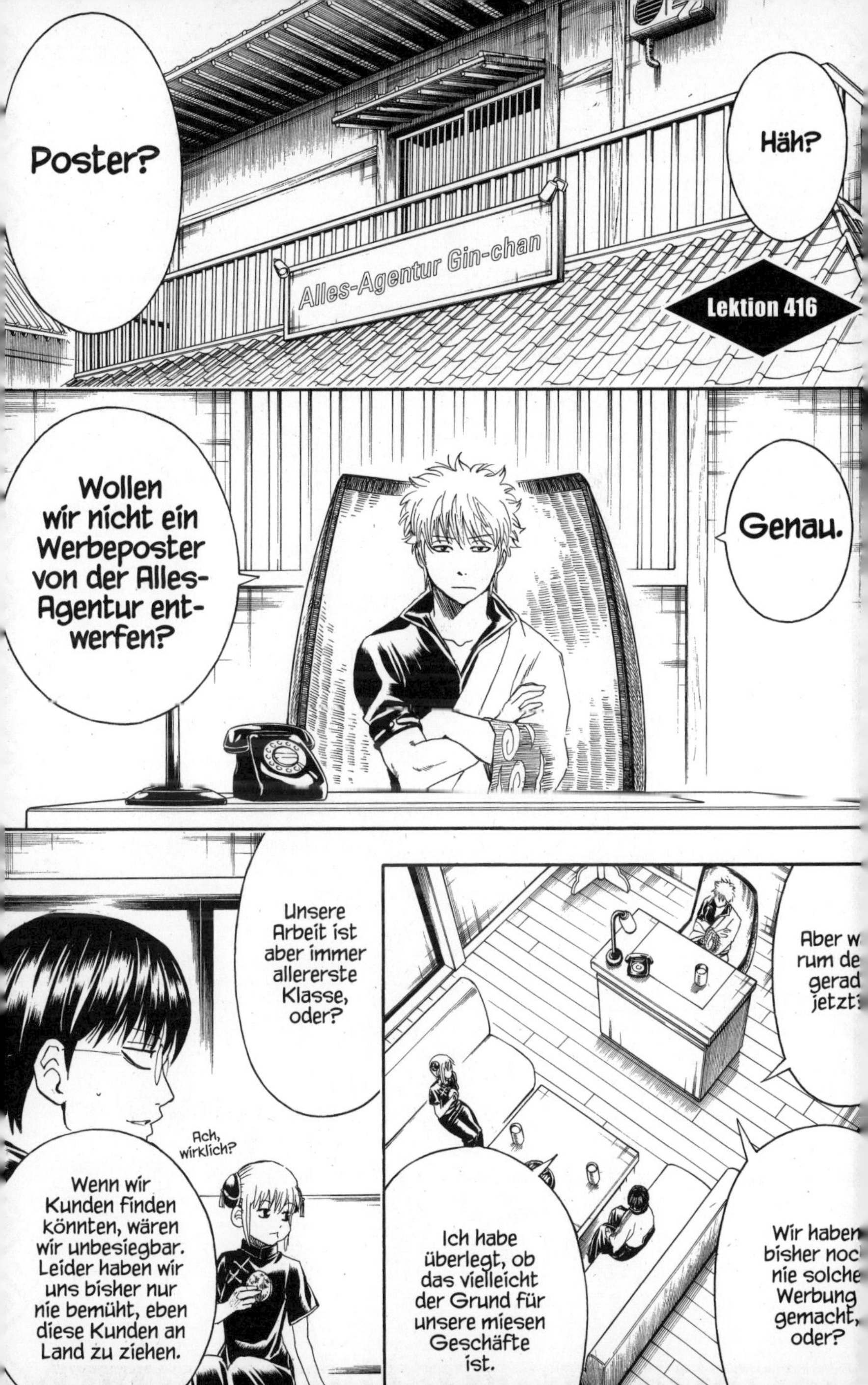

Häh?
Poster?
Alles-Agentur Gin-chan
Lektion 416
Genau.
Wollen wir nicht ein Werbeposter von der Alles-Agentur entwerfen?
Aber w rum de gerad jetzt?
Unsere Arbeit ist aber immer allererste Klasse, oder?
Wir haben bisher noc nie solche Werbung gemacht, oder?
Ich habe überlegt, ob das vielleicht der Grund für unsere miesen Geschäfte ist.
Ach, wirklich?
Wenn wir Kunden finden könnten, wären wir unbesiegbar. Leider haben wir uns bisher nur nie bemüht, eben diese Kunden an Land zu ziehen.

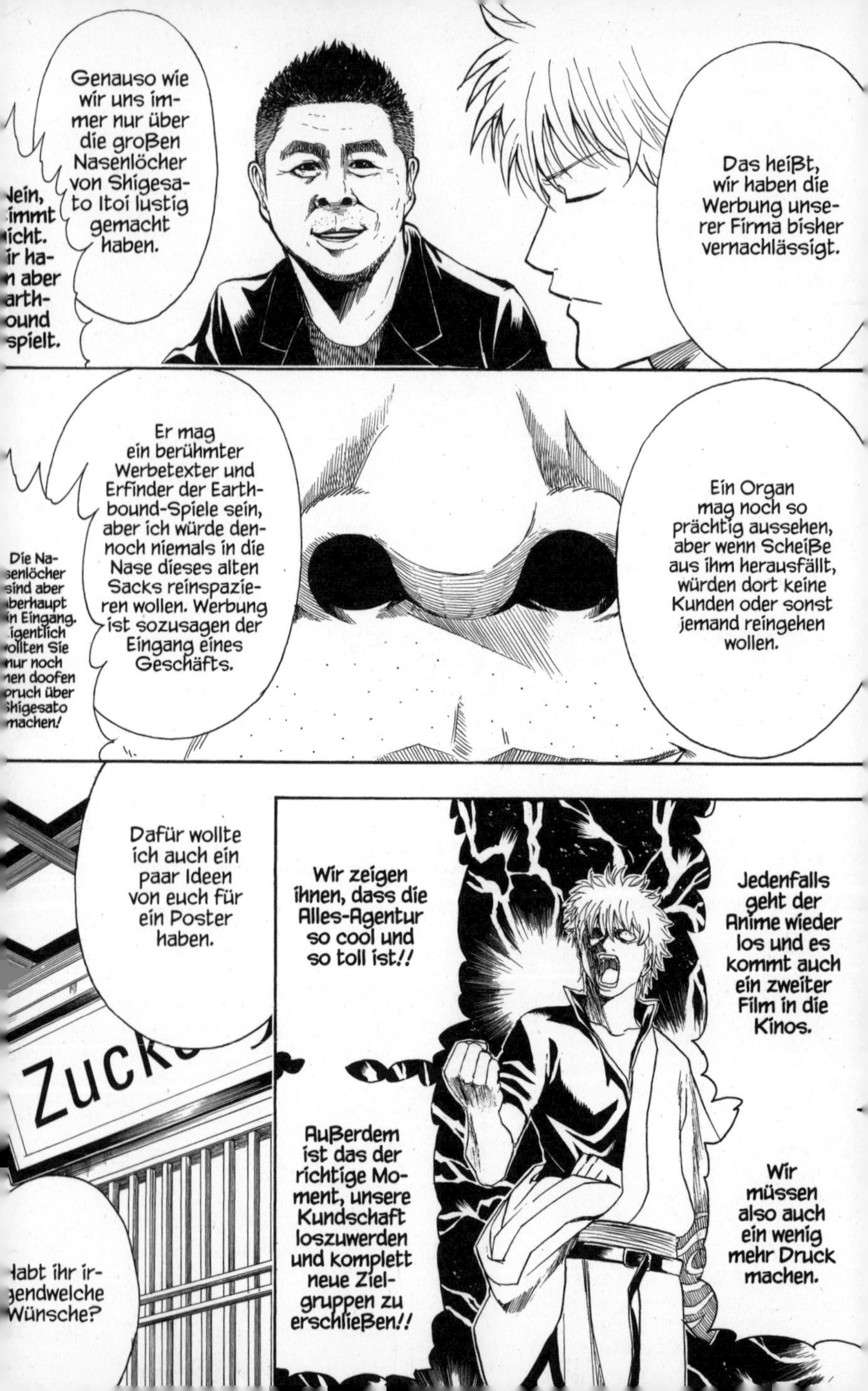

Das heißt, wir haben die Werbung unserer Firma bisher vernachlässigt.

Genauso wie wir uns immer nur über die großen Nasenlöcher von Shigesato Itoi lustig gemacht haben.

Nein, immt icht. ir han aber arthound spielt.

Ein Organ mag noch so prächtig aussehen, aber wenn Scheiße aus ihm herausfällt, würden dort keine Kunden oder sonst jemand reingehen wollen.

Er mag ein berühmter Werbetexter und Erfinder der Earthbound-Spiele sein, aber ich würde dennoch niemals in die Nase dieses alten Sacks reinspazieren wollen. Werbung ist sozusagen der Eingang eines Geschäfts.

Die Nasenlöcher sind aber berhaupt in Eingang. igentlich vollten Sie nur noch nen doofen pruch über Shigesato machen!

Jedenfalls geht der Anime wieder los und es kommt auch ein zweiter Film in die Kinos.

Wir zeigen ihnen, dass die Alles-Agentur so cool und so toll ist!!

Dafür wollte ich auch ein paar Ideen von euch für ein Poster haben.

Wir müssen also auch ein wenig mehr Druck machen.

Außerdem ist das der richtige Moment, unsere Kundschaft loszuwerden und komplett neue Zielgruppen zu erschließen!!

Zuck

labt ihr irgendwelche Wünsche?

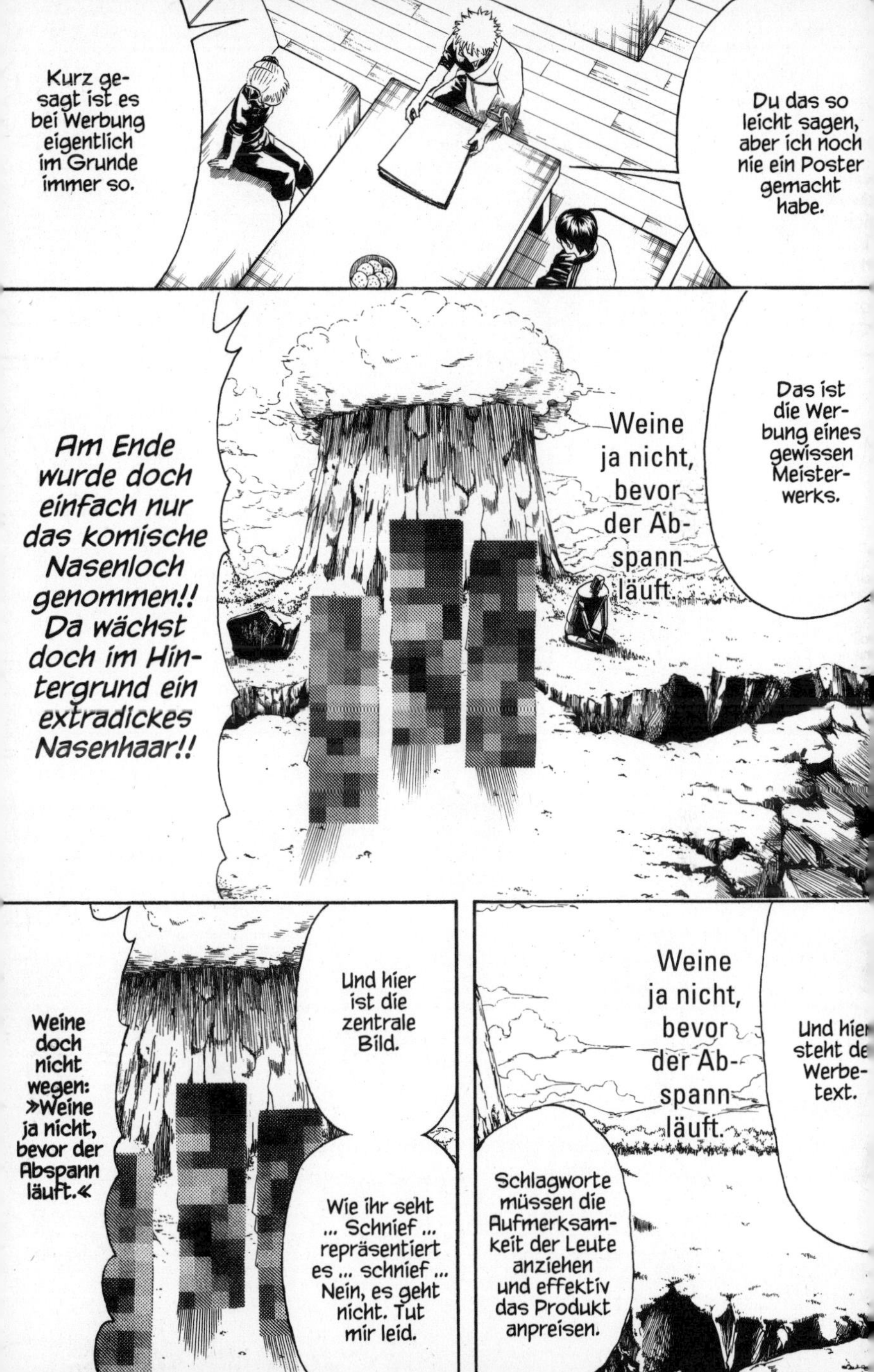

Du das so leicht sagen, aber ich noch nie ein Poster gemacht habe.
Kurz gesagt ist es bei Werbung eigentlich im Grunde immer so.
Das ist die Werbung eines gewissen Meisterwerks.
Weine ja nicht, bevor der Abspann läuft.
Am Ende wurde doch einfach nur das komische Nasenloch genommen!! Da wächst doch im Hintergrund ein extradickes Nasenhaar!!
Und hier steht de Werbetext.
Weine ja nicht, bevor der Abspann läuft.
Schlagworte müssen die Aufmerksamkeit der Leute anziehen und effektiv das Produkt anpreisen.
Und hier ist die zentrale Bild.
Wie ihr seht ... Schnief ... repräsentiert es ... schnief ... Nein, es geht nicht. Tut mir leid.
Weine doch nicht wegen: »Weine ja nicht, bevor der Abspann läuft.«

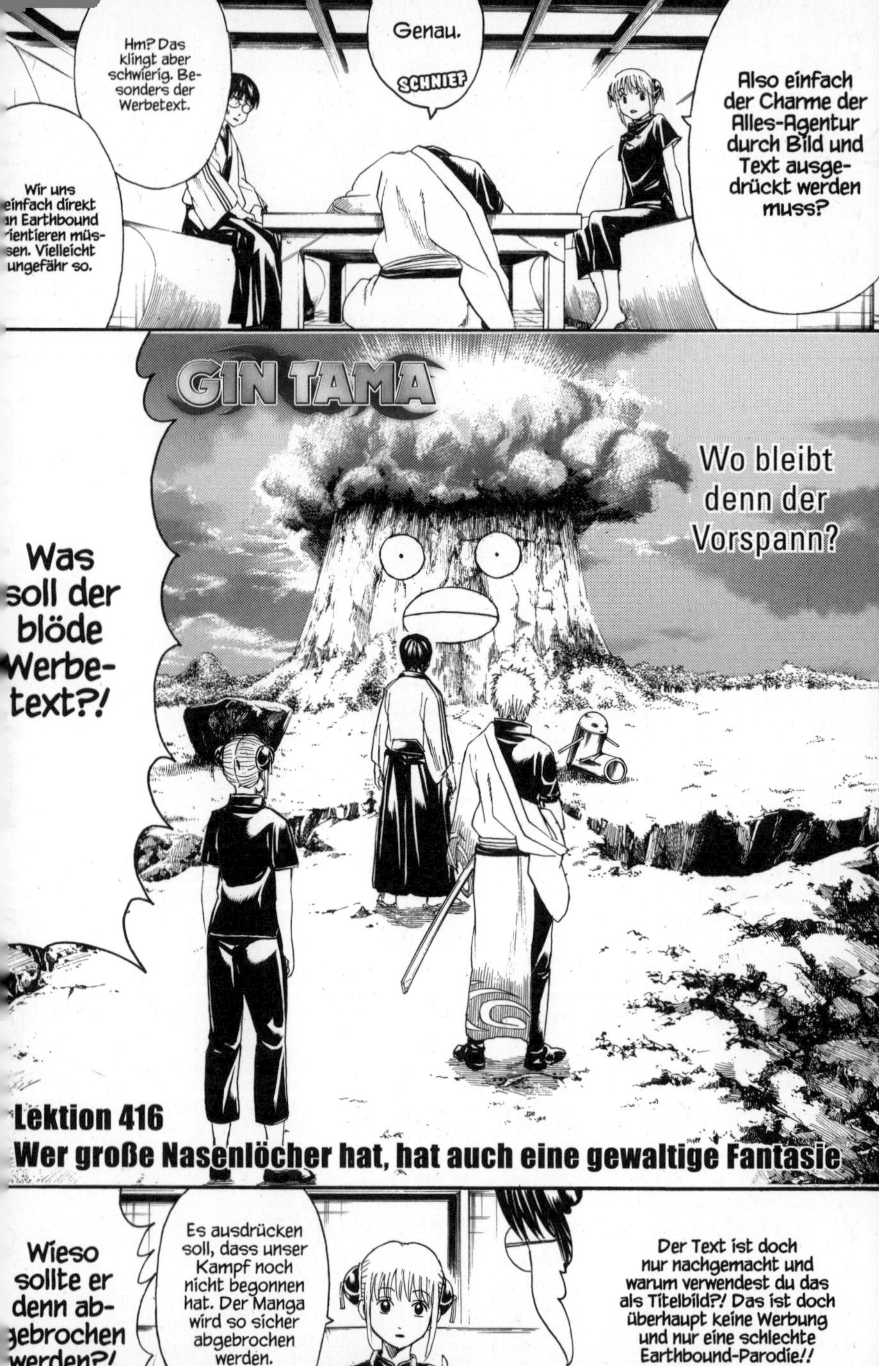
Also einfach der Charme der Alles-Agentur durch Bild und Text ausgedrückt werden muss?
Genau.
SCHNIEF
Hm? Das klingt aber schwierig. Besonders der Werbetext.
Wir uns einfach direkt an Earthbound orientieren müssen. Vielleicht ungefähr so.
GIN TAMA
Wo bleibt denn der Vorspann?
Was soll der blöde Werbetext?!
Lektion 416
Wer große Nasenlöcher hat, hat auch eine gewaltige Fantasie
Der Text ist doch nur nachgemacht und warum verwendest du das als Titelbild?! Das ist doch überhaupt keine Werbung und nur eine schlechte Earthbound-Parodie!!
Es ausdrücken soll, dass unser Kampf noch nicht begonnen hat. Der Manga wird so sicher abgebrochen werden.
Wieso sollte er denn abgebrochen werden?!

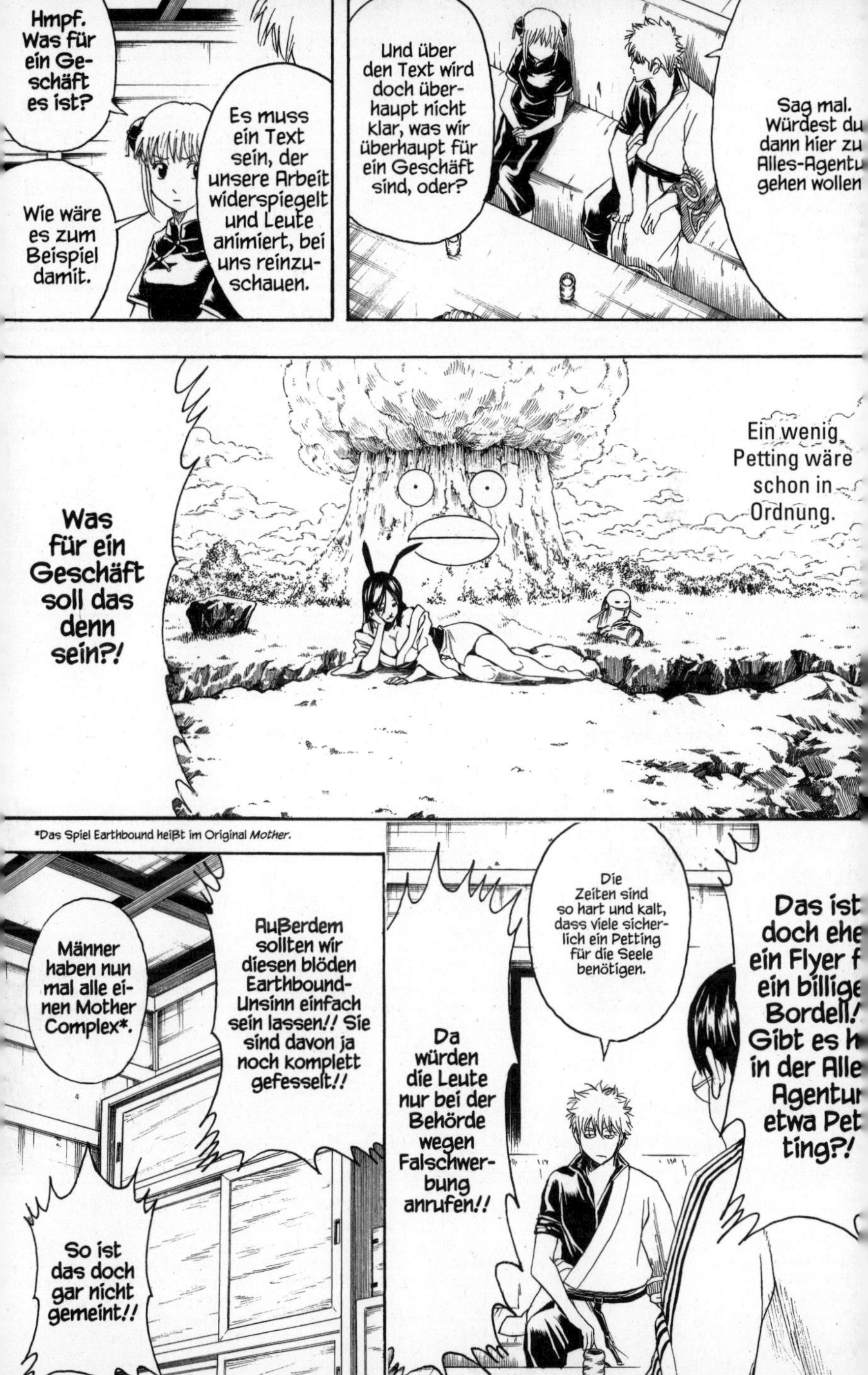

*Das Spiel Earthbound heißt im Original *Mother*.

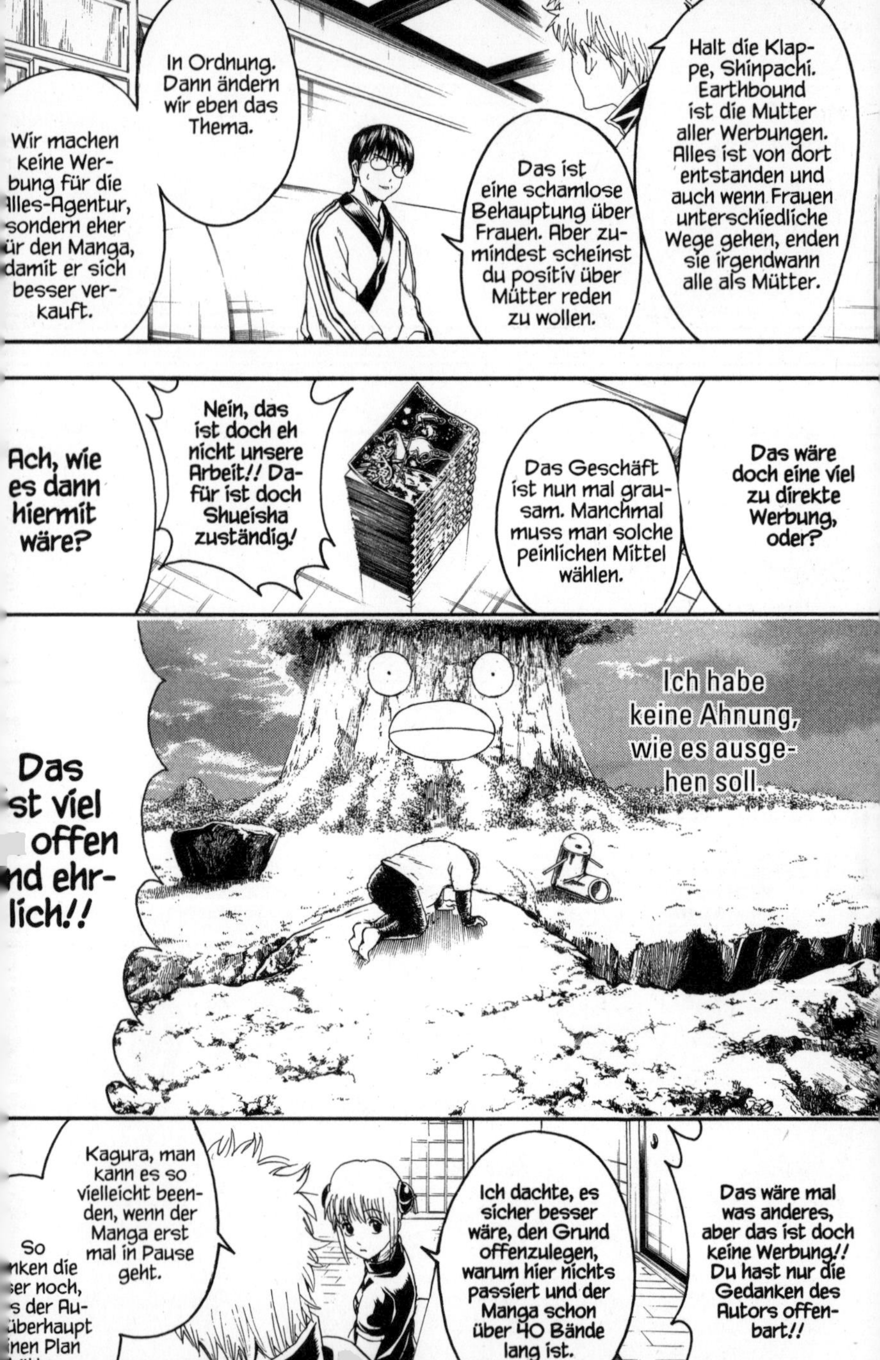

Halt die Klappe, Shinpachi. Earthbound ist die Mutter aller Werbungen. Alles ist von dort entstanden und auch wenn Frauen unterschiedliche Wege gehen, enden sie irgendwann alle als Mütter.
Das ist eine schamlose Behauptung über Frauen. Aber zumindest scheinst du positiv über Mütter reden zu wollen.
In Ordnung. Dann ändern wir eben das Thema.
Wir machen keine Werbung für die Alles-Agentur, sondern eher für den Manga, damit er sich besser verkauft.
Das wäre doch eine viel zu direkte Werbung, oder?
Das Geschäft ist nun mal grausam. Manchmal muss man solche peinlichen Mittel wählen.
Nein, das ist doch eh nicht unsere Arbeit!! Dafür ist doch Shueisha zuständig!
Ach, wie es dann hiermit wäre?
Ich habe keine Ahnung, wie es ausgehen soll.
Das ist viel offen und ehrlich!!
Das wäre mal was anderes, aber das ist doch keine Werbung!! Du hast nur die Gedanken des Autors offenbart!!
Ich dachte, es sicher besser wäre, den Grund offenzulegen, warum hier nichts passiert und der Manga schon über 40 Bände lang ist.
Kagura, man kann es so vielleicht beenden, wenn der Manga erst mal in Pause geht.
So

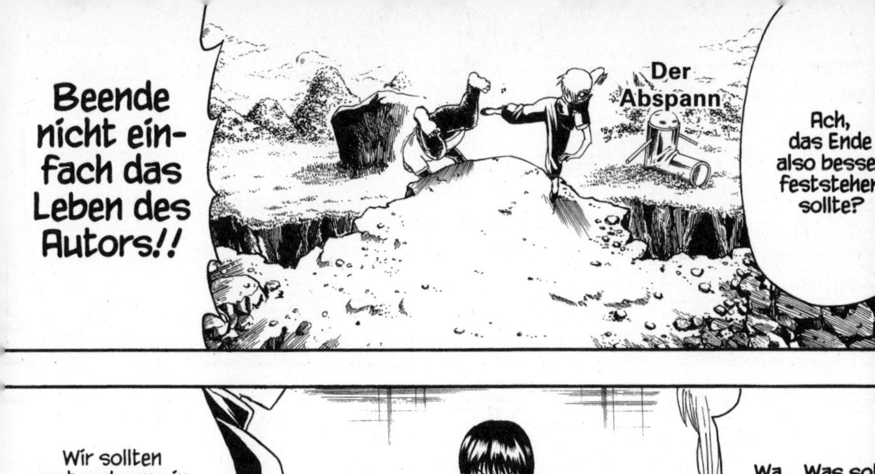

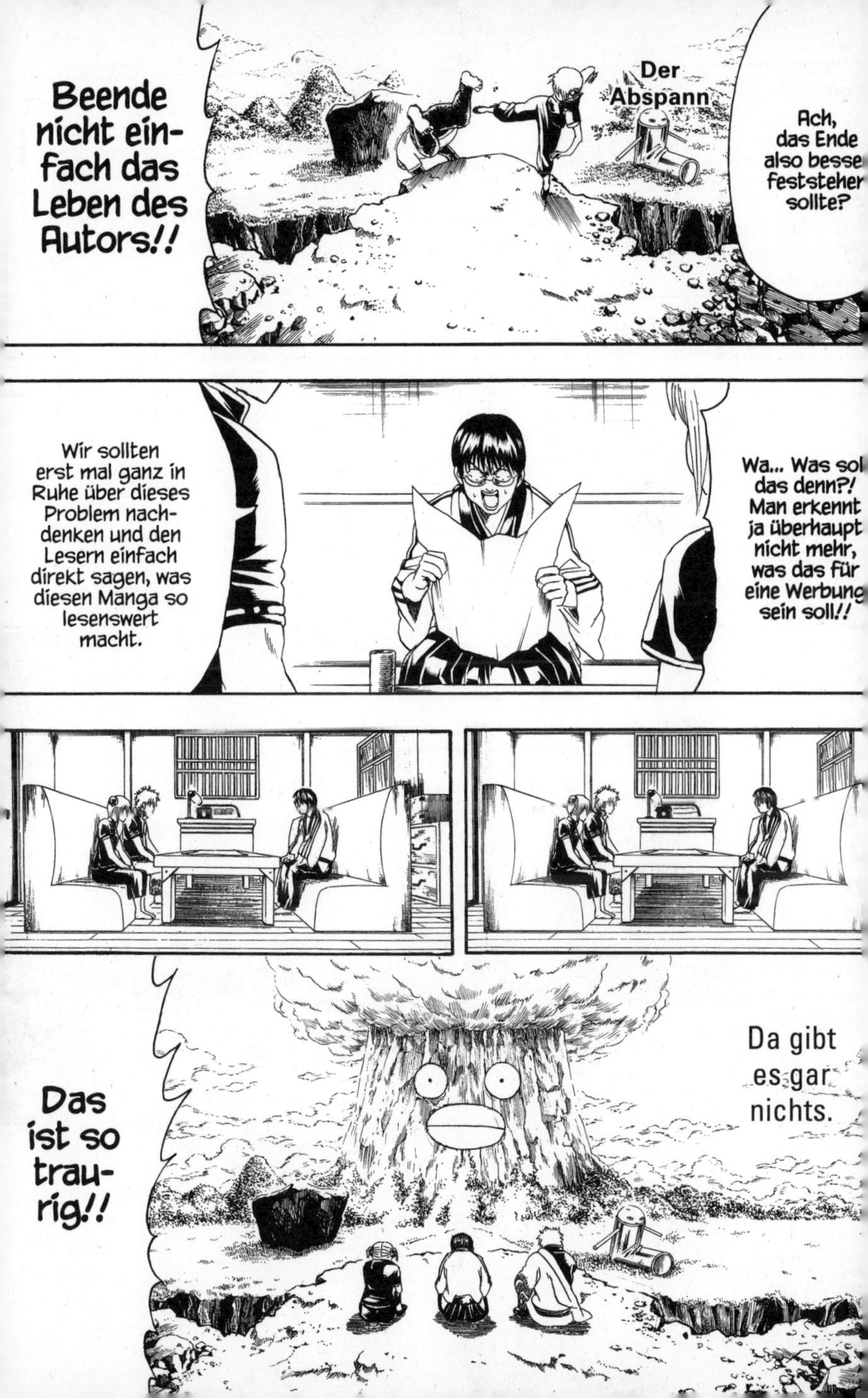

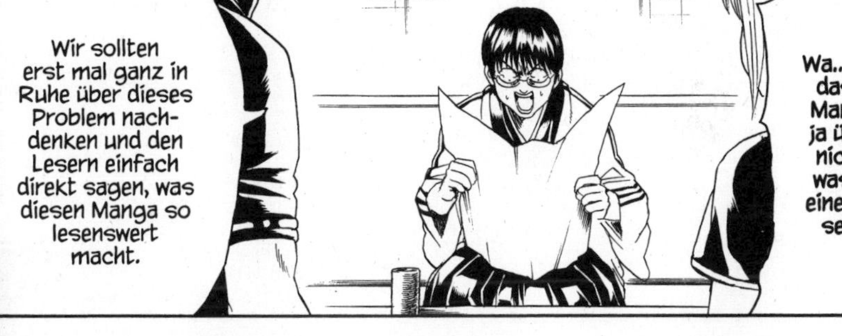

Da gibt es gar nichts.

Das ist so trau-rig!!

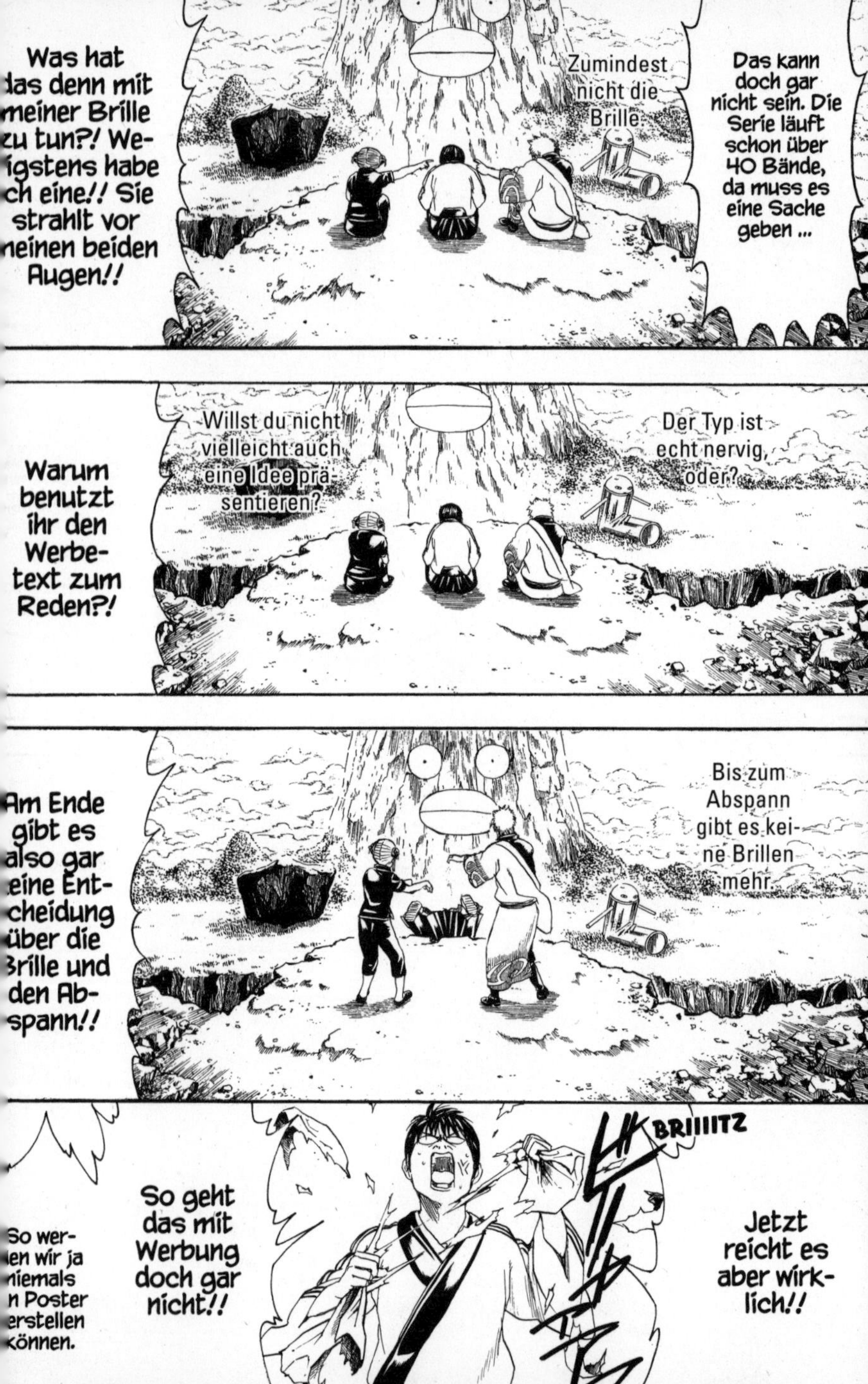

Das kann doch gar nicht sein. Die Serie läuft schon über 40 Bände, da muss es eine Sache geben ...
Zumindest nicht die Brille.
Was hat las denn mit neiner Brille zu tun?! We-igstens habe ch eine!! Sie strahlt vor neinen beiden Augen!!
Der Typ ist echt nervig, oder?
Willst du nicht vielleicht auch eine Idee präsentieren?
Warum benutzt ihr den Werbetext zum Reden?!
Bis zum Abspann gibt es keine Brillen mehr.
Am Ende gibt es also gar eine Ent-cheidung über die Brille und den Abspann!!
BRIIIITZ
Jetzt reicht es aber wirklich!!
So geht das mit Werbung doch gar nicht!!
So wer-en wir ja niemals n Poster erstellen können.

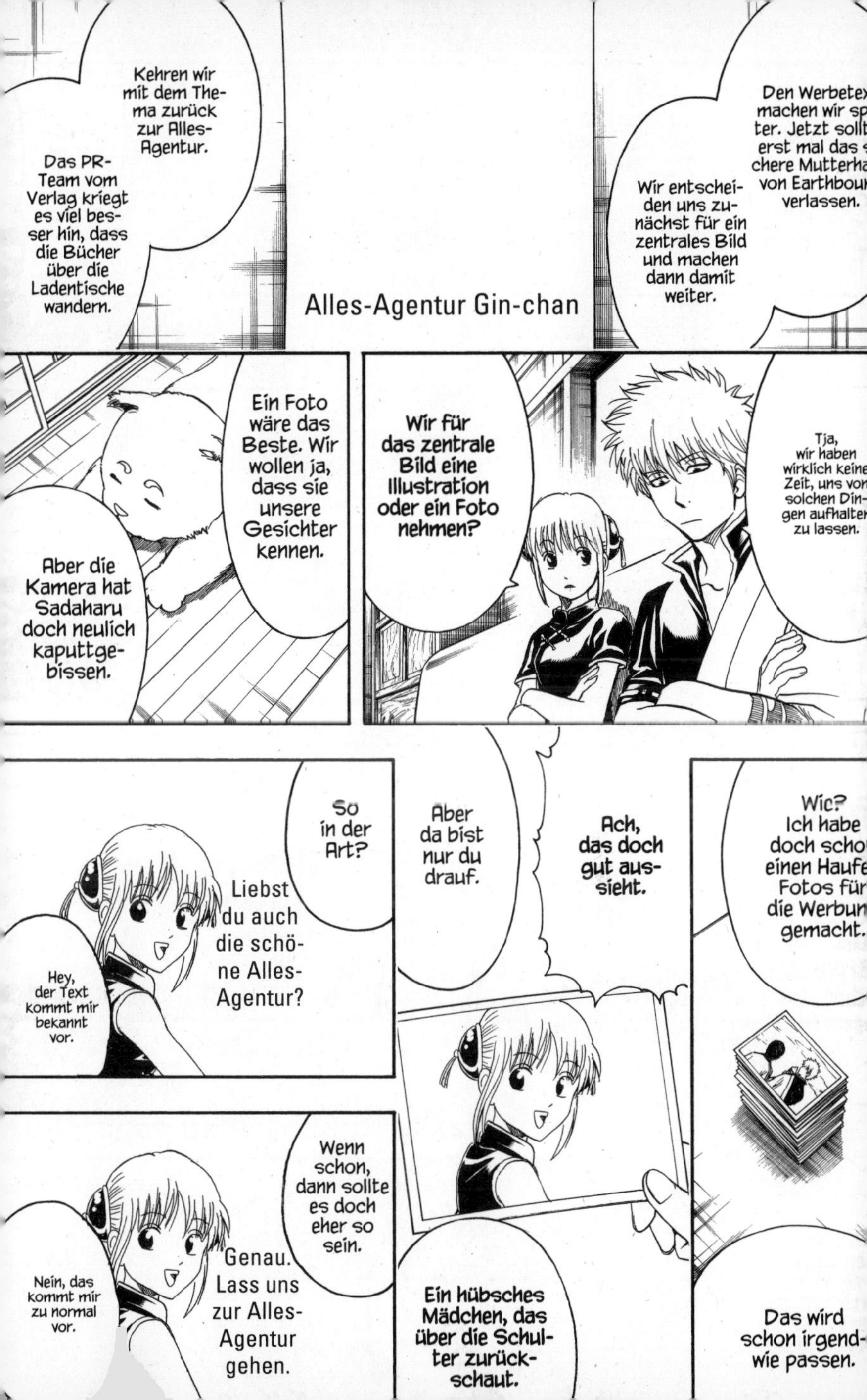
Den Werbetex machen wir sp ter. Jetzt sollt erst mal das s chere Mutterha von Earthbour verlassen.
Wir entscheiden uns zunächst für ein zentrales Bild und machen dann damit weiter.
Alles-Agentur Gin-chan
Kehren wir mit dem Thema zurück zur Alles-Agentur.
Das PR-Team vom Verlag kriegt es viel besser hin, dass die Bücher über die Ladentische wandern.
Tja, wir haben wirklich keine Zeit, uns von solchen Dingen aufhalter zu lassen.
Wir für das zentrale Bild eine Illustration oder ein Foto nehmen?
Ein Foto wäre das Beste. Wir wollen ja, dass sie unsere Gesichter kennen.
Aber die Kamera hat Sadaharu doch neulich kaputtgebissen.
Wie? Ich habe doch scho einen Haufe Fotos für die Werbun gemacht.
Das wird schon irgendwie passen.
Ach, das doch gut aussieht.
Aber da bist nur du drauf.
Ein hübsches Mädchen, das über die Schulter zurückschaut.
So in der Art?
Liebst du auch die schöne Alles-Agentur?
Hey, der Text kommt mir bekannt vor.
Wenn schon, dann sollte es doch eher so sein.
Genau. Lass uns zur Alles-Agentur gehen.
Nein, das kommt mir zu normal vor.

Wie wäre es denn damit?

Liebst du den hübschen DJ MAKIDAI auch so sehr?

Warum taucht hier plötzlich das wunderschöne Mitglied der Popgruppe EXILE auf?!

Das hat mit der Alles-Agentur nichts zu tun!! Was ist das für Werbung?!

Bei »schön« muss ich nun einmal immer an DJ MAKIDAI denken. Halt die Klappe.

Wir reden hier aber nicht über die schönste Tanztruppe der ganzen Welt!!

Wie es dann hiermit wäre?

Mo... Moment mal, Kagura-chan. Da bin ja nur ich drauf ... Auch wenn ich auf dem Bild ganz cool aussehe.

Die Kirschblüte echt schön ist.

Nur wegen dem Baum?!

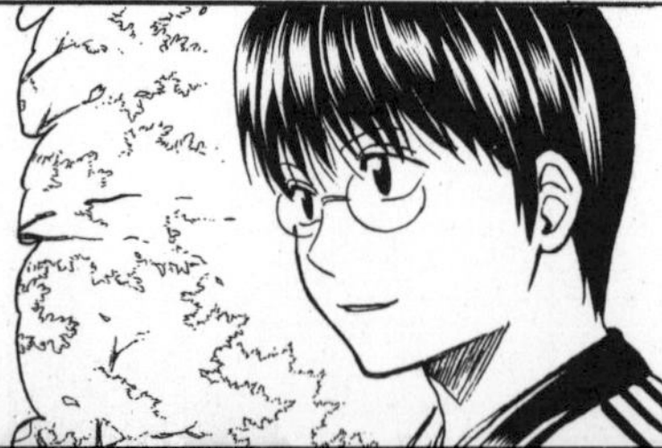

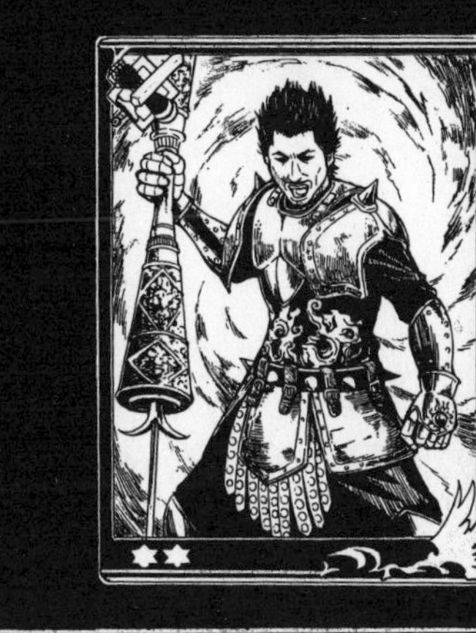
Nein, dann lieber ...
Mit komischen Bartträgern macht er Wusch Wusch. DJ MAKIDAI.
Von DJ MAKIDAI haben wir echt schon genug gesehen.

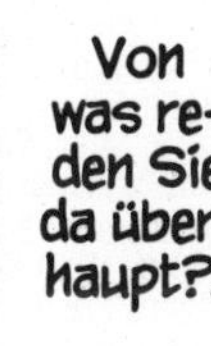
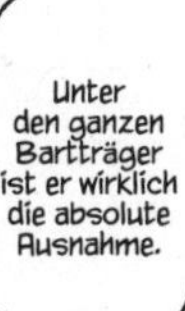
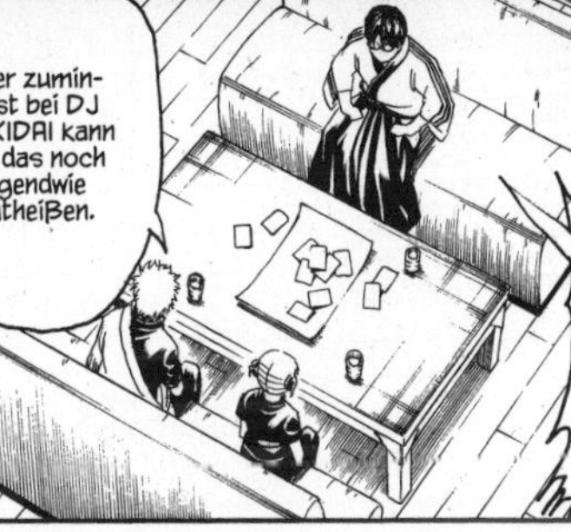
Ihr müsst mit ihm kein Werbung ma chen, weil er eh ständig i irgendwelche Werbespots auftaucht.
Ich weiß doch, dass er wunderschön ist.
Aber zumindest bei DJ MAKIDAI kann ich das noch irgendwie gutheißen.
Unter den ganzen Bartträger ist er wirklich die absolute Ausnahme.
Von was reden Sie da überhaupt?!

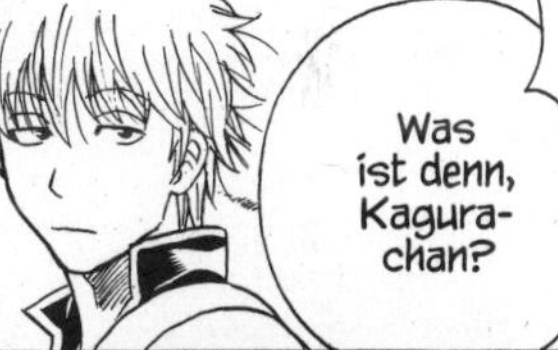
Ach, das hier.
Was ist denn, Kagura-chan?
Gin-chan, dort hinter dir eine Hand ist ... Das etwa ein Geisterfoto ist?

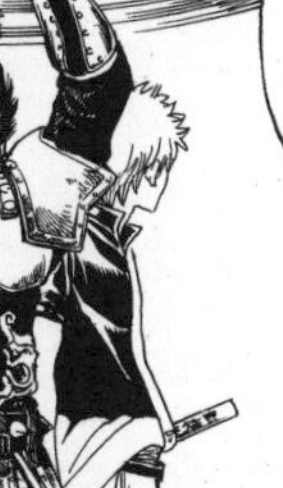
Nein, d ist ei Aufnah aus ei andere Richtu
DJ MAKIDAI ist echt schnell!!
Er taucht ja in immer kürzeren Abständen auf!!
Kommt er etwa immer näher auf uns zu?!

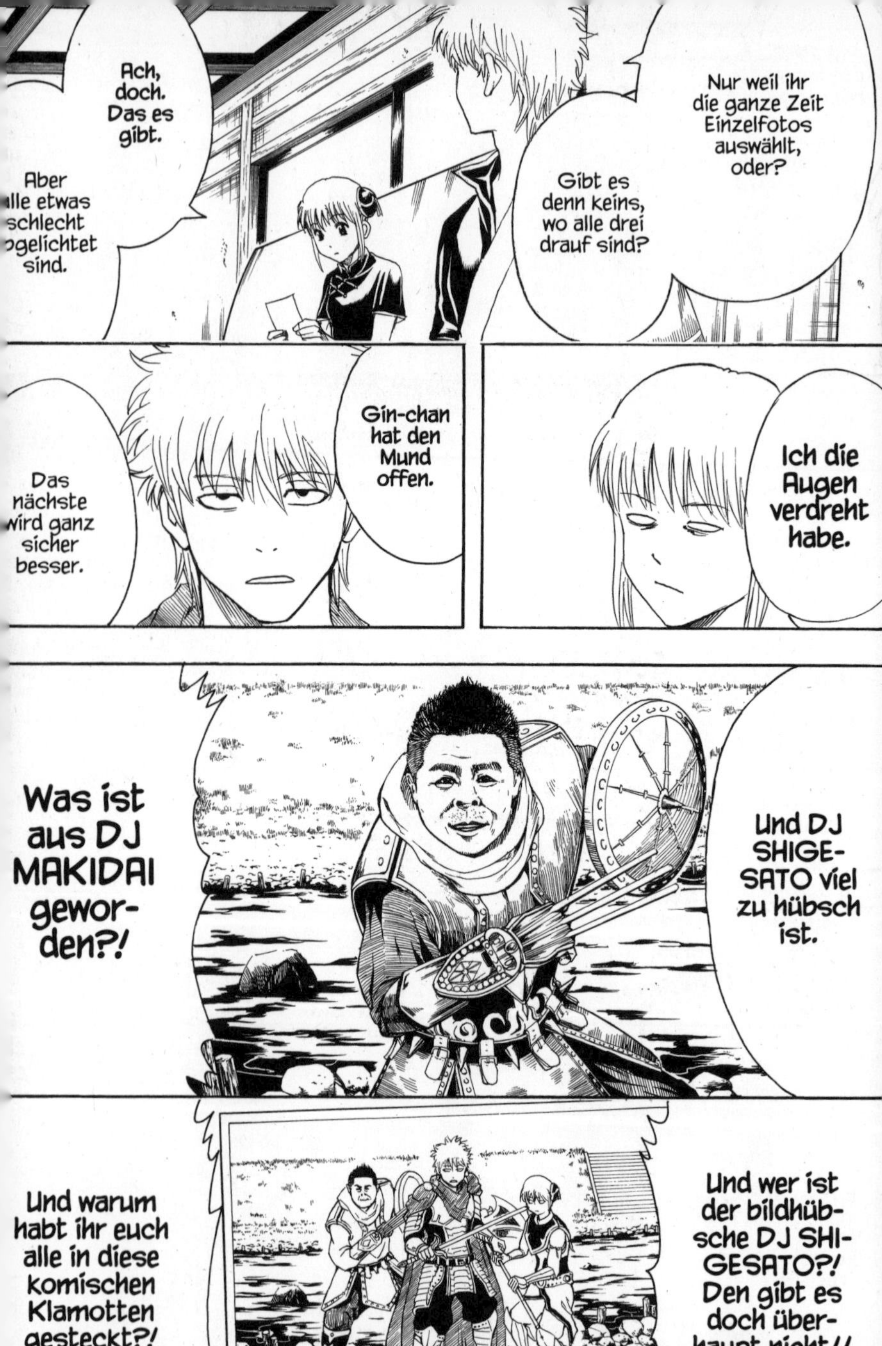
Nur weil ihr die ganze Zeit Einzelfotos auswählt, oder?
Gibt es denn keins, wo alle drei drauf sind?
Ach, doch. Das es gibt.
Aber alle etwas schlecht abgelichtet sind.
Ich die Augen verdreht habe.
Gin-chan hat den Mund offen.
Das nächste wird ganz sicher besser.
Und DJ SHIGE-SATO viel zu hübsch ist.
Was ist aus DJ MAKIDAI gewor-den?!
Und wer ist der bildhüb-sche DJ SHI-GESATO?! Den gibt es doch über-haupt nicht!!
Und warum habt ihr euch alle in diese komischen Klamotten gesteckt?!

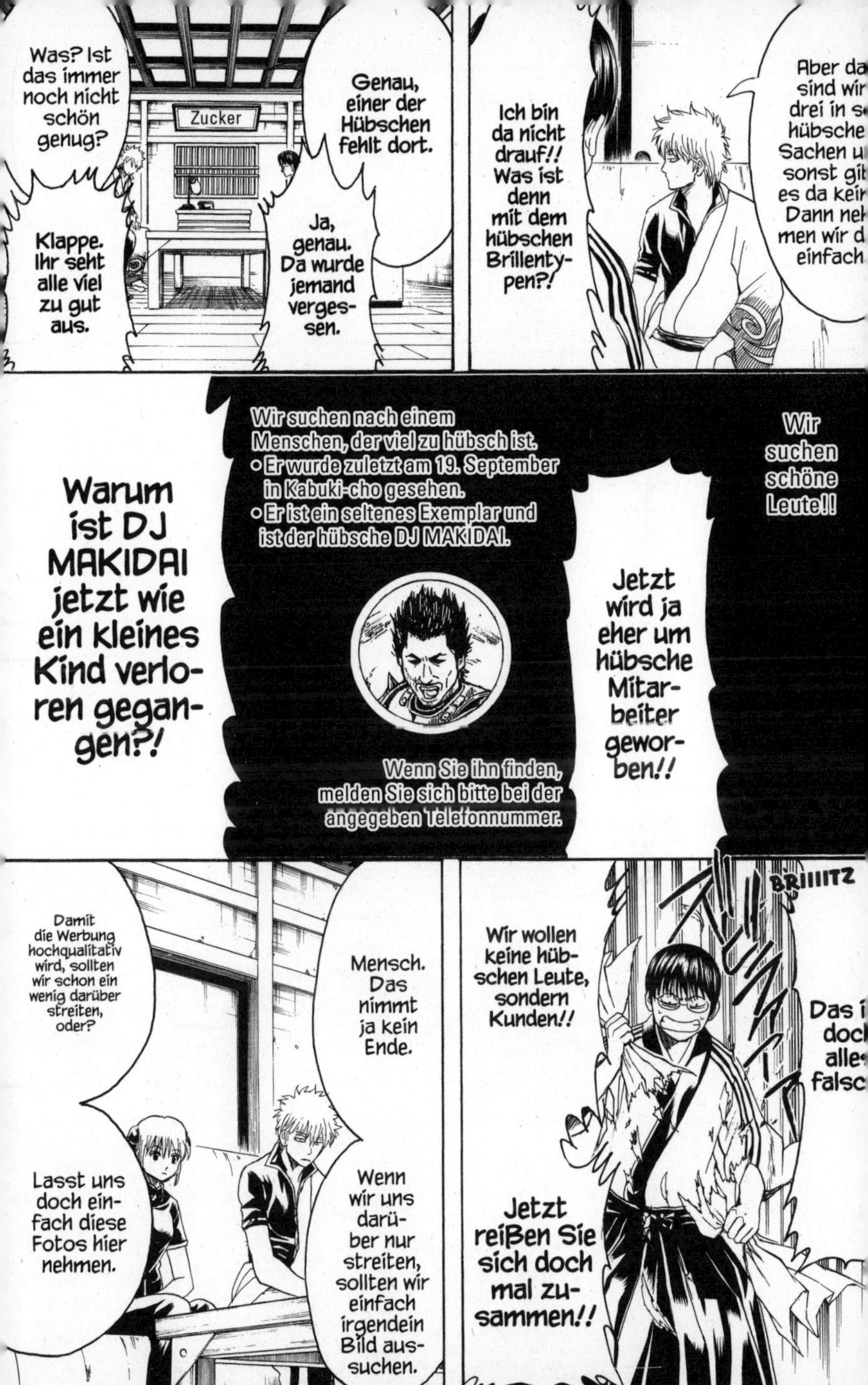

Aber da sind wir drei in s hübsche Sachen u sonst gi es da kei Dann nel men wir d einfach
Ich bin da nicht drauf!! Was ist denn mit dem hübschen Brillentypen?!
Genau, einer der Hübschen fehlt dort.
Ja, genau. Da wurde jemand verges-sen.
Zucker
Was? Ist das immer noch nicht schön genug?
Klappe. Ihr seht alle viel zu gut aus.
Wir suchen schöne Leute!!
Jetzt wird ja eher um hübsche Mitar-beiter gewor-ben!!
Wir suchen nach einem Menschen, der viel zu hübsch ist.
• Er wurde zuletzt am 19. September in Kabuki-cho gesehen.
• Er ist ein seltenes Exemplar und ist der hübsche DJ MAKIDAI.
Wenn Sie ihn finden, melden Sie sich bitte bei der angegeben Telefonnummer.
Warum ist DJ MAKIDAI jetzt wie ein kleines Kind verlo-ren gegan-gen?!
BRIIIITZ
Das i doch alle falsc
Wir wollen keine hüb-schen Leute, sondern Kunden!!
Jetzt reißen Sie sich doch mal zu-sammen!!
Mensch. Das nimmt ja kein Ende.
Wenn wir uns darü-ber nur streiten, sollten wir einfach irgendein Bild aus-suchen.
Damit die Werbung hochqualitativ wird, sollten wir schon ein wenig darüber streiten, oder?
Lasst uns doch ein-fach diese Fotos hier nehmen.

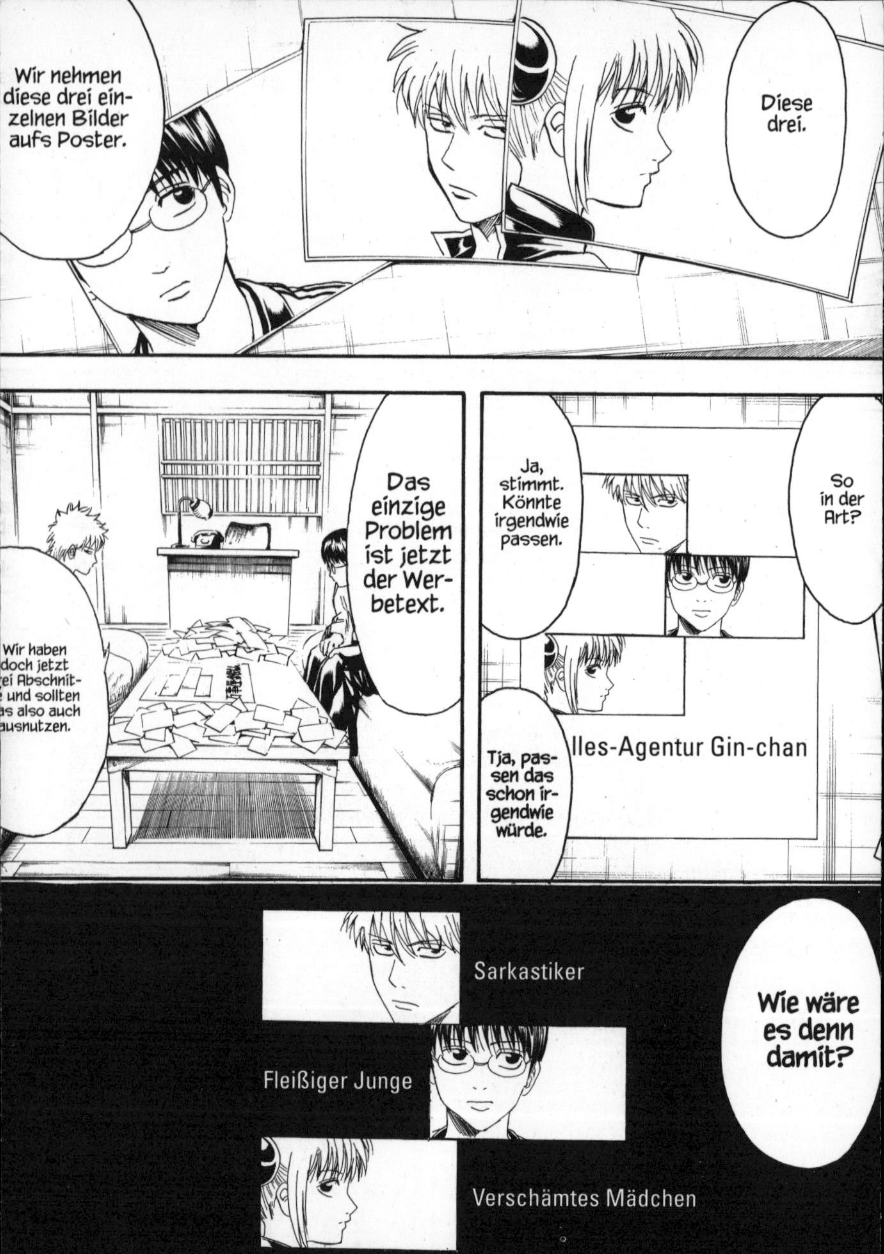

Diese drei.

Wir nehmen diese drei einzelnen Bilder aufs Poster.

So in der Art?

Ja, stimmt. Könnte irgendwie passen.

lles-Agentur Gin-chan

Tja, passen das schon irgendwie würde.

Das einzige Problem ist jetzt der Werbetext.

Wir haben doch jetzt
ei Abschnit-
e und sollten
as also auch
ausnutzen.

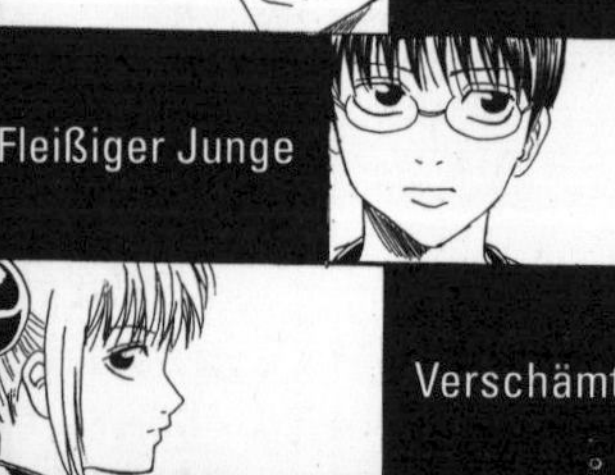

Wie wäre es denn damit?

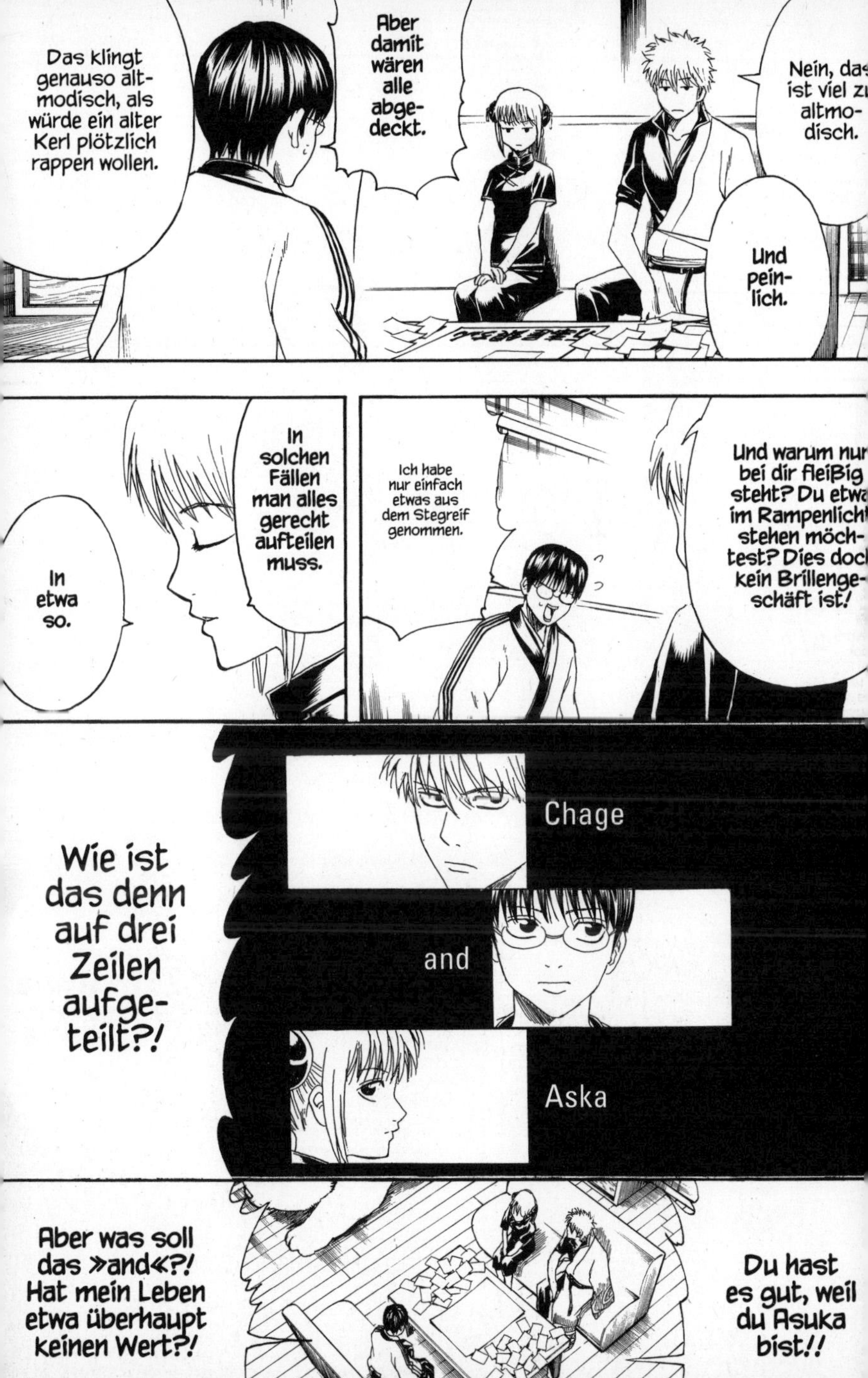
Nein, das ist viel zu altmodisch.
Und peinlich.
Aber damit wären alle abgedeckt.
Das klingt genauso altmodisch, als würde ein alter Kerl plötzlich rappen wollen.
Und warum nur bei dir fleißig steht? Du etwa im Rampenlicht stehen möchtest? Dies doch kein Brillengeschäft ist!
Ich habe nur einfach etwas aus dem Stegreif genommen.
In solchen Fällen man alles gerecht aufteilen muss.
In etwa so.
Chage
and
Aska
Wie ist das denn auf drei Zeilen aufgeteilt?!
Du hast es gut, weil du Asuka bist!!
Aber was soll das »and«?! Hat mein Leben etwa überhaupt keinen Wert?!

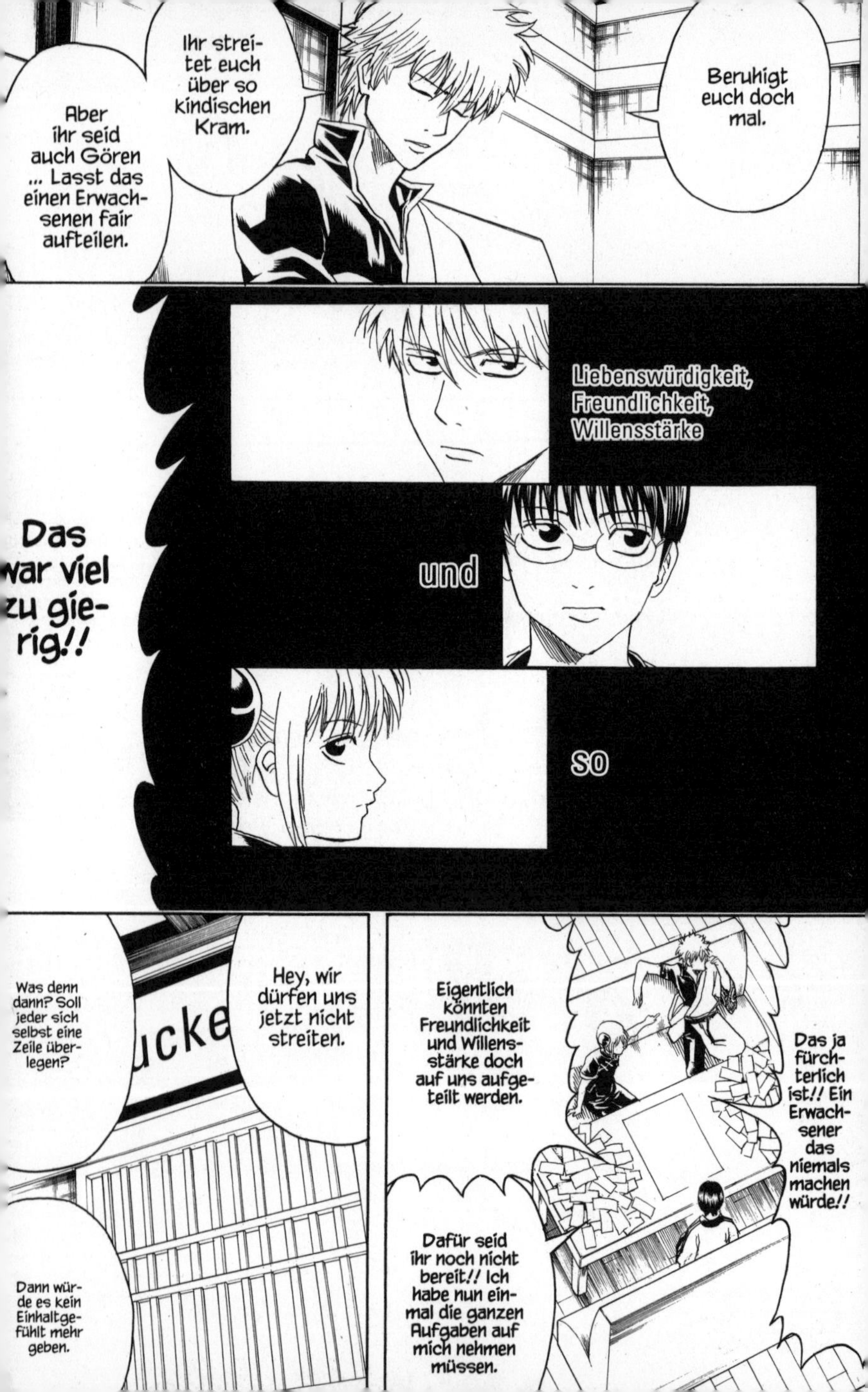

Beruhigt euch doch mal.
Ihr streitet euch über so kindischen Kram.
Aber ihr seid auch Gören ... Lasst das einen Erwachsenen fair aufteilen.
Liebenswürdigkeit, Freundlichkeit, Willensstärke
und
so
Das war viel zu gierig!!
Das ja fürchterlich ist!! Ein Erwachsener das niemals machen würde!!
Eigentlich könnten Freundlichkeit und Willensstärke doch auf uns aufgeteilt werden.
Dafür seid ihr noch nicht bereit!! Ich habe nun einmal die ganzen Aufgaben auf mich nehmen müssen.
Hey, wir dürfen uns jetzt nicht streiten.
Was denn dann? Soll jeder sich selbst eine Zeile überlegen?
Dann würde es kein Einhaltgefühlt mehr geben.

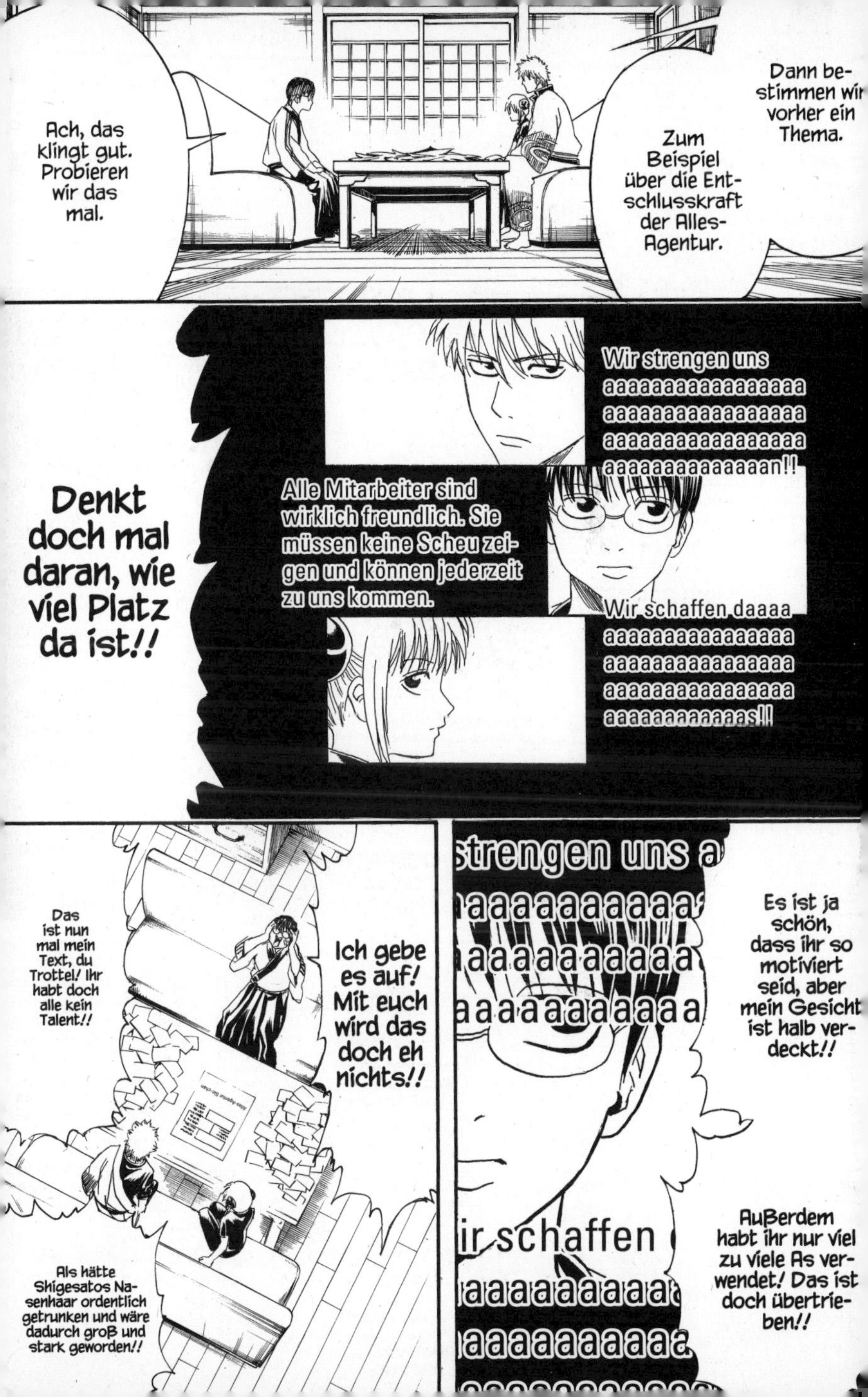

Dann bestimmen wir vorher ein Thema.
Zum Beispiel über die Entschlusskraft der Alles-Agentur.
Ach, das klingt gut. Probieren wir das mal.

Wir strengen uns aaaaaaaaaaaaaaaaa aaaaaaaaaaaaaaaaa aaaaaaaaaaaaaaaaa aaaaaaaaaaaaaaan!!
Alle Mitarbeiter sind wirklich freundlich. Sie müssen keine Scheu zeigen und können jederzeit zu uns kommen.
Wir schaffen daaaa aaaaaaaaaaaaaaaa aaaaaaaaaaaaaaaa aaaaaaaaaaaaaaaa aaaaaaaaaaaas!!
Denkt doch mal daran, wie viel Platz da ist!!

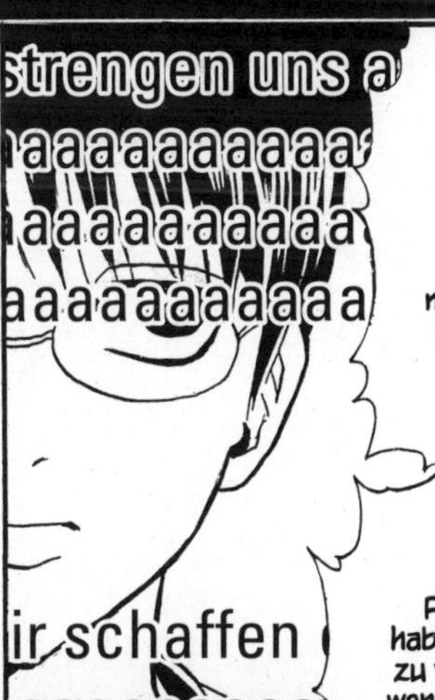

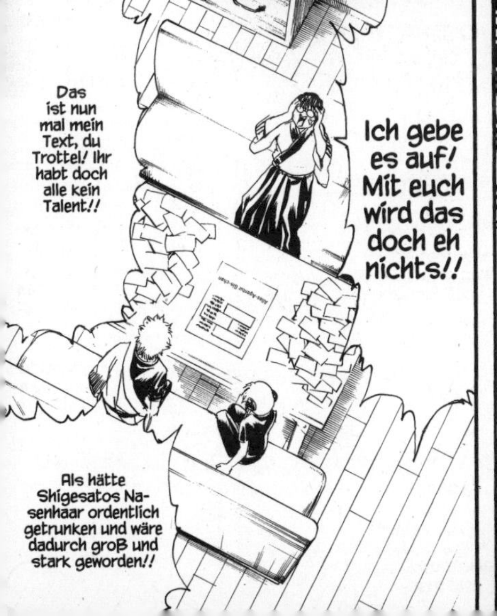

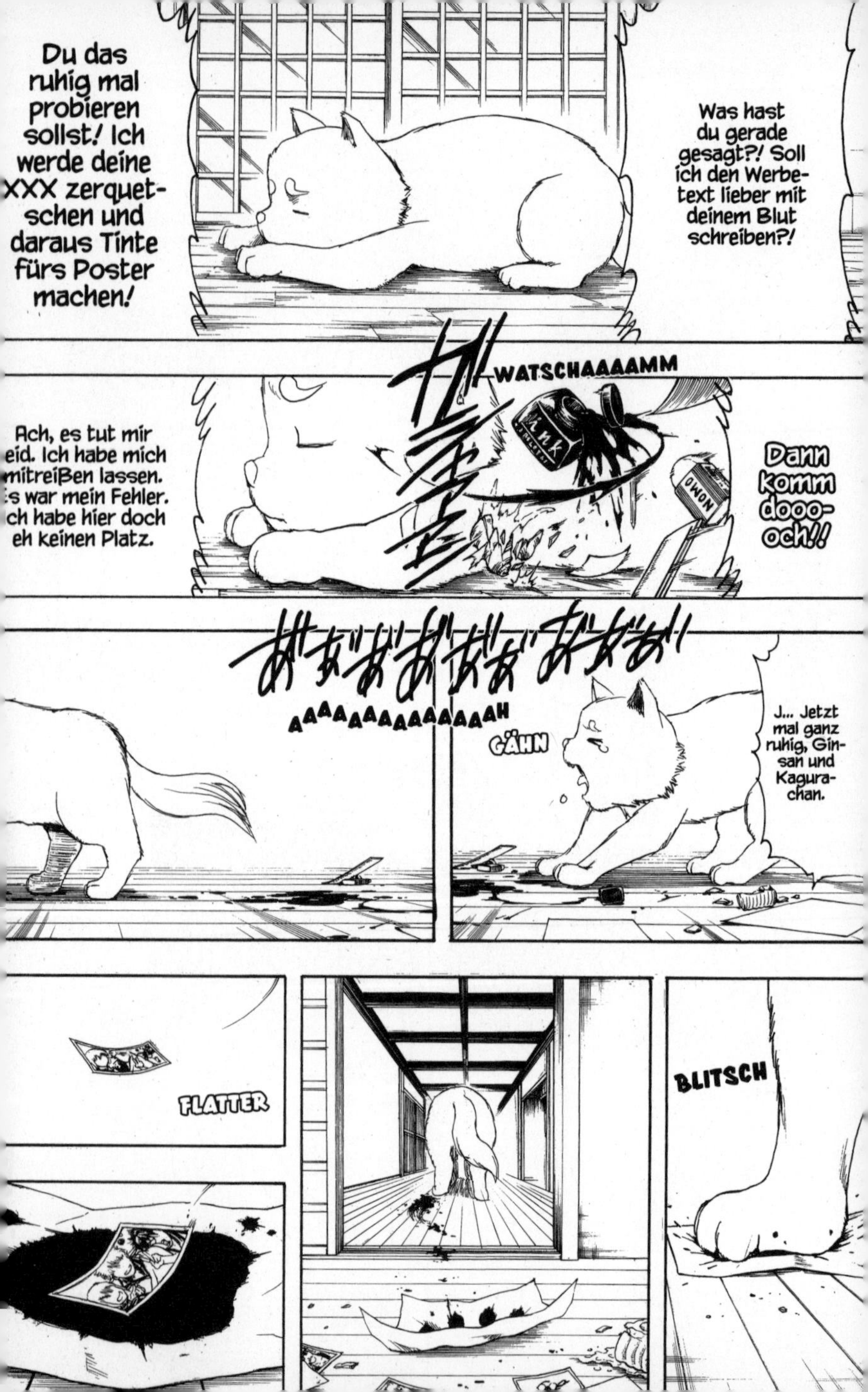
Was hast du gerade gesagt?! Soll ich den Werbetext lieber mit deinem Blut schreiben?!
Du das ruhig mal probieren sollst! Ich werde deine XXX zerquetschen und daraus Tinte fürs Poster machen!
Dann komm dooo-och!!
WATSCHAAAAAMM
Ach, es tut mir eid. Ich habe mich mitreißen lassen. :s war mein Fehler. ch habe hier doch eh keinen Platz.
J... Jetzt mal ganz ruhig, Gin-san und Kagura-chan.
GÄHN
AAAAAAAAAAAAAAH
BLITSCH
FLATTER

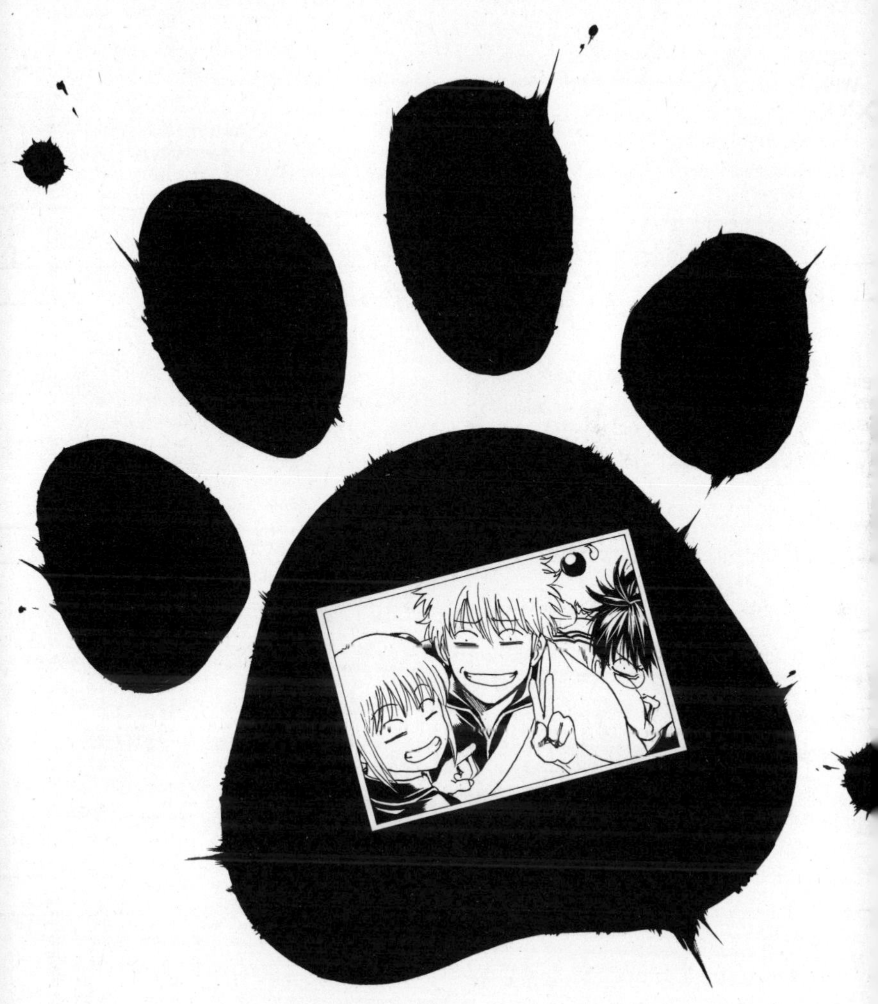

Alles-Agentur Gin-chan

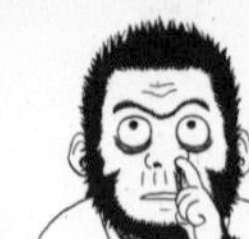

Sorachi auf Leser-Tuchfühlung Fragen-Corner

(von »Lass sie auftreten« aus Nagasaki)

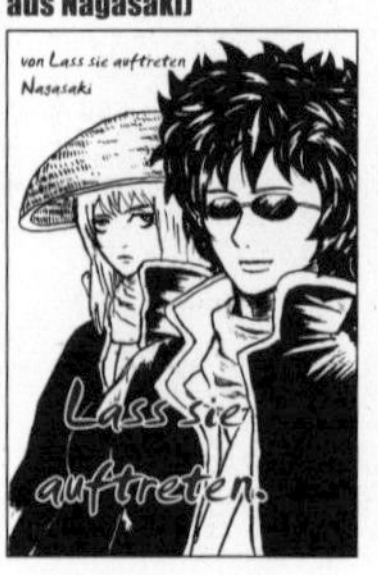

(von »Mit Ryoma ist es wohl vorbei« aus Nagasaki)

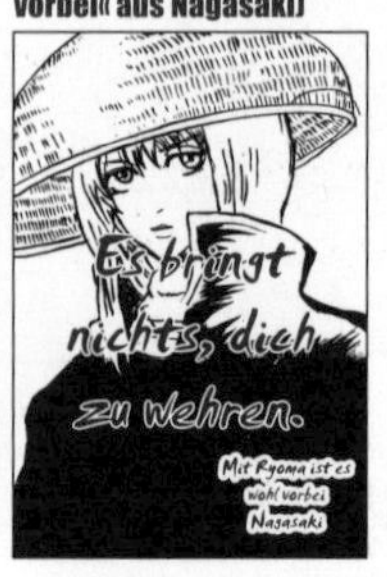

(von »Lass sie auftreten« aus Nagasaki)

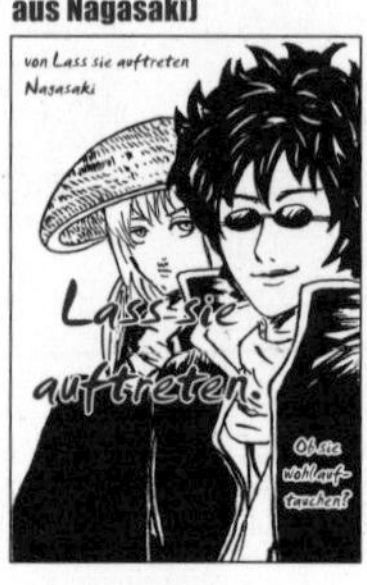

(von »Der zweite Kinofilm und der Anime geht auch wieder los. Ich freue mich schon.« aus Nagasaki)

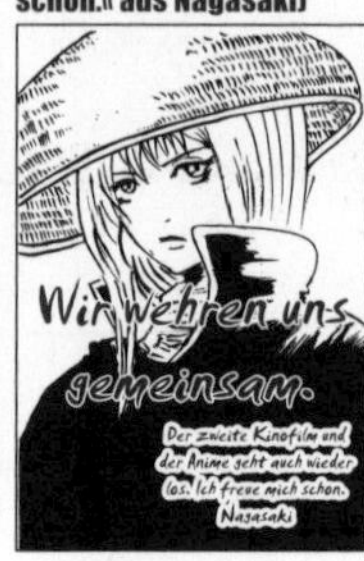

(von »Der Verrat ändert gar nichts« aus Nagasaki)

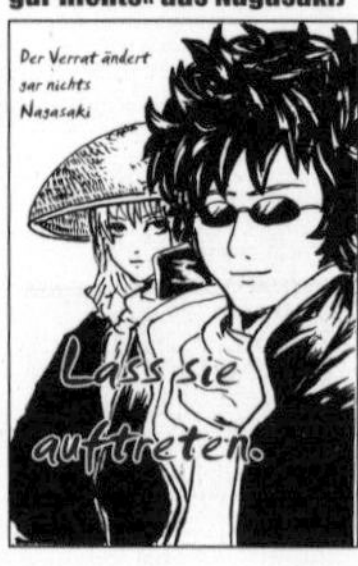

(von »Jeder macht doch mal Fehler« aus Nagasaki)

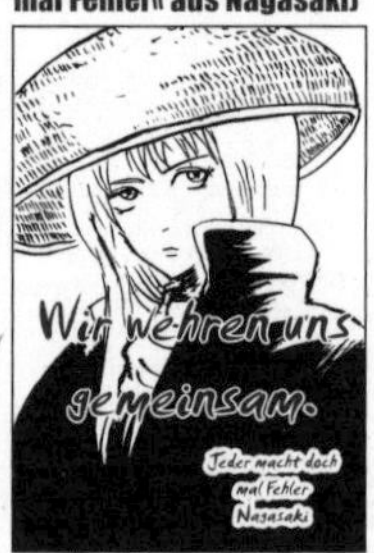

(von »Fehler passieren jedem mal« aus Nagasaki)

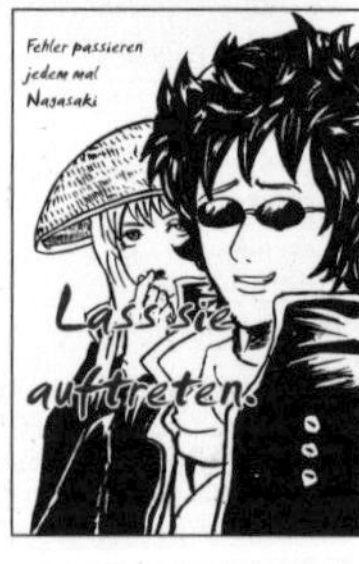

(von »Wehre dich nicht gegen den Widerstand« aus Nagasaki)

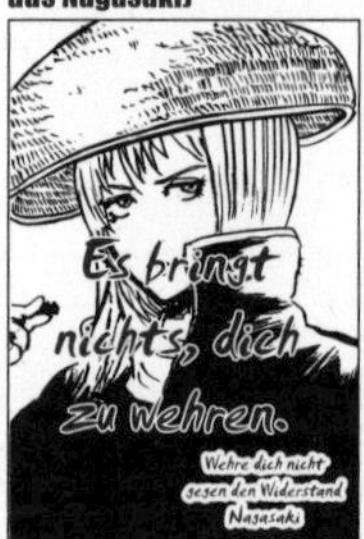

Das ist so nervig!

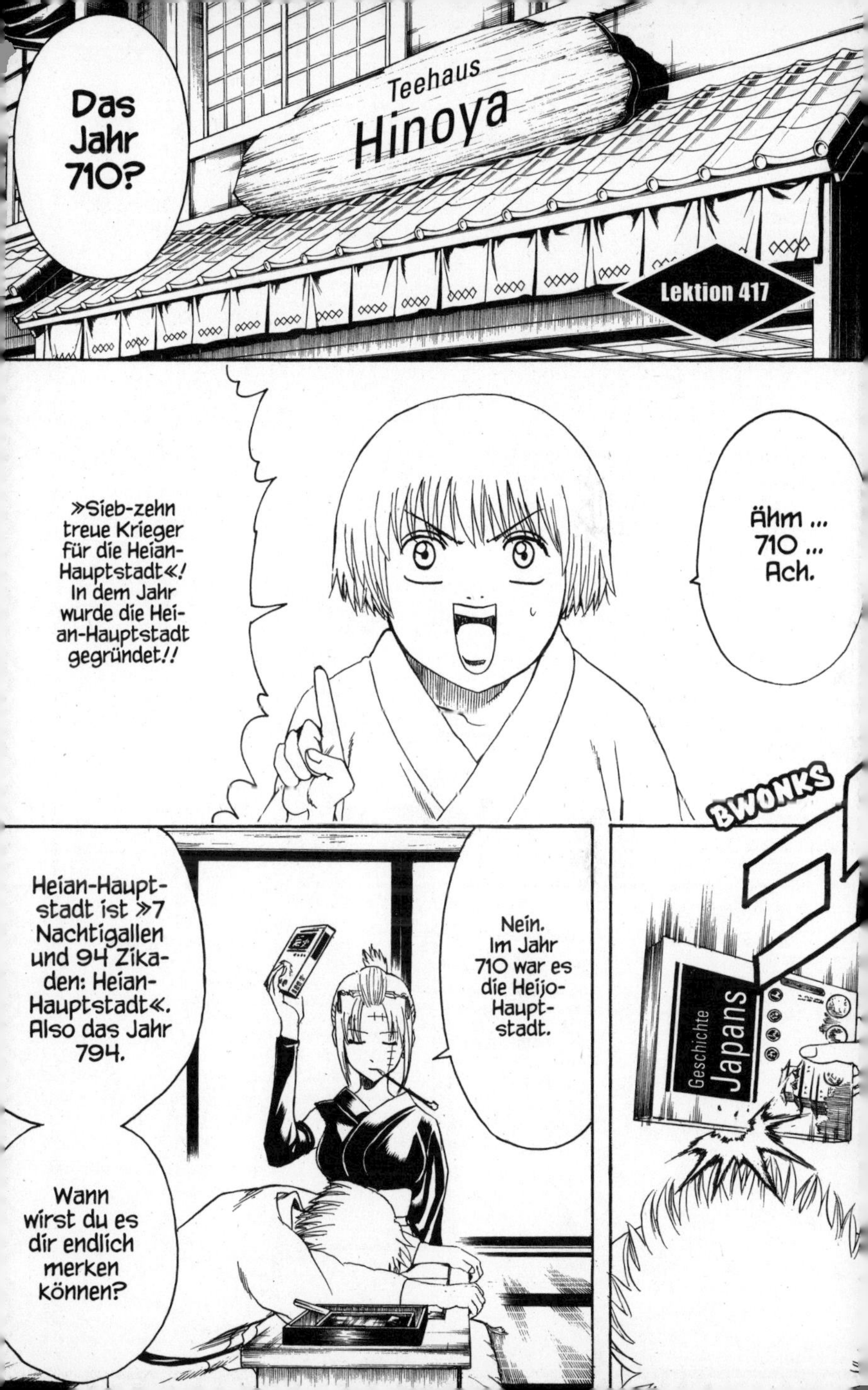
Teehaus
Hinoya
Das Jahr 710?
Lektion 417
Ähm ... 710 ... Ach.
»Sieb-zehn treue Krieger für die Heian-Hauptstadt«! In dem Jahr wurde die Hei-an-Hauptstadt gegründet!!
BWONKS
Geschichte Japans
Nein. Im Jahr 710 war es die Heijo-Haupt-stadt.
Heian-Haupt-stadt ist »7 Nachtigallen und 94 Zika-den: Heian-Hauptstadt«. Also das Jahr 794.
Wann wirst du es dir endlich merken können?

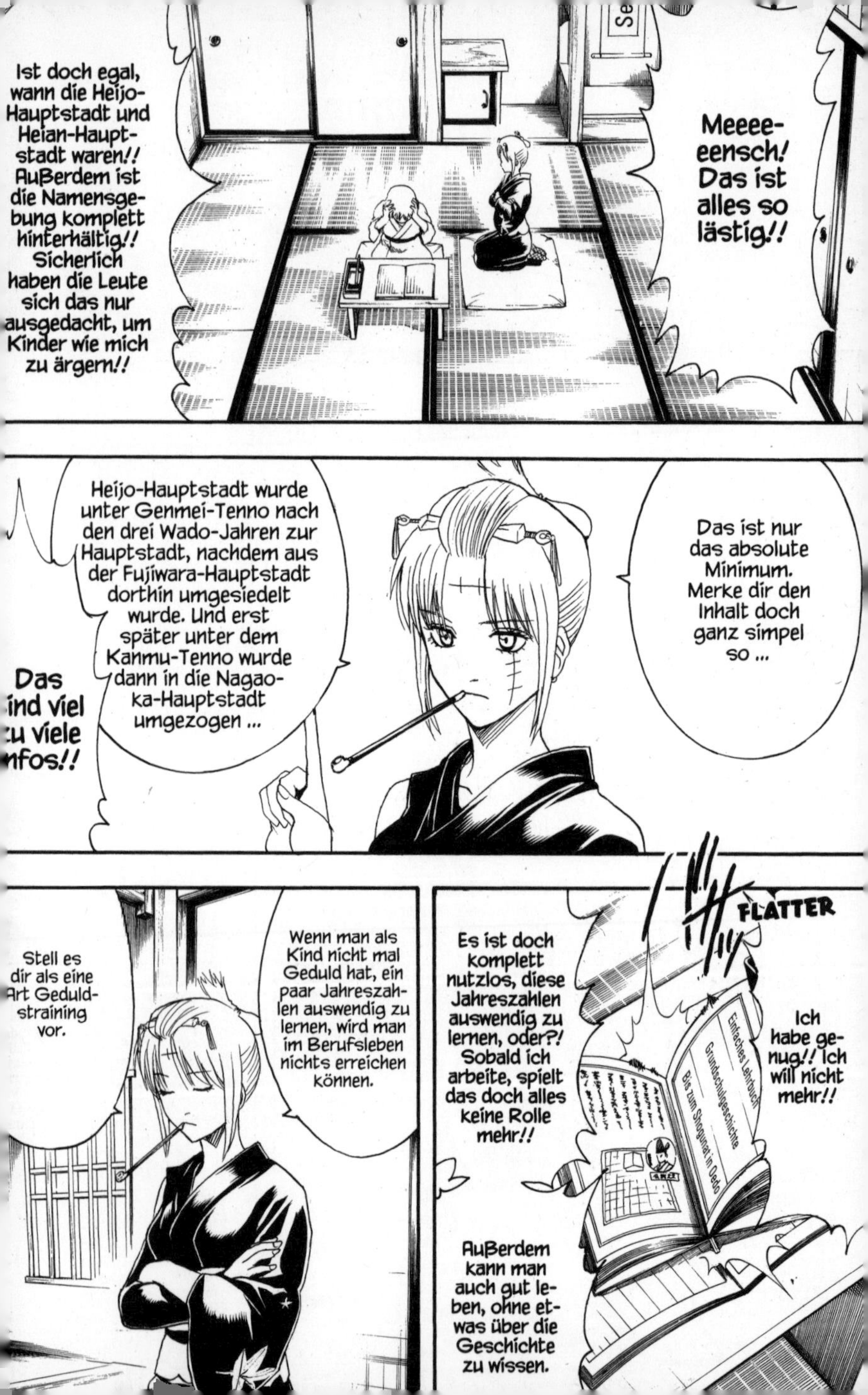

Meeeeeensch! Das ist alles so lästig!!

Ist doch egal, wann die Heijo-Hauptstadt und Heian-Hauptstadt waren!! Außerdem ist die Namensgebung komplett hinterhältig!! Sicherlich haben die Leute sich das nur ausgedacht, um Kinder wie mich zu ärgern!!

Das ist nur das absolute Minimum. Merke dir den Inhalt doch ganz simpel so ...

Heijo-Hauptstadt wurde unter Genmei-Tenno nach den drei Wado-Jahren zur Hauptstadt, nachdem aus der Fujiwara-Hauptstadt dorthin umgesiedelt wurde. Und erst später unter dem Kanmu-Tenno wurde dann in die Nagaoka-Hauptstadt umgezogen ...

Das ind viel u viele nfos!!

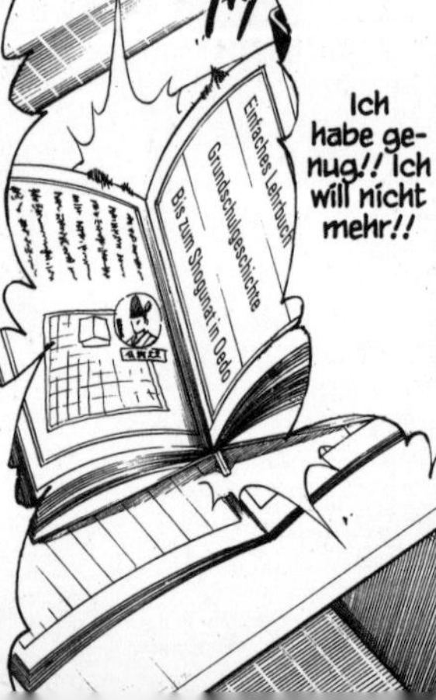

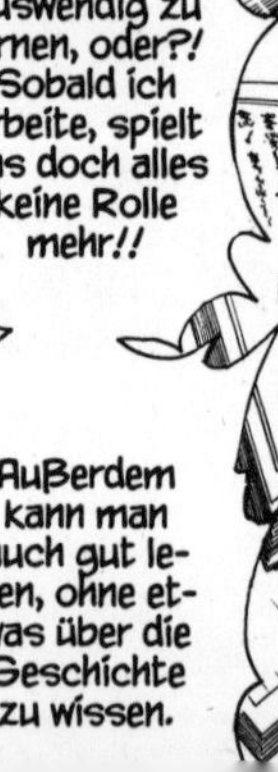

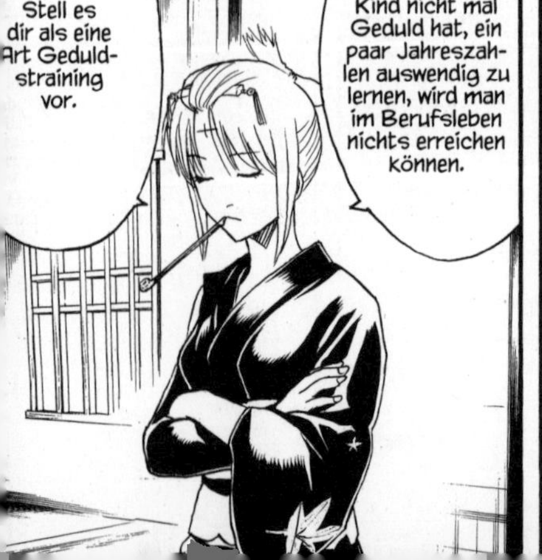

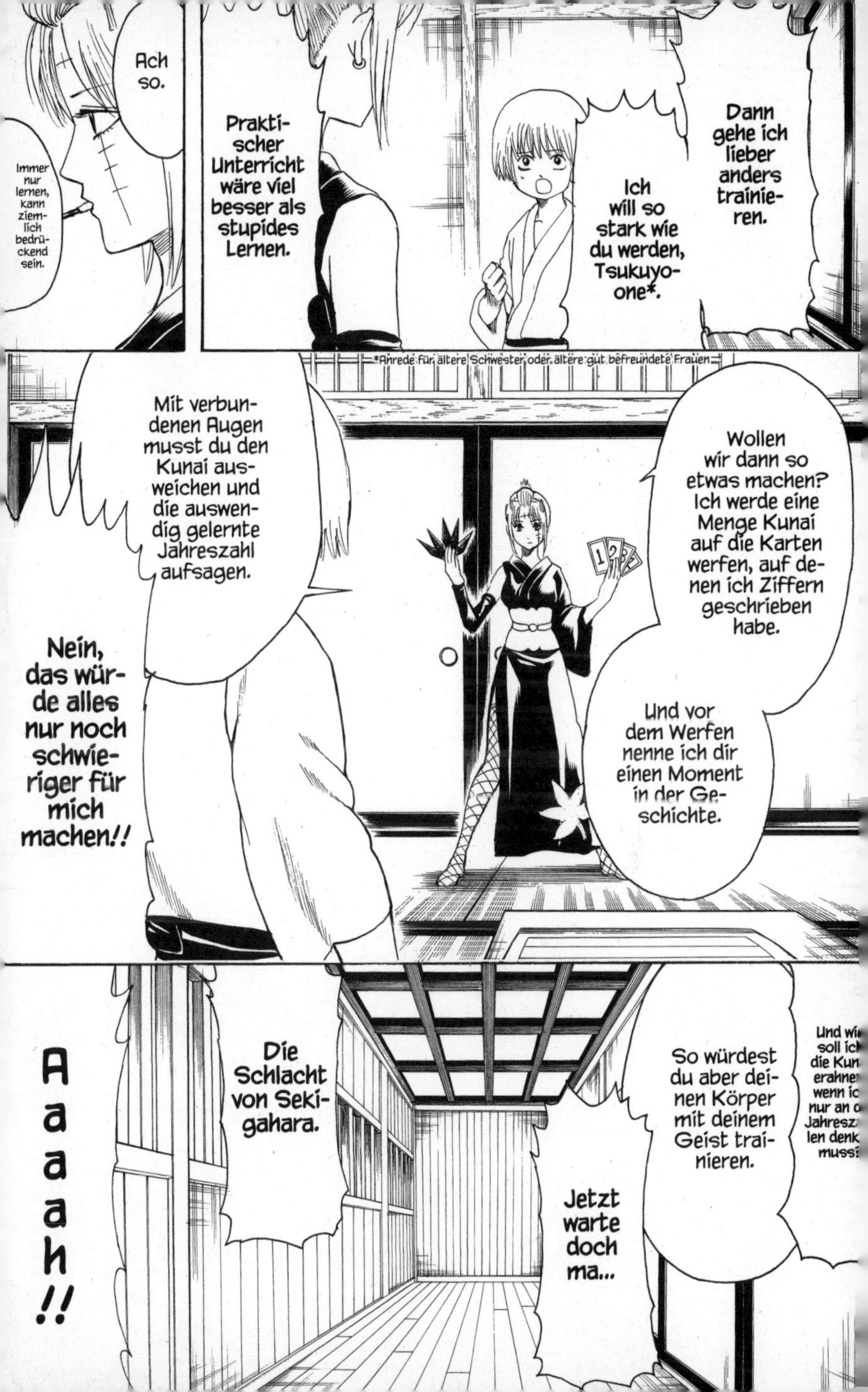
Dann gehe ich lieber anders trainieren.
Ich will so stark wie du werden, Tsukuyo-one*.
Praktischer Unterricht wäre viel besser als stupides Lernen.
Ach so.
Immer nur lernen, kann ziemlich bedrückend sein.
*Anrede für ältere Schwester oder ältere gut befreundete Frauen
Wollen wir dann so etwas machen? Ich werde eine Menge Kunai auf die Karten werfen, auf denen ich Ziffern geschrieben habe.
Und vor dem Werfen nenne ich dir einen Moment in der Geschichte.
Mit verbundenen Augen musst du den Kunai ausweichen und die auswendig gelernte Jahreszahl aufsagen.
Nein, das würde alles nur noch schwieriger für mich machen!!
So würdest du aber deinen Körper mit deinem Geist trainieren.
Jetzt warte doch ma...
Die Schlacht von Sekigahara.
Aaaah!!

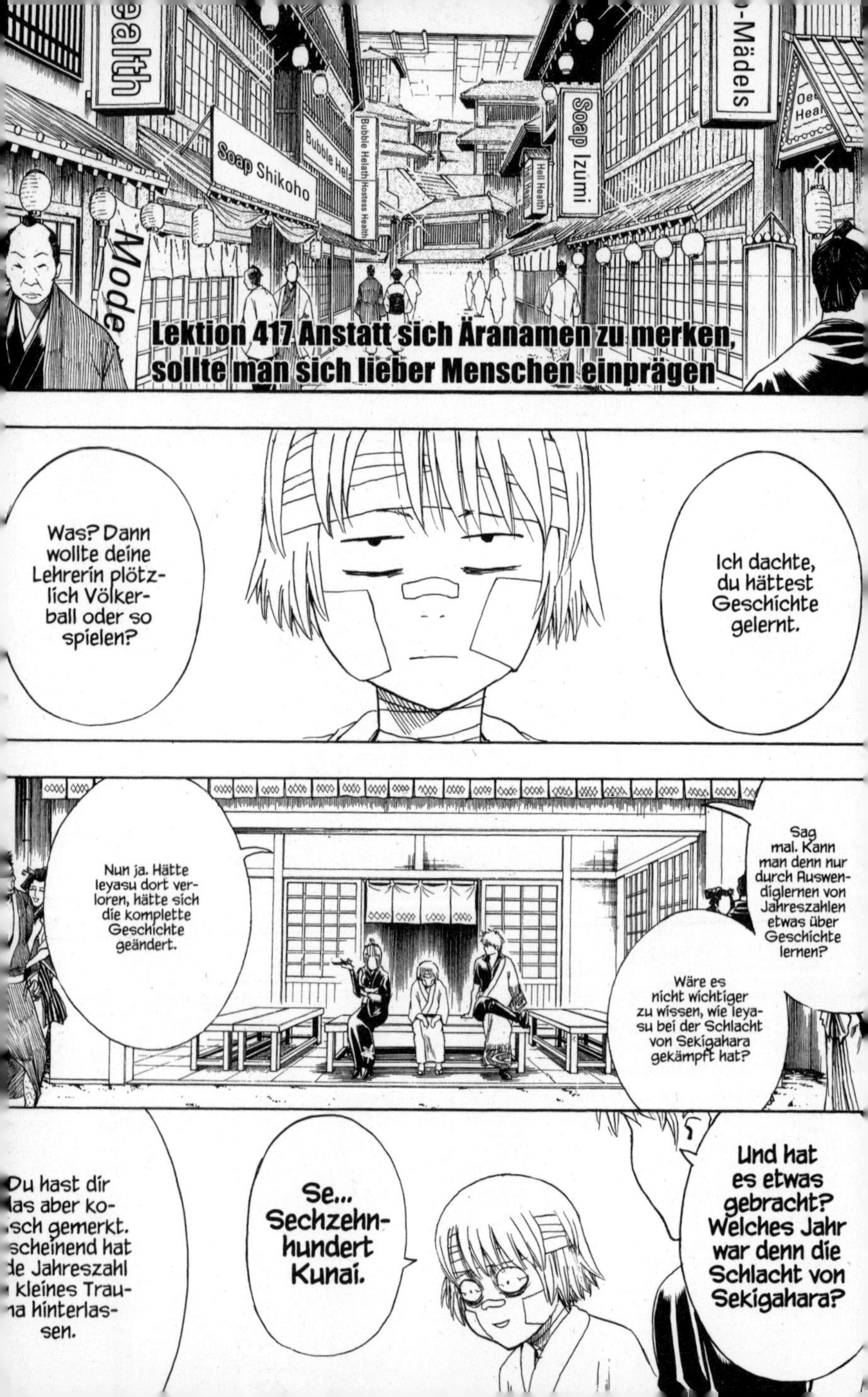

-Mädels

Soap Izumi

Hell Health

Bubble Health

Hostess Health

Bubble Heal-

Soap Shikoho

ealth

Mode

Lektion 417 Anstatt sich Äranamen zu merken, sollte man sich lieber Menschen einprägen

Ich dachte, du hättest Geschichte gelernt.

Was? Dann wollte deine Lehrerin plötzlich Völkerball oder so spielen?

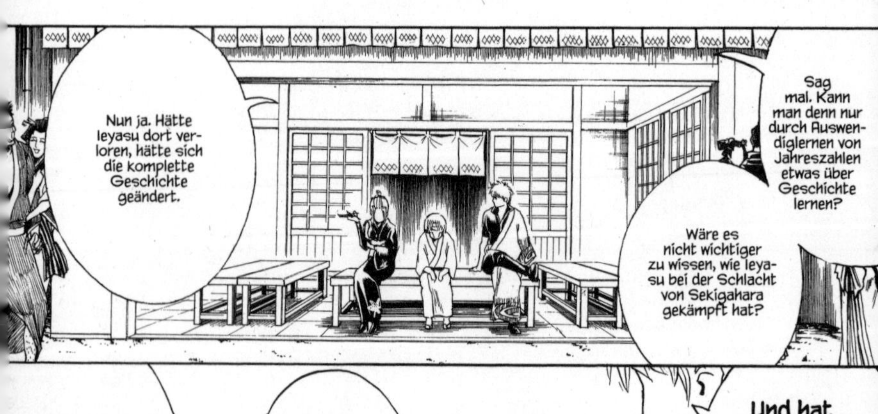

Und hat es etwas gebracht? Welches Jahr war denn die Schlacht von Sekigahara?

Se... Sechzehnhundert Kunai.

Du hast dir
las aber ko-
sch gemerkt.
scheinend hat
de Jahreszahl
kleines Trau-
na hinterlas-
sen.

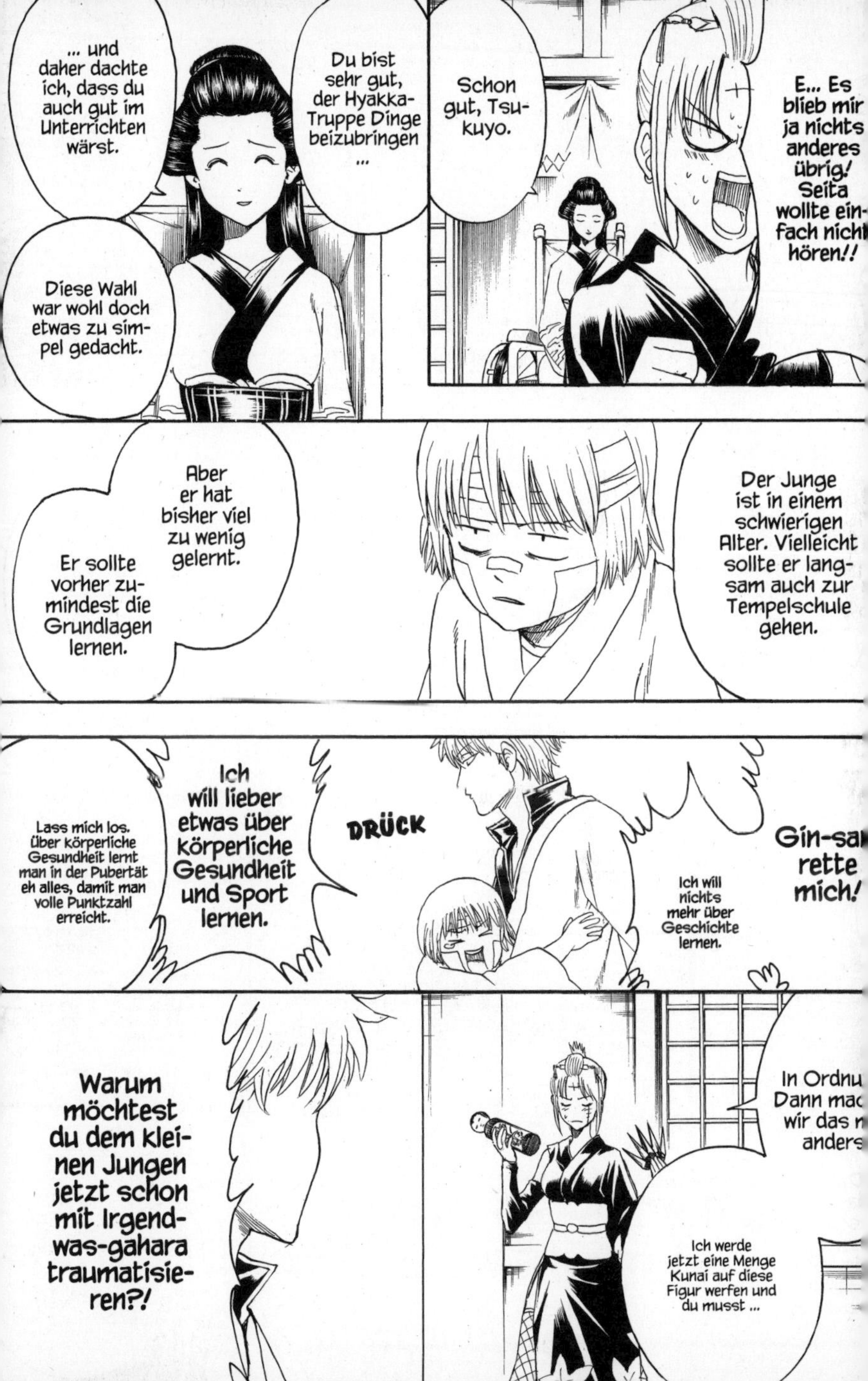
E… Es blieb mir ja nichts anderes übrig! Seita wollte einfach nicht hören!!
Schon gut, Tsukuyo.
Du bist sehr gut, der Hyakka-Truppe Dinge beizubringen …
… und daher dachte ich, dass du auch gut im Unterrichten wärst.
Diese Wahl war wohl doch etwas zu simpel gedacht.
Der Junge ist in einem schwierigen Alter. Vielleicht sollte er langsam auch zur Tempelschule gehen.
Aber er hat bisher viel zu wenig gelernt.
Er sollte vorher zumindest die Grundlagen lernen.
Ich will nichts mehr über Geschichte lernen.
DRÜCK
Ich will lieber etwas über körperliche Gesundheit und Sport lernen.
Lass mich los. Über körperliche Gesundheit lernt man in der Pubertät eh alles, damit man volle Punktzahl erreicht.
Ich werde jetzt eine Menge Kunai auf diese Figur werfen und du musst …
Warum möchtest du dem kleinen Jungen jetzt schon mit Irgendwas-gahara traumatisieren?!

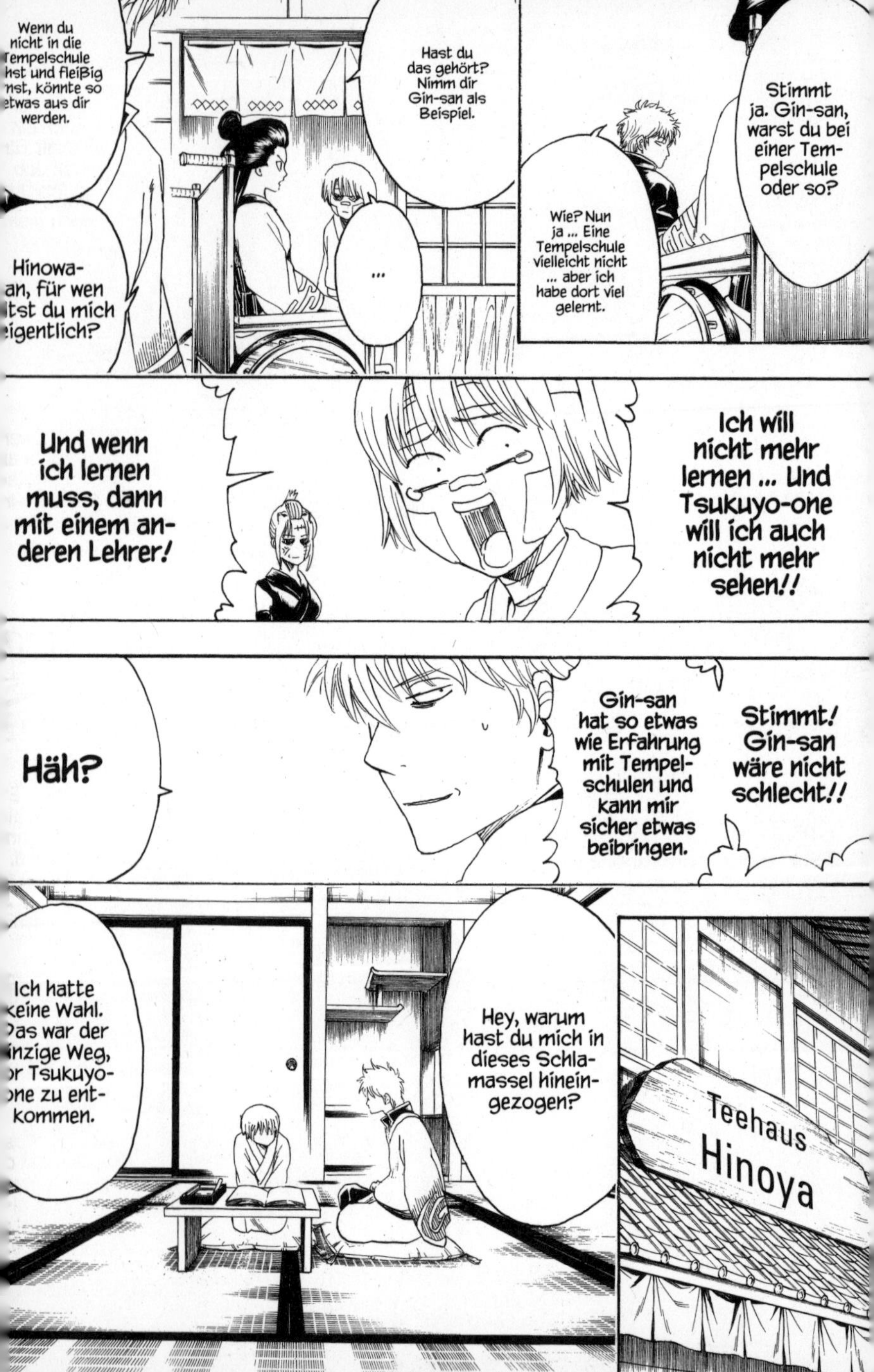

Stimmt ja. Gin-san, warst du bei einer Tempelschule oder so?
Wie? Nun ja ... Eine Tempelschule vielleicht nicht ... aber ich habe dort viel gelernt.
Hast du das gehört? Nimm dir Gin-san als Beispiel.
...
Wenn du nicht in die Tempelschule hst und fleißig nst, könnte so twas aus dir werden.
Hinowa-an, für wen ltst du mich igentlich?
Ich will nicht mehr lernen ... Und Tsukuyo-one will ich auch nicht mehr sehen!!
Und wenn ich lernen muss, dann mit einem anderen Lehrer!
Stimmt! Gin-san wäre nicht schlecht!!
Gin-san hat so etwas wie Erfahrung mit Tempelschulen und kann mir sicher etwas beibringen.
Häh?
Teehaus Hinoya
Hey, warum hast du mich in dieses Schlamassel hineingezogen?
Ich hatte keine Wahl. Das war der inzige Weg, or Tsukuyo-one zu entkommen.

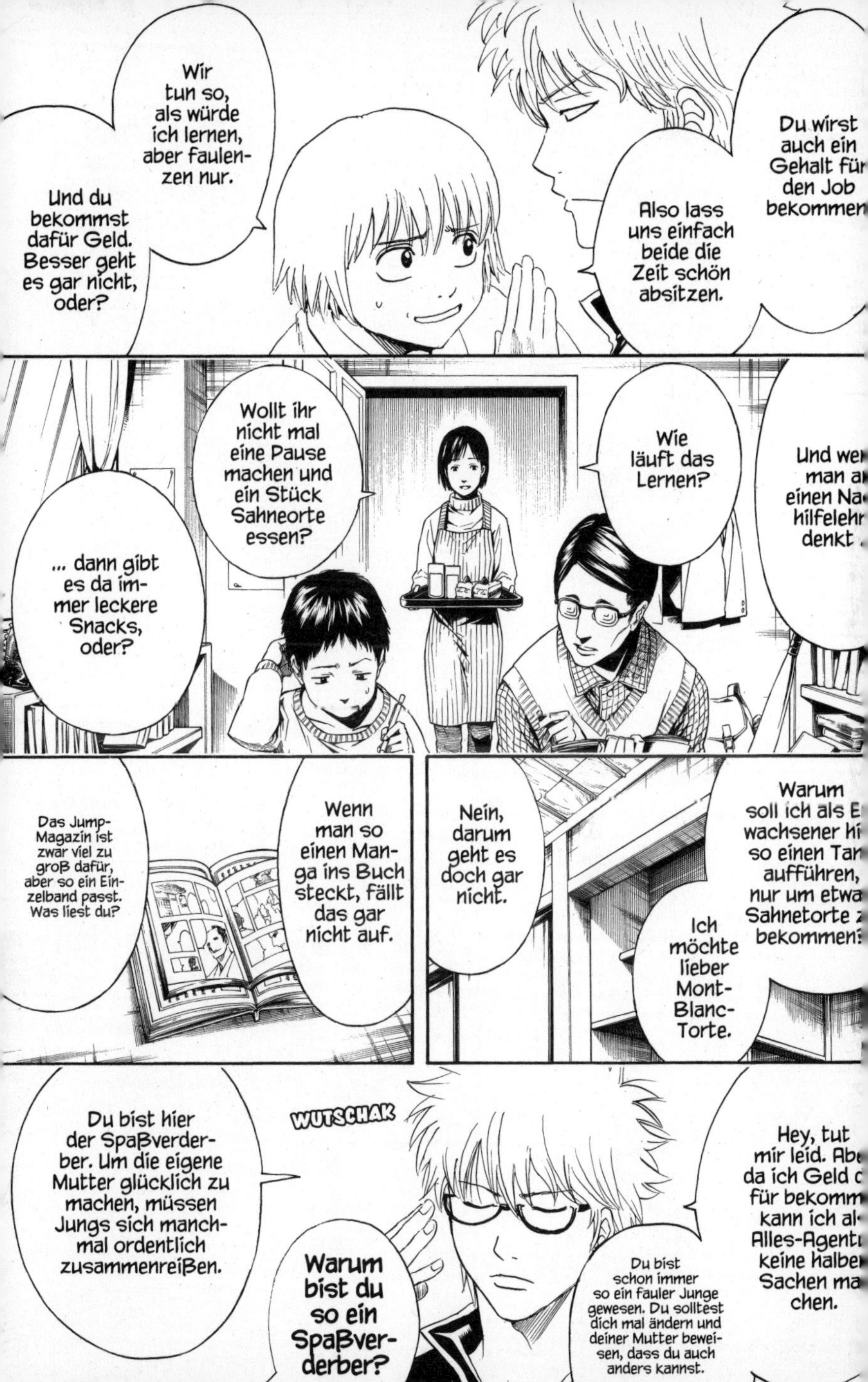
Du wirst auch ein Gehalt fü den Job bekommen
Also lass uns einfach beide die Zeit schön absitzen.
Wir tun so, als würde ich lernen, aber faulenzen nur.
Und du bekommst dafür Geld. Besser geht es gar nicht, oder?
Und we man a einen Na hilfelehr denkt
Wie läuft das Lernen?
Wollt ihr nicht mal eine Pause machen und ein Stück Sahneorte essen?
... dann gibt es da immer leckere Snacks, oder?
Warum soll ich als E wachsener hi so einen Tan aufführen, nur um etwa Sahnetorte z bekommen?
Ich möchte lieber Mont-Blanc-Torte.
Nein, darum geht es doch gar nicht.
Wenn man so einen Manga ins Buch steckt, fällt das gar nicht auf.
Das Jump-Magazin ist zwar viel zu groß dafür, aber so ein Einzelband passt. Was liest du?
Hey, tut mir leid. Abe da ich Geld d für bekomm kann ich al Alles-Agent keine halbe Sachen ma chen.
Du bist schon immer so ein fauler Junge gewesen. Du solltest dich mal ändern und deiner Mutter beweisen, dass du auch anders kannst.
Warum bist du so ein Spaßverderber?
WUTSCHAK
Du bist hier der Spaßverderber. Um die eigene Mutter glücklich zu machen, müssen Jungs sich manchmal ordentlich zusammenreißen.

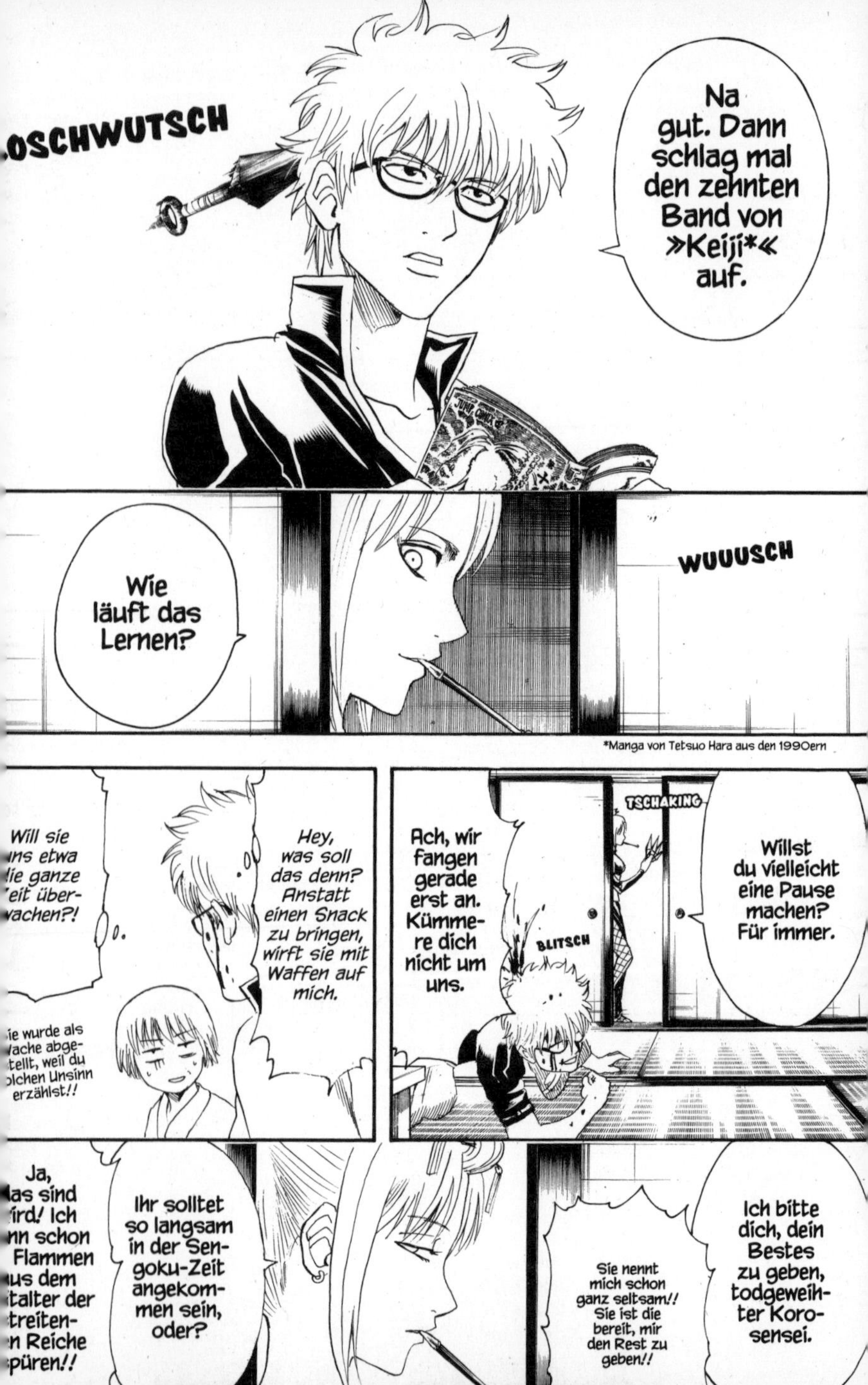

*Manga von Tetsuo Hara aus den 1990ern

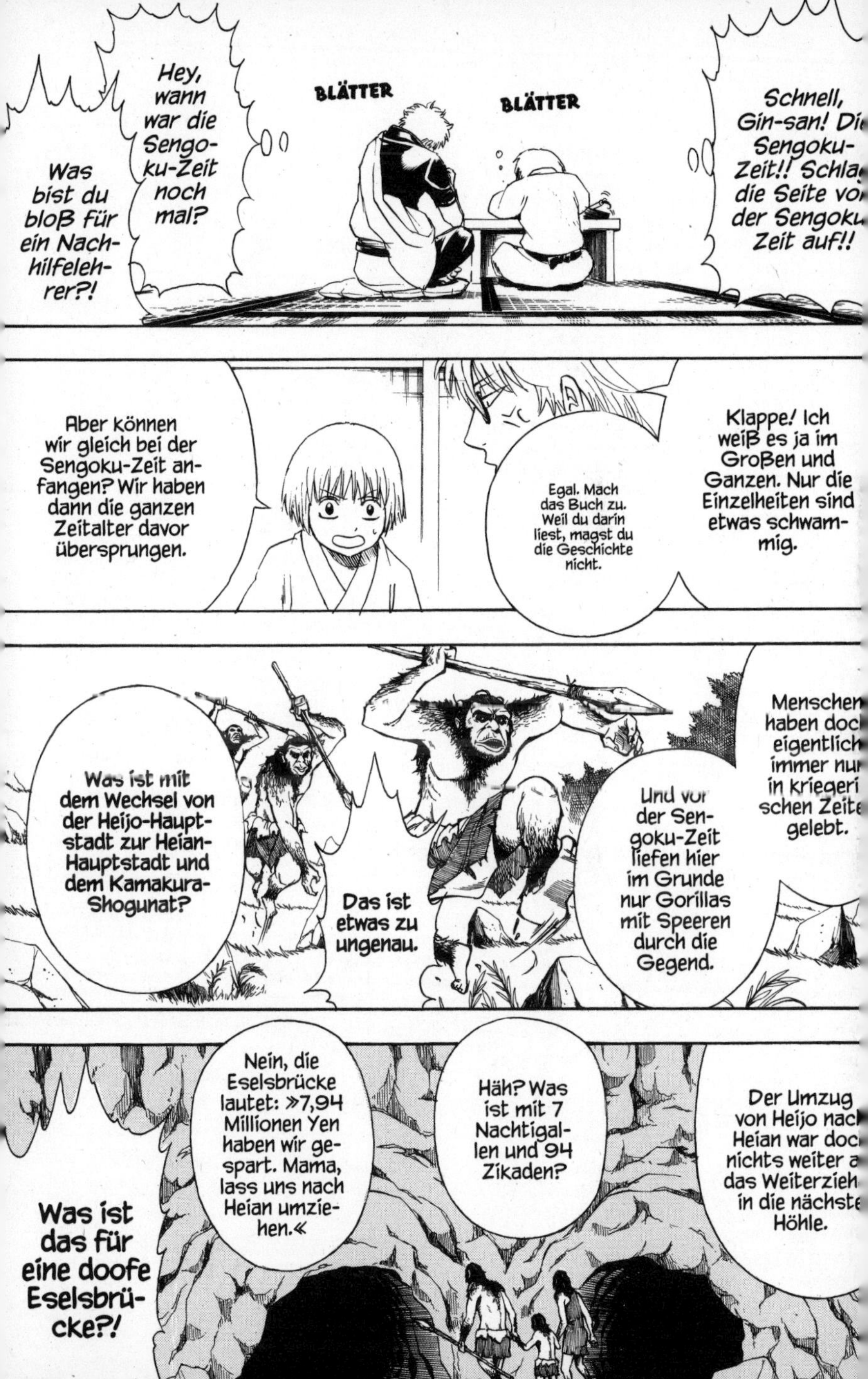

Schnell, Gin-san! Di Sengoku-Zeit!! Schla die Seite vo der Sengoku Zeit auf!!
BLÄTTER
BLÄTTER
Hey, wann war die Sengo-ku-Zeit noch mal?
Was bist du bloß für ein Nach-hilfeleh-rer?!
Klappe! Ich weiß es ja im Großen und Ganzen. Nur die Einzelheiten sind etwas schwam-mig.
Egal. Mach das Buch zu. Weil du darin liest, magst du die Geschichte nicht.
Aber können wir gleich bei der Sengoku-Zeit an-fangen? Wir haben dann die ganzen Zeitalter davor übersprungen.
Menschen haben doc eigentlich immer nu in kriegeri schen Zeite gelebt.
Und vor der Sen-goku-Zeit liefen hier im Grunde nur Gorillas mit Speeren durch die Gegend.
Das ist etwas zu ungenau.
Was ist mit dem Wechsel von der Heijo-Haupt-stadt zur Heian-Hauptstadt und dem Kamakura-Shogunat?
Der Umzug von Heijo nac Heian war doc nichts weiter a das Weiterzieh in die nächste Höhle.
Häh? Was ist mit 7 Nachtigal-len und 94 Zikaden?
Nein, die Eselsbrücke lautet: »7,94 Millionen Yen haben wir ge-spart. Mama, lass uns nach Heian umzie-hen.«
Was ist das für eine doofe Eselsbrü-cke?!

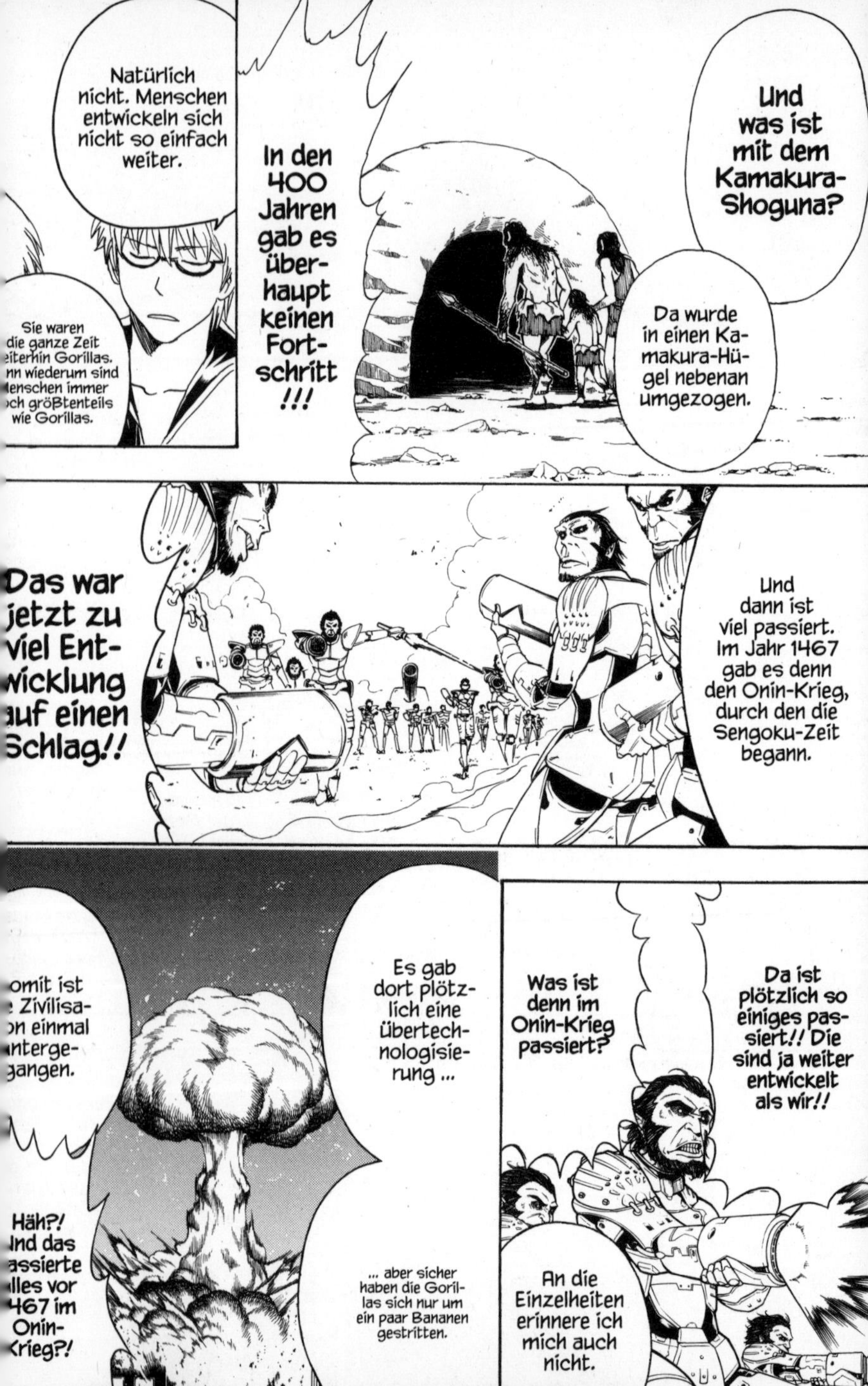

Und was ist mit dem Kamakura-Shoguna?
Da wurde in einen Kamakura-Hügel nebenan umgezogen.
In den 400 Jahren gab es überhaupt keinen Fortschritt!!!
Natürlich nicht. Menschen entwickeln sich nicht so einfach weiter.
Sie waren die ganze Zeit eiterhin Gorillas. nn wiederum sind enschen immer och größtenteils wie Gorillas.
Und dann ist viel passiert. Im Jahr 1467 gab es denn den Onin-Krieg, durch den die Sengoku-Zeit begann.
Das war jetzt zu viel Entwicklung uf einen Schlag!!
Da ist plötzlich so einiges passiert!! Die sind ja weiter entwickelt als wir!!
Was ist denn im Onin-Krieg passiert?
An die Einzelheiten erinnere ich mich auch nicht.
Es gab dort plötzlich eine Übertechnologisierung ...
... aber sicher haben die Gorillas sich nur um ein paar Bananen gestritten.
omit ist Zivilisaon einmal intergegangen.
Häh?! Ind das assierte lles vor 467 im Onin-Krieg?!

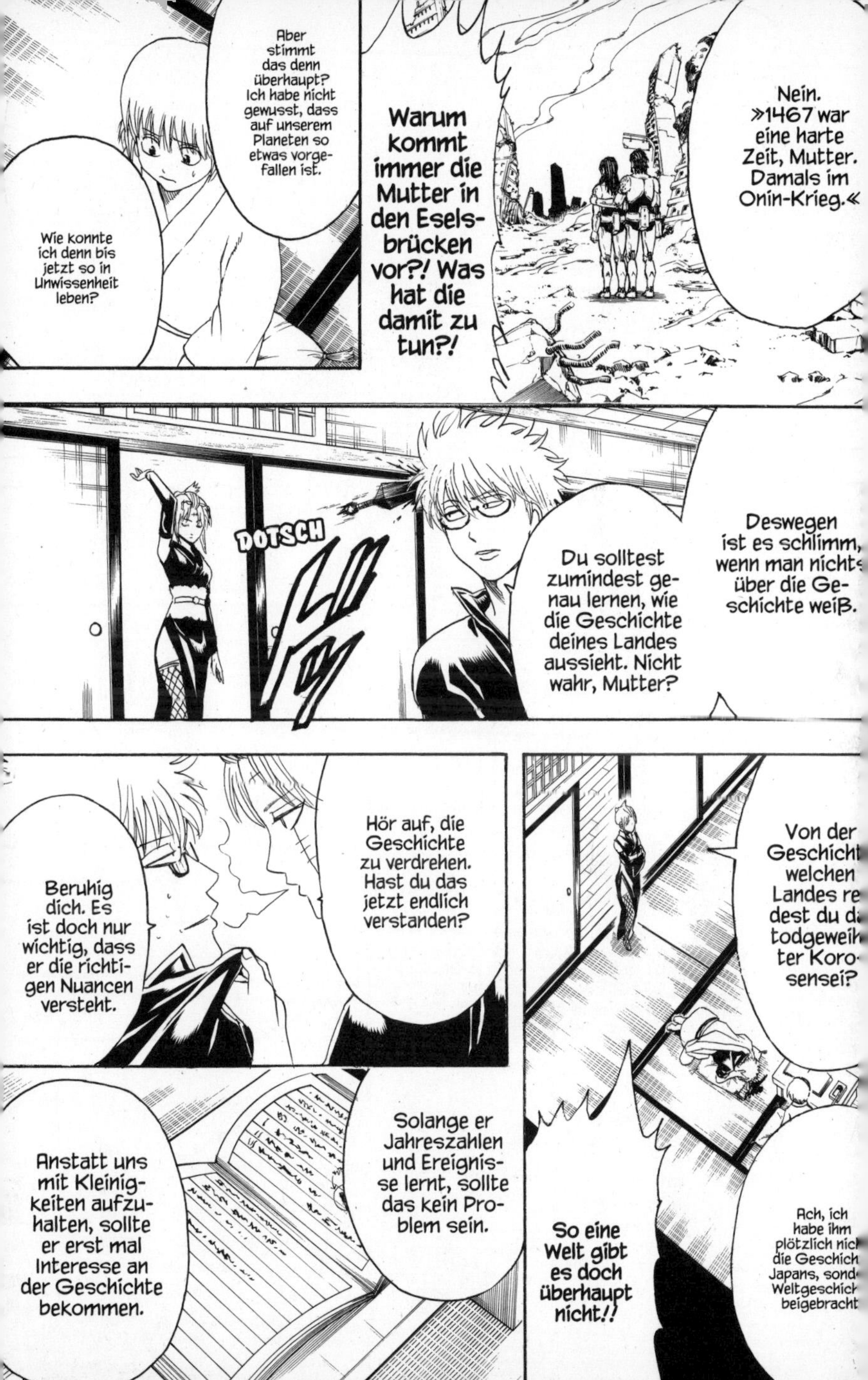
Nein. »1467 war eine harte Zeit, Mutter. Damals im Onin-Krieg.«
Warum kommt immer die Mutter in den Eselsbrücken vor?! Was hat die damit zu tun?!
Aber stimmt das denn überhaupt? Ich habe nicht gewusst, dass auf unserem Planeten so etwas vorgefallen ist.
Wie konnte ich denn bis jetzt so in Unwissenheit leben?
Deswegen ist es schlimm, wenn man nichts über die Geschichte weiß.
Du solltest zumindest genau lernen, wie die Geschichte deines Landes aussieht. Nicht wahr, Mutter?
DOTSCH
Von der Geschicht welchen Landes re dest du d todgeweih ter Koro-sensei?
Hör auf, die Geschichte zu verdrehen. Hast du das jetzt endlich verstanden?
Beruhig dich. Es ist doch nur wichtig, dass er die richtigen Nuancen versteht.
Ach, ich habe ihm plötzlich nich die Geschich Japans, sonde Weltgeschich beigebracht
So eine Welt gibt es doch überhaupt nicht!!
Solange er Jahreszahlen und Ereignisse lernt, sollte das kein Problem sein.
Anstatt uns mit Kleinigkeiten aufzuhalten, sollte er erst mal Interesse an der Geschichte bekommen.

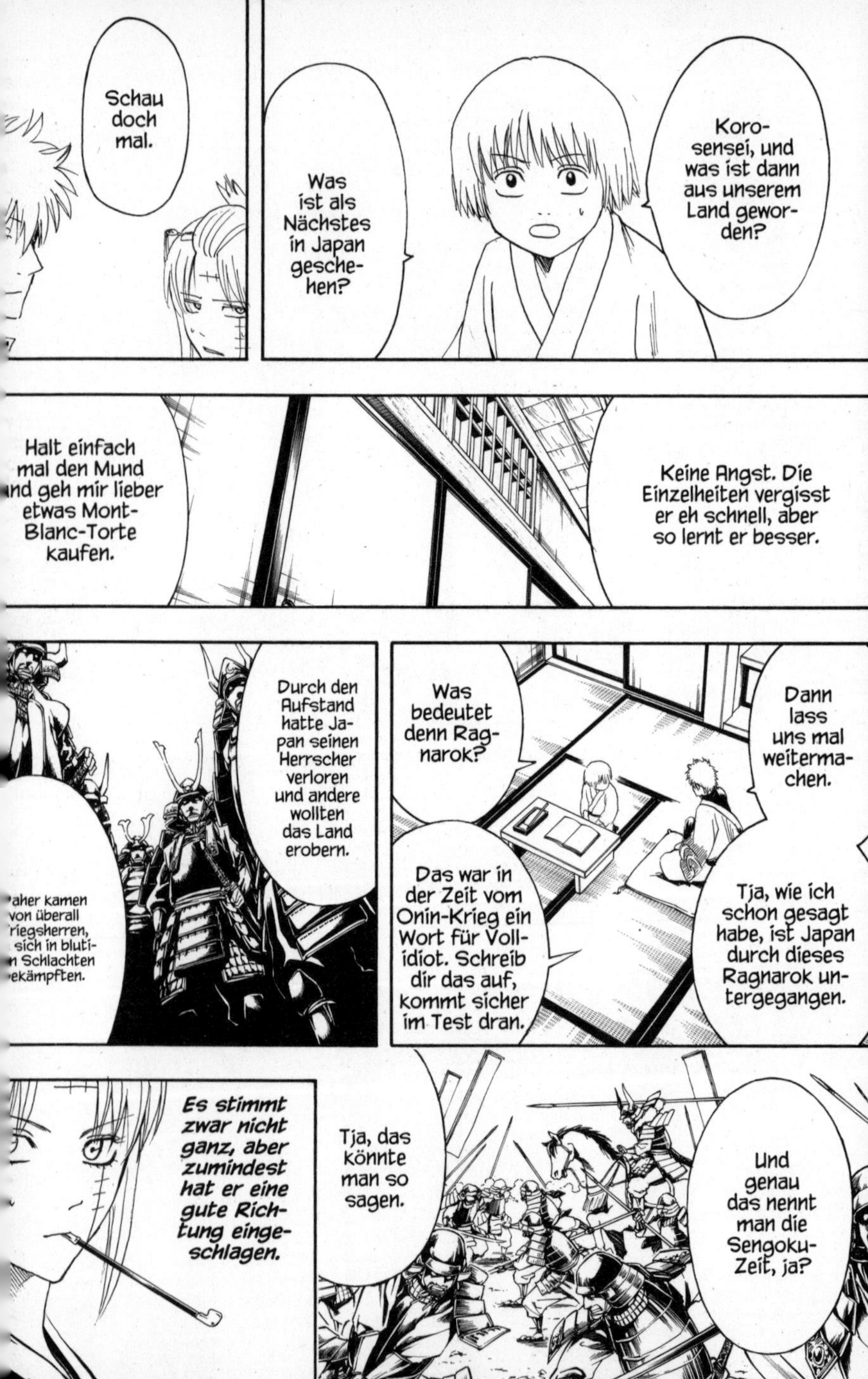
Koro-sensei, und was ist dann aus unserem Land geworden?
Was ist als Nächstes in Japan geschehen?
Schau doch mal.
Keine Angst. Die Einzelheiten vergisst er eh schnell, aber so lernt er besser.
Halt einfach mal den Mund und geh mir lieber etwas Mont-Blanc-Torte kaufen.
Dann lass uns mal weitermachen.
Tja, wie ich schon gesagt habe, ist Japan durch dieses Ragnarok untergegangen.
Was bedeutet denn Ragnarok?
Das war in der Zeit vom Onin-Krieg ein Wort für Vollidiot. Schreib dir das auf, kommt sicher im Test dran.
Durch den Aufstand hatte Japan seinen Herrscher verloren und andere wollten das Land erobern.
aher kamen von überall riegsherren, sich in bluti- n Schlachten ekämpften.
Und genau das nennt man die Sengoku-Zeit, ja?
Tja, das könnte man so sagen.
Es stimmt zwar nicht ganz, aber zumindest hat er eine gute Richtung eingeschlagen.

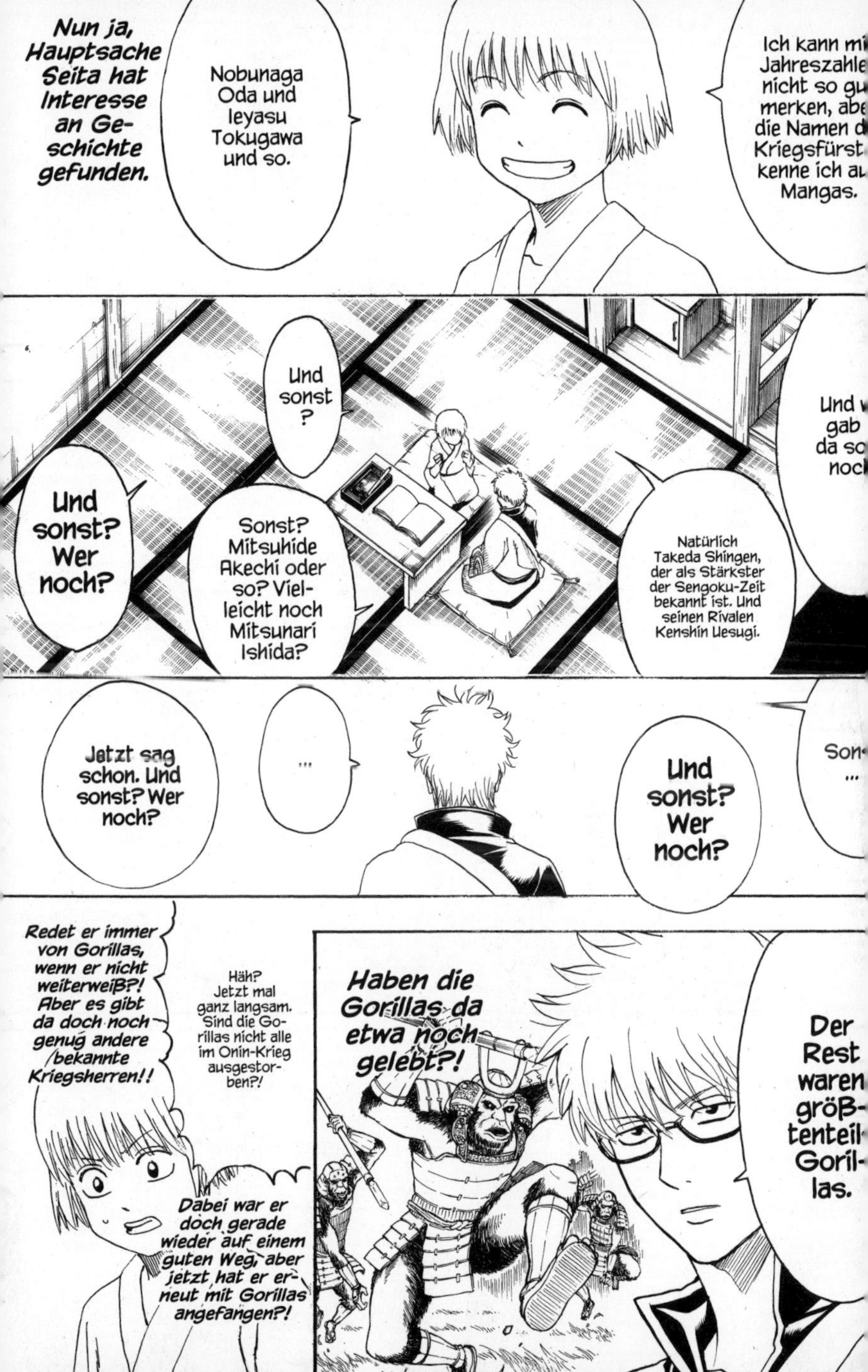
Ich kann mi Jahreszahle nicht so gu merken, abe die Namen d Kriegsfürst kenne ich au Mangas.
Nobunaga Oda und Ieyasu Tokugawa und so.
Nun ja, Hauptsache Seita hat Interesse an Geschichte gefunden.
Und w gab da so noc
Natürlich Takeda Shingen, der als Stärkster der Sengoku-Zeit bekannt ist. Und seinen Rivalen Kenshin Uesugi.
Und sonst?
Sonst? Mitsuhide Akechi oder so? Vielleicht noch Mitsunari Ishida?
Und sonst? Wer noch?
Son ...
Und sonst? Wer noch?
...
Jetzt sag schon. Und sonst? Wer noch?
Der Rest waren größtenteil Gorillas.
Haben die Gorillas da etwa noch gelebt?!
Häh? Jetzt mal ganz langsam. Sind die Gorillas nicht alle im Onin-Krieg ausgestorben?!
Redet er immer von Gorillas, wenn er nicht weiterweiß?! Aber es gibt da doch noch genug andere bekannte Kriegsherren!!
Dabei war er doch gerade wieder auf einem guten Weg, aber jetzt hat er erneut mit Gorillas angefangen?!

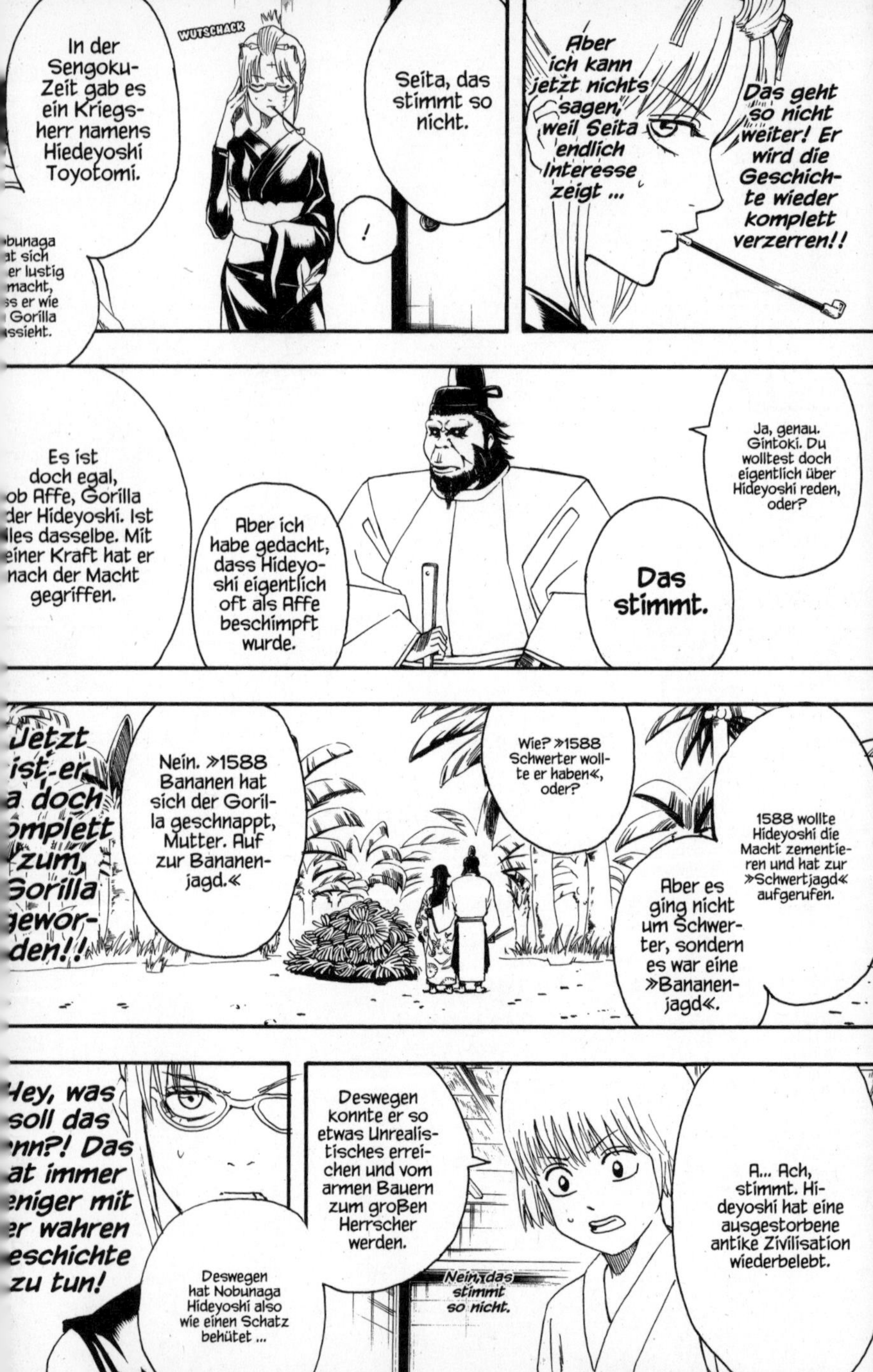

Das geht so nicht weiter! Er wird die Geschichte wieder komplett verzerren!!
Aber ich kann jetzt nichts sagen, weil Seita endlich Interesse zeigt ...
Seita, das stimmt so nicht.
!
WUTSCHACK
In der Sengoku-Zeit gab es ein Kriegsherr namens Hideyoshi Toyotomi.
Ja, genau. Gintoki. Du wolltest doch eigentlich über Hideyoshi reden, oder?
Das stimmt.
Aber ich habe gedacht, dass Hideyoshi eigentlich oft als Affe beschimpft wurde.
Es ist doch egal, ob Affe, Gorilla der Hideyoshi. Ist les dasselbe. Mit einer Kraft hat er nach der Macht gegriffen.
1588 wollte Hideyoshi die Macht zementieren und hat zur »Schwertjagd« aufgerufen.
Aber es ging nicht um Schwerter, sondern es war eine »Bananenjagd«.
Wie? »1588 Schwerter wollte er haben«, oder?
Nein. »1588 Bananen hat sich der Gorilla geschnappt, Mutter. Auf zur Bananenjagd.«
Jetzt ist er a doch omplett zum Gorilla geworden!!
A... Ach, stimmt. Hideyoshi hat eine ausgestorbene antike Zivilisation wiederbelebt.
Nein, das stimmt so nicht.
Deswegen konnte er so etwas Unrealistisches erreichen und vom armen Bauern zum großen Herrscher werden.
Deswegen hat Nobunaga Hideyoshi also wie einen Schatz behütet ...
Hey, was soll das nn?! Das at immer eniger mit er wahren eschichte zu tun!

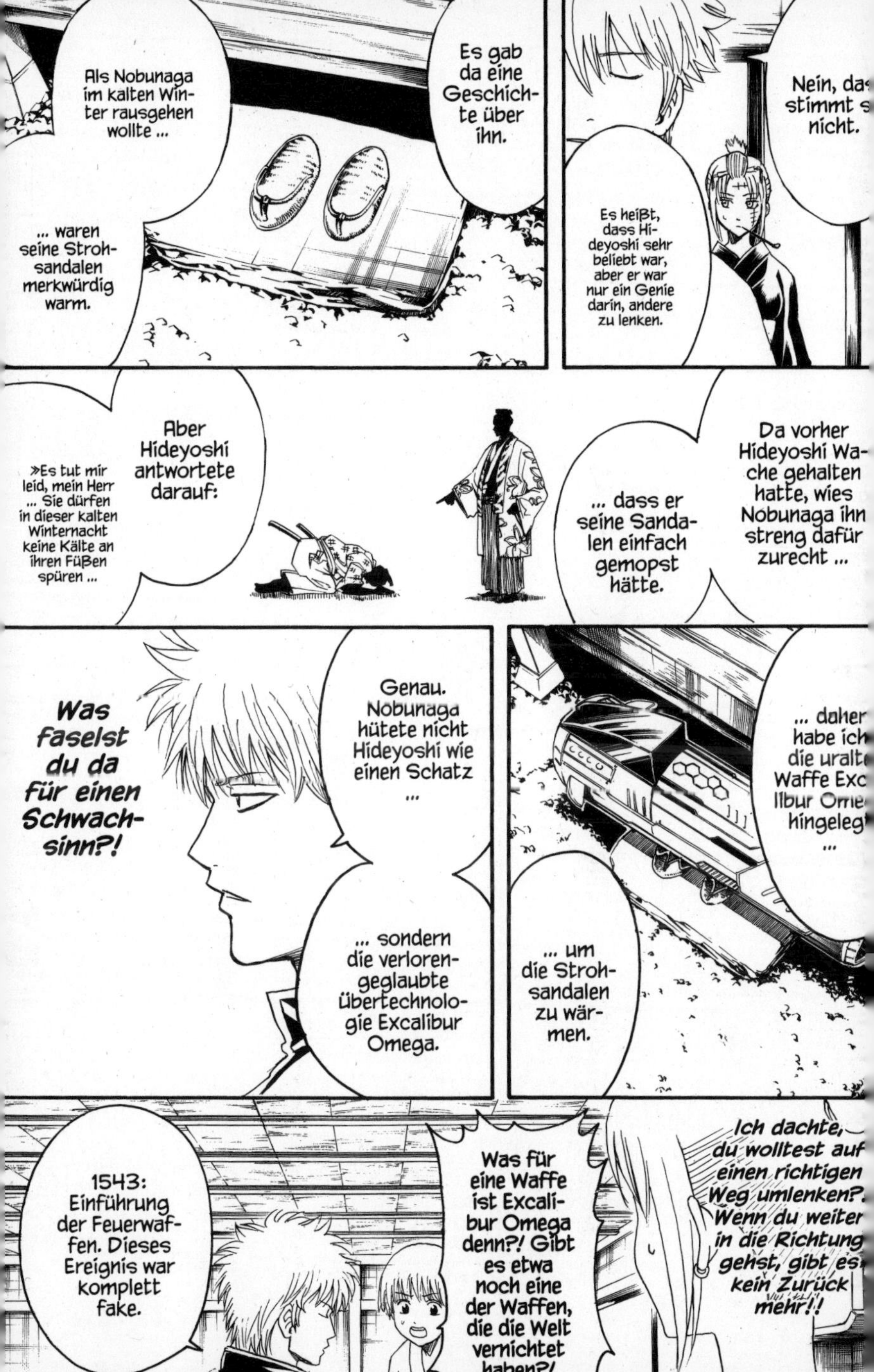

Nein, das stimmt s nicht.
Es heißt, dass Hideyoshi sehr beliebt war, aber er war nur ein Genie darin, andere zu lenken.
Es gab da eine Geschichte über ihn.
Als Nobunaga im kalten Winter rausgehen wollte ...
... waren seine Strohsandalen merkwürdig warm.
Da vorher Hideyoshi Wache gehalten hatte, wies Nobunaga ihn streng dafür zurecht ...
... dass er seine Sandalen einfach gemopst hätte.
Aber Hideyoshi antwortete darauf:
»Es tut mir leid, mein Herr ... Sie dürfen in dieser kalten Winternacht keine Kälte an ihren Füßen spüren ...
... daher habe ich die uralt Waffe Exc llbur Ome hingeleg ...
... um die Strohsandalen zu wärmen.
Genau. Nobunaga hütete nicht Hideyoshi wie einen Schatz ...
... sondern die verlorengeglaubte Übertechnologie Excalibur Omega.
Was faselst du da für einen Schwachsinn?!
Ich dachte, du wolltest auf einen richtigen Weg umlenken?! Wenn du weiter in die Richtung gehst, gibt es kein Zurück mehr!!
Was für eine Waffe ist Excalibur Omega denn?! Gibt es etwa noch eine der Waffen, die die Welt vernichtet haben?!
1543: Einführung der Feuerwaffen. Dieses Ereignis war komplett fake.

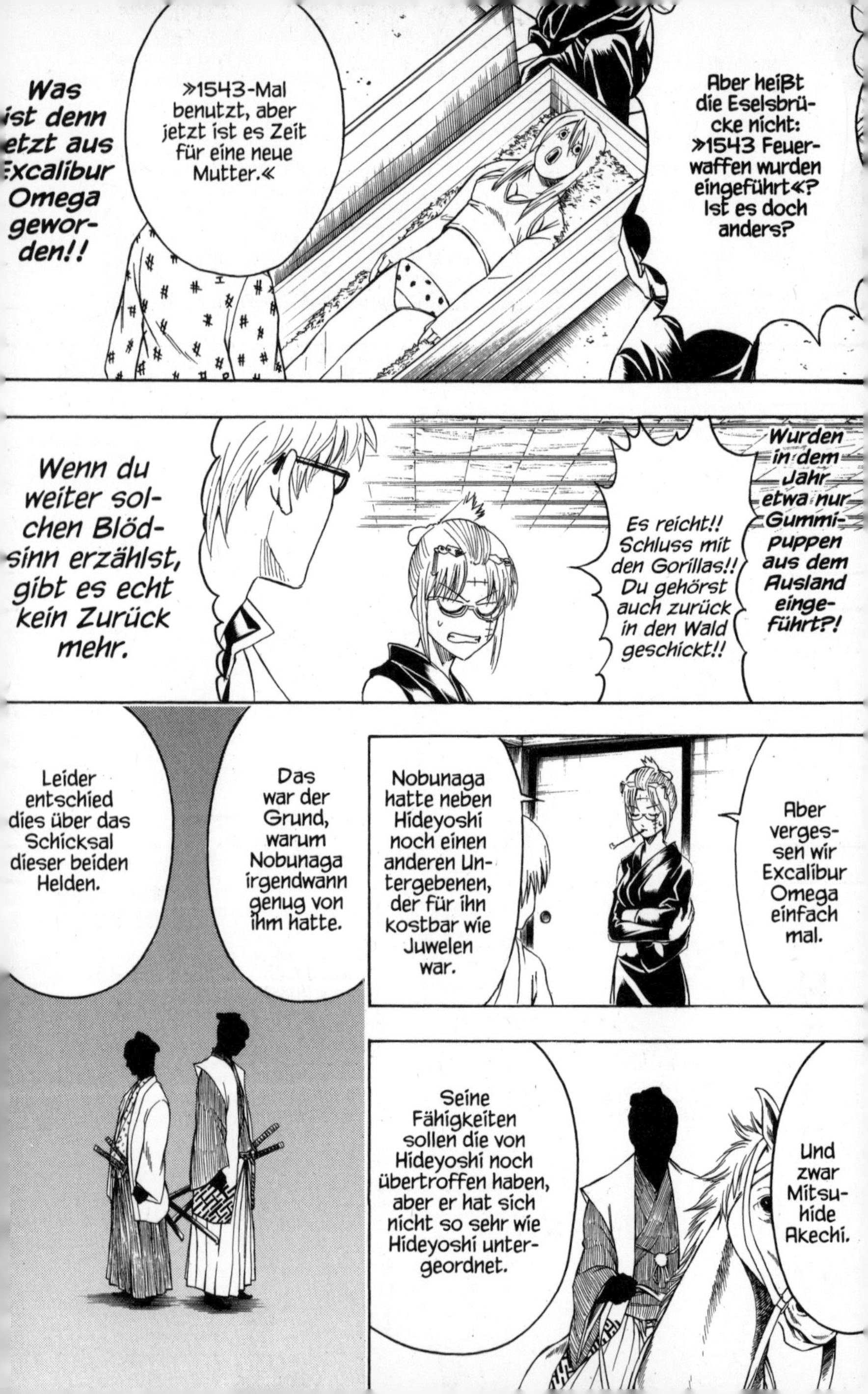

Aber heißt die Eselsbrücke nicht: »1543 Feuerwaffen wurden eingeführt«? Ist es doch anders?

»1543-Mal benutzt, aber jetzt ist es Zeit für eine neue Mutter.«

Was ist denn jetzt aus Excalibur Omega geworden!!

Wurden in dem Jahr etwa nur Gummipuppen aus dem Ausland eingeführt?!

Es reicht!! Schluss mit den Gorillas!! Du gehörst auch zurück in den Wald geschickt!!

Wenn du weiter solchen Blödsinn erzählst, gibt es echt kein Zurück mehr.

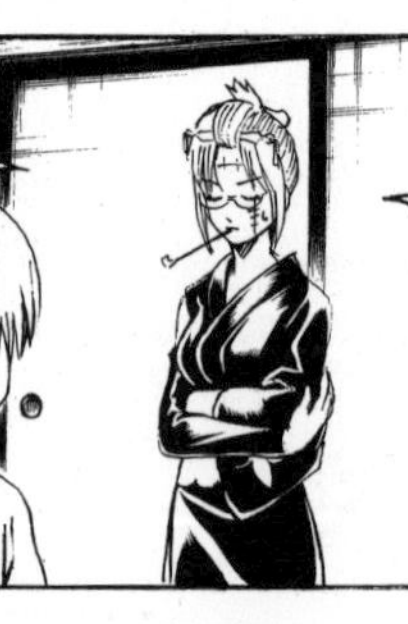

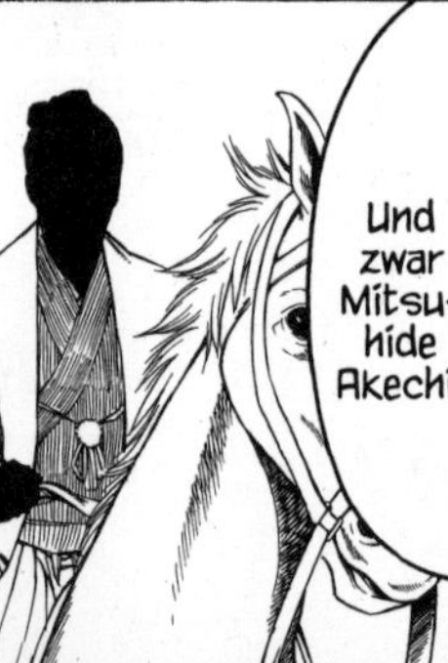

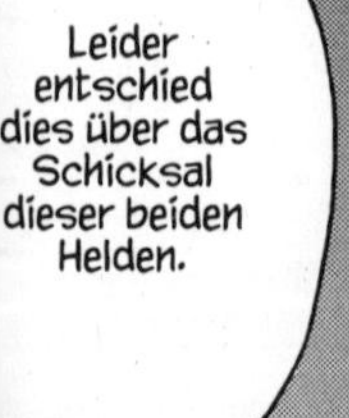

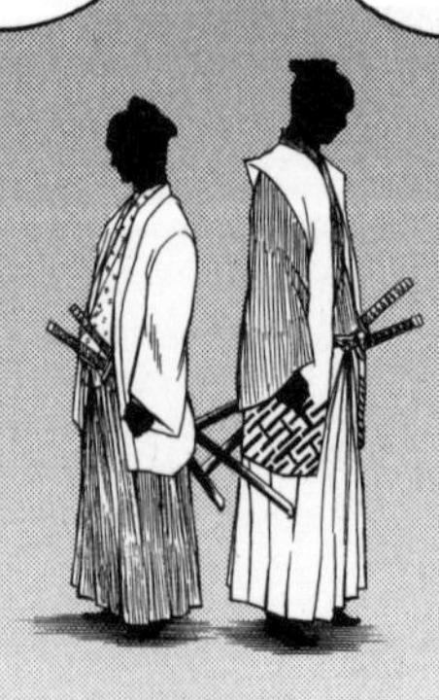

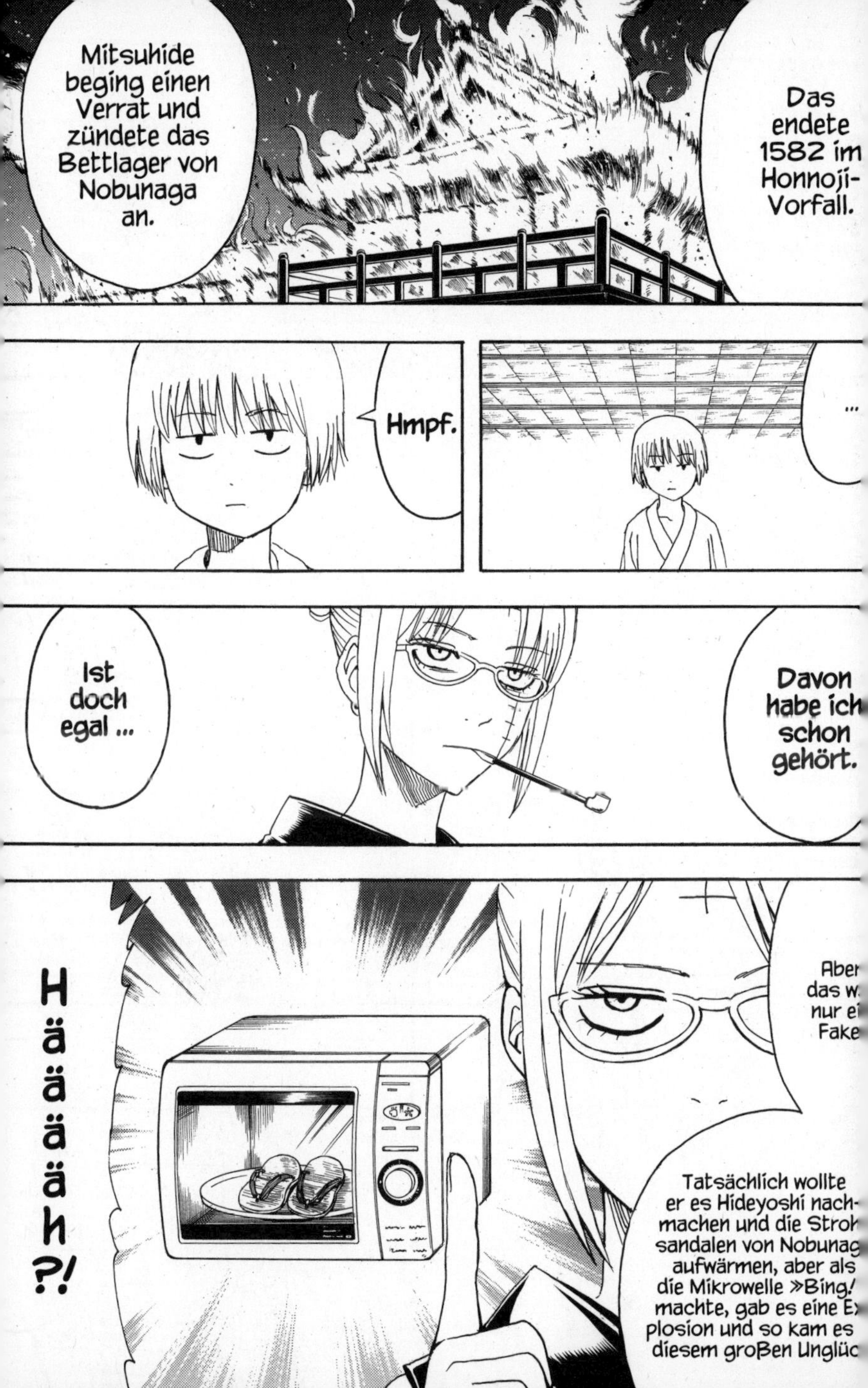
Das endete 1582 im Honnoji-Vorfall.
Mitsuhide beging einen Verrat und zündete das Bettlager von Nobunaga an.
...
Hmpf.
Davon habe ich schon gehört.
Ist doch egal ...
Aber das w nur ei Fake
Tatsächlich wollte er es Hideyoshi nach-machen und die Stroh sandalen von Nobunag aufwärmen, aber als die Mikrowelle »Bing!« machte, gab es eine Ex plosion und so kam es diesem großen Unglüc
Hääääh?!

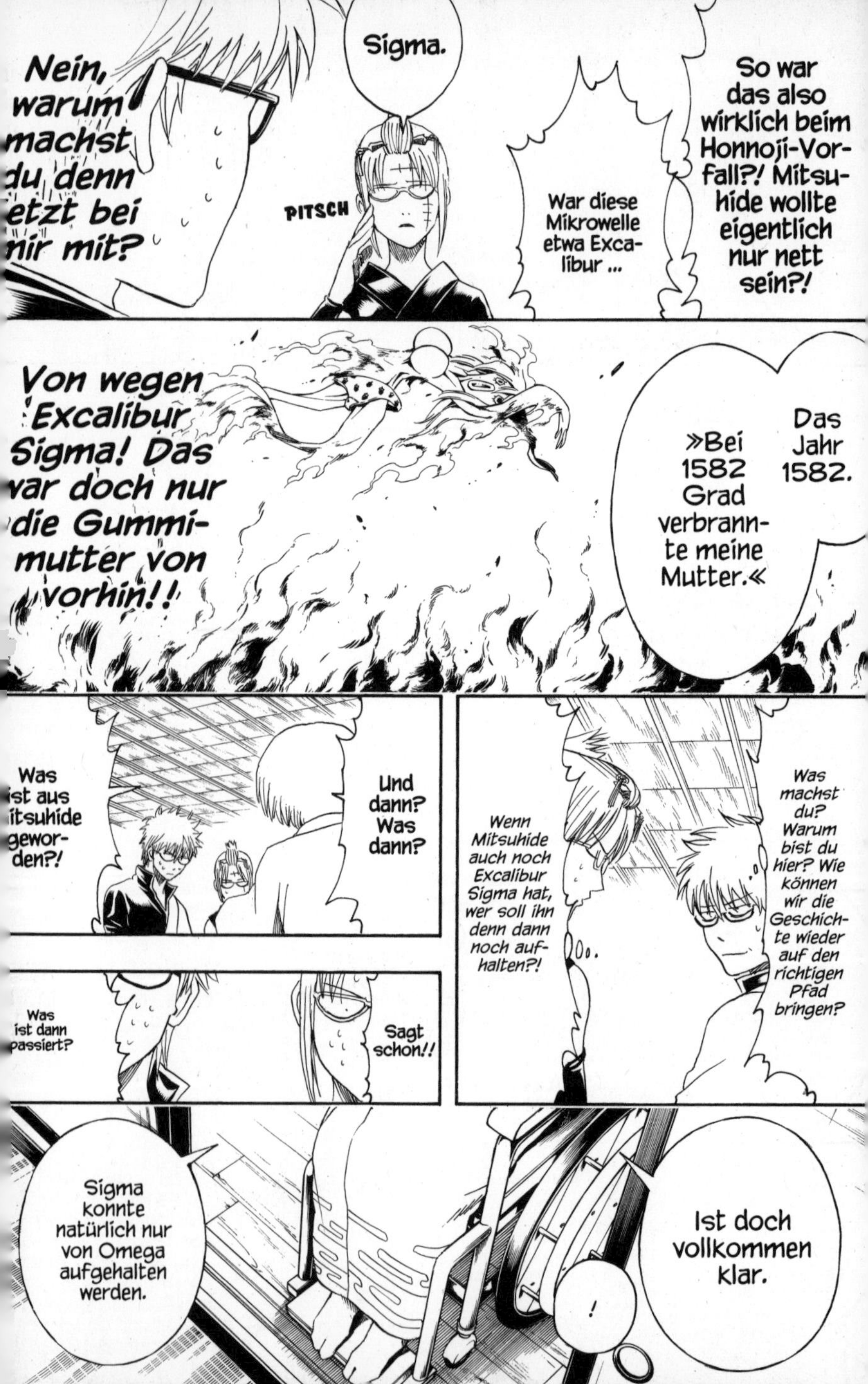
So war das also wirklich beim Honnoji-Vorfall?! Mitsuhide wollte eigentlich nur nett sein?!
War diese Mikrowelle etwa Excalibur ...
Sigma.
PITSCH
Nein, warum machst du denn etzt bei nir mit?
Das Jahr 1582.
»Bei 1582 Grad verbrannte meine Mutter.«
Von wegen Excalibur Sigma! Das var doch nur die Gummimutter von vorhin!!
Was machst du? Warum bist du hier? Wie können wir die Geschichte wieder auf den richtigen Pfad bringen?
Wenn Mitsuhide auch noch Excalibur Sigma hat, wer soll ihn denn dann noch aufhalten?!
Und dann? Was dann?
Was ist aus itsuhide geworden?!
Sagt schon!!
Was ist dann passiert?
Ist doch vollkommen klar.
!
Sigma konnte natürlich nur von Omega aufgehalten werden.

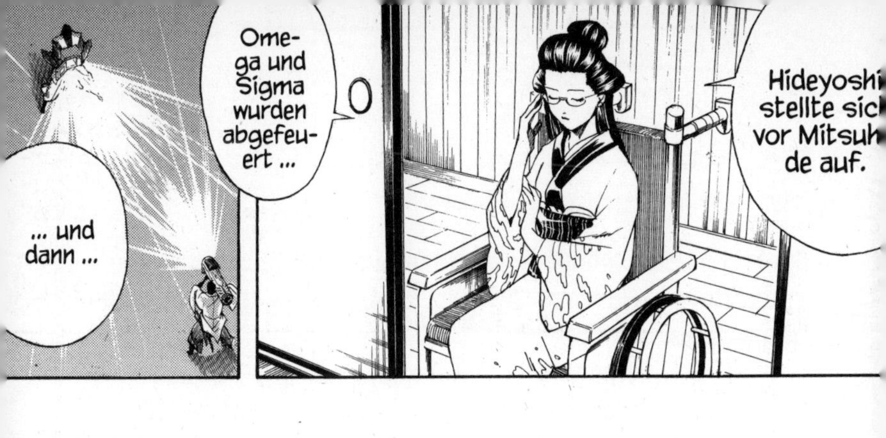

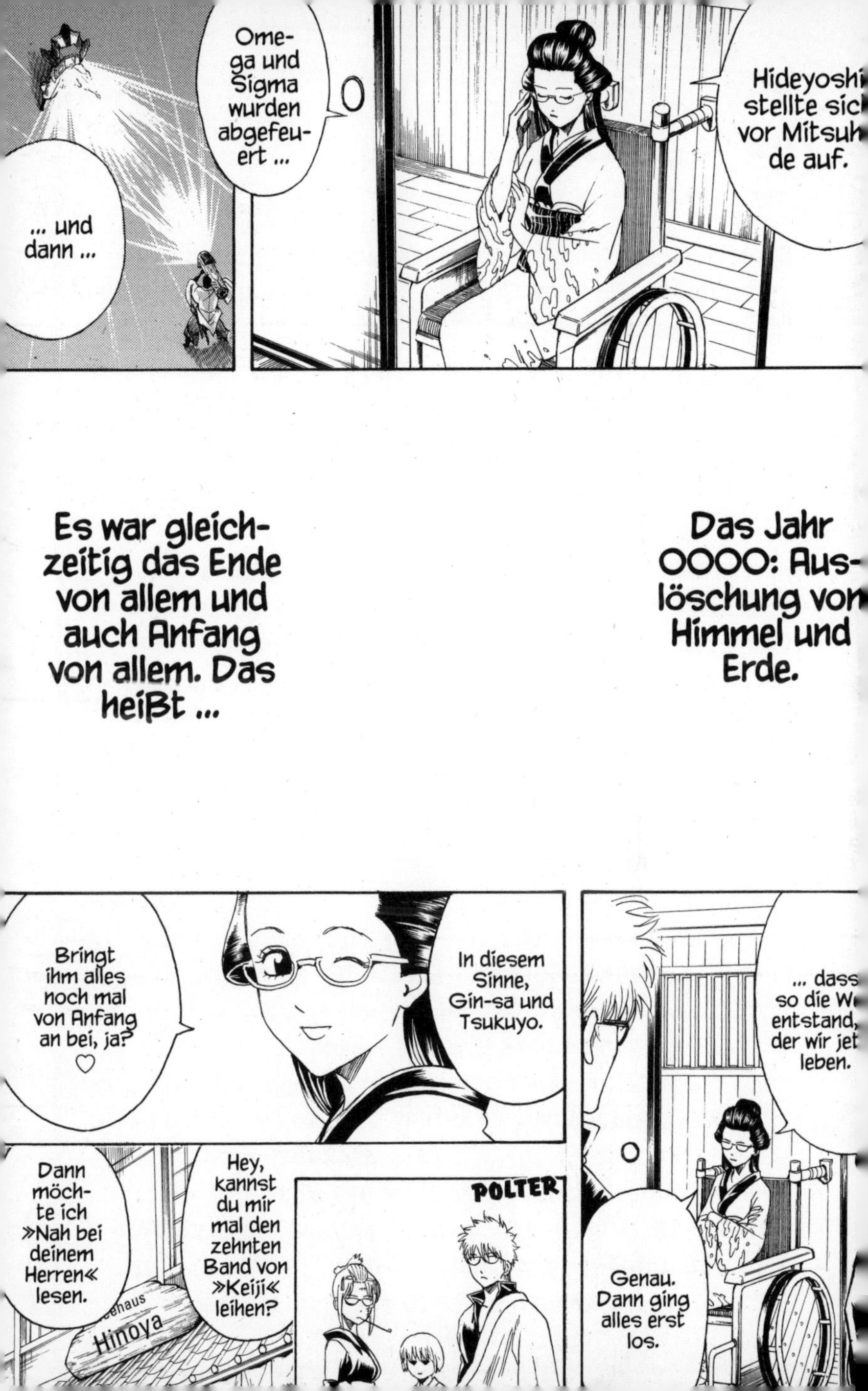

Das Jahr OOOO: Auslöschung von Himmel und Erde.

Es war gleichzeitig das Ende von allem und auch Anfang von allem. Das heißt ...

... dass so die W entstand, der wir jet leben.

In diesem Sinne, Gin-sa und Tsukuyo.

Bringt ihm alles noch mal von Anfang an bei, ja? ♡

Genau. Dann ging alles erst los.

POLTER

Hey, kannst du mir mal den zehnten Band von »Keiji« leihen?

Dann möchte ich »Nah bei deinem Herren« lesen.

Hinoya

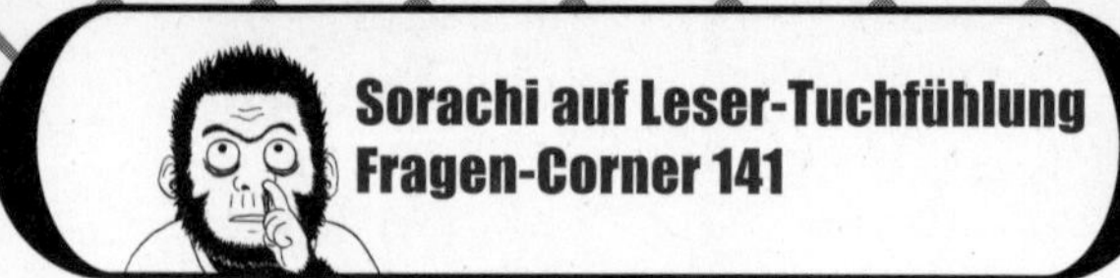

(Frage von »Ayato Morisu« aus Ibaraki)

Sorachi-sensei, schenken Sie mir bitte Gehör. Meine jüngere Schwester sagt in letzter Zeit immer: »Also persönlich finde ich ...« Bisher hat mich das eigentlich nicht gestört, aber jetzt nervt es mich, weil sie es ständig sagt. Ich habe ihr gesagt, dass sie es lassen soll, aber sie hört nicht. Sorachi-sensei, sprechen Sie meiner Schwester gegenüber doch mal ein Machtwort.

(Antwort)

Also persönlich finde ich, dass das eigentlich vollkommen in Ordnung ist. Persönlich ist doch jeder frei. Sicherlich hast du ganz persönlich auch irgendwelche komischen Floskeln, die du ständig verwendest. So ist das nun mal. Als ich auf der Uni war, gab es da jemanden, der immer »Wenn ich so frei sein darf ...« gesagt hat. Das passierte so häufig, dass er von anderen der »Wenn ich so frei sein darf«-Typ genannt wurde. Also persönlich fand ich diesen Umstand ziemlich ärgerlich. Irgendwie klingt man voll wie ein Weichei, wenn man immer »Wenn ich so frei sein darf« sagt. Daher haben wir ihm einfach mal verboten das zu sagen, aber meinten auch zu ihm, dass er es ganz sicher wieder sagen würden. Also persönlich finde ich, dass das vielleicht keine gute Lösung war. Und was soll es überhaupt heißen, dass er so frei sein darf? Etwa wie ein Gorilla? Etwa wie ein Gorilla, der immer Ugh Ugh sagt? Wenn ich neben ihm stand, musste ich ganz unterbewusst immer Ugh Ugh stöhnen. Es hätte fast mein Herz vor Aufregung zerrissen. Lass dich einfach nicht von dem Grunzen deiner Schwester stören und denk lieber darüber nach, wie komisch du dich wie ein Gorilla aufführst. Also persönlich finde ich, dass das jetzt nur mein ganz persönliches Empfinden ist. Tut mir leid.

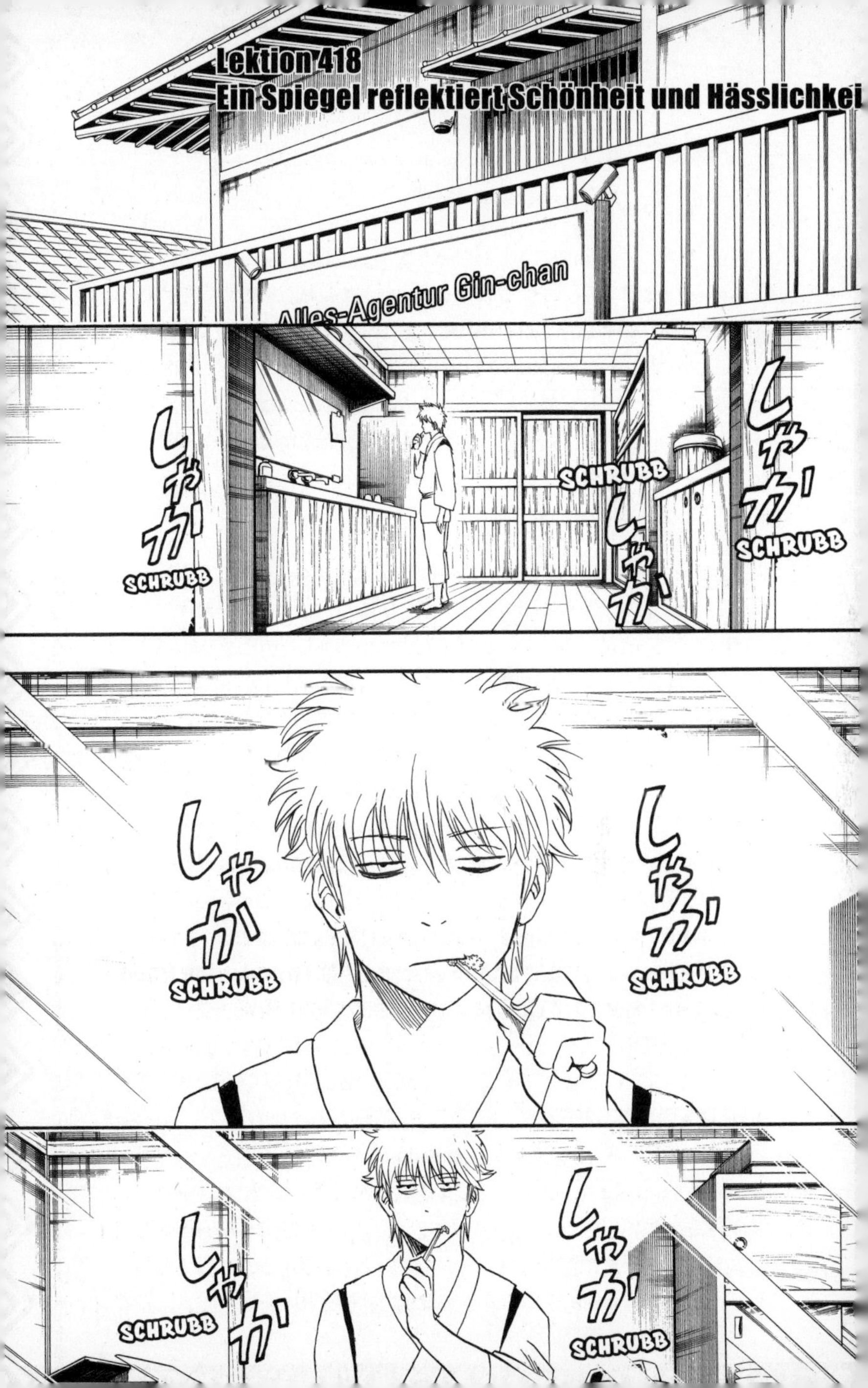
Lektion 418
Ein Spiegel reflektiert Schönheit und Hässlichkei
Alles-Agentur Gin-chan
しゃか
SCHRUBB
SCHRUBB
しゃか
しゃか
SCHRUBB
しゃか
SCHRUBB
しゃか
SCHRUBB
しゃか
SCHRUBB
しゃか
SCHRUBB
しゃか
SCHRUBB

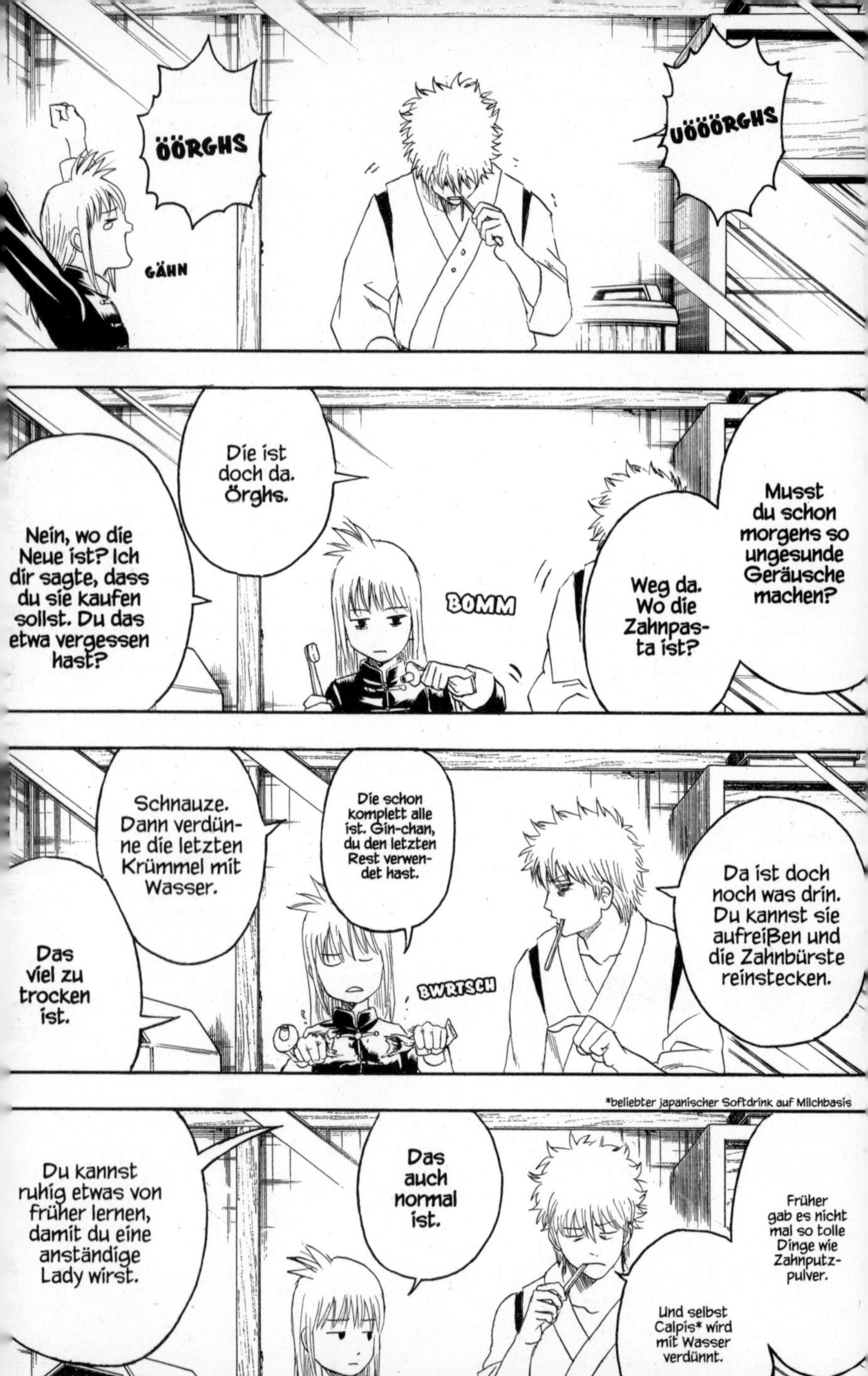

*beliebter japanischer Softdrink auf Milchbasis

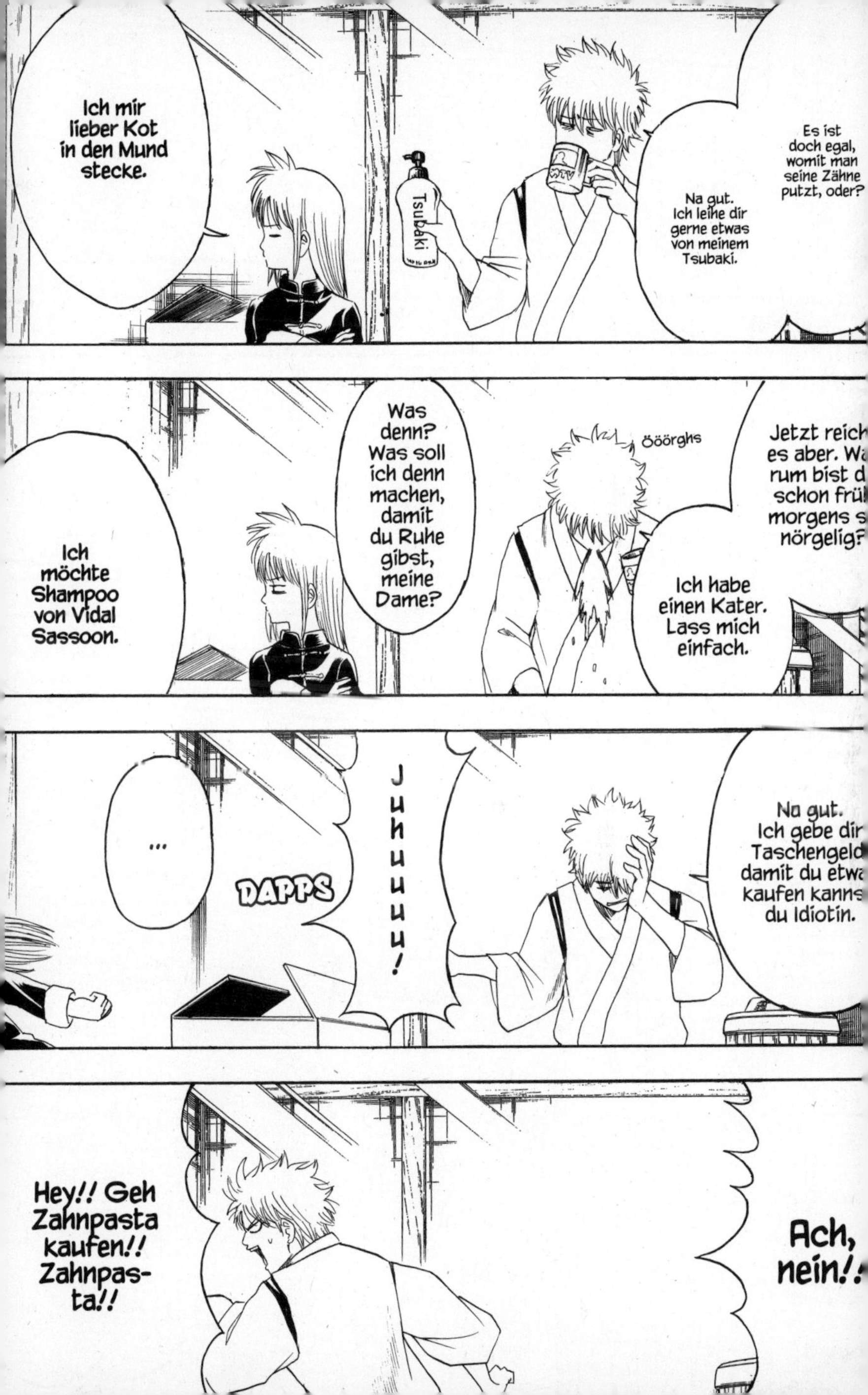

Es ist doch egal, womit man seine Zähne putzt, oder?
Na gut. Ich leihe dir gerne etwas von meinem Tsubaki.
Tsubaki
Ich mir lieber Kot in den Mund stecke.
Jetzt reich es aber. Wa rum bist d schon frü morgens s nörgelig?
Ich habe einen Kater. Lass mich einfach.
Öööörghs
Was denn? Was soll ich denn machen, damit du Ruhe gibst, meine Dame?
Ich möchte Shampoo von Vidal Sassoon.
Na gut. Ich gebe dir Taschengeld damit du etwa kaufen kanns du Idiotin.
Juhuuuuu!
DAPPS
...
Ach, nein!
Hey!! Geh Zahnpasta kaufen!! Zahnpas-ta!!

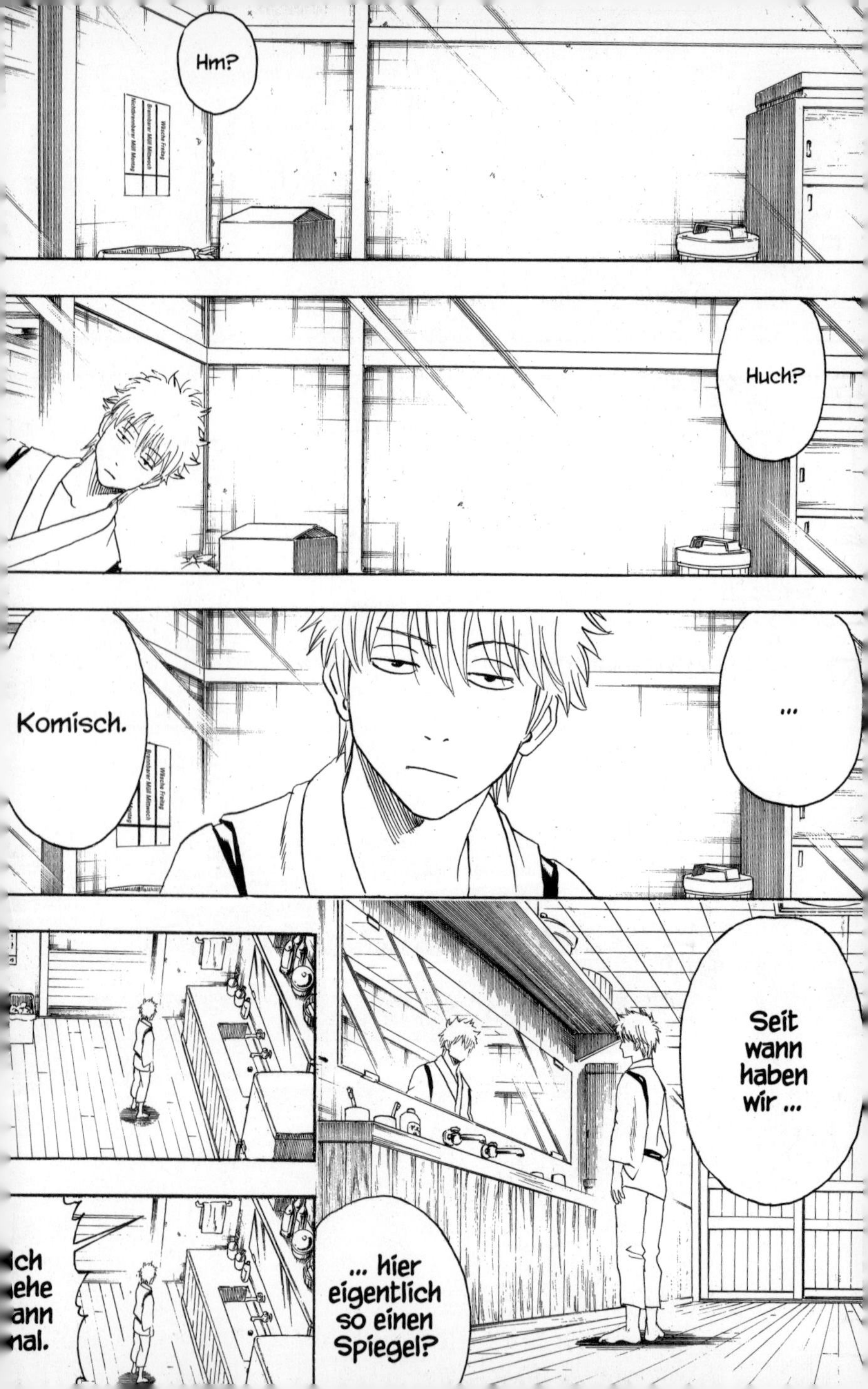
Hm?
Wäsche Freitag
Brennbarer Müll Mittwoch
Nichtbrennbarer Müll Montag
Huch?
...
Komisch.
Seit wann haben wir ...
... hier eigentlich so einen Spiegel?

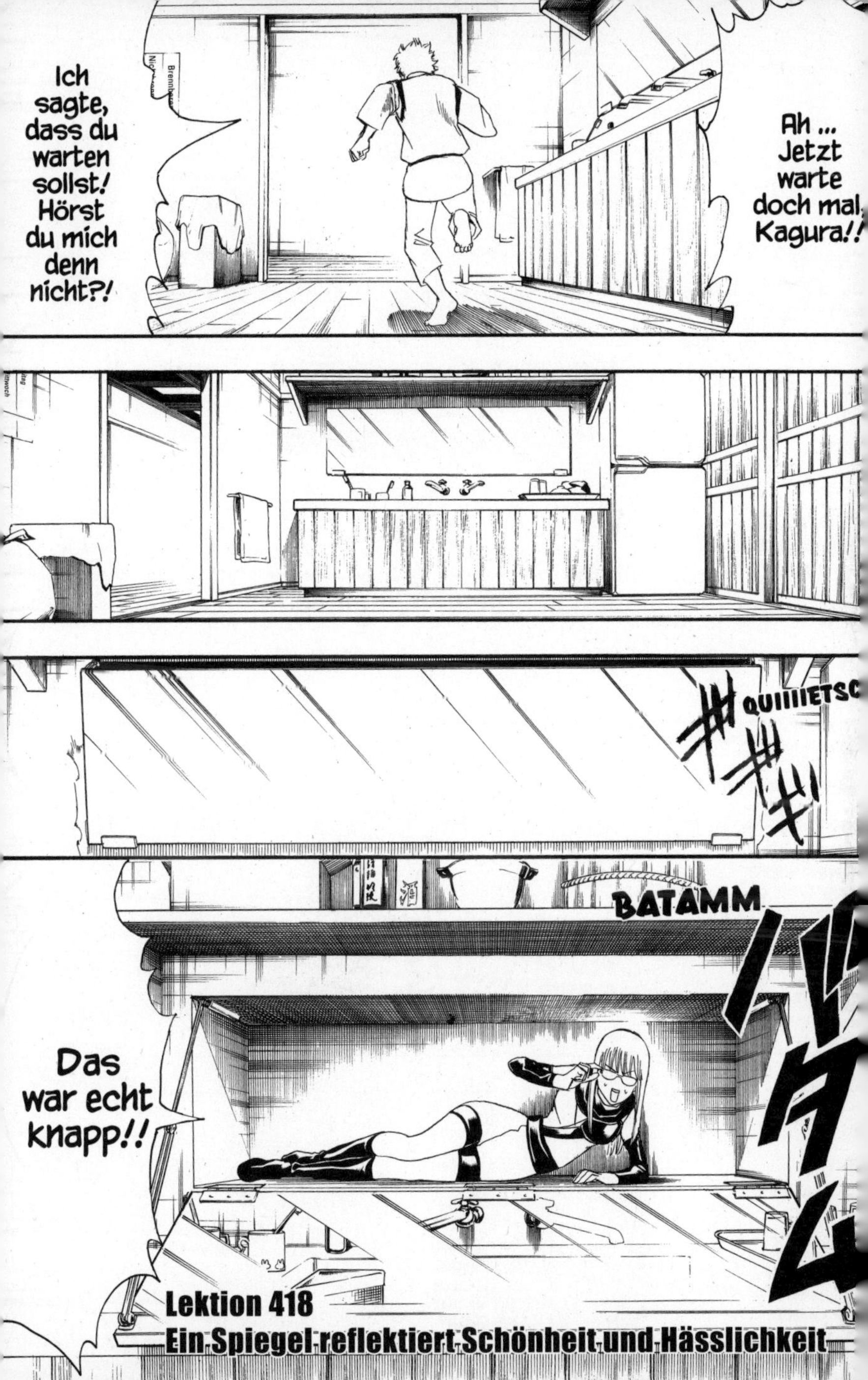
Ah ... Jetzt warte doch mal, Kagura!!
Ich sagte, dass du warten sollst! Hörst du mich denn nicht?!
QUIIIIETSC
BATAMM
Das war echt knapp!!
Lektion 418
Ein Spiegel reflektiert Schönheit und Hässlichkeit

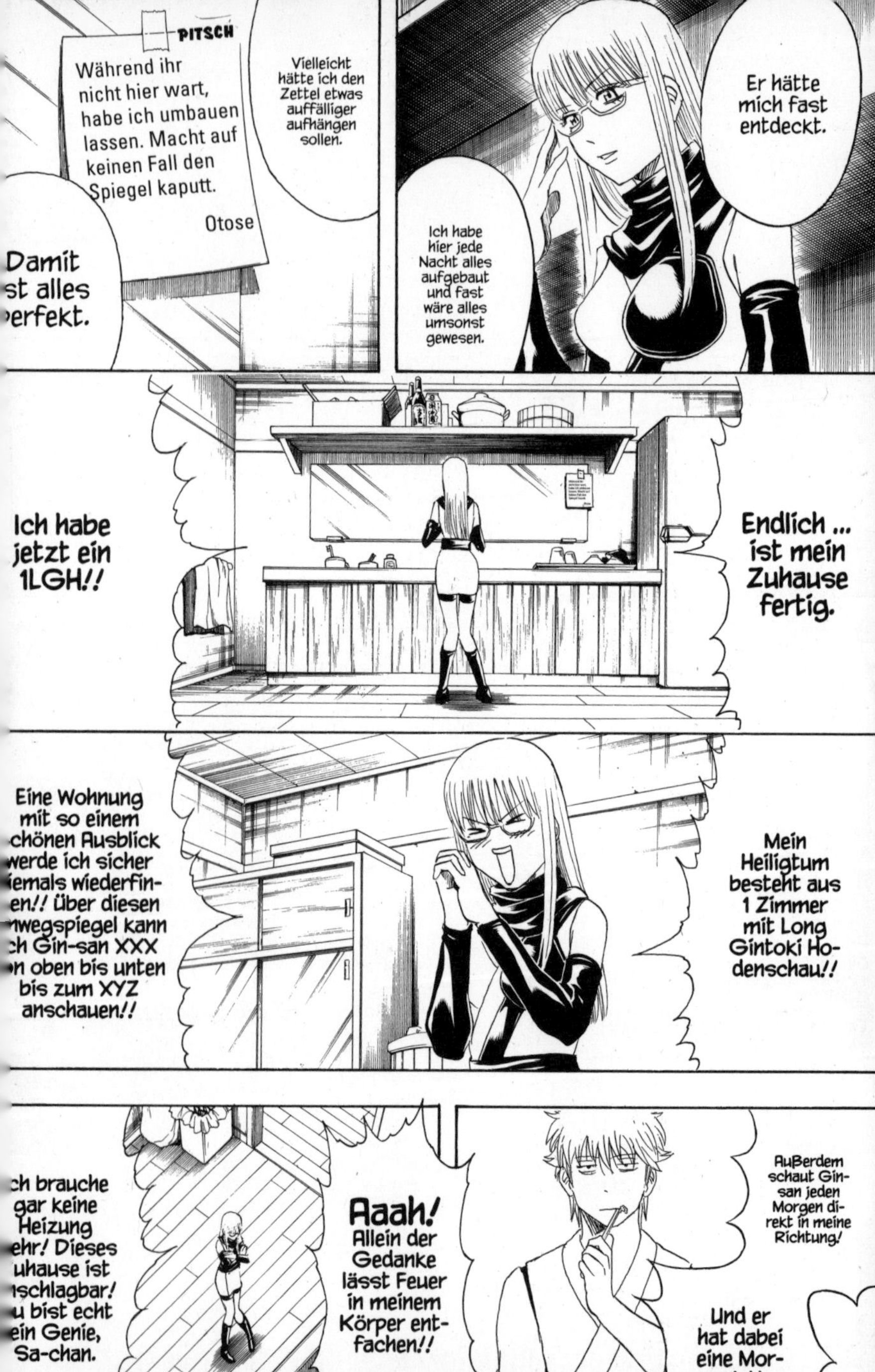

Er hätte mich fast entdeckt.
Ich habe hier jede Nacht alles aufgebaut und fast wäre alles umsonst gewesen.
Vielleicht hätte ich den Zettel etwas auffälliger aufhängen sollen.
PITSCH
Während ihr nicht hier wart, habe ich umbauen lassen. Macht auf keinen Fall den Spiegel kaputt.
Otose
Damit st alles erfekt.
Endlich ... ist mein Zuhause fertig.
Ich habe jetzt ein 1LGH!!
Mein Heiligtum besteht aus 1 Zimmer mit Long Gintoki Hodenschau!!
Eine Wohnung mit so einem chönen Ausblick werde ich sicher iemals wiederfinen!! über diesen nwegspiegel kann ch Gin-san XXX n oben bis unten bis zum XYZ anschauen!!
Außerdem schaut Gin-san jeden Morgen direkt in meine Richtung!
Und er hat dabei eine Morgenlatte.
Aaah! Allein der Gedanke lässt Feuer in meinem Körper entfachen!!
ch brauche gar keine Heizung ehr! Dieses uhause ist schlagbar! u bist echt ein Genie, Sa-chan.

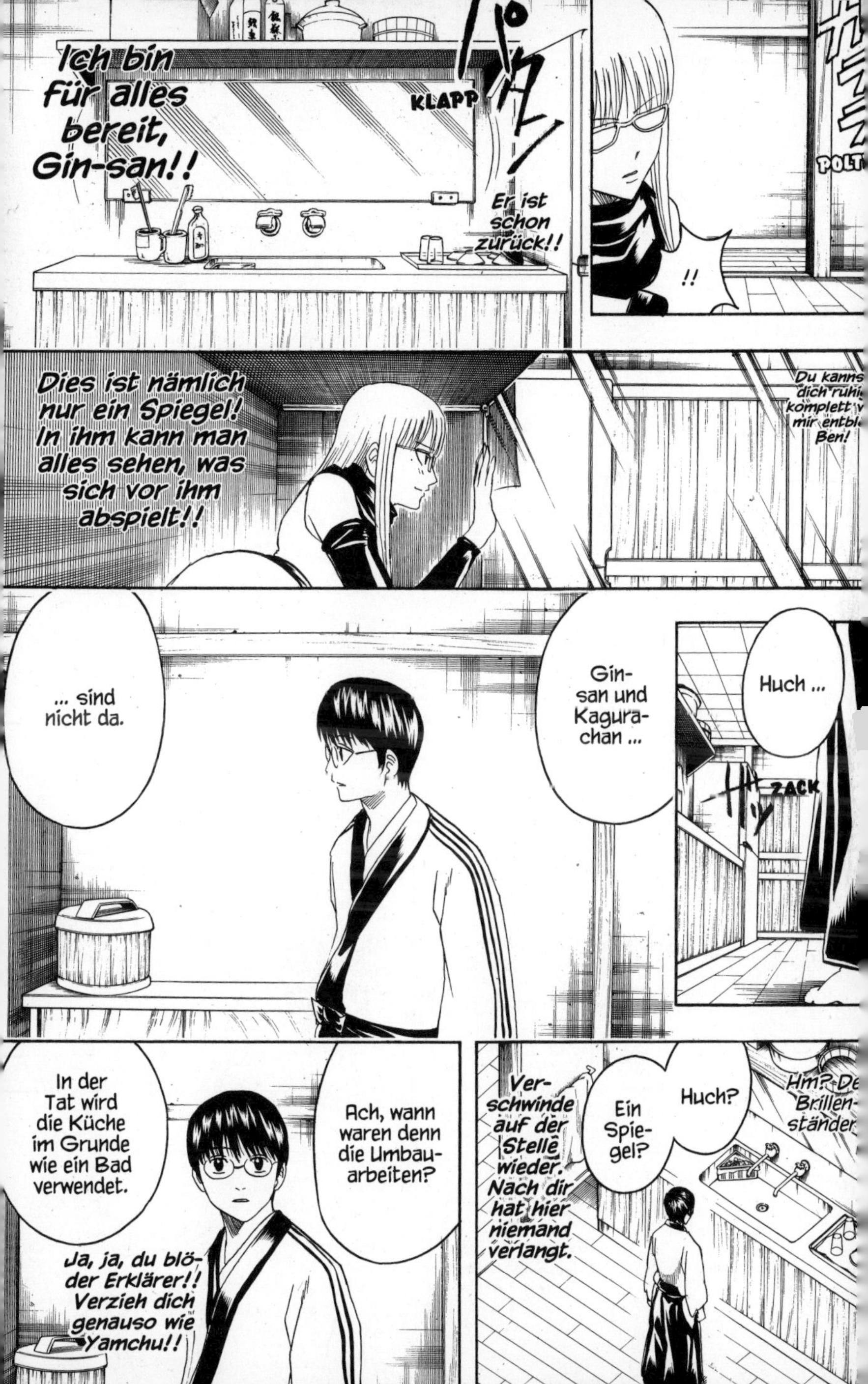
POLT
!!
KLAPP
Er ist schon zurück!!
Ich bin für alles bereit, Gin-san!!
Du kanns dich ruhi komplett v mir entbl ßen!
Dies ist nämlich nur ein Spiegel! In ihm kann man alles sehen, was sich vor ihm abspielt!!
Huch ...
ZACK
Gin-san und Kagura-chan ...
... sind nicht da.
Hm? De Brillenständer
Huch?
Ein Spiegel?
Verschwinde auf der Stelle wieder. Nach dir hat hier niemand verlangt.
Ach, wann waren denn die Umbauarbeiten?
In der Tat wird die Küche im Grunde wie ein Bad verwendet.
Ja, ja, du blöder Erklärer!! Verzieh dich genauso wie Yamchu!!

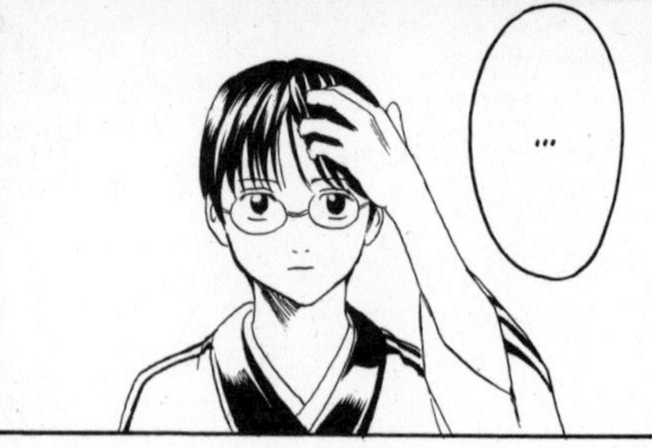

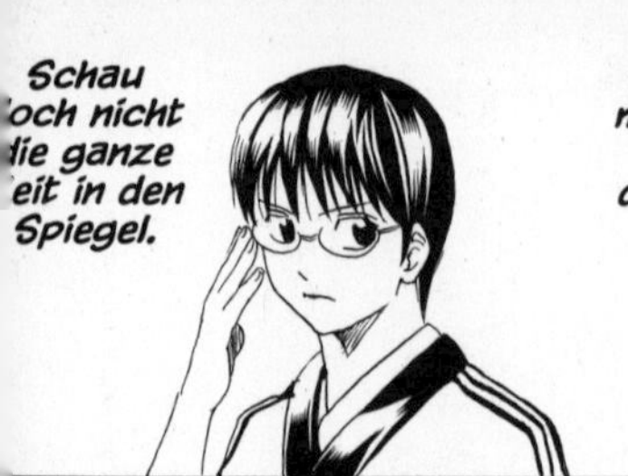

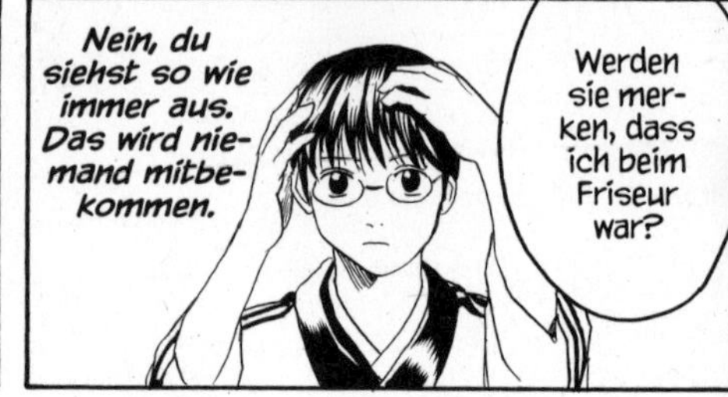

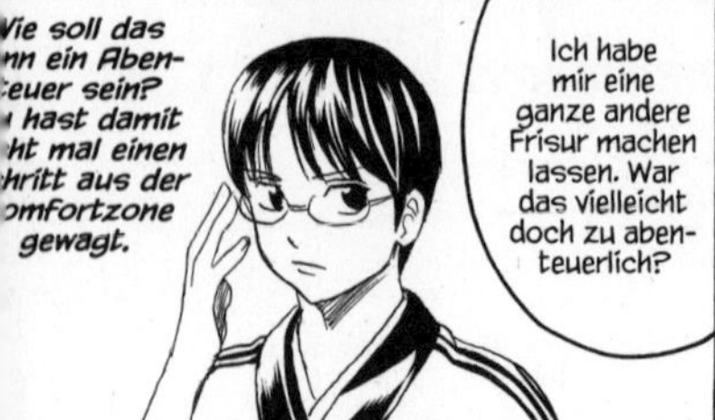

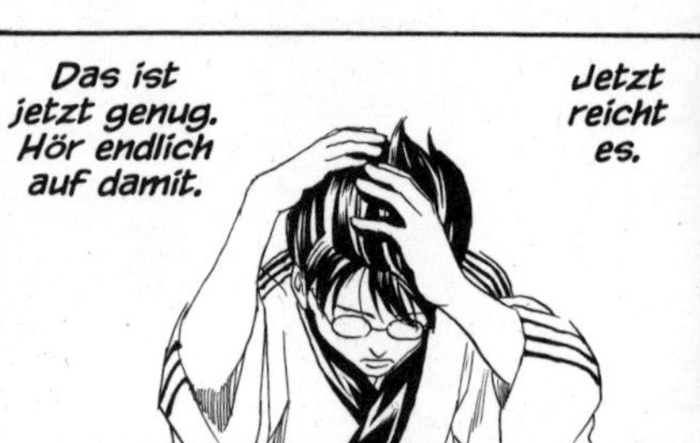

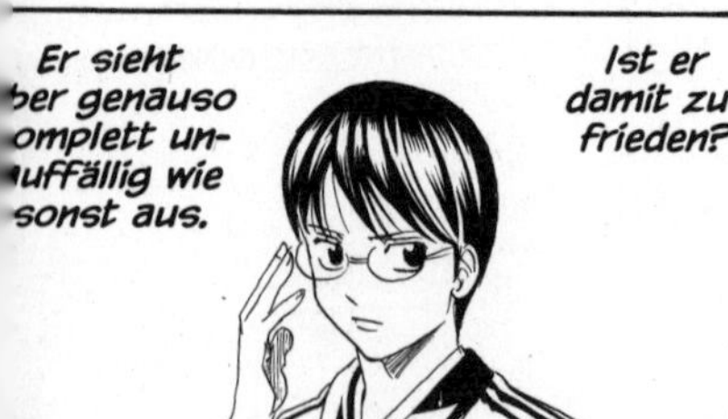

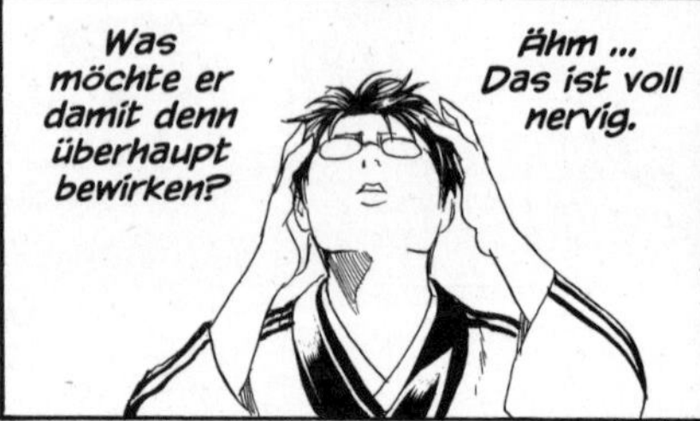

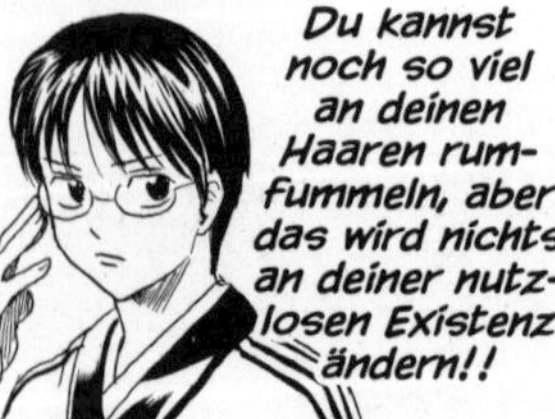

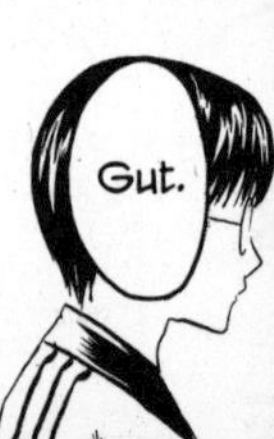

Ich habe gerade die belanglose Fresse eines belanglosen Typen sehen müssen.

ZACK

ZACK

Hm? ommt da jemand?

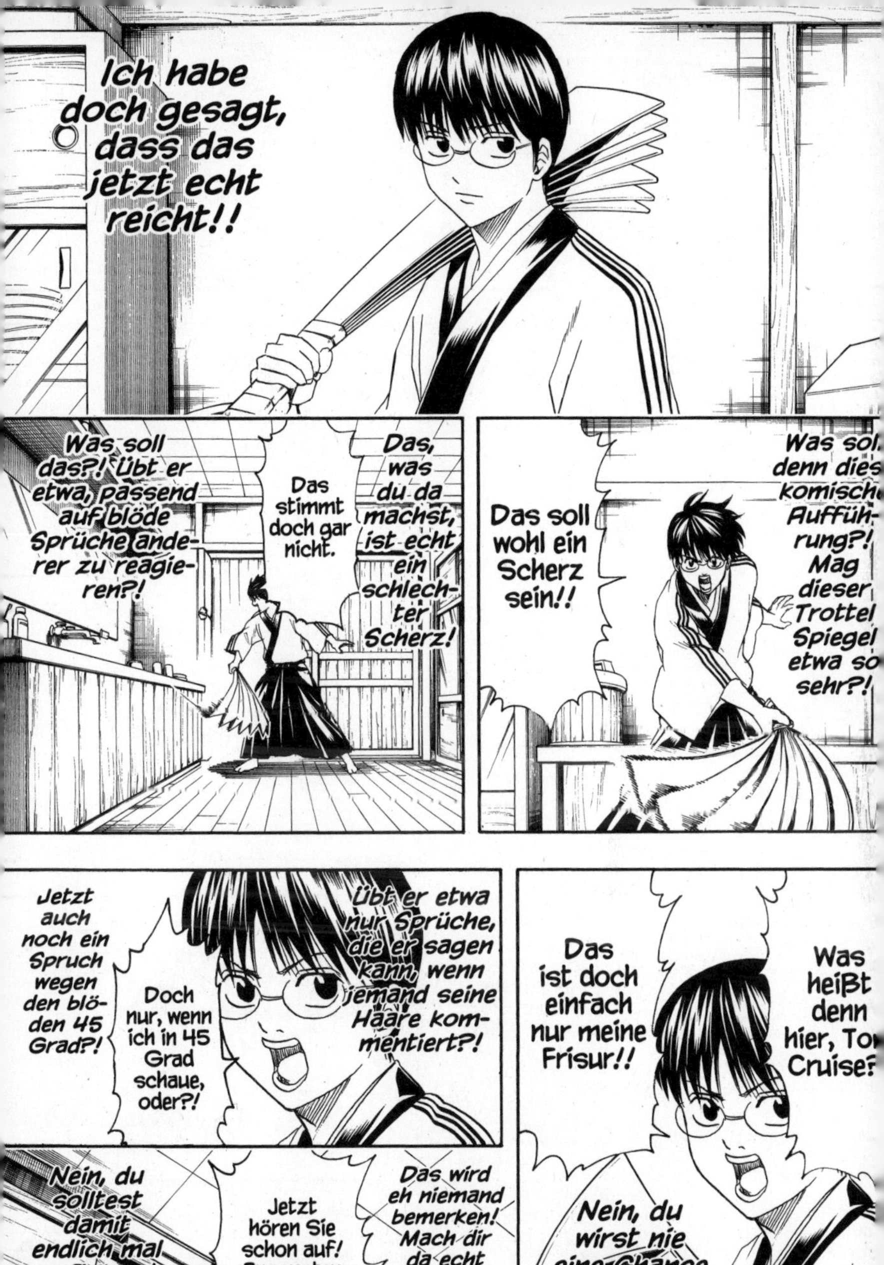
Ich habe doch gesagt, dass das jetzt echt reicht!!
Was sol denn dies komisch Aufführung?! Mag dieser Trottel Spiegel etwa so sehr?!
Das soll wohl ein Scherz sein!!
Das, was du da machst, ist echt ein schlechter Scherz!
Das stimmt doch gar nicht.
Was soll das?! Übt er etwa, passend auf blöde Sprüche anderer zu reagieren?!
Was heißt denn hier, To Cruise?
Das ist doch einfach nur meine Frisur!!
Nein, du wirst nie eine Chance haben, diesen Spruch zu sagen!!
Übt er etwa nur Sprüche, die er sagen kann, wenn jemand seine Haare kommentiert?!
Doch nur, wenn ich in 45 Grad schaue, oder?!
Jetzt auch noch ein Spruch wegen den blöden 45 Grad?!
Das wird eh niemand bemerken! Mach dir da echt keine Gedanken!
Jetzt hören Sie schon auf! Ansonsten werde ich auf viele Arten wütend!
Nein, du solltest damit endlich mal aufhören!

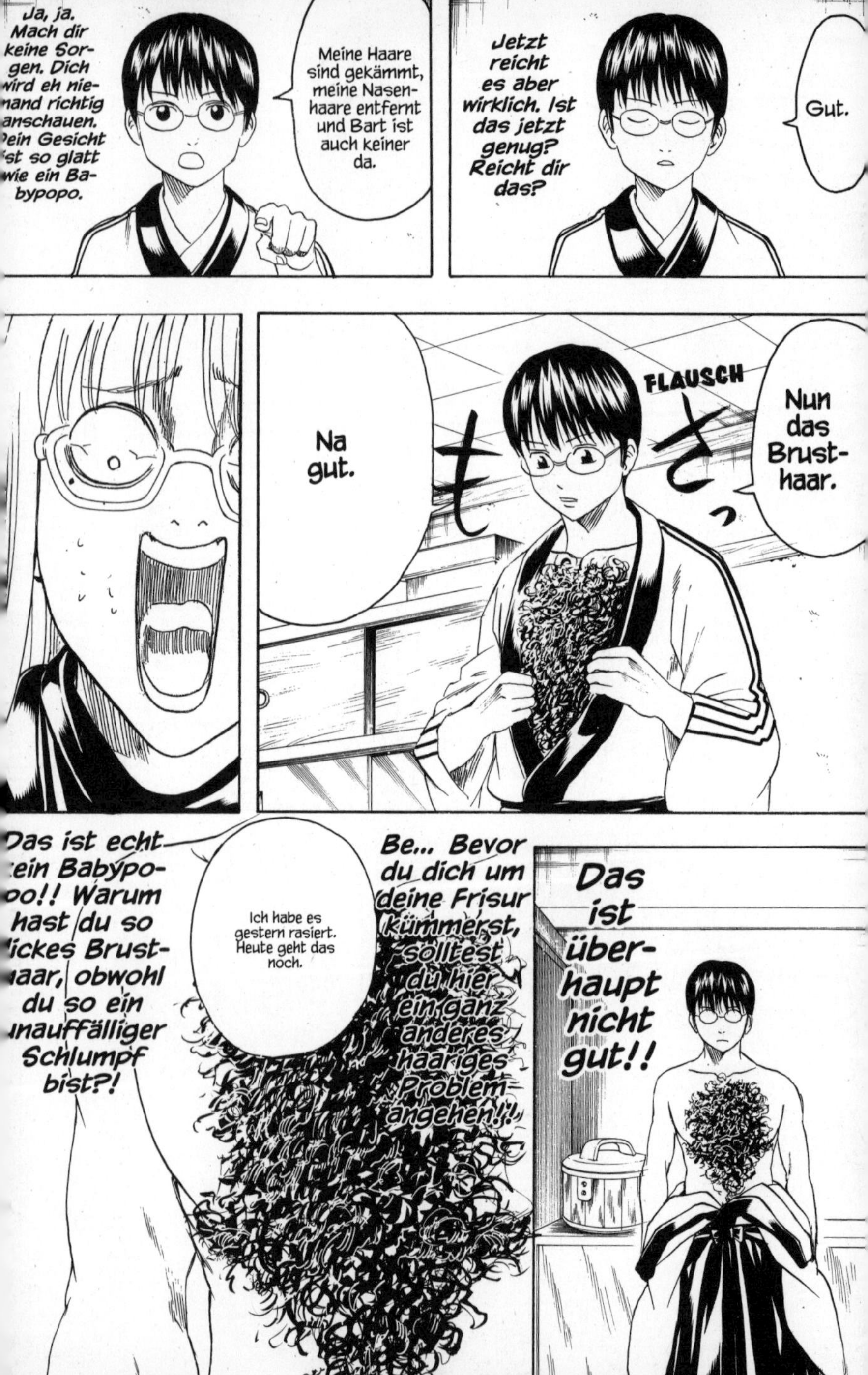
Gut.
Jetzt reicht es aber wirklich. Ist das jetzt genug? Reicht dir das?
Meine Haare sind gekämmt, meine Nasenhaare entfernt und Bart ist auch keiner da.
Ja, ja. Mach dir keine Sorgen. Dich wird eh niemand richtig anschauen. Dein Gesicht ist so glatt wie ein Babypopo.
Nun das Brusthaar.
FLAUSCH
Na gut.
Das ist überhaupt nicht gut!!
Be... Bevor du dich um deine Frisur kümmerst, solltest du hier ein ganz anderes haariges Problem angehen!!
Ich habe es gestern rasiert. Heute geht das noch.
Das ist echt kein Babypopo!! Warum hast du so dickes Brusthaar, obwohl du so ein unauffälliger Schlumpf bist?!

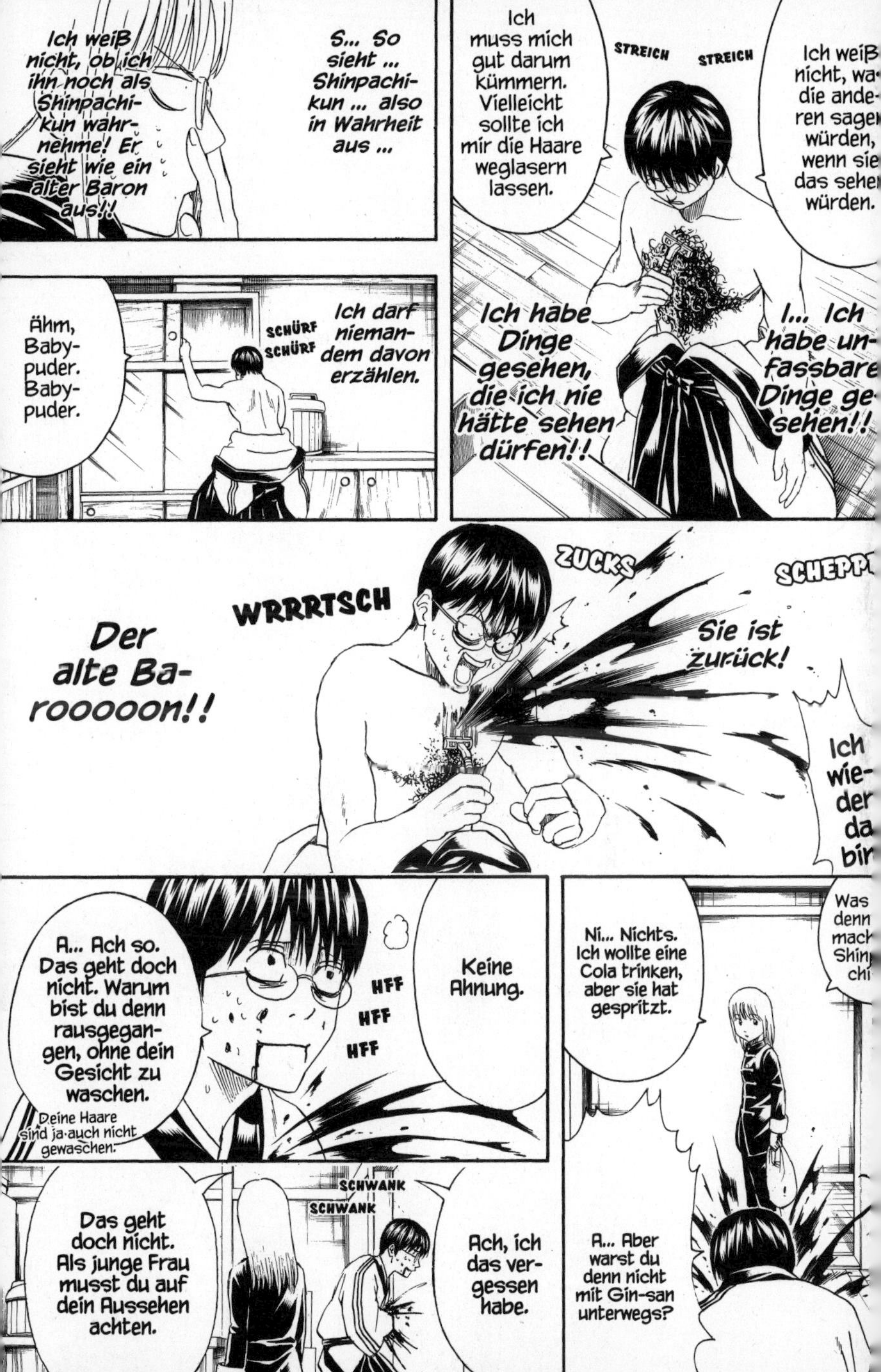

Ich weiß nicht, wa- die ande- ren sager würden, wenn sie das seher würden.
STREICH
STREICH
Ich muss mich gut darum kümmern. Vielleicht sollte ich mir die Haare weglasern lassen.
S... So sieht ... Shinpachi-kun ... also in Wahrheit aus ...
Ich weiß nicht, ob ich ihn noch als Shinpachi-kun wahrnehme! Er sieht wie ein alter Baron aus!!
I... Ich habe un- fassbare Dinge ge- sehen!!
Ich habe Dinge gesehen, die ich nie hätte sehen dürfen!!
Ich darf niemandem davon erzählen.
SCHÜRF
SCHÜRF
Ähm, Babypuder. Babypuder.
SCHEPP
ZUCKS
Sie ist zurück!
Ich wie- der da bir
WRRRTSCH
Der alte Barooooon!!
Was denn mach Shin chi
Ni... Nichts. Ich wollte eine Cola trinken, aber sie hat gespritzt.
Keine Ahnung.
HFF
HFF
HFF
A... Ach so. Das geht doch nicht. Warum bist du denn rausgegangen, ohne dein Gesicht zu waschen.
Deine Haare sind ja auch nicht gewaschen.
A... Aber warst du denn nicht mit Gin-san unterwegs?
Ach, ich das vergessen habe.
SCHWANK
SCHWANK
Das geht doch nicht. Als junge Frau musst du auf dein Aussehen achten.

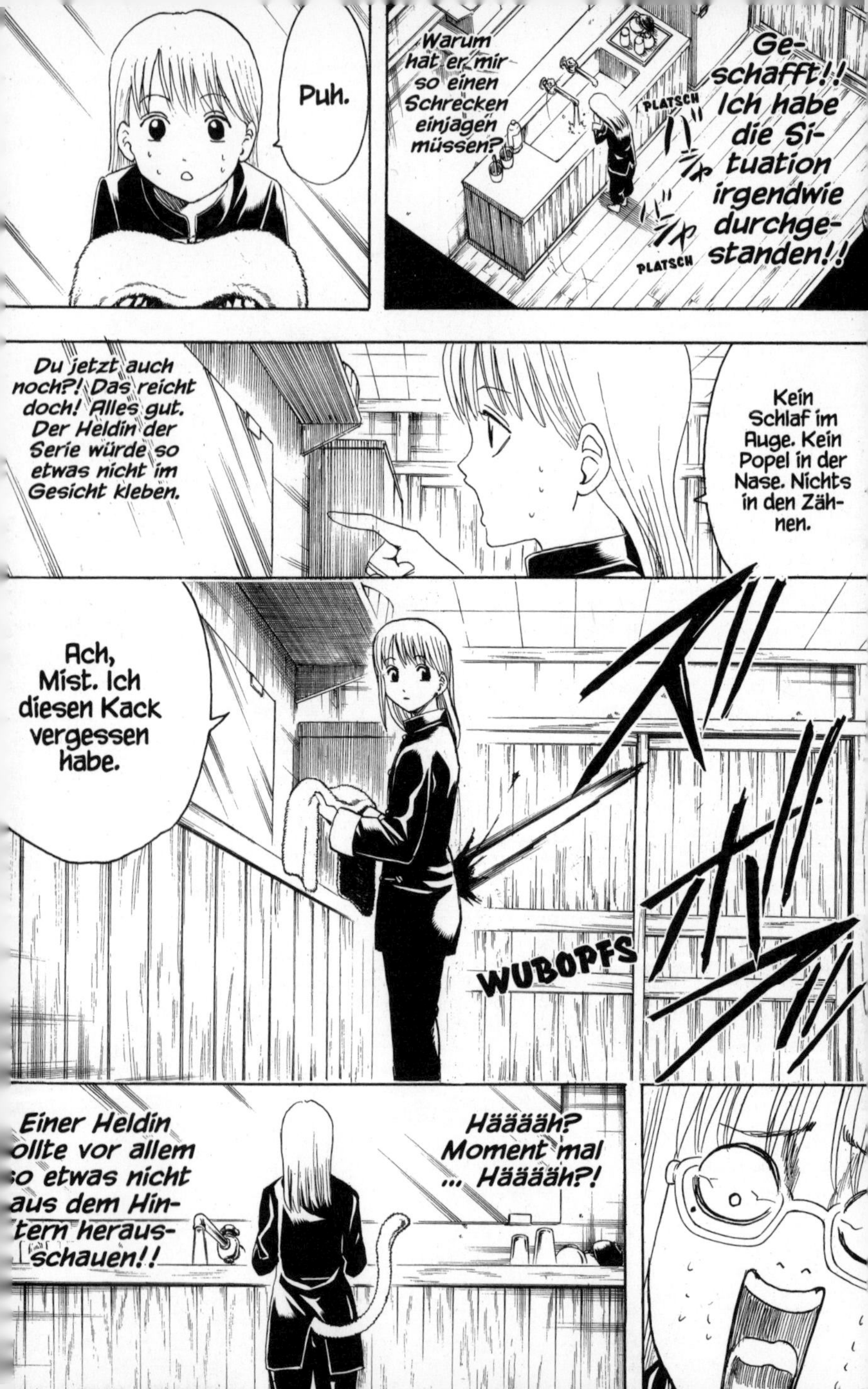
Ge-schafft!! Ich habe die Situation irgendwie durchgestanden!!
PLATSCH
PLATSCH
Warum hat er mir so einen Schrecken einjagen müssen?
Puh.
Kein Schlaf im Auge. Kein Popel in der Nase. Nichts in den Zähnen.
Du jetzt auch noch?! Das reicht doch! Alles gut. Der Heldin der Serie würde so etwas nicht im Gesicht kleben.
WUBOPFS
Ach, Mist. Ich diesen Kack vergessen habe.
Häääăh? Moment mal ... Häääăh?!
Einer Heldin ollte vor allem o etwas nicht aus dem Hin- tern heraus- schauen!!

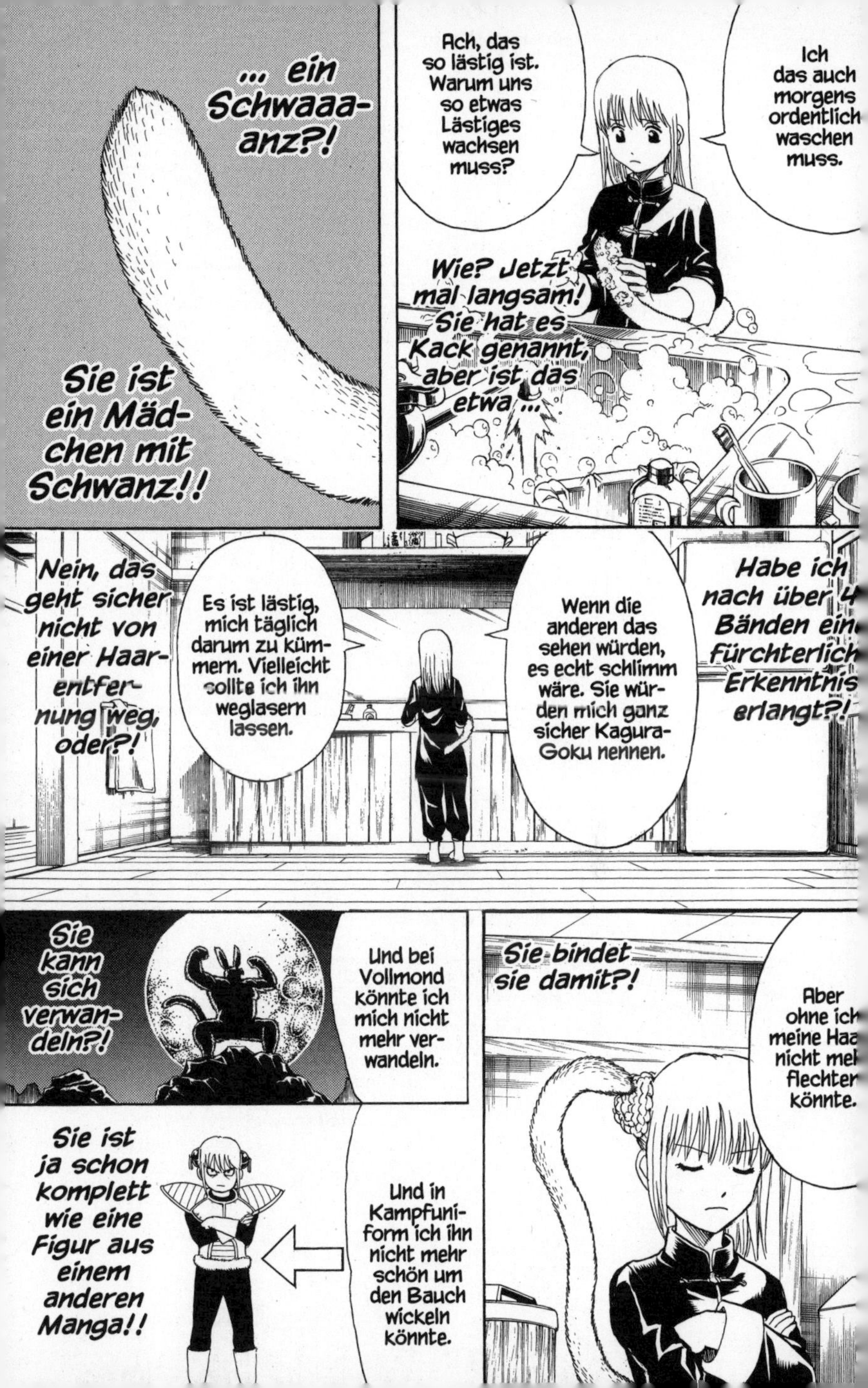

Ich das auch morgens ordentlich waschen muss.

Ach, das so lästig ist. Warum uns so etwas Lästiges wachsen muss?

Wie? Jetzt mal langsam! Sie hat es Kack genannt, aber ist das etwa ...

... ein Schwaaaa-anz?!

Sie ist ein Mädchen mit Schwanz!!

Habe ich nach über 4 Bänden ein Fürchterlich Erkenntnis erlangt?!

Wenn die anderen das sehen würden, es echt schlimm wäre. Sie würden mich ganz sicher Kagura-Goku nennen.

Es ist lästig, mich täglich darum zu kümmern. Vielleicht sollte ich ihn weglasern lassen.

Nein, das geht sicher nicht von einer Haarentfernung weg, oder?!

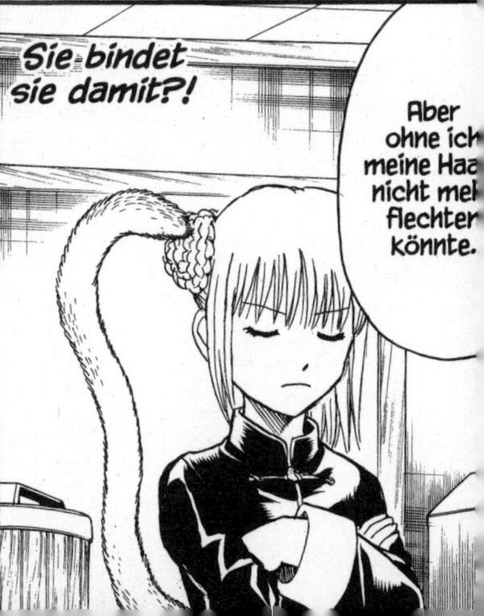

Und bei Vollmond könnte ich mich nicht mehr verwandeln.

Sie kann sich verwandeln?!

Und in Kampfuniform ich ihn nicht mehr schön um den Bauch wickeln könnte.

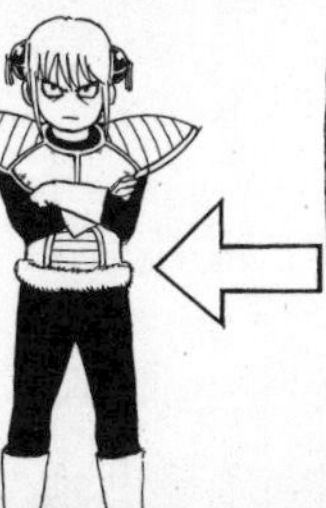

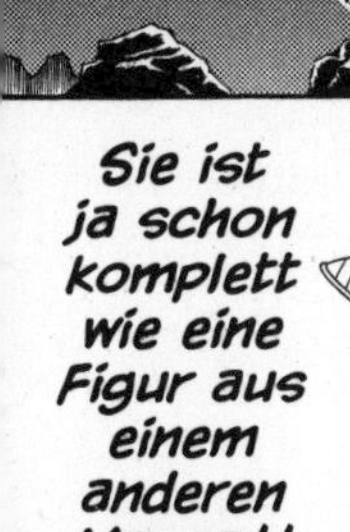

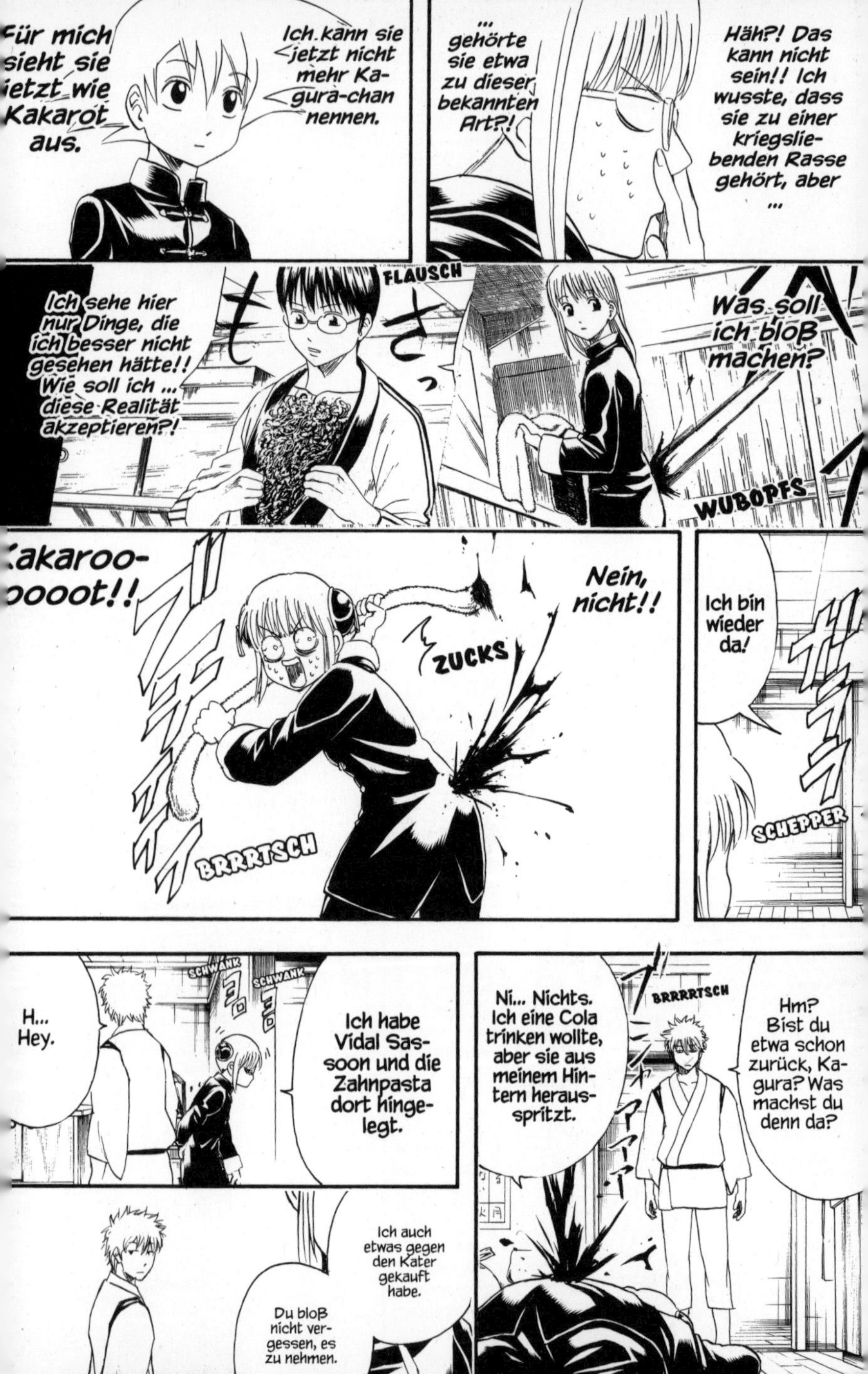

Häh?! Das kann nicht sein!! Ich wusste, dass sie zu einer kriegsliebenden Rasse gehört, aber ...
... gehörte sie etwa zu dieser bekannten Art?!
Ich kann sie jetzt nicht mehr Kagura-chan nennen.
Für mich sieht sie jetzt wie Kakarot aus.
Was soll ich bloß machen?
WUBOPFS
FLAUSCH
Ich sehe hier nur Dinge, die ich besser nicht gesehen hätte!! Wie soll ich ... diese Realität akzeptieren?!
Ich bin wieder da!
SCHEPPER
Nein, nicht!!
ZUCKS
Kakaroooooot!!
BRRRTSCH
Hm? Bist du etwa schon zurück, Kagura? Was machst du denn da?
BRRRRTSCH
Ni... Nichts. Ich eine Cola trinken wollte, aber sie aus meinem Hintern herausspritzt.
Ich habe Vidal Sassoon und die Zahnpasta dort hingelegt.
SCHWANK
SCHWANK
H... Hey.
Ich auch etwas gegen den Kater gekauft habe.
Du bloß nicht vergessen, es zu nehmen.

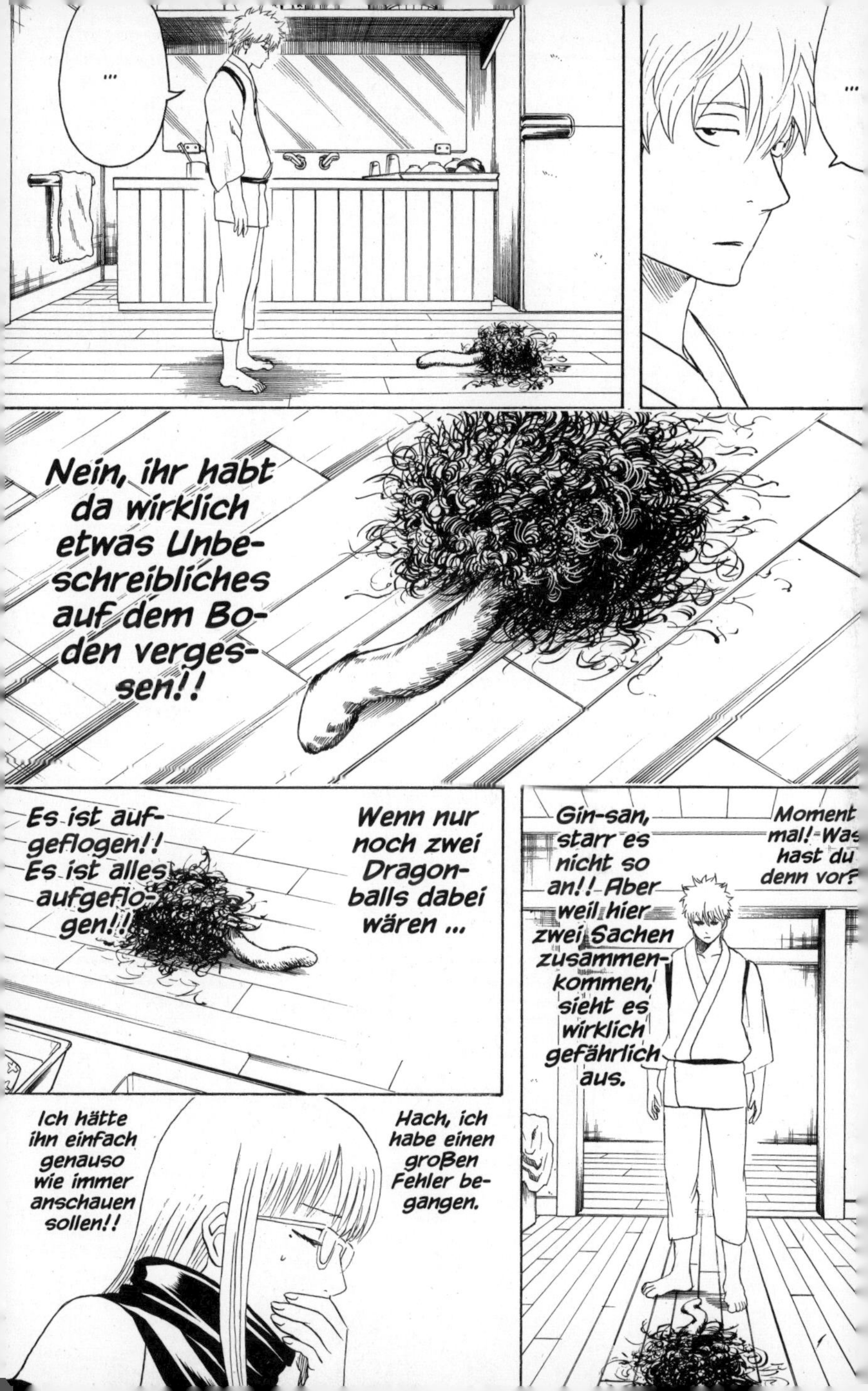
…
…
Nein, ihr habt da wirklich etwas Unbeschreibliches auf dem Boden vergessen!!
Moment mal! Was hast du denn vor?
Gin-san, starr es nicht so an!! Aber weil hier zwei Sachen zusammenkommen, sieht es wirklich gefährlich aus.
Wenn nur noch zwei Dragonballs dabei wären …
Es ist aufgeflogen!! Es ist alles aufgeflogen!!
Hach, ich habe einen großen Fehler begangen.
Ich hätte ihn einfach genauso wie immer anschauen sollen!!

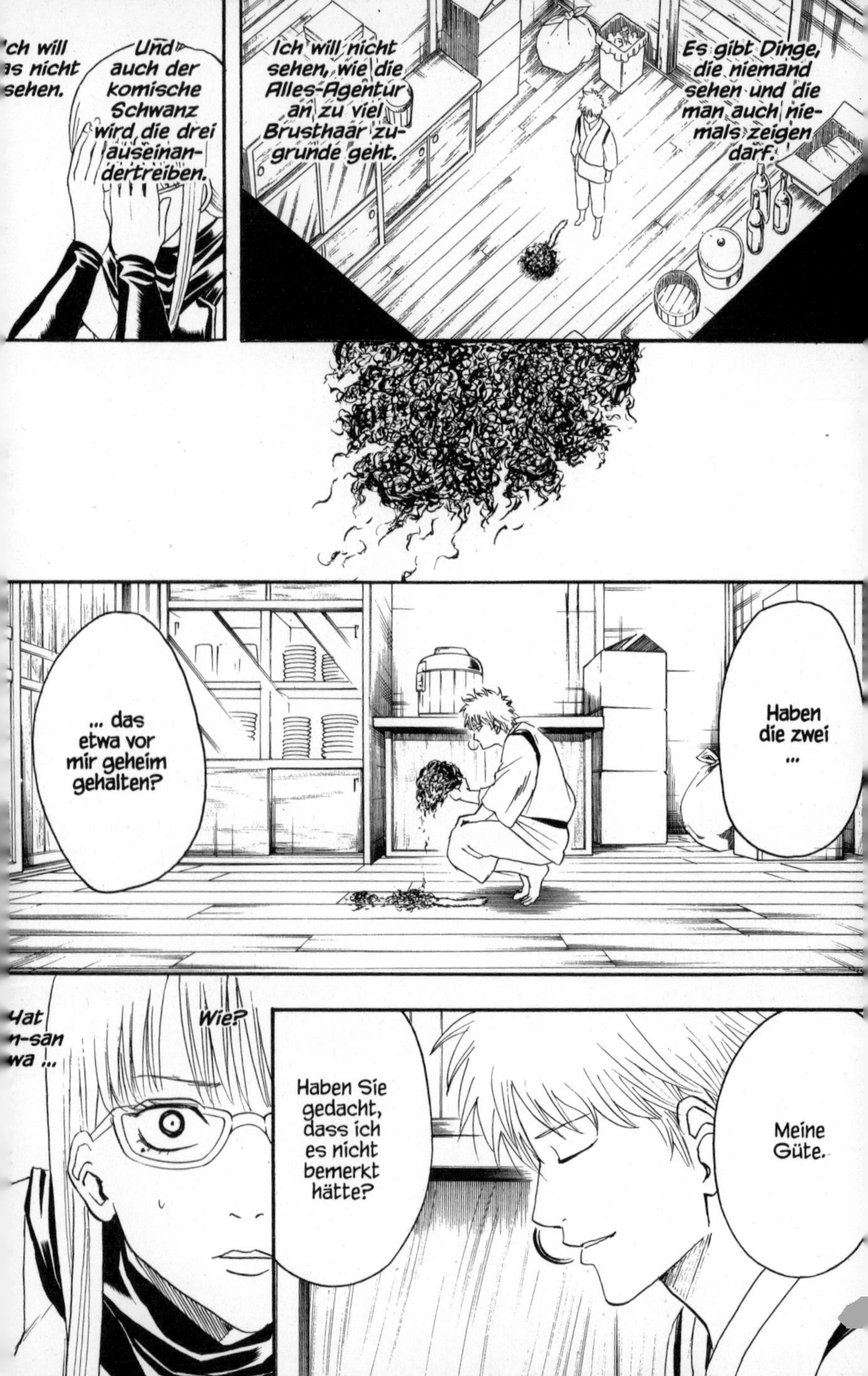

Es gibt Dinge, die niemand sehen und die man auch niemals zeigen darf.
Ich will nicht sehen, wie die Alles-Agentur an zu viel Brusthaar zugrunde geht.
Und auch der komische Schwanz wird die drei auseinandertreiben.
Haben die zwei ...
... das etwa vor mir geheim gehalten?
Meine Güte.
Haben Sie gedacht, dass ich es nicht bemerkt hätte?
Wie?

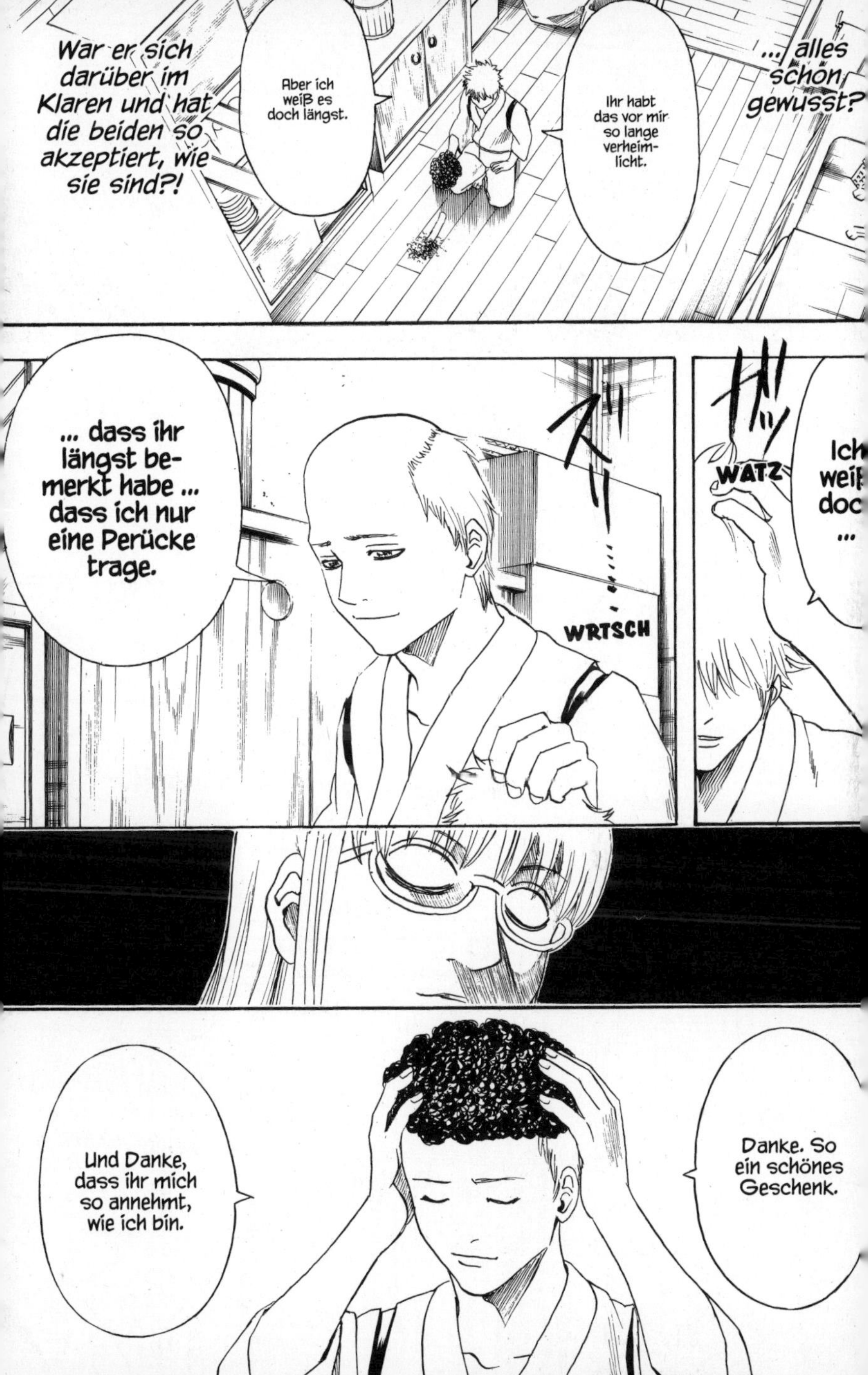

...alles schon gewusst?
Ihr habt das vor mir so lange verheimlicht.
Aber ich weiß es doch längst.
War er sich darüber im Klaren und hat die beiden so akzeptiert, wie sie sind?!
Ich weiß doch ...
WATZ
WRTSCH
... dass ihr längst bemerkt habe ... dass ich nur eine Perücke trage.
Danke. So ein schönes Geschenk.
Und Danke, dass ihr mich so annehmt, wie ich bin.

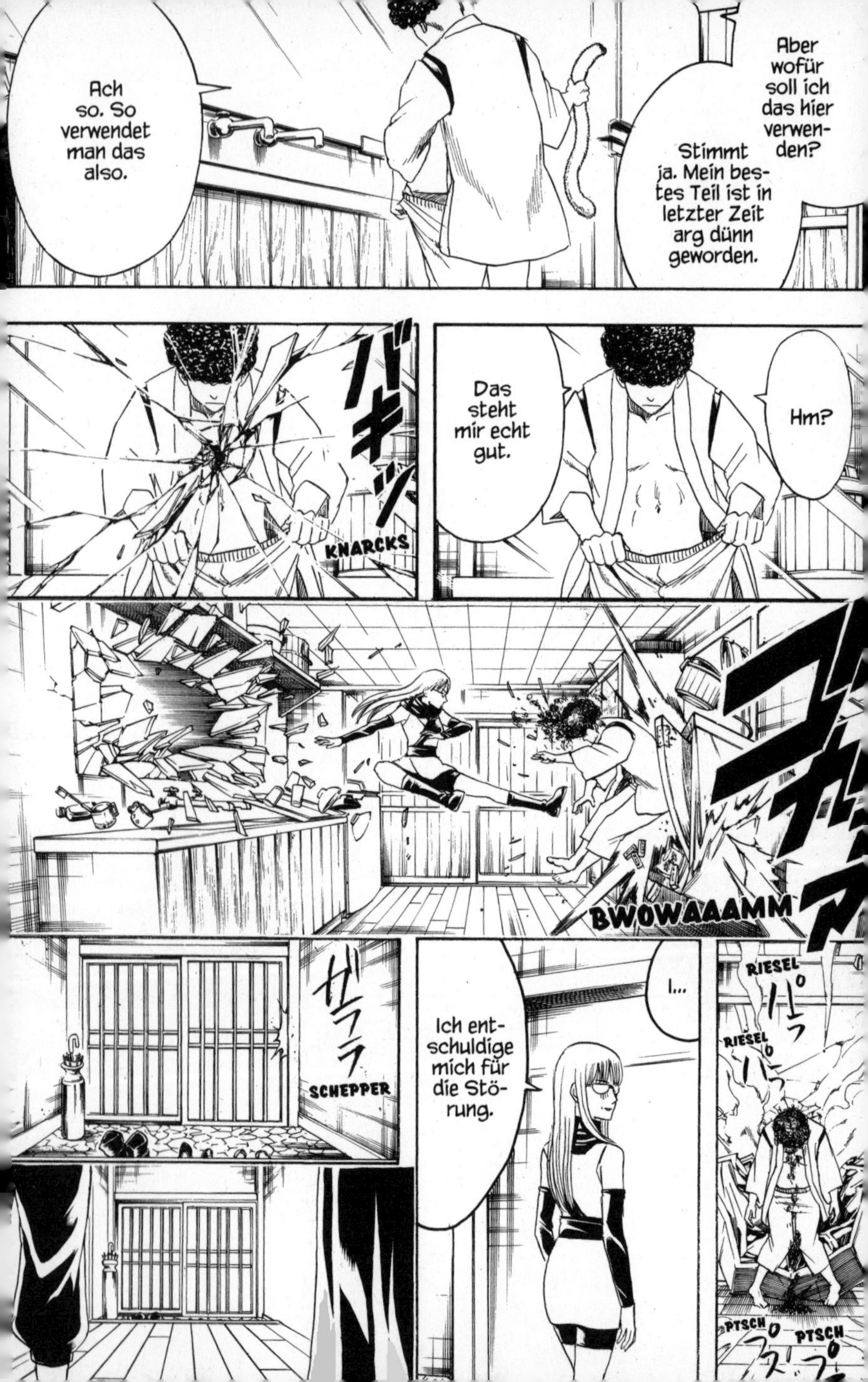

Aber wofür soll ich das hier verwenden?
Stimmt ja. Mein bestes Teil ist in letzter Zeit arg dünn geworden.
Ach so. So verwendet man das also.
Hm?
Das steht mir echt gut.
KNARCKS
BWOWAAAMM
RIESEL
RIESEL
PTSCH
PTSCH
I...
Ich entschuldige mich für die Störung.
SCHEPPER

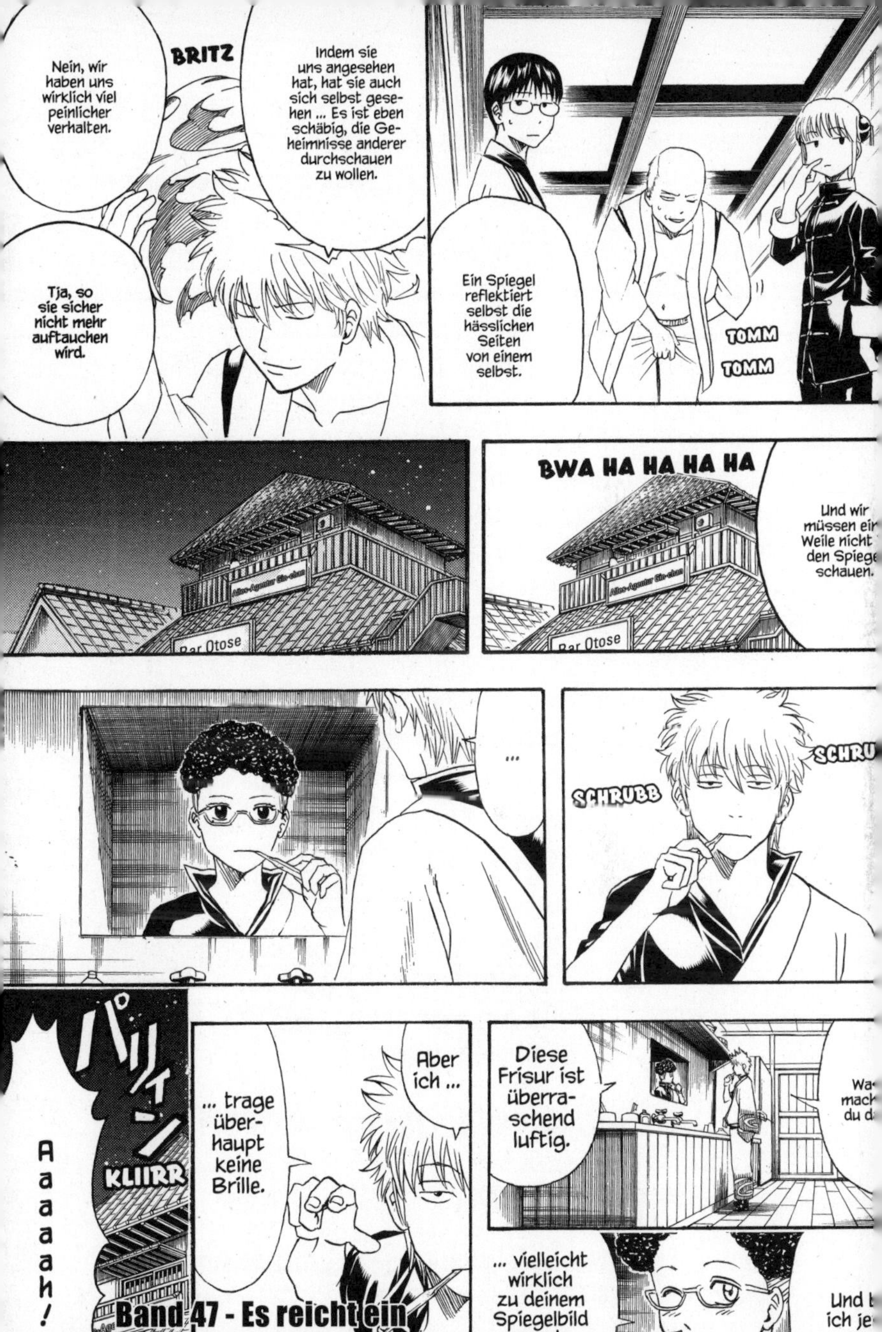
Ein Spiegel reflektiert selbst die hässlichen Seiten von einem selbst.
TOMM
TOMM
Indem sie uns angesehen hat, hat sie auch sich selbst gesehen ... Es ist eben schäbig, die Geheimnisse anderer durchschauen zu wollen.
BRITZ
Nein, wir haben uns wirklich viel peinlicher verhalten.
Tja, so sie sicher nicht mehr auftauchen wird.
Alles-Agentur Gin-chan
Bar Otose
BWA HA HA HA HA
Alles-Agentur Gin-chan
Bar Otose
SCHRUBB
SCHRUBB
...
Diese Frisur ist überraschend luftig.
... vielleicht wirklich zu deinem Spiegelbild geworden, Gin-san? Hi hi. ♡
Aber ich ...
... trage überhaupt keine Brille.
パリィーン
KLIIRR
Aaaaaah!
Band 47 - Es reicht ein einzelner zuständiger Redakteur - Ende

Das war jedenfalls das Spezial zum 47. Band, bei dem ich hunderttausende Yen auf den Kopf gehauen habe. Congalala hat seinen Kopf geschoren und kurz darauf auch seine Augenbrauen verloren.
»Ich hatte keine Haare mehr auf dem Kopf und habe somit meine Augenbrauen verloren, um Verantwortung zu übernehmen«, meinte er kahlgeschoren und ohne Augenbrauen. Er sah aus wie ein Yakuza, der schon die meisten seiner Finger verloren hat. Irgendwie tat mir das auch leid, aber ich muss jede Woche viel zu viel Arbeit verrichten und weiß nicht, was ich jetzt schon wieder falsch gemacht habe. Er wollte mir aber auch nicht verraten, für was genau er gerade Verantwortung übernommen hatte. Er meinte nur so was wie: »Irgendwie war das für all die schlechte Arbeit.« Aber er hatte so sehr gemurmelt, dass ich ihn kaum verstehen konnte. Ich habe meinen ersten Redakteur und auch den vorherigen gefragt, aber die wussten das auch nicht so richtig. Er soll im September nur echt oft im Soapland gewesen sein. Aber Moment mal. Im September hat er seinen Kopf geschoren und die Augenbrauern verloren und ebenfalls im September hat er sein Geld im Soapland auf den Kopf gehauen ...

Hattest du etwa nur Haarläuse?!

Tokyopop GmbH
Curienstraße 2
Haus am Domplatz
20095 Hamburg

Mit dem Betreff: *»Kommt mir jetzt bitte nicht damit, dass Mangaka und Redakteur Sexualkrankheiten hätten!«*

Und sendet mir weiterhin eure Fragen, Illustrationen, Charas und was ihr mir sonst noch so schicken wollt.

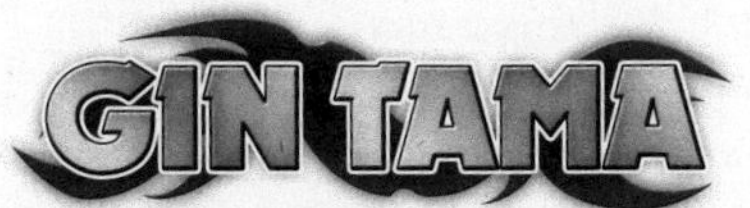
GIN TAMA

BLEACH EXTREME

Tite Kubo

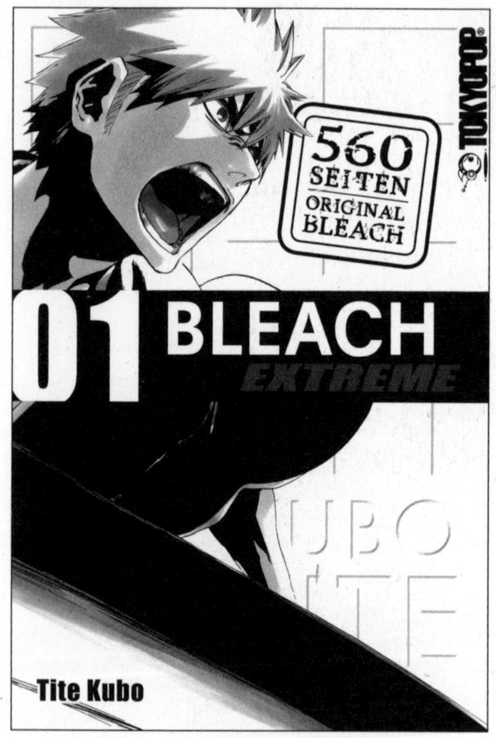

Nur zu kämpfen hat keinen Sinn!
Nur zu überleben hat keinen Sinn! Man muss siegen!

Geister und Dämonen existieren und Ichigo Kurosaki besitzt die Gabe, sie zu sehen. Eines Tages stolpert er in den Kampf der Totengöttin Rukia und eines »Hollow«. Dem Tode nah überträgt die hübsche Shinigami dem nichts ahnenden Ichigo all ihre Kraft, damit er für sie gewinnt. Neben der Highschool macht Ichigo nun Rukias Job und dringt in eine immer gefährlichere Gegenwelt ein.

BURN THE WITCH

Tite Kubo

Das neueste Werk von Tite Kubo, dem Schöpfer von *Bleach*!

Seit jeher wird angenommen, Drachen seien fiktive Lebewesen. Doch sie sind real! Die gewöhnliche Bevölkerung Londons weiß jedoch nichts von ihrer Existenz, denn lediglich die Bewohner von »Reverse London« sind imstande, sie zu sehen. Dort, in der Stadt auf der Kehrseite Londons, arbeiten die beiden Hexen Ninny und Noel für »Wing Bind«, einer Behörde, die sich dem Schutz und der Kontrolle von Drachen verschrieben hat. Doch den meisten Ärger haben sie mit ihrem Schützling Balgo: Einem Jungen, der Schwierigkeiten magisch anzuziehen scheint!

BLACK CLOVER

Yûki Tabata

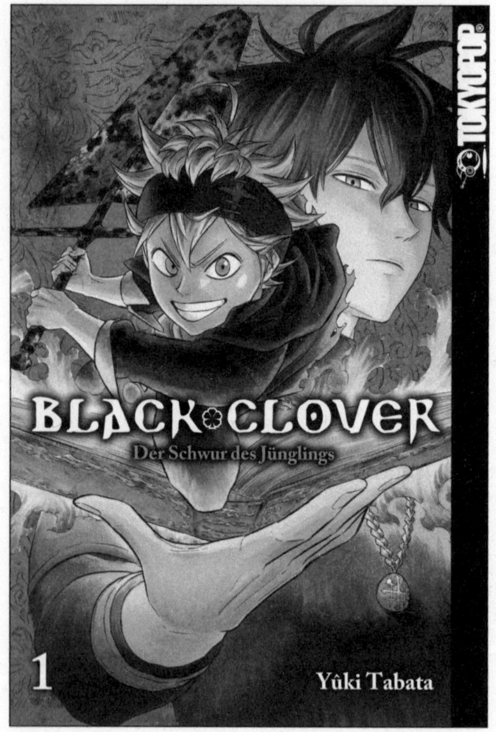

Rivalen der Magie

Asta und Yuno könnten unterschiedlicher nicht sein. Während Asta tollpatschig, laut und ohne magische Fähigkeiten ständig für Aufruhr sorgt, ist Yuno stets besonnen, ruhig und besitzt ein angeborenes Talent für Magie. Doch ein Versprechen verbindet sie, denn sie wollen beide König der Magier werden und geben alles dafür, ihr Ziel zu erreichen!

STOPP!

Dies ist die letzte Seite des Buches!
Du willst dir doch nicht den Spaß verderben und das Ende zuerst lesen, oder?

Um die Geschichte unverfälscht und originalgetreu mitverfolgen zu können, musst du es wie die Japaner machen und von rechts nach links lesen. Deshalb schnell das Buch umdrehen und loslegen!

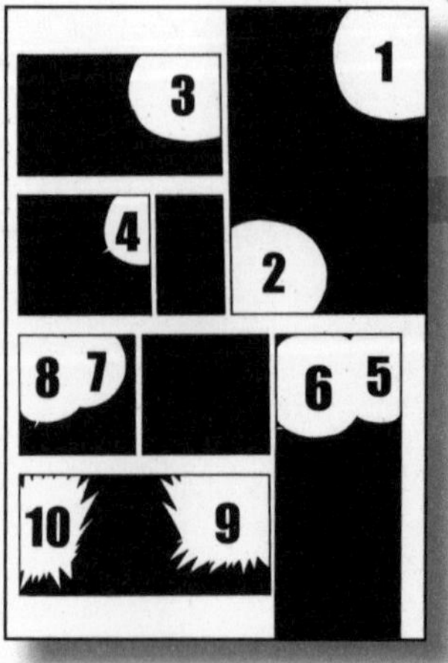

So geht's:

Wenn dies das erste Mal sein sollte, dass du einen Manga in den Händen hältst, kann dir die Grafik helfen, dich zurechtzufinden: Fang einfach oben rechts an zu lesen und arbeite dich nach unten links vor. Viel Spaß dabei wünscht dir TOKYOPOP®!